U0899822

陕西师范大学优秀研究生教材资助项目

双论域粗糙集理论与方法

杨海龙　著

科学出版社

北　京

内 容 简 介

本书系统研究双论域上的粗糙集理论与方法，包括单论域粗糙集的基本理论、双论域上的粗糙集模型的变换、双论域上基于水平集的粗糙集、双论域上的概率粗糙集、双论域上的多粒度粗糙集与多粒度概率粗糙集、双论域上的多粒度决策粗糙集等理论及方法。

本书可供高等院校数学、计算机科学、信息科学、自动化、管理科学与工程等专业的高年级本科生、研究生参考，也可作为从事粗糙集理论与方法研究的科技人员的参考书。

图书在版编目 (CIP) 数据

双论域粗糙集理论与方法/杨海龙著. —北京：科学出版社，2016.5
ISBN 978-7-03-048270-9

Ⅰ. ①双… Ⅱ. ①杨… Ⅲ. ①集论－研究 Ⅳ. ①O144

中国版本图书馆 CIP 数据核字(2016)第 102407 号

责任编辑：王 哲 董素芹 / 责任校对：蒋 萍
责任印制：张 倩 / 封面设计：迷底书装

科学出版社 出版
北京东黄城根北街 16 号
邮政编码：100717
http://www.sciencep.com

文林印务有限公司 印刷

科学出版社发行 各地新华书店经销

*

2016 年 5 月第 一 版 开本：720×1 000 1/16
2016 年 5 月第一次印刷 印张：14 1/4
字数：285 000

定价：86.00 元

(如有印装质量问题，我社负责调换)

前　言

粗糙集理论是波兰科学院院士 Pawlak 于 1982 年提出的，其在人工智能、机器学习、数据挖掘以及决策分类等领域有着广泛的应用。本书主要介绍双论域上的粗糙集理论与方法。在内容安排上，本书主要是由作者近几年在该领域的最新研究成果构成的，为了内容上的层次性和完整性，同时也融入了国内外部分研究者在该领域里所做的一些重要工作。

全书共分 6 章。第 1 章作为预备知识介绍单论域粗糙集的基本理论；第 2 章讲述双论域上的粗糙集模型的变换，包括双论域上的分明粗糙集模型的变换、双论域上的模糊粗糙集模型的变换、双论域上的直觉模糊粗糙集模型的变换等；第 3 章分别以模糊关系、直觉模糊关系、区间值模糊关系为基点，研究双论域上基于水平集的粗糙集，并阐述提出的粗糙集模型的应用；第 4 章将概率论应用到双论域粗糙集，研究双论域上的概率粗糙集及其应用；第 5 章将多粒度思想应用到双论域粗糙集及概率粗糙集，研究双论域上的多粒度粗糙集和多粒度概率粗糙集，包含双论域上的乐观多粒度粗糙集、悲观多粒度粗糙集、加权平均多粒度概率粗糙集、乐观多粒度概率粗糙集和悲观多粒度概率粗糙集等；第 6 章以完备信息和不完备信息下的多粒度决策粗糙集为基础，利用贝叶斯理论提出并详细研究双论域上的多粒度决策粗糙集。

本书的出版得到了国家自然科学基金项目（项目编号：61473181）、陕西师范大学研究生教育教学改革研究项目（项目编号：GERP-14-39）以及作者所属数学与信息科学学院一流学科建设经费的资助。本书的顺利出版离不开学院各位领导的大力支持与帮助，在此一并表示感谢！

最后，对本书中的不足之处，恳请广大同行和读者批评指正。

杨海龙

2016 年 4 月于西安

目 录

第 1 章 单论域粗糙集的基本理论

作为本书后续章节的预备知识，本章集中给出单论域粗糙集的一些基本理论，内容包括：Pawlak 粗糙集、基于一般二元关系的粗糙集、模糊粗糙集、概率粗糙集、决策粗糙集以及多粒度粗糙集等。

1.1 Pawlak 粗糙集和基于一般二元关系的粗糙集

1.1.1 Pawlak 粗糙集

1982 年波兰科学院院士 Pawlak 教授提出了基于等价关系的粗糙集概念，称为 Pawlak 粗糙集。下面首先给出此定义。

定义 1.1 设 U 是一个非空有限论域，R 是 U 上的一个等价关系，(U,R) 称为一个 Pawlak 近似空间，$\forall X \subseteq U$，定义两个子集

$$\underline{R}(X)=\bigcup\{[x]_R \mid [x]_R \subseteq X\}$$

$$\overline{R}(X)=\bigcup\{[x]_R \mid [x]_R \cap X \neq \varnothing\}$$

分别称 $\underline{R}(X)$ 和 $\overline{R}(X)$ 为 X 的下近似和上近似。$(\underline{R}(X),\overline{R}(X))$ 称为 Pawlak 粗糙集。$\underline{R}$ 和 $\overline{R}$ 分别称为下近似算子和上近似算子。系统 $(P(U),\cap,\cup,\underline{R},\overline{R})$ 称为粗糙集代数。

注 1.1 定义 1.1 中的下近似、上近似可等价地用下面的等式来表示，即

$$\underline{R}(X)=\{x\in U \mid [x]_R \subseteq X\}$$

$$\overline{R}(X)=\{x\in U \mid [x]_R \cap X \neq \varnothing\}$$

基于集合 X 的下近似、上近似，X 的正域 $\mathrm{POS}(X)$、负域 $\mathrm{NEG}(X)$ 和边界域 $\mathrm{BND}(X)$ 分别定义为

$$\mathrm{POS}(X)=\underline{R}(X)=\{x\in U \mid [x]_R \subseteq X\}$$

$$\mathrm{NEG}(X)=U-\overline{R}(X)=\{x\in U \mid [x]_R \cap X=\varnothing\}=\{x\in U \mid [x]_R \subseteq X^{\mathrm{c}}\}$$

$$\begin{aligned}\mathrm{BNG}(X)&=\overline{R}(X)-\underline{R}(X)=(\mathrm{POS}(X)\cup \mathrm{NEG}(X))^{\mathrm{c}}\\&=\{x\in U \mid [x]_R \cap X\neq\varnothing \text{且} [x]_R\cap X^{\mathrm{c}}\neq\varnothing\}\end{aligned}$$

如果将 R 看成已知知识，则 $\underline{R}(X)$ 或 $\mathrm{POS}(X)$ 是由那些根据知识 R 判断肯定属于 X

的 U 中元素组成的集合；$\overline{R}(X)$ 是由那些根据知识 R 判断可能属于 X 的 U 中元素组成的集合；$\mathrm{BND}(X)$ 是那些根据知识 R 既不能判断肯定属于 X 又不能判断肯定属于 X^{c} 的 U 中元素组成的集合；$\mathrm{NEG}(X)$ 是那些根据知识 R 判断肯定不属于 X 的 U 中元素组成的集合。

由定义 1.1 可得下近似算子和上近似算子具有以下性质。

定理 1.1　设 (U,R) 为 Pawlak 近似空间，$\forall X,Y\subseteq U$，则有如下结论。

（1）$\underline{R}(X)\subseteq X\subseteq \overline{R}(X)$。

（2）$\underline{R}(\varnothing)=\overline{R}(\varnothing)=\varnothing$，$\underline{R}(U)=\overline{R}(U)=U$。

（3）$\underline{R}(X\cap Y)=\underline{R}(X)\cap \underline{R}(Y)$，$\overline{R}(X\cup Y)=\overline{R}(X)\cup \overline{R}(Y)$。

（4）如果 $X\subseteq Y$，则 $\underline{R}(X)\subseteq \underline{R}(Y)$ 且 $\overline{R}(X)\subseteq \overline{R}(Y)$。

（5）$\underline{R}(X\cup Y)\supseteq \underline{R}(X)\cup \underline{R}(Y)$，$\overline{R}(X\cap Y)\subseteq \overline{R}(X)\cap \overline{R}(Y)$。

（6）$\underline{R}(X)=(\overline{R}(X^{c}))^{c}$，$\overline{R}(X)=(\underline{R}(X^{c}))^{c}$。

（7）$\underline{R}(\underline{R}(X))=\overline{R}(\underline{R}(X))=\underline{R}(X)$，$\overline{R}(\overline{R}(X))=\underline{R}(\overline{R}(X))=\overline{R}(X)$。

证明　（1）$\forall x\in \underline{R}(X)$，则 $[x]_R\subseteq X$，而 $x\in [x]_R$，所以 $x\in X$，因此 $\underline{R}(X)\subseteq X$。

（2）由结论（1）知 $\underline{R}(\varnothing)\subseteq\varnothing$，而显然 $\varnothing\subseteq \underline{R}(\varnothing)$，因此 $\underline{R}(\varnothing)=\varnothing$。

假设 $\overline{R}(\varnothing)\neq\varnothing$，则存在 $x\in U$，使得 $x\in \overline{R}(\varnothing)$，即 $[x]_R\cap\varnothing\neq\varnothing$，这与 $[x]_R\cap\varnothing=\varnothing$ 矛盾，因此 $\overline{R}(\varnothing)=\varnothing$。

由结论（1）知 $\underline{R}(U)\subseteq U$。$\forall x\in U$，有 $[x]_R\subseteq U$，所以 $x\in \underline{R}(X)$，则 $U\subseteq \underline{R}(X)$，因此 $\underline{R}(U)=U$。

由结论（1）可知 $\overline{R}(U)\supseteq U$，又显然 $\overline{R}(U)\subseteq U$，故 $\overline{R}(U)=U$。

（3）因为

$$
\begin{aligned}
x\in \underline{R}(X\cap Y)&\Leftrightarrow [x]_R\subseteq X\cap Y\\
&\Leftrightarrow [x]_R\subseteq X \text{ 且 } [x]_R\subseteq Y\\
&\Leftrightarrow x\in \underline{R}(X)\cap \underline{R}(Y)
\end{aligned}
$$

所以 $\underline{R}(X\cap Y)=\underline{R}(X)\cap \underline{R}(Y)$。

因为

$$
\begin{aligned}
x\in \overline{R}(X\cup Y)&\Leftrightarrow [x]_R\cap (X\cup Y)\neq\varnothing\\
&\Leftrightarrow ([x]_R\cap X)\cup([x]_R\cap Y)\neq\varnothing\\
&\Leftrightarrow [x]_R\cap X\neq\varnothing \text{ 或 } [x]_R\cap Y\neq\varnothing\\
&\Leftrightarrow x\in \overline{R}(X) \text{ 或 } x\in \overline{R}(Y)\\
&\Leftrightarrow x\in \overline{R}(X)\cup \overline{R}(Y)
\end{aligned}
$$

所以 $\overline{R}(X\cup Y)=\overline{R}(X)\cup \overline{R}(Y)$。

（4）如果 $X\subseteq Y$，则 $X\cap Y=X$，所以 $\underline{R}(X\cap Y)=\underline{R}(X)$。由结论（3）知，$\underline{R}(X)\cap \underline{R}(Y)=\underline{R}(X)$，因此 $\underline{R}(X)\subseteq \underline{R}(Y)$。

如果 $X\subseteq Y$，则 $X\cup Y=Y$，所以 $\overline{R}(X\cup Y)=\overline{R}(Y)$。由结论（3）知，$\overline{R}(X)\cup\overline{R}(Y)=\overline{R}(Y)$，因此 $\overline{R}(X)\subseteq\overline{R}(Y)$。

（5）因为 $X\subseteq X\cup Y$，$Y\subseteq X\cup Y$，所以由结论（4）知，$\underline{R}(X)\subseteq\underline{R}(X\cup Y)$ 且 $\underline{R}(Y)\subseteq\underline{R}(X\cup Y)$，因此 $\underline{R}(X)\cup\underline{R}(Y)\subseteq\underline{R}(X\cup Y)$。

因为 $X\cap Y\subseteq X$，$X\cap Y\subseteq Y$，所以由结论（4）知，$\overline{R}(X\cap Y)\subseteq\overline{R}(X)$ 且 $\overline{R}(X\cap Y)\subseteq\overline{R}(Y)$，故 $\overline{R}(X\cap Y)\subseteq\overline{R}(X)\cap\overline{R}(Y)$。

（6）因为
$$\begin{aligned}x\in\underline{R}(X)&\Leftrightarrow[x]_R\subseteq X\\&\Leftrightarrow[x]_R\cap X^{\mathrm{c}}=\varnothing\\&\Leftrightarrow x\notin\overline{R}(X^{\mathrm{c}})\\&\Leftrightarrow x\in(\overline{R}(X^{\mathrm{c}}))^{\mathrm{c}}\end{aligned}$$
所以 $\underline{R}(X)=(\overline{R}(X^{\mathrm{c}}))^{\mathrm{c}}$。

由 $\underline{R}(X)=(\overline{R}(X^{\mathrm{c}}))^{\mathrm{c}}$ 可知，$(\underline{R}(X^{\mathrm{c}}))^{\mathrm{c}}=((\overline{R}((X^{\mathrm{c}}))^{\mathrm{c}})^{\mathrm{c}})^{\mathrm{c}}=\overline{R}(X)$。

（7）由结论（1）知，$\underline{R}(\underline{R}(X))\subseteq\underline{R}(X)$。$\forall x\in\underline{R}(X)$，有 $[x]_R\subseteq X$，因此 $\underline{R}([x]_R)\subseteq\underline{R}(X)$。显然 $\underline{R}([x]_R)=[x]_R$，于是 $[x]_R\subseteq\underline{R}(X)$，所以 $x\in\underline{R}(\underline{R}(X))$，从而 $\underline{R}(X)\subseteq\underline{R}(\underline{R}(X))$。故 $\underline{R}(X)=\underline{R}(\underline{R}(X))$。

由结论（1）知，$\underline{R}(X)\supseteq\overline{R}(\underline{R}(X))$。$\forall x\in\overline{R}(\underline{R}(X))$，有 $[x]_R\cap\underline{R}(X)\neq\varnothing$，即存在 $y\in[x]_R$ 且 $y\in\underline{R}(X)$，所以 $[y]_R\subseteq X$，而 $[y]_R=[x]_R$，则 $[x]_R\subseteq X$，即 $x\in\underline{R}(X)$，因此 $\underline{R}(X)\supseteq\overline{R}(\underline{R}(X))$。故 $\overline{R}(\underline{R}(X))=\underline{R}(X)$。

由结论（1）知，$\overline{R}(\overline{R}(X))\subseteq\overline{R}(X)$。$\forall x\in\overline{R}(\overline{R}(X))$，有 $[x]_R\cap\overline{R}(X)\neq\varnothing$，则存在 $y\in[x]_R$ 且 $y\in\overline{R}(X)$，所以 $[y]_R\cap X\neq\varnothing$。而 $[x]_R=[y]_R$，所以 $[x]_R\cap X\neq\varnothing$，即 $x\in\overline{R}(X)$，因此 $\overline{R}(X)\supseteq\overline{R}(\overline{R}(X))$。故 $\overline{R}(\overline{R}(X))=\overline{R}(X)$。

由结论（1）知，$\underline{R}(\overline{R}(X))\subseteq\overline{R}(X)$。$\forall x\in\overline{R}(X)$，有 $[x]_R\cap X\neq\varnothing$，所以 $[x]_R\subseteq\overline{R}(X)$。这是因为 $\forall y\in[x]_R$，有 $[y]_R\cap X=[x]_R\cap X\neq\varnothing$，则 $y\in\overline{R}(X)$。所以 $x\in\underline{R}(\overline{R}(X))$，从而 $\underline{R}(\overline{R}(X))\supseteq\overline{R}(X)$。故 $\underline{R}(\overline{R}(X))=\overline{R}(X)$。

在不致混淆的情况下，$[x]_R$ 可以简写为 $[x]$。

集合的不精确性是由于边界域的存在而引起的，边界域越大，其精确性越低。为了更准确地表达这一点，下面引入近似精度的概念。由等价关系 R 定义的集合 $X(X\neq\varnothing)$ 的近似精度为

$$\alpha_R(X)=\frac{|\underline{R}(X)|}{|\overline{R}(X)|}$$

其中，$|\cdot|$ 表示集合的基数（势）。

显然 $0\leqslant\alpha_R(X)\leqslant1$，且 $\alpha_R(X)=1$ 当且仅当 X 的边界域为空。

利用精度 $\alpha_R(X)$ 可以定义集合 X 的不精确程度。X 的近似粗糙度定义为

$$\rho_R(X)=1-\alpha_R(X)$$

下面给出近似分类的概念。

定义 1.2 设 $F=\{X_1,X_2,\cdots,X_n\}$ 是论域 U 的一个分类或划分，它可能由一个专家为解决一个分类问题所给出。F 的 R 下近似和上近似分别定义为

$$\underline{R}F=\{\underline{R}(X_1),\underline{R}(X_2),\cdots,\underline{R}(X_n)\}$$

$$\overline{R}F=\{\overline{R}(X_1),\overline{R}(X_2),\cdots,\overline{R}(X_n)\}$$

定义 1.3 （1）称 $\alpha_R(F)=\dfrac{\sum_{i=1}^{n}\left|\underline{R}(X_i)\right|}{\sum_{i=1}^{n}\left|\overline{R}(X_i)\right|}$ 为 F 的近似分类精度。

（2）称 $\gamma_R(X)=\dfrac{\sum_{i=1}^{n}\left|\underline{R}(X_i)\right|}{|U|}$ 为 F 的近似分类质量。

近似分类精度描述的是当使用知识 R 对对象分类时，可能的决策中正确决策的百分比；分类的质量表示的是应用知识 R 能确切地划入 F 类的对象的百分比。

现在介绍集合的三种近似相等的概念。

定义 1.4 设 (U,R) 是一个 Pawlak 近似空间，$\forall X,Y\subseteq U$，有如下结论。

（1）若 $\underline{R}(X)=\underline{R}(Y)$，则称集合 X 和 Y 是下粗相等，记为 $X \overline{=} Y$。

（2）若 $\overline{R}(X)=\overline{R}(Y)$，则称集合 X 和 Y 是上粗相等，记为 $X \simeq Y$。

（3）若 $X \overline{=} Y$ 且 $X \simeq Y$，则称集合 X 和 Y 是粗相等，记为 $X\approx Y$。

易知，$\overline{=}$、$\simeq$ 和 $\approx$ 是等价关系。由定义 1.4 知它们具有下列基本性质。

定理 1.2 设 (U,R) 是一个 Pawlak 近似空间，$X,X',Y,Y'\subseteq U$，有如下结论。

（1）$X \overline{=} Y$，当且仅当 $(X\cap Y) \overline{=} X$ 且 $(X\cap Y) \overline{=} Y$。

（2）$X \simeq Y$，当且仅当 $(X\cup Y) \simeq X$ 且 $(X\cup Y) \simeq Y$。

（3）若 $X \simeq X'$ 且 $Y \simeq Y'$，则 $X\cup Y \simeq X'\cup Y'$。

（4）若 $X \overline{=} X'$ 且 $Y \overline{=} Y'$，则 $X\cap Y \overline{=} X'\cap Y'$。

（5）若 $X \simeq Y$，则 $X\cup Y^{c} \simeq U$。

（6）若 $X \overline{=} Y$，则 $X\cap Y^{c} \overline{=} \varnothing$。

（7）若 $X\subseteq Y$ 且 $Y \simeq \varnothing$，则 $X \simeq \varnothing$。

（8）若 $X\subseteq Y$ 且 $X \simeq U$，则 $Y \simeq U$。

（9）$X \simeq Y$ 当且仅当 $X^{c} \overline{=} Y^{c}$。

（10）若 $X \overline{=} \varnothing$ 或 $Y \overline{=} \varnothing$，则 $X\cap Y \overline{=} \varnothing$。

（11）若 $X \simeq U$ 或 $Y \simeq U$，则 $X \cup Y \simeq U$。

证明　由定义 1.4 易证。

可以用集合的粗糙相等来表示下近似和上近似。

定理 1.3　设 (U,R) 是一个 Pawlak 近似空间，则有如下结论。

（1）$\underline{R}(X)$ 是 U 中所有满足 $X \simeq Y$ 的集合 Y 的交。

（2）$\overline{R}(X)$ 是 U 中所有满足 $X \simeq Y$ 的集合 Y 的并。

证明　利用集合的包含关系易证。

下面给出信息表的概念。

四元组 $I=(U,\mathrm{AT},V,\{f_a \mid a \in A\})$ 称为一个信息表，其中 U 为对象的非空有限集合，称为论域；AT 为属性的非空有限集合；$V=\bigcup_{a\in A} V_a$，V_a 是属性 a 的值域；$f_a:U \to V_a$ 是一个信息函数，$\forall a \in A$，f_a 为每个对象赋予一个属性 a 的值，即 $x \in U$，$f_a(x) \in V_a$。

信息表的数据以关系表的形式表示，关系表的行对应要研究的对象，列对应对象的属性，对象的信息是通过对象的各属性值来表达的。

$\forall A \subseteq \mathrm{AT}$，由 A 可诱导出一个不可区分关系（是一个等价关系）$\mathrm{IND}(A)$ 如下

$$\mathrm{IND}(A)=\{(x,y)\in U\times U \mid \forall a \in A, f_a(x)=f_a(y)\}$$

易见，一个属性对应一个等价关系，从而一个信息表可以得到一簇等价关系。

例 1.1　设 $U=\{x_1,x_2,x_3,x_4,x_5,x_6\}$ 是患者的集合，$\mathrm{AT}=\{a_1,a_2,a_3\}$ 是属性集，其中 a_1 表示“头痛”，a_2 表示“肌肉痛”，a_3 表示“体温”。

设有一个关于某些患者的信息表，如表 1.1 所示。

表 1.1　患者的信息表

U	a_1	a_2	a_3
x_1	是	是	正常
x_2	是	是	高
x_3	是	是	很高
x_4	否	是	正常
x_5	否	否	高
x_6	否	是	很高

取 $A=\{a_1,a_2\}$，则由 A 诱导出一个不可区分关系，如表 1.2 所示。

表 1.2　不可区分关系 IND（A）

IND(A)	x_1	x_2	x_3	x_4	x_5	x_6
x_1	1	1	1	0	0	0
x_2	1	1	1	0	0	0
x_3	1	1	1	0	0	0

续表

IND(A)	x_1	x_2	x_3	x_4	x_5	x_6
x_4	0	0	0	1	0	1
x_5	0	0	0	0	1	0
x_6	0	0	0	1	0	1

即$U/\mathrm{IND}(A)=\{\{x_1,x_2,x_3\},\{x_4,x_6\},\{x_5\}\}$。取$X=\{x_2,x_4,x_6\}$，由定义 1.1 可得

$$\underline{A}X=\{x_4,x_6\}, \quad \overline{A}X=\{x_1,x_2,x_3,x_4,x_6\}$$

于是

$$\mathrm{POS}(X)=\{x_4,x_6\}, \quad \mathrm{NEG}(X)=\{x_5\}, \quad \mathrm{BND}(X)=\{x_1,x_2,x_3\}$$

上面提及的信息表的每个对象的所有属性值均为已知的。如果信息表中某个对象的属性值是未知或部分已知的，则称这种信息表为不完备信息表。对于完全不知道的情形，称这种属性值为空值。空值一般有三种情形：①不存在型空值，即无法填入的值或对象在该属性上无法取值；②存在型空值，即对象在该属性上取值是存在的，但暂时无法知道，此时往往将其可能取值的全体（即该属性的值域）作为该对象的属性取值；③占位型空值，即无法确定是不存在型还是存在型空值。本书所指的空值是存在型空值，用“*”表示这个值未知。对于部分知道的情形，即肯定不取某值，则它有可能取该属性值域中的其他值的任何一个。在不致混淆的情况下，不完备信息表仍用记号$I=(U,\mathrm{AT},V,\{f_a \mid a\in A\})$表示。

对于一个不完备信息表$I=(U,\mathrm{AT},V,\{f_a \mid a\in A\})$，$A\subseteq \mathrm{AT}$，由 A 可诱导如下一个二元关系，记为R_A

$$R_A=\{(x,y)\in U\times U \mid \forall a\in A, f(x,a)=f(y,a) \text{ 或 } f(x,a)=* \text{ 或 } f(y,a)=*\}$$

易见，R_A是一个容差关系，即自反的且对称的。

例 1.2　设$U=\{x_1,x_2,x_3,x_4,x_5,x_6\}$，$\mathrm{AT}=\{a_1,a_2,a_3,a_4\}$，$I=(U,\mathrm{AT},V,f)$是一个不完备信息表，如表 1.3 所示。

表 1.3　不完备信息 *I*

U	a_1	a_2	a_3	a_4
x_1	*	2	*	3
x_2	1	3	3	2
x_3	2	2	3	1
x_4	2	3	1	*
x_5	3	*	1	1
x_6	2	1	*	3

取$A=\{a_2,a_3\}$，则由 A 诱导出一个二元关系，如表 1.4 所示。

表 1.4　容差关系 R_A

R_A	x_1	x_2	x_3	x_4	x_5	x_6
x_1	1	0	1	0	1	0
x_2	0	1	0	0	0	0
x_3	1	0	1	0	0	0
x_4	0	0	0	1	1	0
x_5	1	0	0	1	1	1
x_6	0	0	0	0	1	1

下面给出决策表和不完备决策表的概念。

设 $I=(U,\mathrm{AT},V,\{f_a \mid a\in A\})$ 是一个信息表，$\mathrm{AT}=C\bigcup D$，$C\bigcap D=\varnothing$，C 称为条件属性集，D 称为决策属性集。具有条件属性和决策属性的信息表称为决策表。具有条件属性和决策属性的不完备信息表称为不完备决策表。

例 1.3　设 $U=\{x_1,x_2,x_3,x_4,x_5\}$ 表示患者的集合，$C=\{a_1,a_2,a_3\}$，其中 a_1 表示“头痛”，a_2 表示“肌肉痛”，a_3 表示“体温”，$D=\{d\}$，d 表示“流感”。$I=(U,C\bigcup D,V,\{f_a \mid a\in A\})$ 是一个决策表，如表 1.5 所示。

表 1.5　决策表 I

U	a_1	a_2	a_3	d
x_1	是	是	正常	否
x_2	是	是	高	是
x_3	是	是	很高	是
x_4	否	是	正常	否
x_5	否	否	高	否

1.1.2　基于一般二元关系的粗糙集

定义 1.5　设 R 是 U 上的二元关系，对于 $x,y\in U$，若 xRy 即 $(x,y)\in R$，则称 x 是 y 的前继，y 是 x 的后继，记

$$R_s(x)=\{y\in U \mid (x,y)\in R\}$$

$$R_p(x)=\{y\in U \mid (y,x)\in R\}$$

$$R_{p\wedge s}(x)=\{y\in U \mid (x,y)\in R,(y,x)\in R\}=R_p(x)\bigcap R_s(x)$$

$$R_{p\vee s}(x)=\{y\in U \mid (x,y)\in R \text{ 或 } (y,x)\in R\}=R_s(x)\bigcup R_p(x)$$

分别称为 x 的后继邻域、前继邻域、下继邻域和上继邻域。

显然

$$R_{p\wedge s}(x)\subseteq R_p(x)\subseteq R_{p\vee s}(x)$$

$$R_{p\wedge s}(x) \subseteq R_s(x) \subseteq R_{p\vee s}(x)$$

$$R_p(x) = R_s^{-1}(x)$$

定义 1.6　设 R 是 U 上的二元关系。

（1）若 $\forall x \in U$，$\exists y \in U$，使得 $y \in R_s(x)$，则称 R 是串行的。

（2）若 $\forall x \in U$，$\exists y \in U$，使得 $x \in R_s(y)$，则称 R 是逆串行的。

（3）若 $\forall x \in U$，$x \in R_s(x)$，即 $R_s(U) = U$，其中 $R_s(U) = \bigcup_{x\in U} R_s(x)$，则称 R 是自反的。

（4）若 $\forall x, y \in U$，$x \in R_s(y) \Leftrightarrow y \in R_s(x)$，则称 R 是对称的。

（5）若 $\forall x, y, z \in U$，$y \in R_s(x)$ 和 $z \in R_s(y)$ 蕴涵 $z \in R_s(x)$，则称 R 是传递的。

（6）若 $\forall x, y, z \in U$，$y \in R_s(x)$ 和 $z \in R_s(x)$ 蕴涵 $z \in R_s(y)$，则称 R 是欧几里得的（Euclidean）。

定义 1.7　设 U 是有限非空论域，$R \subseteq U \times U$ 为 U 上的一个一般二元关系，称 (U,R) 是广义近似空间。$\forall X \subseteq U$，X 关于近似空间 (U,R) 的下近似 $\underline{\mathrm{apr}}(X)$ 和上近似 $\overline{\mathrm{apr}}(X)$ 分别定义为

$$\underline{\mathrm{apr}}(X) = \{x \in U \mid R_s(x) \subseteq X\}$$

$$\overline{\mathrm{apr}}(X) = \{x \in U \mid R_s(x) \cap X \neq \varnothing\}$$

称 $(\underline{\mathrm{apr}}(X), \overline{\mathrm{apr}}(X))$ 为基于一般二元关系的粗糙集。

X 关于广义近似空间 (U,R) 的正域 $\mathrm{POS}(X)$、负域 $\mathrm{NEG}(X)$ 和边界域 $\mathrm{BND}(X)$ 分别定义为

$$\mathrm{POS}(X) = \underline{\mathrm{apr}}(X)$$

$$\mathrm{NEG}(X) = U - \overline{\mathrm{apr}}(X) = \{x \in U \mid R_s(x) \cap X = \varnothing\}$$

$$\mathrm{BND}(X) = \overline{\mathrm{apr}}(X) - \underline{\mathrm{apr}}(X)$$

注 1.2　若 R 是 U 上的一个等价关系，则定义 1.6 中的粗糙集就退化为 Pawlak 粗糙集。

显然，近似算子 $\underline{\mathrm{apr}}$ 和 $\overline{\mathrm{apr}}$ 是 $P(U)$ 上的算子，称系统 $(P(U), \cap, \cup, ^{\mathrm{c}}, \underline{\mathrm{apr}}, \overline{\mathrm{apr}})$ 是广义粗糙集代数。

定理 1.4　下近似和上近似算子具有下列性质。

（1）$\underline{\mathrm{apr}}(X) = (\overline{\mathrm{apr}}(X^{\mathrm{c}}))^{\mathrm{c}}$，$\overline{\mathrm{apr}}(X) = (\underline{\mathrm{apr}}(X^{\mathrm{c}}))^{\mathrm{c}}$。

（2）$\underline{\mathrm{apr}}(U) = U$，$\overline{\mathrm{apr}}(\varnothing) = \varnothing$。

（3）$\underline{\mathrm{apr}}(X \cap Y) = \underline{\mathrm{apr}}(X) \cap \underline{\mathrm{apr}}(Y)$，$\overline{\mathrm{apr}}(X \cup Y) = \overline{\mathrm{apr}}(X) \cup \overline{\mathrm{apr}}(Y)$。

（4）若 $X\subseteq Y$，则 $\underline{\mathrm{apr}}(X)\subseteq\underline{\mathrm{apr}}(Y)$，$\overline{\mathrm{apr}}(X)\subseteq\overline{\mathrm{apr}}(Y)$。

（5）$\underline{\mathrm{apr}}(X\cup Y)\supseteq\underline{\mathrm{apr}}(X)\cup\underline{\mathrm{apr}}(Y)$，$\overline{\mathrm{apr}}(X\cap Y)\subseteq\overline{\mathrm{apr}}(X)\cap\overline{\mathrm{apr}}(Y)$。

证明　（1）因为

$$\begin{aligned} x\in\underline{\mathrm{apr}}(X) &\Leftrightarrow R_s(x)\subseteq X \\ &\Leftrightarrow R_s(x)\cap X^{\mathrm{c}}=\varnothing \\ &\Leftrightarrow x\in(\overline{\mathrm{apr}}(X^{\mathrm{c}}))^{\mathrm{c}} \end{aligned}$$

所以 $\underline{\mathrm{apr}}(X)=(\overline{\mathrm{apr}}(X^{\mathrm{c}}))^{\mathrm{c}}$。同理，$\overline{\mathrm{apr}}(X)=(\underline{\mathrm{apr}}(X^{\mathrm{c}}))^{\mathrm{c}}$。

（2）显然成立。

（3）因为

$$\begin{aligned} x\in\underline{\mathrm{apr}}(X\cap Y) &\Leftrightarrow R_s(x)\subseteq X\cap Y \\ &\Leftrightarrow R_s(x)\subseteq X \text{ 且 } R_s(x)\subseteq Y \\ &\Leftrightarrow x\in\underline{\mathrm{apr}}(X) \text{ 且 } x\in\underline{\mathrm{apr}}(Y) \\ &\Leftrightarrow x\in\underline{\mathrm{apr}}(X)\cap\underline{\mathrm{apr}}(Y) \end{aligned}$$

所以 $\underline{\mathrm{apr}}(X\cap Y)=\underline{\mathrm{apr}}(X)\cap\underline{\mathrm{apr}}(Y)$。

同理 $\overline{\mathrm{apr}}(X\cup Y)=\overline{\mathrm{apr}}(X)\cup\overline{\mathrm{apr}}(Y)$。

（4）由定义 1.7 直接得到。

（5）利用性质（4）可得。

注 1.3　定理 1.4 的性质（5）一般情况下等式不成立，如下面的例 1.4。

例 1.4　设 $U=\{a,b,c\}$，R 是 U 上的一个二元关系，如表 1.6 所示。

表 1.6　例 1.4 二元关系 *R*

R	a	b	c
a	1	1	1
b	0	1	0
c	0	1	0

取 $X=\{a\}$，$Y=\{b,c\}$，则通过计算可得

$$\underline{\mathrm{apr}}(X)\cup\underline{\mathrm{apr}}(Y)=\{c\}\neq U=\underline{\mathrm{apr}}(X\cup Y)$$

再取 $A=\{a,c\}$，$B=\{b,c\}$，则可得

$$\overline{\mathrm{apr}}(A\cap B)=\overline{\mathrm{apr}}(\{c\})=\varnothing\neq\{a,b\}=\overline{\mathrm{apr}}(A)\cap\overline{\mathrm{apr}}(B)$$

近似算子 $\underline{\mathrm{apr}}$ 和 $\overline{\mathrm{apr}}$ 还具有其他若干性质，此处不详细列举。

Pawlak 粗糙集的近似算子的定义有两种主要形式。

（ⅰ）基于粒的定义 $\underline{R}(X)=\bigcup\{[x]\mid[x]\subseteq X\}$， $\overline{R}(X)=\bigcup\{[x]\mid[x]\cap X\neq\varnothing\}$ 。

（ⅱ）基于元素的定义 $\underline{R}(X)=\{x\in U\mid[x]\subseteq X\}$， $\overline{R}(X)=\{x\in U\mid[x]\cap X\neq\varnothing\}$ 。

以上两种定义是等价的，且每一对下近似和上近似是对偶的。当 R 是 U 上的一般二元关系时，用 $R_s(x)$ 代替上述定义中的 $[x]$，则有如下形式。

（Ⅰ） $\underline{\text{apr}}(X)=\bigcup\{R_s(x)\mid R_s(x)\subseteq X\}$， $\overline{\text{apr}}(X)=\bigcup\{R_s(x)\mid R_s(x)\cap X\neq\varnothing\}$ 。

（Ⅱ） $\underline{\text{apr}}(X)=\{x\in U\mid R_s(x)\subseteq X\}$， $\overline{\text{apr}}(X)=\{x\in U\mid R_s(x)\cap X\neq\varnothing\}$ 。

一般情况下，（Ⅰ）和（Ⅱ）不等价。由定理 1.4 的性质（1）知，（Ⅱ）中的下近似和上近似是对偶的，但（Ⅰ）中的下近似与上近似不是对偶的，见下面的例子。

例 1.5 设 $U=\{a,b,c\}$， R 是 U 上的一个二元关系，如表 1.7 所示。

表 1.7 例 1.5 二元关系 R

R	a	b	c
a	1	1	0
b	0	0	1
c	0	1	0

此时， $R_s(a)=\{a,b\}$， $R_s(b)=\{c\}$， $R_s(c)=\{b\}$ 。令 $X=\{a,c\}$， 则

$$(\underline{\text{apr}}(X^{\text{c}}))^{\text{c}}=\{b\}^{\text{c}}=\{a,c\}\neq\{a,b,c\}=\overline{\text{apr}}(X)$$

近似算子的对偶性质很重要，能简化计算，为解决（Ⅰ）中定义的近似算子不是对偶的缺陷，有以下两种推广方式。

（Ⅱ′） $$\begin{aligned}\underline{\text{apr}}'(X)&=\bigcup\{R_s(x)\mid R_s(x)\subseteq X\}\\&=\{x\in U\mid\exists y\in U,\text{s.t.},x\in R_s(y)\text{ 且 }R_s(y)\subseteq X\}\end{aligned}$$

$$\begin{aligned}\overline{\text{apr}}'(X)&=(\underline{\text{apr}}'(X^{\text{c}}))^{\text{c}}\\&=U-\{x\in U\mid\exists y\in U,\text{s.t.},x\in R_s(y)\text{ 且 }R_s(y)\subseteq X^{\text{c}}\}\\&=\{x\in U\mid\forall y\in U,x\in R_s(y)\text{ 且 }R_s(y)\cap X\neq\varnothing\}\cup(R_s(U))^{\text{c}}\end{aligned}$$

（Ⅱ″） $$\begin{aligned}\underline{\text{apr}}''(X)&=(\overline{\text{apr}}''(X^{\text{c}}))^{\text{c}}\\&=U-\{x\in U\mid\exists y\in U,\text{s.t.},x\in R_s(y)\text{ 且 }R_s(y)\cap X^{\text{c}}\neq\varnothing\}\\&=\{x\in U\mid\forall y\in U,x\in R_s(y)\text{ 且 }R_s(y)\subseteq X\}\cup(R_s(U))^{\text{c}}\end{aligned}$$

$$\begin{aligned}\overline{\text{apr}}''(X)&=\bigcup\{R_s(x)\mid R_s(x)\cap X\neq\varnothing\}\\&=\{x\in U\mid\exists y\in U,\text{s.t.},x\in R_s(y)\text{ 且 }R_s(y)\cap X\neq\varnothing\}\end{aligned}$$

值得指出的是定义 1.7 未考虑 $R_s(x)$ 与 X 的重叠部分的定量信息。根据定义 1.6，

只有当 x 的所有后继都属于 X 时，$x\in\underline{\mathrm{apr}}(X)$；当 x 至少有一个后继属于 X 时，$x\in\overline{\mathrm{apr}}(X)$。如果要依据 $R_s(x)$ 与 X 重叠的多少来刻画或近似目标概念 X，则可以利用程度粗糙集来解决。

定义 1.8　设 (U,R) 是广义近似空间，$\forall X\subseteq U$，k 为非负整数，X 关于 (U,R) 和程度 k 的下近似和上近似分别定义为

$$\underline{\mathrm{apr}}_k(X)=\{x\in U \,\|\, R_s(x)-X\,|\leqslant k\}=\{x\in U \,\|\, R_s(x)|-|R_s(x)\cap X|\leqslant k\}$$

$$\overline{\mathrm{apr}}_k(X)=\{x\in U \,\|\, R_s(x)\cap X|>k\}$$

即当元素 x 关于 R 的后继个数最多只有 k 个不属于 X 时，$x\in\underline{\mathrm{apr}}(X)$；而当元素 x 关于 R 的后继个数多于 k 时，$x\in\overline{\mathrm{apr}}(X)$。$(\underline{\mathrm{apr}}_k(X),\overline{\mathrm{apr}}_k(X))$ 称为程度粗糙集。

显然，当 $k=0$ 时，程度粗糙集模型就退化为基于一般二元关系的粗糙集。

定理 1.5　设 (U,R) 是广义近似空间，$\forall X,Y\subseteq U$，k 为非负整数，则程度近似算子具有下列性质。

（1）$\underline{\mathrm{apr}}_k(X)=(\overline{\mathrm{apr}}_k(X^{\mathrm{c}}))^{\mathrm{c}}$，$\overline{\mathrm{apr}}_k(X)=(\underline{\mathrm{apr}}_k(X^{\mathrm{c}}))^{\mathrm{c}}$。

（2）$\underline{\mathrm{apr}}_k(U)=U$，$\overline{\mathrm{apr}}_k(\varnothing)=\varnothing$。

（3）$\underline{\mathrm{apr}}_k(X\cap Y)\subseteq\underline{\mathrm{apr}}_k(X)\cap\underline{\mathrm{apr}}_k(Y)$，$\overline{\mathrm{apr}}_k(X\cup Y)\supseteq\overline{\mathrm{apr}}_k(X)\cup\overline{\mathrm{apr}}_k(Y)$。

（4）若 $X\subseteq Y$，则 $\underline{\mathrm{apr}}_k(X)\subseteq\underline{\mathrm{apr}}_k(Y)$ 且 $\overline{\mathrm{apr}}_k(X)\subseteq\overline{\mathrm{apr}}_k(Y)$。

（5）$\underline{\mathrm{apr}}_k(X\cup Y)\supseteq\underline{\mathrm{apr}}_k(X)\cup\underline{\mathrm{apr}}_k(Y)$，$\overline{\mathrm{apr}}_k(X\cap Y)\subseteq\overline{\mathrm{apr}}_k(X)\cap\overline{\mathrm{apr}}_k(Y)$。

（6）若 $k\geqslant l$，则 $\underline{\mathrm{apr}}_k(X)\supseteq\underline{\mathrm{apr}}_l(X)$，$\overline{\mathrm{apr}}_k(X)\subseteq\overline{\mathrm{apr}}_l(X)$。

证明　由定义 1.8 易证。

1.2　模糊粗糙集

定义 1.9　设 U 是一个非空有限论域，R 是 U 上的一个模糊关系，(U,R) 称为一个模糊近似空间。$\forall A\in F(U)$，其中 $F(U)$ 表示 U 上的所有模糊子集的集合，A 关于 (U,R) 的下近似 $\underline{R}(A)$ 和上近似 $\overline{R}(A)$ 分定义为：$\forall x\in U$

$$\underline{R}(A)(x)=\underset{y\in U}{\wedge}((1-R(x,y))\vee A(y))$$

$$\overline{R}(A)(x)=\underset{y\in U}{\vee}(R(x,y)\wedge A(y))$$

$\underline{R}$ 和 $\overline{R}:F(U)\to F(U)$ 分别称为下近似和上近似算子。$(\underline{R}(A),\overline{R}(A))$ 称为模糊粗糙集。

注 1.4　若 R 是 U 上的一个分明的二元关系，且 A 是 U 上的分明集，则 $\underline{R}$ 和 $\overline{R}$ 就退化为基于一般二元关系的下近似和上近似算子，这也表明定义 1.9 是定义 1.7 的模糊推广。

近似算子 $\underline{R}$ 和 $\overline{R}$ 具有下列性质。

定理 1.6 设 (U,R) 是一个模糊近似空间，$\forall A,B\in F(U)$，有如下结论。

（1）$\underline{R}(U)=U$，$\overline{R}(\varnothing)=\varnothing$。

（2）$\underline{R}(A\cap B)=\underline{R}(A)\cap\underline{R}(B)$，$\overline{R}(A\cup B)=\overline{R}(A)\cup\overline{R}(B)$。

（3）若 $A\subseteq B$，则 $\underline{R}(A)\subseteq\underline{R}(B)$ 且 $\overline{R}(A)\subseteq\overline{R}(B)$。

（4）$\underline{R}(A)\cup\underline{R}(B)\subseteq\underline{R}(A\cup B)$，$\overline{R}(A\cap B)\subseteq\overline{R}(A)\cap\overline{R}(B)$。

（5）$\underline{R}(A)=(\underline{R}(A^{c}))^{c}$，$\overline{R}(A)=(\underline{R}(A^{c}))^{c}$。

证明 由定义 1.9 易证。

1.3 概率粗糙集

Pawlak 粗糙集忽视了可利用信息的不完全性和可能存在的统计信息，概率粗糙集从概率论的观点出发来研究粗糙集理论，为研究不确定信息系统提供了新的粗糙集模型。

定义 1.10 设 U 是一个非空有限论域，R 是 U 上的一个等价关系，$[x]$ 表示 x 所在的等价类，令 P 为定义在由 U 的子集构成的 σ 代数上的概率测度，三元组 (U,R,P) 称为概率近似空间，U 的每个子集称为概念，代表一个随机事件。$\forall 0\leqslant\beta<\alpha\leqslant 1$，$\forall X\subseteq U$，$X$ 关于 (U,R,P) 和参数 α、β 的 1-型概率下近似 $\underline{PR}_{\alpha}(X)$ 和上近似 $\overline{PR}_{\beta}(X)$ 分别定义为

$$\underline{PR}_{\alpha}(X)=\{x\in U\mid P(X\mid[x])\geqslant\alpha\}$$

$$\overline{PR}_{\beta}(X)=\{x\in U\mid P(X\mid[x])>\beta\}$$

$(\underline{PR}_{\alpha}(X),\overline{PR}_{\beta}(X))$ 称为 1-型概率粗糙集。

X 关于 (U,R,P) 和 α、β 的 1-型概率正域、负域和边界域分别定义为

$$\mathrm{POS}_{\alpha}(X)=\underline{PR}_{\alpha}(X)=\{x\in U\mid P(X\mid[x])\geqslant\alpha\}$$

$$\mathrm{NEG}_{\beta}(X)=U-\overline{PR}_{\beta}(X)=\{x\in U\mid P(X\mid[x])\leqslant\beta\}$$

$$\mathrm{BND}_{(\alpha,\beta)}(X)=\{x\in U\mid \beta<P(X\mid[x])<\alpha\}$$

显然，$\mathrm{POS}_{\alpha}(X)$、$\mathrm{NEG}_{\beta}(X)$ 和 $\mathrm{BND}_{(\alpha,\beta)}(X)$ 构成 U 的一个划分。

$\underline{PR}_{\alpha}$ 和 $\overline{PR}_{\beta}$ 具有下列性质。

定理 1.7 设 (U,R,P) 是一个概率近似空间，$\forall 0\leqslant\beta<\alpha\leqslant 1$，$\forall X,Y\subseteq U$，则有如下结论。

（1）$\underline{PR}_{\alpha}(\varnothing)=\overline{PR}_{\beta}(\varnothing)=\varnothing$，$\underline{PR}_{\alpha}(U)=\overline{PR}_{\beta}(U)=U$。

（2）$\underline{PR}_{\alpha}(X)\subseteq\overline{PR}_{\beta}(X)$。

（3）$\underline{PR}_{\alpha}(X)=(\overline{PR}_{1-\alpha}(X^{c}))^{c}$，$\overline{PR}_{\beta}(X)=(\underline{PR}_{1-\beta}(X^{c}))^{c}(\alpha>0.5,\beta<0.5)$。

（4）$\overline{PR}_{\beta}(X\cup Y)\supseteq\overline{PR}_{\beta}(X)\cup\overline{PR}_{\beta}(Y)$，$\underline{PR}_{\alpha}(X\cap Y)\subseteq\underline{PR}_{\alpha}(X)\cap\underline{PR}_{\alpha}(Y)$。

（5）$\overline{PR}_{\beta}(X\cap Y)\subseteq\overline{PR}_{\beta}(X)\cap\overline{PR}_{\beta}(Y)$，$\underline{PR}_{\alpha}(X\cup Y)\supseteq\underline{PR}_{\alpha}(X)\cup\underline{PR}_{\alpha}(Y)$。

（6）若 $X\subseteq Y$，则 $\underline{PR}_{\alpha}(X)\subseteq\underline{PR}_{\alpha}(Y)$，$\overline{PR}_{\beta}(X)\subseteq\overline{PR}_{\beta}(Y)$。

（7）若 $\alpha_1\leqslant\alpha_2$，$\beta_1\leqslant\beta_2$，则 $\underline{PR}_{\alpha_2}(X)\subseteq\underline{PR}_{\alpha_1}(X)$，$\overline{PR}_{\beta_2}(X)\subseteq\overline{PR}_{\beta_1}(X)$。

证明　由定义 1.10 易证。

注 1.5　当 $\alpha=1$，$\beta=0$，$P(X\mid[x])=\dfrac{|X\cap[x]|}{|[x]|}$ 时，则

$$\underline{PR}_{\alpha}(X)=\underline{PR}_{1}(X)=\{x\in U\mid[x]\subseteq X\}$$

$$\overline{PR}_{\beta}(X)=\overline{PR}_{0}(X)=\{x\in U\mid[x]\cap X\neq\varnothing\}$$

这表明此时 1-型概率粗糙集就退化为 Pawlak 粗糙集，即 1-型概率粗糙集是 Pawlak 粗糙集的推广。

注 1.6　由定理 1.7 的结论（2）和结论（7）可知

$$\underline{R}(X)=\{x\in U\mid[x]\subseteq X\}\subseteq\underline{PR}_{\alpha}(X)\subseteq\overline{PR}_{\beta}(X)\subseteq\overline{R}(X)=\{x\in X\mid[x]\cap X\neq\varnothing\}$$

因此，1-型概率粗糙集中的边界域比 Pawlak 粗糙集的边界域小，而正域和负域都比 Pawlak 粗糙集的正域和负域大。从而 1-型概率粗糙集模型比 Pawlak 粗糙集模型的应用范围更广。

定理 1.8　设 (U,R,P) 是一个概率近似空间，$\forall 0<\gamma<1$，$\forall X\subseteq U$。

（1）$\lim\limits_{\alpha\to\gamma^{+}}\underline{PR}_{\alpha}(X)=\bigcup\limits_{\alpha>\gamma}\underline{PR}_{\alpha}(X)=\overline{PR}_{\gamma}(X)$。

（2）$\lim\limits_{\beta\to\gamma^{-}}\overline{PR}_{\beta}(X)=\bigcap\limits_{\beta<\gamma}\overline{PR}_{\beta}(X)=\underline{PR}_{\gamma}(X)$。

证明　（1）当 $\alpha>\gamma$ 时，由定义 1.10 知

$$\begin{aligned}\underline{PR}_{\alpha}(X)&=\{x\in U\mid P(X\mid[x])\geqslant\alpha\}\\&\subseteq\{x\in U\mid P(X\mid[x])>\gamma\}\\&=\overline{PR}_{\gamma}(X)\end{aligned}$$

又由定理 1.7 的结论（7）知 $\underline{PR}_{\alpha}(X)$ 随着 α 的减小而增大，故

$$\lim_{\alpha\to\gamma^{+}}\underline{PR}_{\alpha}(X)=\bigcup_{\alpha>\gamma}\underline{PR}_{\alpha}(X)\subseteq\overline{PR}_{\gamma}(X)$$

若存在 $x_0\in\overline{PR}_{\gamma}(X)-\bigcup\limits_{\alpha<\gamma}\underline{PR}_{\alpha}(X)$，则有 $P(X\mid[x_0])>\gamma$，但 $\forall\alpha>\gamma$，有 $x_0\notin\underline{PR}_{\alpha}(X)$，即 $\forall\alpha>\gamma$，有 $P(X\mid[x_0])<\alpha$，这表明 $P(X\mid[x_0])\leqslant\gamma$，与 $P(X\mid[x_0])>\gamma$ 矛盾，这意味着 $\bigcup\limits_{\alpha>\gamma}\underline{PR}_{\alpha}(X)=\overline{PR}_{\gamma}(X)$。故结论（1）成立。

（2）由 $\beta<\gamma$ 可得

$$\begin{aligned}\overline{PR}_{\beta}(X)&=\{x\in U \mid P(X\mid[x])>\beta\}\\&\supseteq\{x\in U \mid P(X\mid[x])\geqslant\gamma\}\\&=\underline{PR}_{\gamma}(X)\end{aligned}$$

从而由 $\overline{PR}_{\beta}(X)$ 关于 β 的单调递减得

$$\lim_{\beta\to\gamma^-}\overline{PR}_{\beta}(X)=\bigcap_{\beta<\gamma}\overline{PR}_{\beta}(X)\supseteq\underline{PR}_{\gamma}(X)$$

若存在 $y\in\bigcap_{\beta<\gamma}\overline{PR}_{\beta}(X)-\underline{PR}_{\gamma}(X)$，则 $\forall\beta<\gamma$，$y\in\overline{PR}_{\beta}(X)$，但 $y\notin\underline{PR}_{\gamma}(X)$，即 $P(X\mid[y])<\gamma$，于是 $\forall\beta<\gamma$，$P(X\mid[y])>\beta$，则 $P(X\mid[y])\geqslant\gamma$，这与 $P(X\mid[y])<\gamma$ 矛盾，故结论（2）成立。

注 1.7 一般地，$\lim_{\alpha\to\gamma^+}\underline{PR}_{\alpha}(X)=\underline{PR}_{\gamma}(X)$ 和 $\lim_{\beta\to\gamma^-}\overline{PR}_{\beta}(X)=\overline{PR}_{\gamma}(X)$ 不成立。

例 1.6 设 $U=\{x_1,x_2,x_3,\cdots,x_{20}\}$，$R$ 是 U 上的一个等价关系，满足 $[x_1]=\{x_1,x_2,x_3,x_4,x_5\}$，$[x_6]=\{x_6,x_7,x_8\}$，$[x_9]=\{x_9,x_{10},x_{11},x_{12}\}$，$[x_{13}]=\{x_{13},x_{14}\}$，$[x_{15}]=\{x_{15},x_{16},x_{17},x_{18}\}$，$[x_{19}]=\{x_{19},x_{20}\}$。令 $X=\{x_6,x_7,x_8,x_{13},x_{17}\}$，则

$$\underline{PR}_{0.5}(X)=\{x_6,x_7,x_8,x_{13},x_{14}\},\quad \overline{PR}_{0.5}(X)=\{x_6,x_7,x_8\}$$

由定理 1.8 知

$$\lim_{\alpha\to0.5^+}\underline{PR}_{\alpha}(X)=\overline{PR}_{0.5}(X)=\{x_6,x_7,x_8\}\neq\underline{PR}_{0.5}(X)$$

$$\lim_{\beta\to0.5^-}\overline{PR}_{\beta}(X)=\underline{PR}_{0.5}(X)=\{x_6,x_7,x_8,x_{13},x_{14}\}\neq\overline{PR}_{0.5}(X)$$

例 1.6 表明 $\underline{PR}_{\alpha}(X)$ 关于 α 不是右连续的，$\overline{PR}_{\beta}(X)$ 关于 β 不是左连续的；下面的定理说明它们分别关于 α 和 β 是左连续和右连续的。

定理 1.9 设 (U,R,P) 是一个概率近似空间，$\forall 0<\gamma<1$，$\forall X\subseteq U$。

（1）$\lim_{\alpha\to\gamma^-}\underline{PR}_{\alpha}(X)=\bigcap_{\alpha<\gamma}\underline{PR}_{\alpha}(X)=\underline{PR}_{\gamma}(X)$。

（2）$\lim_{\beta\to\gamma+}\overline{PR}_{\beta}(X)=\bigcup_{\beta>\gamma}\overline{PR}_{\beta}(X)=\overline{PR}_{\gamma}(X)$。

证明 （1）由定理 1.7 知，当 $\alpha<\gamma$ 时，$\underline{PR}_{\alpha}(X)\supseteq\underline{PR}_{\gamma}(X)$。又由定理 1.7 的结论（7）知，$\underline{PR}_{\alpha}(X)$ 随着 α 的增大而减少，则 $\lim_{\alpha\to\gamma^-}\underline{PR}_{\alpha}(X)=\bigcap_{\alpha<\gamma}\underline{PR}_{\alpha}(X)\supseteq\underline{PR}_{\gamma}(X)$。

若存在 $x_0\in\bigcap_{\alpha<\gamma}\underline{PR}_{\alpha}(X)-\underline{PR}_{\gamma}(X)$，则 $\forall\alpha<\gamma$，有 $x_0\in\underline{PR}_{\alpha}(X)$，但 $x_0\notin\underline{PR}_{\gamma}(X)$，即 $P(X\mid[x_0])<\gamma$，这不可能。这是因为若 $\forall\alpha<\gamma$，$P(X\mid[x_0])\geqslant\alpha$，则 $P(X\mid[x_0])\geqslant\gamma$，从而 $\bigcap_{\alpha<\gamma}\underline{PR}_{\alpha}(X)=\underline{PR}_{\gamma}(X)$。故 $\lim_{\alpha\to\gamma^-}\underline{PR}_{\alpha}(X)=\bigcap_{\alpha<\gamma}\underline{PR}_{\alpha}(X)=\underline{PR}_{\gamma}(X)$。

（2）由定理 1.7 知，$\forall\beta>\gamma$，有 $\overline{PR}_{\beta}(X)\subseteq\overline{PR}_{\gamma}(X)$。再由 $\overline{PR}_{\beta}(X)$ 关于 β 是单调

递减的，得 $\lim\limits_{\beta\to\gamma+}\overline{PR}_\beta(X)=\bigcup\limits_{\beta>\gamma}\overline{PR}_\beta(X)\subseteq\overline{PR}_\gamma(X)$。若存在 $y\in\overline{PR}_\gamma(X)-\bigcup\limits_{\beta>\gamma}\overline{PR}_\beta(X)$，即存在 $y\in\overline{PR}_\gamma(X)$，而 $\forall\beta>\gamma$，$y\notin\overline{PR}_\beta(X)$，于是 $P(X|[y])>\gamma$，而 $\forall\beta>\gamma$，$P(X|[y])\leqslant\beta$，这是不可能的。因为由 $\forall\beta>\gamma$，$P(X|[y])\leqslant\beta$，可得 $P(X|[y])\leqslant\gamma$，这与 $P(X|[y])>\gamma$ 矛盾，故

$$\lim_{\beta\to\gamma+}\overline{PR}_\beta(X)=\bigcup_{\beta>\gamma}\overline{PR}_\beta(X)=\overline{PR}_\gamma(X)$$

定义 1.11　设 (U,R,P) 是一个概率近似空间，$\forall 0\leqslant\beta<\alpha\leqslant 1$，$\forall X\subseteq U$，$X$ 关于 (U,R,P) 和 α、β 的近似精度和粗糙度分别定义为

$$\eta(X,\alpha,\beta)=\frac{\left|\underline{PR}_\alpha(X)\right|}{\left|\overline{PR}_\beta(X)\right|}$$

$$\rho(X,\alpha,\beta)=1-\eta(X,\alpha,\beta)=1-\frac{\left|\underline{PR}_\alpha(X)\right|}{\left|\overline{PR}_\beta(X)\right|}$$

下面给出概率粗糙集模型的另外三种形式。

定义 1.12　设 (U,R,P) 是一个概率近似空间，$\forall 0<\beta\leqslant\alpha<1$，$\forall X\subseteq U$，$X$ 关于 (U,R,P) 和 α、β 的概率 2-型下近似 $\underline{PR}'_\alpha(X)$ 和上近似 $\overline{PR}'_\beta(X)$ 分别定义为

$$\underline{PR}'_\alpha(X)=\{x\in U\mid P(X|[x])>\alpha\}=\bigcup\{[x]\mid P(X|[x])>\alpha\}$$

$$\overline{PR}'_\beta(X)=\{x\in U\mid P(X|[x])\geqslant\beta\}=\bigcup\{[x]\mid P(X|[x])\geqslant\beta\}$$

$(\underline{PR}'_\alpha(X),\overline{PR}'_\beta(X))$ 称为概率 2-型粗糙集。

定义 1.13　设 (U,R,P) 是一个概率近似空间，$\forall X\subseteq U$，$\forall 0\leqslant\beta\leqslant\alpha<1$，$X$ 关于 (U,R,P) 和 α、β 的概率 3-型下近似 $\underline{PR}''_\alpha(X)$ 和上近似 $\overline{PR}''_\beta(X)$ 分别定义为

$$\underline{PR}''_\alpha(X)=\{x\in U\mid P(X|[x])>\alpha\}=\bigcup\{[x]\mid P(X|[x])>\alpha\}$$

$$\overline{PR}''_\beta(X)=\{x\in U\mid P(X|[x])>\beta\}=\bigcup\{[x]\mid P(X|[x])>\beta\}$$

$(\underline{PR}''_\alpha(X),\overline{PR}''_\beta(X))$ 称为概率 3-型粗糙集。

定义 1.14　设 (U,R,P) 是一个概率近似空间，$\forall X\subseteq U$，$\forall 0<\beta\leqslant\alpha\leqslant 1$，$X$ 关于 (U,R,P) 和 α、β 的概率 4-型下近似 $\underline{PR}'''_\alpha(X)$ 和上近似 $\overline{PR}'''_\beta(X)$ 分别定义为

$$\underline{PR}'''_\alpha(X)=\{x\in U\mid P(X|[x])\geqslant\alpha\}=\bigcup\{[x]\mid P(X|[x]\geqslant\alpha\}$$

$$\overline{PR}'''_\beta(X)=\{x\in U\mid P(X|[x])\geqslant\beta\}=\bigcup\{[x]\mid P(X|[x])\geqslant\beta\}$$

$(\underline{PR}'''_\alpha(X),\overline{PR}'''_\beta(X))$ 称为概率 4-型粗糙集。

1.4　决策粗糙集

决策粗糙集是 Yao 基于贝叶斯（Bayesian）决策理论提出的，下面简单地介绍贝叶斯决策过程。

设 $\Omega=\{\omega_1,\omega_2,\cdots,\omega_s\}$ 是 s 个状态的集合，$A=\{a_1,a_2,\cdots,a_m\}$ 是 m 个可能的决策行动。$P(\omega_j\,|\,[x])$ 表示对象 x 在状态 ω_j 的条件概率，其中 $[x]$ 为对象 x 的描述。$\lambda(a_i\,|\,\omega_j)$ 表示在状态 ω_j 的情况下采取 a_i 行动的损失或者成本。对于描述为 $[x]$ 的对象，假设采取行动 a_i，既然 $P(\omega_j\,|\,[x])$ 表示给定的具有描述为 $[x]$ 的对象在真实状态 ω_j 的概率，则采取行动 a_i 的期望损失或者成本为

$$R(a_i\,|\,[x])=\sum_{j=1}^{s}\lambda(a_i\,|\,\omega_j)P(\omega_i\,|\,[x])$$

给定一个描述 $[x]$，一个决策规则 $\tau([x])$ 可以看成所采取的行动，即对于每一个描述 $[x]$，$\tau([x])$ 是 $a_1,\cdots,a_m$ 中的某一个。总体风险是和给定的决策规则相关的期望成本。决策规则的总体风险为

$$R=\sum_{[x]}R(\tau([x])\,|\,[x])P([x])$$

对于每一个描述 $[x]$，计算条件风险 $R(a_i\,|\,[x])$，从中选出条件风险最小的行动，则总体风险最小。

在三支决策框架下，决策粗糙集模型利用两个状态集和三个行动集描述决策过程。设状态集为 $\Omega=\{X,\neg X\}$，其中 $\neg X$ 表示 X 的补，行动集为 $A=\{a_{\mathrm{P}},a_{\mathrm{B}},a_{\mathrm{N}}\}$，分别表示接受、延迟决策和拒绝三种行动。由于采取不同行动会产生不同的损失，用 λ_{PP}、λ_{BP}、λ_{NP} 分别表示当对象 x 属于 X 时，采取行动 a_{P}、a_{B}、a_{N} 的损失。类似地，用 λ_{PN}、λ_{BN}、λ_{NN} 分别表示当对象 x 不属于 X 时，采取行动 a_{P}、a_{B}、a_{N} 的损失。根据贝叶斯决策过程，采取 a_{P}、a_{B}、a_{N} 三种行动的期望损失分别为

$$R(a_{\mathrm{P}}\,|\,[x])=\lambda_{\mathrm{PP}}P(X\,|\,[x])+\lambda_{\mathrm{PN}}P(\neg X\,|\,[x])$$

$$R(a_{\mathrm{B}}\,|\,[x])=\lambda_{\mathrm{BP}}P(X\,|\,[x])+\lambda_{\mathrm{BN}}P(\neg X\,|\,[x])$$

$$R(a_{\mathrm{N}}\,|\,[x])=\lambda_{\mathrm{NP}}P(X\,|\,[x])+\lambda_{\mathrm{NN}}P(\neg X\,|\,[x])$$

贝叶斯决策过程要求所采取行动的期望损失最小，从而可得如下三条决策规则。

（P1）如果 $R(a_{\mathrm{P}}\,|\,[x])\leqslant R(a_{\mathrm{B}}\,|\,[x])$ 且 $R(a_{\mathrm{P}}\,|\,[x])\leqslant R(a_{\mathrm{N}}\,|\,[x])$，则 $x\in \mathrm{POS}(X)$。

（N1）如果 $R(a_{\mathrm{N}}\,|\,[x])\leqslant R(a_{\mathrm{P}}\,|\,[x])$ 且 $R(a_{\mathrm{N}}\,|\,[x])\leqslant R(a_{\mathrm{B}}\,|\,[x])$，则 $x\in \mathrm{NEG}(X)$。

（B1）如果 $R(a_{\mathrm{B}}\,|\,[x])\leqslant R(a_{\mathrm{P}}\,|\,[x])$ 且 $R(a_{\mathrm{B}}\,|\,[x])\leqslant R(a_{\mathrm{N}}\,|\,[x])$，则 $x\in \mathrm{BND}(X)$。

考虑到接受正确事物的损失不大于延迟接受正确事物的损失，且这两者都小于

拒绝正确事物的损失；拒绝错误事物的损失不大于延迟拒绝错误事物的损失，且这两者都小于接受错误事物的损失。因此，一个合理的假设为 $0 \leqslant \lambda_{PP} \leqslant \lambda_{BP} < \lambda_{NP}$，$0 \leqslant \lambda_{NN} \leqslant \lambda_{BN} < \lambda_{PN}$。

基于此，决策规则（P1）、（N1）、（B1）可简化如下。

（P2）如果 $P(X|[x]) \geqslant \alpha$ 且 $P(X|[x]) \geqslant \gamma$，则 $x \in \mathrm{POS}(X)$。

（N2）如果 $P(X|[x]) \leqslant \gamma$ 且 $P(X|[x]) \leqslant \beta$，则 $x \in \mathrm{NEG}(X)$。

（B2）如果 $P(X|[x]) \leqslant \alpha$ 且 $P(X|[x]) \geqslant \beta$，则 $x \in \mathrm{BND}(X)$。

其中

$$\alpha = \frac{\lambda_{PN} - \lambda_{BN}}{(\lambda_{PN} - \lambda_{BN}) + (\lambda_{BP} - \lambda_{PP})} \tag{1-1}$$

$$\gamma = \frac{\lambda_{PN} - \lambda_{NN}}{(\lambda_{PN} - \lambda_{NN}) + (\lambda_{NP} - \lambda_{PP})} \tag{1-2}$$

$$\beta = \frac{\lambda_{BN} - \lambda_{NN}}{(\lambda_{BN} - \lambda_{NN}) + (\lambda_{NP} - \lambda_{BP})} \tag{1-3}$$

进一步，如果 $0 \leqslant \beta \leqslant \gamma \leqslant \alpha \leqslant 1$，则决策规则（P2）、（N2）、（B2）可重写如下。

（P3）如果 $P(X|[x]) \geqslant \alpha$，则 $x \in \mathrm{POS}(X)$。

（N3）如果 $P(X|[x]) \leqslant \beta$，则 $x \in \mathrm{NEG}(X)$。

（B3）如果 $\beta < P(X|[x]) < \alpha$，则 $x \in \mathrm{BND}(X)$。

基于（P3）、（N3）、（B3），可得决策粗糙集的下近似和上近似为

$$\underline{PR}(X) = \{x \in U \mid P(X|[x]) \geqslant \alpha\}$$

$$\overline{PR}(X) = \{x \in U \mid P(X|[x]) > \beta\}$$

其中，α、β 分别由式（1-1）和式（1-3）给出，$(\underline{PR}(X), \overline{PR}(X))$ 称为决策粗糙集。

决策粗糙集是一种特殊的概率粗糙集，其中参数 α、β 可用风险、损失来解释。

1.5　多粒度粗糙集

Pawlak 粗糙集是基于单个等价关系提出的，然而在一些实际问题中，多个决策者之间可能是相互独立的，需采用多个二元关系来描述目标概念。基于此，钱宇华等提出了多粒度粗糙集模型。

在如冲突分析、多方谈判等很多实际问题中，决策各方通常采用“求同排异”策略进行决策，是一种悲观或者保守的决策策略。基于“求同排异”策略，钱宇华提出了一个多粒度数据建模方法，称为悲观多粒度粗糙集。

定义 1.15　设 (U, AT, V, f) 是一个信息系统，$A_1, A_2, \cdots, A_m \subseteq \mathrm{AT}$，$\forall X \subseteq U$。$X$ 的悲观多粒度下、上近似分别定义为

$$\underline{\sum_{i=1}^{m} A_i}^{\mathrm{P}}(X)=\{x\in U\mid [x]_{A_1}\subseteq X\text{且}[x]_{A_2}\subseteq X\cdots\text{且}[x]_{A_m}\subseteq X\}$$

$$\overline{\sum_{i=1}^{m} A_i}^{\mathrm{P}}(X)=\{x\in U\mid [x]_{A_1}\cap X\neq\varnothing\text{或}[x]_{A_2}\cap X\neq\varnothing\cdots\text{或}[x]_{A_m}\cap X\neq\varnothing\}$$

根据定义 1.15，X 的悲观多粒度的边界域定义为

$$\mathrm{BND}_{\sum_{i=1}^{m} A_i^{\mathrm{P}}(X)}=\overline{\sum_{i=1}^{m} A_i}^{\mathrm{P}}(X)-\underline{\sum_{i=1}^{m} A_i}^{\mathrm{P}}(X)$$

由定义 1.15 可知，悲观多粒度粗糙集中目标概念的下近似和上近似是通过多个等价关系导出的等价类来表示的。只有在每个粒空间都满足条件要求的情况下，该对象才能被放入悲观多粒度的下近似中。

定理 1.10　设 (U,AT,V,f) 是一个信息系统，$\forall X,Y\subseteq U$，则有如下结论。

（1）$\underline{\sum_{i=1}^{m} A_i}^{\mathrm{P}}(X)\subseteq X\subseteq\overline{\sum_{i=1}^{m} A_i}^{\mathrm{P}}(X)$。

（2）$\underline{\sum_{i=1}^{m} A_i}^{\mathrm{P}}(\varnothing)=\overline{\sum_{i=1}^{m} A_i}^{\mathrm{P}}(\varnothing)=\varnothing$，$\underline{\sum_{i=1}^{m} A_i}^{\mathrm{P}}(U)=\overline{\sum_{i=1}^{m} A_i}^{\mathrm{P}}(U)=U$。

（3）若 $X\subseteq Y$，则 $\underline{\sum_{i=1}^{m} A_i}^{\mathrm{P}}(X)\subseteq\underline{\sum_{i=1}^{m} A_i}^{\mathrm{P}}(Y)$ 且 $\overline{\sum_{i=1}^{m} A_i}^{\mathrm{P}}(X)\subseteq\overline{\sum_{i=1}^{m} A_i}^{\mathrm{P}}(Y)$。

（4）$\underline{\sum_{i=1}^{m} A_i}^{\mathrm{P}}(X)=\bigcap_{i=1}^{m}\underline{A_i}(X)$，$\overline{\sum_{i=1}^{m} A_i}^{\mathrm{P}}(X)=\bigcup_{i=1}^{m}\overline{A_i}(X)$。

（5）$\underline{\sum_{i=1}^{m} A_i}^{\mathrm{P}}(X^{\mathrm{c}})=\left(\overline{\sum_{i=1}^{m} A_i}^{\mathrm{P}}(X)\right)^{\mathrm{c}}$，$\overline{\sum_{i=1}^{m} A_i}^{\mathrm{P}}(X^{\mathrm{c}})=\left(\underline{\sum_{i=1}^{m} A_i}^{\mathrm{P}}(X)\right)^{\mathrm{c}}$。

证明　（1）$\forall x\in\underline{\sum_{i=1}^{m} A_i}^{\mathrm{P}}(X)$，则 $[x]_{A_i}\subseteq X(i=1,2,\cdots,m)$。由等价关系是自反的，有 $x\in[x]_{A_i}\subseteq X(i=1,2,\cdots,m)$，则 $\underline{\sum_{i=1}^{m} A_i}^{\mathrm{P}}(X)\subseteq X$。$\forall x\in X$，显然 $x\in[x]_{A_i}\cap X\neq\varnothing$ $(i=1,2,\cdots,m)$，则 $x\in\overline{\sum_{i=1}^{m} A_i}^{\mathrm{P}}(X)$，从而 $X\subseteq\overline{\sum_{i=1}^{m} A_i}^{\mathrm{P}}(X)$。

（2）根据定义 1.15，显然成立。

（3） $\forall x \in \underline{\sum_{i=1}^{m} A_i}^{\mathrm{P}}(X)$，有 $[x]_{A_i} \subseteq X(i=1,2,\cdots,m)$。由于 $X \subseteq Y$，则 $[x]_{A_i} \subseteq Y$，$(i=1,2,\cdots,m)$，所以 $x \in \underline{\sum_{i=1}^{m} A_i}^{\mathrm{P}}(Y)$，因此 $\underline{\sum_{i=1}^{m} A_i}^{\mathrm{P}}(X) \subseteq \underline{\sum_{i=1}^{m} A_i}^{\mathrm{P}}(Y)$。

类似可证 $\overline{\sum_{i=1}^{m} A_i}^{\mathrm{P}}(X) \subseteq \overline{\sum_{i=1}^{m} A_i}^{\mathrm{P}}(Y)$。

（4） $\forall x \in \underline{\sum_{i=1}^{m} A_i}^{\mathrm{P}}(X)$，有 $[x]_{A_i} \subseteq X(i=1,2,\cdots,m)$，则 $x \in \underline{A_i}(X)(i=1,2,\cdots,m)$，于是 $x \in \bigcap_{i=1}^{m} \underline{A_i}(X)$，因此 $\underline{\sum_{i=1}^{m} A_i}^{\mathrm{P}}(X) \subseteq \bigcap_{i=1}^{m} \underline{A_i}(X)$。反过来，$\forall x \in \bigcap_{i=1}^{m} \underline{A_i}(X)$，有 $[x]_{A_i} \subseteq X$，$(i=1,2,\cdots,m)$，则 $x \in \underline{\sum_{i=1}^{m} A_i}^{\mathrm{P}}(X)$ 显然成立，因此 $\underline{\sum_{i=1}^{m} A_i}^{\mathrm{P}}(X) \supseteq \bigcap_{i=1}^{m} \underline{A_i}(X)$。故 $\underline{\sum_{i=1}^{m} A_i}^{\mathrm{P}}(X) = \bigcap_{i=1}^{m} \underline{A_i}(X)$。类似可证 $\overline{\sum_{i=1}^{m} A_i}^{\mathrm{P}}(X) = \bigcup_{i=1}^{m} \overline{A_i}(X)$。

（5） $\forall x \in \underline{\sum_{i=1}^{m} A_i}^{\mathrm{P}}(X^{\mathrm{c}})$，根据定义有 $[x]_{A_i} \subseteq X^{\mathrm{c}}\ (i=1,2,\cdots,m)$，则 $[x]_{A_i} \cap X = \varnothing$ $(i=1,2,\cdots,m)$，再根据定义 1.15 知 $x \notin \overline{\sum_{i=1}^{m} A_i}^{\mathrm{P}}(X)$，所以 $\underline{\sum_{i=1}^{m} A_i}^{\mathrm{P}}(X^{\mathrm{c}}) \subseteq \left(\overline{\sum_{i=1}^{m} A_i}^{\mathrm{P}}(X)\right)^{\mathrm{c}}$。

$\forall x \in \left(\overline{\sum_{i=1}^{m} A_i}^{\mathrm{P}}(X)\right)^{\mathrm{c}}$，有 $[x]_{A_i} \cap X = \varnothing(i=1,2,\cdots,m)$，即 $[x]_{A_i} \subseteq X^{\mathrm{c}}(i=1,2,\cdots,m)$。根据定义 1.15，有 $x \in \underline{\sum_{i=1}^{m} A_i}^{\mathrm{P}}(X^{\mathrm{c}})$，则 $\underline{\sum_{i=1}^{m} A_i}^{\mathrm{P}}(X^{\mathrm{c}}) \supseteq \left(\overline{\sum_{i=1}^{m} A_i}^{\mathrm{P}}(X)\right)^{\mathrm{c}}$。因此 $\underline{\sum_{i=1}^{m} A_i}^{\mathrm{P}}(X^{\mathrm{c}}) = \left(\overline{\sum_{i=1}^{m} A_i}^{\mathrm{P}}(X)\right)^{\mathrm{c}}$。

类似地，可以证明 $\overline{\sum_{i=1}^{m} A_i}^{\mathrm{P}}(X^{\mathrm{c}}) = \left(\underline{\sum_{i=1}^{m} A_i}^{\mathrm{P}}(X)\right)^{\mathrm{c}}$。

定理 1.11　设 (U,AT,V,f) 是一个信息系统，$A_1,A_2,\cdots,A_m \subseteq \mathrm{AT}$，$\forall X_1,X_2,\cdots,X_n \subseteq U$。

（1）$\underline{\sum_{i=1}^{m}A_i}^{\mathrm{P}}\left(\bigcap_{j=1}^{n}X_j\right)=\bigcap_{i=1}^{m}\left(\bigcap_{j=1}^{n}\underline{A_i}(X_j)\right)$，$\overline{\sum_{i=1}^{m}A_i}^{\mathrm{P}}\left(\bigcup_{j=1}^{n}X_j\right)=\bigcup_{i=1}^{m}\left(\bigcup_{j=1}^{n}\overline{A_i}(X_j)\right)$。

（2）$\underline{\sum_{i=1}^{m}A_i}^{\mathrm{P}}\left(\bigcap_{j=1}^{n}X_j\right)=\bigcap_{j=1}^{n}\left(\underline{\sum_{i=1}^{m}A_i}^{\mathrm{P}}(X_j)\right)$，$\overline{\sum_{i=1}^{m}A_i}^{\mathrm{P}}\left(\bigcup_{j=1}^{n}X_j\right)=\bigcup_{j=1}^{n}\left(\overline{\sum_{i=1}^{m}A_i}^{\mathrm{P}}(X_j)\right)$。

（3）$\underline{\sum_{i=1}^{m}A_i}^{\mathrm{P}}\left(\bigcup_{j=1}^{n}X_j\right)\supseteq\bigcup_{j=1}^{n}\left(\underline{\sum_{i=1}^{m}A_i}^{\mathrm{P}}(X_j)\right)$，$\overline{\sum_{i=1}^{m}A_i}^{\mathrm{P}}\left(\bigcap_{j=1}^{n}X_j\right)\subseteq\bigcap_{j=1}^{n}\left(\overline{\sum_{i=1}^{m}A_i}^{\mathrm{P}}(X_j)\right)$。

证明　（1）$\forall x\in\underline{\sum_{i=1}^{m}A_i}^{\mathrm{P}}\left(\bigcap_{j=1}^{n}X_j\right)$，由悲观多粒度下近似的定义知$[x]_{A_i}\subseteq\bigcap_{j=1}^{n}X_j$ $(i=1,2,\cdots,m)$，因此$[x]_{A_i}\subseteq X_j$ $(i=1,2,\cdots,m;j=1,2,\cdots,n)$。所以$x\in\bigcap_{j=1}^{n}\underline{A_i}(X_j)(i=1,2,\cdots,m)$，于是$x\in\bigcap_{i=1}^{m}\left(\bigcap_{j=1}^{n}\underline{A_i}(X_j)\right)$。因此$\underline{\sum_{i=1}^{m}A_i}^{\mathrm{P}}\left(\bigcap_{j=1}^{n}X_j\right)\subseteq\bigcap_{i=1}^{m}\left(\bigcap_{j=1}^{n}\underline{A_i}(X_j)\right)$。

$\forall x\in\bigcap_{i=1}^{m}\left(\bigcap_{j=1}^{n}\underline{A_i}(X_j)\right)$，有$x\in\bigcap_{j=1}^{n}\underline{A_i}(X_j)$ $(i=1,2,\cdots,m)$，则$x\in\underline{A_i}(X_j)$ $(i=1,2,\cdots,m;j=1,2,\cdots,n)$。因此$[x]_{A_i}\subseteq X_j$ $(i=1,2,\cdots,m;j=1,2,\cdots,n)$。从而$[x]_{A_i}\subseteq\bigcap_{j=1}^{n}X_j$ $(i=1,2,\cdots,m)$，根据悲观多粒度下近似的定义，则$x\in\underline{\sum_{i=1}^{m}A_i}^{\mathrm{P}}\left(\bigcap_{j=1}^{n}X_j\right)$。因此$\underline{\sum_{i=1}^{m}A_i}^{\mathrm{P}}\left(\bigcap_{j=1}^{n}X_j\right)\supseteq\bigcap_{i=1}^{m}\left(\bigcap_{j=1}^{n}\underline{A_i}(X_j)\right)$。故$\underline{\sum_{i=1}^{m}A_i}^{\mathrm{P}}\left(\bigcap_{j=1}^{n}X_j\right)=\bigcap_{i=1}^{m}\left(\bigcap_{j=1}^{n}\underline{A_i}(X_j)\right)$。

类似可证$\overline{\sum_{i=1}^{m}A_i}^{\mathrm{P}}\left(\bigcup_{j=1}^{n}X_j\right)=\bigcup_{i=1}^{m}\left(\bigcup_{j=1}^{n}\overline{A_i}(X_j)\right)$。

（2）根据定理 1.10 的结论（4）知$\underline{\sum_{i=1}^{m}A_i}^{\mathrm{P}}\left(\bigcap_{j=1}^{n}X_j\right)=\bigcap_{i=1}^{m}\underline{A_i}\left(\bigcap_{j=1}^{n}X_j\right)$。由 Pawlak 粗糙集的性质，有$\bigcap_{i=1}^{m}\underline{A_i}\left(\bigcap_{j=1}^{n}X_j\right)=\bigcap_{j=1}^{n}\bigcap_{i=1}^{m}\underline{A_i}(X_j)$。由于$\bigcap_{i=1}^{m}\underline{A_i}(X)=\underline{\sum_{i=1}^{m}A_i}^{\mathrm{P}}(X_j)$，则

$$\underline{\sum_{i=1}^{m}A_i}^{\mathrm{P}}\left(\bigcap_{j=1}^{n}X_j\right)=\bigcap_{i=1}^{m}\underline{A_i}\left(\bigcap_{j=1}^{n}X_j\right)=\bigcap_{j=1}^{n}\bigcap_{i=1}^{m}\underline{A_i}(X_j)=\bigcap_{j=1}^{n}\left(\underline{\sum_{i=1}^{m}A_i}^{\mathrm{P}}(X_j)\right)$$

类似可证$\overline{\sum_{i=1}^{m} A_i}^{\mathrm{P}}\left(\bigcup_{j=1}^{n} X_j\right)=\bigcup_{j=1}^{n}\left(\overline{\sum_{i=1}^{m} A_i}^{\mathrm{P}}(X_j)\right)$。

（3）$\forall x \in \bigcup_{j=1}^{n}\left(\underline{\sum_{i=1}^{m} A_i}^{\mathrm{P}}(X_j)\right)$，则存在$k\in\{1,2,\cdots,n\}$，使得$x\in\underline{\sum_{i=1}^{m} A_i}^{\mathrm{P}}(X_k)$。根据悲观多粒度下近似的定义知$[x]_{A_i}\subseteq X_k\ (i=1,2,\cdots,m)$，于是$[x]_{A_i}\subseteq\bigcup_{j=1}^{n} X_j\ (i=1,2,\cdots,m)$，则$x\in\underline{\sum_{i=1}^{m} A_i}^{\mathrm{P}}\left(\bigcup_{j=1}^{n} X_j\right)$，从而$\underline{\sum_{i=1}^{m} A_i}^{\mathrm{P}}\left(\bigcup_{j=1}^{n} X_j\right)\supseteq\bigcup_{j=1}^{n}\left(\underline{\sum_{i=1}^{m} A_i}^{\mathrm{P}}(X_j)\right)$。

类似可证$\overline{\sum_{i=1}^{m} A_i}^{\mathrm{P}}\left(\bigcap_{j=1}^{n} X_j\right)\subseteq\bigcap_{j=1}^{n}\left(\overline{\sum_{i=1}^{m} A_i}^{\mathrm{P}}(X_j)\right)$。

定义 1.16　设(U,AT,V,f)是一个信息系统，$A_1,A_2,\cdots,A_m\subseteq \mathrm{AT}$是$m$个属性子集，$X\subseteq U$，$X$的乐观多粒度下近似$\underline{\sum_{i=1}^{m} A_i}^{\mathrm{O}}(X)$和上近似$\overline{\sum_{i=1}^{m} A_i}^{\mathrm{O}}(X)$分别定义为

$$\underline{\sum_{i=1}^{m} A_i}^{\mathrm{O}}(X)=\{x\in U\mid [x]_{A_1}\subseteq X\ \text{或}\ [x]_{A_2}\subseteq X\cdots\text{或}\ [x]_{A_m}\subseteq X\}$$

$$\overline{\sum_{i=1}^{m} A_i}^{\mathrm{O}}(X)=\{x\in U\mid [x]_{A_1}\cap X\neq\varnothing\ \text{且}\ [x]_{A_2}\cap X\neq\varnothing\cdots\text{且}\ [x]_{A_m}\cap X\neq\varnothing\}$$

$\left(\underline{\sum_{i=1}^{m} A_i}^{\mathrm{O}}(X),\overline{\sum_{i=1}^{m} A_i}^{\mathrm{O}}(X)\right)$称为乐观多粒度粗糙集。

由定义 1.16 可知，乐观多粒度粗糙集中目标概念的下近似和上近似是通过多个独立的等价关系导出的等价类来表示的，如果至少一个粒空间满足条件要求，则该对象就被放入乐观多粒度的下近似中。

定理 1.12　设(U,AT,V,f)是一个信息系统，$A_1,A_2,\cdots,A_m\subseteq \mathrm{AT}$，$\forall X\subseteq U$，有

$$\overline{\sum_{i=1}^{m} A_i}^{\mathrm{O}}(X)=\left(\underline{\sum_{i=1}^{m} A_i}^{\mathrm{O}}(X^{\mathrm{c}})\right)^{\mathrm{c}}$$

证明　由定义 1.16 直接可证。

定理 1.13　设(U,AT,V,f)是一个信息系统，$A_1,A_2,\cdots,A_m\subseteq \mathrm{AT}$，$\forall X\subseteq U$，有如下结论。

（1）$\underline{\sum_{i=1}^{m} A_i}^{\mathrm{O}}(X)\subseteq\bigcup_{i=1}^{m}\underline{A_i}(X)$。

（2）$\overline{\sum_{i=1}^{m} A_i}^{\mathrm{O}}(X) \supseteq \overline{\bigcup_{i=1}^{m} A_i}(X)$。

证明　（1）$\forall x \in \underline{\sum_{i=1}^{m} A_i}^{\mathrm{O}}(X)$，由定义 1.16 知存在 $k \in \{1,2,\cdots,m\}$，使得 $[x]_{A_k} \subseteq X$，而显然 $[x]_{\bigcup_{i=1}^{m} A_i} \subseteq [x]_{A_k}$。故 $[x]_{\bigcup_{i=1}^{m} A_i} \subseteq X$，则有 $x \in \underline{\bigcup_{i=1}^{m} A_i}(X)$。因此 $\underline{\sum_{i=1}^{m} A_i}^{\mathrm{O}}(X) \subseteq \underline{\bigcup_{i=1}^{m} A_i}(X)$。

（2）$\forall x \in \overline{\bigcup_{i=1}^{m} A_i}(X)$，由定义 1.16 知 $[x]_{\bigcup_{i=1}^{m} A_i} \cap X \neq \varnothing$，因为 $\forall k \in \{1,2,\cdots,m\}$，$[x]_{A_k} \supseteq [x]_{\bigcup_{i=1}^{m} A_i}$，所以 $[x]_{A_k} \cap X \neq \varnothing$ $(\forall k \in \{1,2,\cdots,m\})$，则 $x \in \overline{\sum_{i=1}^{m} A_i}^{\mathrm{O}}(X)$。故 $\overline{\sum_{i=1}^{m} A_i}^{\mathrm{O}}(X) \supseteq \overline{\bigcup_{i=1}^{m} A_i}(X)$。

根据定义 1.16，可得到下面的定理 1.14。

定理 1.14　设 (U, AT, V, f) 是一个信息系统，$A_1, A_2, \cdots, A_m \subseteq \mathrm{AT}$，$\forall X, Y \subseteq U$，有如下结论。

（1）$\underline{\sum_{i=1}^{m} A_i}^{\mathrm{O}}(X) \subseteq X \subseteq \overline{\sum_{i=1}^{m} A_i}^{\mathrm{O}}(X)$。

（2）$\underline{\sum_{i=1}^{m} A_i}^{\mathrm{O}}(\varnothing) = \overline{\sum_{i=1}^{m} A_i}^{\mathrm{O}}(\varnothing)$ 和 $\underline{\sum_{i=1}^{m} A_i}^{\mathrm{O}}(U) = \overline{\sum_{i=1}^{m} A_i}^{\mathrm{O}}(U) = U$。

（3）若 $X \subseteq Y$，则 $\underline{\sum_{i=1}^{m} A_i}^{\mathrm{O}}(X) \subseteq \underline{\sum_{i=1}^{m} A_i}^{\mathrm{O}}(Y)$ 且 $\overline{\sum_{i=1}^{m} A_i}^{\mathrm{P}}(X) \subseteq \overline{\sum_{i=1}^{m} A_i}^{\mathrm{P}}(Y)$。

（4）$\underline{\sum_{i=1}^{m} A_i}^{\mathrm{O}}(X^{\mathrm{c}}) = \left(\overline{\sum_{i=1}^{m} A_i}^{\mathrm{O}}(X)\right)^{\mathrm{c}}$，$\overline{\sum_{i=1}^{m} A_i}^{\mathrm{O}}(X^{\mathrm{c}}) = \underline{\sum_{i=1}^{m} A_i}^{\mathrm{O}}(X)$。

（5）$\underline{\sum_{i=1}^{m} A_i}^{\mathrm{O}}\left(\underline{\sum_{i=1}^{m} A_i}^{\mathrm{O}}(X)\right) = \overline{\sum_{i=1}^{m} A_i}^{\mathrm{O}}\left(\underline{\sum_{i=1}^{m} A_i}^{\mathrm{O}}(X)\right) = \underline{\sum_{i=1}^{m} A_i}^{\mathrm{O}}(X)$。

（6）$\overline{\sum_{i=1}^{m} A_i}^{\mathrm{O}}\left(\underline{\sum_{i=1}^{m} A_i}^{\mathrm{O}}(X)\right) = \underline{\sum_{i=1}^{m} A_i}^{\mathrm{O}}\left(\overline{\sum_{i=1}^{m} A_i}^{\mathrm{O}}(X)\right) = \overline{\sum_{i=1}^{m} A_i}^{\mathrm{O}}(X)$。

（7）$\underline{\sum_{i=1}^{m} A_i}^{\mathrm{O}}(X) = \bigcup_{i=1}^{m} \underline{A_i}(X)$，$\overline{\sum_{i=1}^{m} A_i}^{\mathrm{O}}(X) = \bigcap_{i=1}^{m} \overline{A_i}(X)$。

证明　类似于定理 1.10。

对于多个目标概念，乐观多粒度粗糙集有下面的性质。

定理 1.15　设 $S=(U,\mathrm{AT},f)$ 是一个完备信息系统，$A_1,A_2,\cdots,A_m\subseteq \mathrm{AT}$，$\forall X_1,X_2,\cdots,X_n\subseteq U$，则有如下结论。

（1）$\underline{\sum_{i=1}^{m}A_i}^{\mathrm{O}}\left(\bigcap_{j=1}^{n}X_j\right)=\bigcup_{i=1}^{m}\left(\bigcap_{j=1}^{n}\underline{A_i}(X_j)\right)$，$\overline{\sum_{i=1}^{m}A_i}^{\mathrm{O}}\left(\bigcup_{j=1}^{n}X_j\right)=\bigcap_{i=1}^{m}\left(\bigcup_{j=1}^{n}\overline{A_i}(X_j)\right)$。

（2）$\underline{\sum_{i=1}^{m}A_i}^{\mathrm{O}}\left(\bigcap_{j=1}^{n}X_j\right)\subseteq\bigcup_{j=1}^{n}\left(\underline{\sum_{i=1}^{m}A_i}^{\mathrm{O}}(X_j)\right)$，$\overline{\sum_{i=1}^{m}A_i}^{\mathrm{O}}\left(\bigcup_{j=1}^{n}X_j\right)\supseteq\bigcup_{j=1}^{n}\left(\overline{\sum_{i=1}^{m}A_i}^{\mathrm{O}}(X_j)\right)$。

（3）$\underline{\sum_{i=1}^{m}A_i}^{\mathrm{O}}\left(\bigcup_{j=1}^{n}X_j\right)\supseteq\bigcup_{j=1}^{n}\left(\underline{\sum_{i=1}^{m}A_i}^{\mathrm{O}}(X_j)\right)$，$\overline{\sum_{i=1}^{m}A_i}^{\mathrm{O}}\left(\bigcap_{j=1}^{n}X_j\right)\subseteq\bigcup_{j=1}^{n}\left(\overline{\sum_{i=1}^{m}A_i}^{\mathrm{O}}(X_j)\right)$。

证明　类似于定理 1.11。

定理 1.16　设 $S=(U,\mathrm{AT})$ 是一个信息系统，$A_1,A_2,\cdots,A_m\subseteq \mathrm{AT}$，$\forall X\subseteq U$，有如下结论。

（1）$\underline{\sum_{i=1}^{m}A_i}^{\mathrm{P}}(X)\subseteq\underline{\sum_{i=1}^{m}A_i}^{\mathrm{O}}(X)\subseteq\underline{\bigcup_{i=1}^{m}}A_i(X)$。

（2）$\overline{\sum_{i=1}^{m}A_i}^{\mathrm{P}}(X)\supseteq\overline{\sum_{i=1}^{m}A_i}^{\mathrm{O}}(X)\supseteq\underline{\bigcup_{i=1}^{m}}A_i(X)$。

证明　由定理 1.13 知，仅需证明 $\underline{\sum_{i=1}^{m}A_i}^{\mathrm{P}}(X)\subseteq\underline{\sum_{i=1}^{m}A_i}^{\mathrm{O}}(X)$ 和 $\overline{\sum_{i=1}^{m}A_i}^{\mathrm{P}}(X)\supseteq\overline{\sum_{i=1}^{m}A_i}^{\mathrm{O}}(X)$。

$\forall x\in\underline{\sum_{i=1}^{m}A_i}^{\mathrm{P}}(X)$，根据定义 1.16，得到 $[x]_{A_i}\subseteq X\ (\forall i\in\{1,2,\cdots,m\})$。那么根据乐观粗糙集的定义可知，$x\in\underline{\sum_{i=1}^{m}A_i}^{\mathrm{O}}(X)$ 成立。因此 $\underline{\sum_{i=1}^{m}A_i}^{\mathrm{P}}(X)\subseteq\underline{\sum_{i=1}^{m}A_i}^{\mathrm{O}}(X)$。

$\forall x\in\overline{\sum_{i=1}^{m}A_i}^{\mathrm{O}}(X)$，根据乐观粗糙集的性质，有 $[x]_{A_i}\cap X\neq\varnothing\ (\forall i\in\{1,2,\cdots,m\})$，根据定义 1.16，有 $x\in\overline{\sum_{i=1}^{m}A_i}^{\mathrm{P}}(X)$。因此 $\overline{\sum_{i=1}^{m}A_i}^{\mathrm{P}}(X)\supseteq\overline{\sum_{i=1}^{m}A_i}^{\mathrm{O}}(X)$。

一个集合的不确定性是由于边界区域的存在，一个集合的边界区域越大，该集合的近似精度就越小。为了更确切地表达这个思想，下面介绍近似精度的概念。

定义 1.17　设 $S=(U,\mathrm{AT},f)$ 是一个信息系统，$A_1,A_2,\cdots,A_m\subseteq\mathrm{AT}$，$\forall X\subseteq U$，$X\neq\varnothing$，

X 的乐观多粒度近似精度定义为

$$\alpha_{\sum_{i=1}^{m} A_i(X)} = \frac{\left|\underline{\sum_{i=1}^{m} A_i}^{O}(X)\right|}{\left|\overline{\sum_{i=1}^{m} A_i}^{O}(X)\right|}$$

其中，$|\cdot|$ 表示集合的基数。

定理 1.17　设 (U, AT, V, f) 是一个完备信息系统，$A_1, A_2, \cdots, A_m \subseteq \mathrm{AT}$，$\forall X \subseteq U$，则

$$\alpha^{O}_{\sum_{i=1}^{m} A_i}(X) \geqslant \alpha_{A_i}(X), \quad \forall i \in \{1, 2, \cdots, m\}$$

证明　由定义 1.17 和定理 1.14，有

$$\alpha^{O}_{\sum_{i=1}^{m} A_i}(X) = \frac{\left|\underline{\sum_{i=1}^{m} A_i}^{O}(X)\right|}{\left|\overline{\sum_{i=1}^{m} A_i}^{O}(X)\right|} = \frac{\left|\bigcup_{i=1}^{m} \underline{A_i}(X)\right|}{\left|\bigcup_{i=1}^{m} \overline{A_i}(X)\right|} \geqslant \frac{\left|\underline{A_i}(X)\right|}{\left|\overline{A_i}(X)\right|} = \alpha_{A_i}(X)$$

定理 1.17 表明由乐观多粒度表示的集合近似精度总比其中单一粒度表示的集合近似精度高，从而能更准确地表达目标概念。

参 考 文 献

张文修, 吴伟志, 梁吉业, 等. 2001. 粗糙集理论与方法. 北京: 科学出版社.

Dubois D, Prade H. 1990. Rough fuzzy sets and fuzzy rough sets. International Journal of General Systems, 17(2-3): 191-209.

Greco S, Matarazzo B, Sowinski R. 2005. Rough membership and Bayesian confirmation measures for parameterized rough sets. Proceedings of RSFDGrC: 314-324.

Pawlak Z. 1982. Rough sets. International Journal of Computer and Information Sciences, 11: 341-356.

Pawlak Z. 1985. Rough sets and decision tables. Lecture Notes in Computer Science, 208: 187-196.

Pawlak Z. 1991. Rough Sets-Theoretical Aspects of Reasoning About Data. Boston: Kluwer Academic Publisher.

Qian Y H, Liang J Y, Dang C Y. 2010. Incomplete multigranulation rough set. IEEE Transactions on Systems Man and Cybernetics, Part A: Systems and Humans, 40(2): 420-431.

Qian Y H, Liang J Y, Yao Y Y, et al. 2010. MGRS: A multigranulation rough set. Information Sciences, 180: 949-970.

Qian Y H, Zhang H, Sang Y L, et al. 2014. Multigranulation decision-theoretic rough sets. International Journal of Approximate Reasoning, 55(1): 225-237.

She Y H, He X L. 2012. On the structure of the multigranulation rough set model. Knowledge-Based Systems, 36: 81-92.

Skowron A. 1995. Extracting laws from decision tables: A rough set approach. Computational Intelligence, 11: 371-388.

Wong S K M, Ziarko W. 1987. Comparison of the probabilistic approximate classification and the fuzzy set model. Fuzzy Sets and Systems, 21: 357-362.

Wu W Z, Leung Y. 2011. Theory and applications of granular labeled partitions in multi-scale decision tables. Information Sciences, 181: 3878-3897.

Yang X P, Yao J T. 2012. Modelling multi-agent three-way decisions with decision-theoretic rough sets. Fundamenta Informaticae, 115: 157-171.

Yao J T, Yao Y Y, Ziarko W. 2008. Probabilistic rough sets: Approximations, decision-makings, and applications. International Journal of Approximate Reasoning, 49(2): 253-254.

Yao Y Y. 1992. A decision theoretic framework for approximating concepts. International Journal of Man-Machine Studies, 37: 793-809.

Yao Y Y. 1996. Two views of the theory of rough sets in finite universes. International Journal of Approximate Reasoning, 15: 291-317.

Yao Y Y. 1998. Relational interpretations of neighborhood operators and rough set approximation. Information Sciences, 111: 239-259.

Yao Y Y. 2003. Information granulation and approximation in a decision-theoretical model of rough sets. Rough Neural Computing: Techniques for Computing with Words, Berlin: 491-516.

Yao Y Y. 2003. Probabilistic approaches to rough sets. Expert Systems, 20: 287-297.

Yao Y Y. 2008. Probabilistic rough set approximations. International Journal of Approximate Reasoning, 49(2): 255-271.

Yao Y Y. 2010. Three-way decisions with probabilistic rough sets. Information Sciences, 180: 341-353.

Yao Y Y. 2011. The superiority of three-way decisions in probabilistic rough set models. Information Sciences, 181: 1080-1096.

Yao Y Y. 2012. An outline of a theory of three-way decisions. RSCTC, Heidelberg: 1-17.

Yao Y Y. 2015. The two sides of the theory of rough sets. Knowledge-Based Systems, 80: 67-77.

Yao Y Y, Wong S K M, Wang L S. 1995. A non-numeric approach to uncertain reasoning. International Journal of General System, 23: 343-359.

Zadeh A. 1965. Fuzzy sets. Information and Control, 8: 338-353.

Zhong N, Dong J Z, Ohsuga S. 1998. Data mining based on the generalization distribution table and rough sets. Lecture Notes in Artificial Intelligence, 1394: 360-373.

Ziarko W. 1994. Rough Sets, Fuzzy Sets and Knowledge Discovery. London: Springer.

Ziarko W. 2008. Probabilistic approach to rough sets. International Journal of Approximate Reasoning, 49: 272-284.

第 2 章　双论域上的粗糙集模型的变换

粗糙集理论在分类、数据约简、决策、知识发现、机器学习等领域有着广泛的应用。Yao 在 1995 年首次提出了双论域粗糙集。为了处理复杂环境下的实际问题，Pei 和 Xu 于 2007 年详细地研究了单论域上的基于一般二元关系的粗糙集模型的变换。本章系统讨论双论域上的粗糙集模型的变换，主要包括双论域上的分明粗糙集模型的变换、双论域上的模糊粗糙集模型的变换、双论域上的直觉模糊粗糙集模型的变换，以及通过实例阐述粗糙集模型的变换在多属性决策问题中的具体应用。

2.1　双论域上的分明粗糙集模型的变换

2.1.1　双论域上的分明粗糙集模型

设 U、V 是两个非空有限论域，R 是从 U 到 V 的一个二元关系，即 $U\times V$ 的一个子集，称三元组 (U,V,R) 为一个近似空间。

对于从 U 到 V 的一个二元关系 R，$\forall x\in U$，称 ${}_xR=\{y\in V\mid xRy\}$ 为 x 的 R 相关集；$\forall y\in V$，称 $R_y=\{x\in U\mid xRy\}$ 为 y 的 R 相关集。如果 U 中两个元素具有相同的 R 相关集，则称这两个元素等价。令 E_U 表示 U 上的等价关系，对于 U 中的两个元素 x 和 x'，则 $xE_Ux'\Leftrightarrow {}_xR={}_{x'}R$。类似地，可以定义 V 上的等价关系 E_V，即 $yE_Vy'\Leftrightarrow R_y=R_{y'}$，其中 $y,y'\in V$。

设 U、V、W 是三个非空有限论域，R 是从 U 到 V 的一个关系，S 是从 V 到 W 的一个关系。记号 $S\circ R$ 表示 R 和 S 的复合，定义如下：

设 $a\in U$，$c\in W$，$a(S\circ R)c$ 当且仅当存在 $b\in V$，使得 aRb 且 bSc。若 $U=V=W$，$R=S$，则 R 的幂定义如下：$R^1=R$，$R^{n+1}=R^n\circ R(n\in \mathbf{N})$。

设 R 是从 U 到 V 的关系，R 的逆关系定义为从 V 到 U 的关系，记为 R^{-1}，且

$$R^{-1}=\{(y,x)\in(V,U)\}\mid(x,y)\in R\}$$

R 的补关系 R^{c} 定义为

$$R^{\mathrm{c}}=U\times V-R=\{(x,y)\in U\times V\mid(x,y)\notin R\}$$

设 R_1 和 R_2 是从 U 到 V 的两个二元关系，R_1 和 R_2 的并、交分别定义为

$$R_1\cup R_2=\{(x,y)\in U\times V\mid(x,y)\in R_1\text{或}(x,y)\in R_2\}$$

$$R_1 \cap R_2 = \{(x,y) \in U \times V \mid (x,y) \in R_1 \text{ 且 } (x,y) \in R_2\}$$

定义 2.1　设 (U,V,R) 为一个近似空间，$\forall X \subseteq V$，X 的下近似、上近似分别定义为

$$\underline{R}(X) = \{x \in U \mid {}_xR \subseteq X\}, \quad \overline{R}(X) = \{x \in U \mid {}_xR \cap X \neq \varnothing\}$$

称 $(\underline{R}(X), \overline{R}(X))$ 为粗糙集。

Yan 在 2010 年提出了不同于定义 2.1 的基于一般二元关系的粗糙下近似和上近似如下

$$\forall X \subseteq V, \underline{R}(X) = \{x \in U |_x R \subseteq X, xR \neq \varnothing\}, \overline{R}(X) = \{x \in U |_x R \cap X \neq \varnothing\} \cup \{x \in U |_x R = \varnothing\}$$

定义 2.2　设 (U,V,R) 为一个近似空间，$\forall T \subseteq U$，T 的下近似、上近似分别定义为

$$\underline{R}'(T) = \{y \in V \mid R_y \subseteq T\}, \quad \overline{R}'(T) = \{y \in V \mid R_y \cap T \neq \varnothing\}$$

称 $(\underline{R}'(T), \overline{R}'(T))$ 为逆粗糙集。

Yan 在 2010 年提出了不同于定义 2.2 的基于一般二元关系的逆粗糙下近似和上近似如下

$$\forall T \subseteq U, \underline{R}'(T) = \{y \in V \mid R_y \subseteq T, R_y \neq \varnothing\}, \overline{R}'(T) = \{y \in V \mid R_y \cap T = \varnothing\} \cup \{y \in V \mid R_y = \varnothing\}$$

例 2.1　设 $U = \{x_1, x_2, x_3, x_4\}$，$V = \{y_1, y_2, y_3, y_4, y_5\}$，$R$ 是从 U 到 V 的一个二元关系，如表 2.1 所示。

表 2.1　例 2.1 中从 U 到 V 的二元关系 R

R	y_1	y_2	y_3	y_4	y_5
x_1	1	1	0	0	1
x_2	1	1	1	0	0
x_3	0	0	0	1	0
x_4	1	1	1	0	0

则 $U/E_U = \{\{x_1\}, \{x_2, x_4\}, \{x_3\}\}$，$V/E_V = \{\{y_1, y_2\}, \{y_3\}, \{y_4\}, \{y_5\}\}$。设 $Y = \{y_1, y_2, y_5\}$，则 $\overline{R}(Y) = \{x_1, x_2, x_4\}$，$\underline{R}(Y) = \{x_1\}$。设 $X = \{x_2, x_3\}$，则 $\underline{R}'(X) = \{y_4\}$，$\overline{R}'(X) = \{y_1, y_2, y_3, y_4\}$。

定义 2.3　设 U 和 V 是两个非空有限论域，R 是从 U 到 V 的一个二元关系，如果 $x \in U$，有 ${}_xR = \varnothing$，称 x 是相对于 R 的一个孤立元。所有孤立元的集合称为孤立集，记为 S，即

$$S = \{x \in U \mid {}_xR = \varnothing\}$$

根据定义 2.1～定义 2.3，上、下近似算子 $\overline{R}$、$\underline{R}$ 具有下列性质。

定理 2.1　设 (U,V,R) 是一个近似空间，S 是关于 R 的孤立集，则 $\forall X, Y \subseteq V$，下列结论成立。

（1）$\overline{R}(Y) = \bigcup_{y \in Y} R_y$。

（2）$\underline{R}(\varnothing)=S$，$\overline{R}(\varnothing)=\varnothing$，$\underline{R}(V)=U$，$\overline{R}(V)=S^{\mathrm{c}}$，其中 $S^{\mathrm{c}}=U-S=\{x\in U\mid x\notin S\}$。

（3）$S\subseteq\underline{R}(X)$，$\overline{R}(X)\subseteq S^{\mathrm{c}}$。

（4）$\underline{R}(X)-S\subseteq\overline{R}(X)$。

（5）$\underline{R}(X)=U$ 当且仅当 $\bigcup_{x\in U}{}_{x}R\subseteq X$，$\overline{R}(X)=\varnothing$ 当且仅当 $X\subseteq\left(\bigcup_{x\in U}{}_{x}R\right)^{\mathrm{c}}$。

（6）如果 $S\neq\varnothing$，则 $\underline{R}(X)\neq\overline{R}(X)$。

（7）$\underline{R}(X\cap Y)=\underline{R}(X)\cap\underline{R}(Y)$，$\overline{R}(X\cup Y)=\overline{R}(X)\cup\overline{R}(Y)$。

（8）$\underline{R}(X\cup Y)\supseteq\underline{R}(X)\cup\underline{R}(Y)$，$\overline{R}(X\cap Y)\subseteq\overline{R}(X)\cap\overline{R}(Y)$。

（9）如果 $X\subseteq Y$，则 $\underline{R}(X)\subseteq\underline{R}(Y)$ 且 $\overline{R}(X)\subseteq\overline{R}(Y)$。

（10）$\underline{R}(X)=(\overline{R}(X^{\mathrm{c}}))^{\mathrm{c}}$，$\overline{R}(X)=(\underline{R}(X^{\mathrm{c}}))^{\mathrm{c}}$。

类似地，可罗列上、下近似算子 $\overline{R}'$、$\underline{R}'$ 的相应于定理 2.1 的性质。

2.1.2 双论域上的分明粗糙集模型的并

定义 2.4　设 (U,V,R_1) 和 (U,V,R_2) 是两个近似空间，近似空间 $(U,V,R_1\cup R_2)$ 称为 (U,V,R_1) 和 (U,V,R_2) 的并。

定理 2.2　设 (U,V,R_1) 和 (U,V,R_2) 是两个近似空间，且 $R=R_1\cup R_2$，则 $\forall x\in U$，$X\subseteq V$，有如下结论。

（1）${}_{x}R={}_{x}R_1\cup{}_{x}R_2$。

（2）$\underline{R}(X)=\underline{R_1}(X)\cap\underline{R_2}(X)$。

（3）$\overline{R}(X)=\overline{R_1}(X)\cup\overline{R_2}(X)$。

证明　（1）根据 ${}_{x}R$ 的定义，$\forall x\in U$，$y\in V$，有

$$\begin{aligned}y\in{}_{x}R&\Leftrightarrow(x,y)\in R_1\cup R_2\\&\Leftrightarrow(x,y)\in R_1\text{或}(x,y)\in R_2\\&\Leftrightarrow y\in{}_{x}R_1\text{或}y\in{}_{x}R_2\\&\Leftrightarrow y\in{}_{x}R_1\cup{}_{x}R_2\end{aligned}$$

所以 ${}_{x}R={}_{x}R_1\cup{}_{x}R_2$。

（2）如果 $x\in\underline{R}(X)$，则 ${}_{x}R_1\subseteq{}_{x}R_1\cup{}_{x}R_2={}_{x}R\subseteq X$，从而 $x\in\underline{R_1}(X)$。类似地，可证 $x\in\underline{R_2}(X)$。因此 $x\in\underline{R_1}(X)\cap\underline{R_2}(X)$。

反过来，如果 $x\in\underline{R_1}(X)\cap\underline{R_2}(X)$，则 $x\in\underline{R_1}(X)$ 且 $x\in\underline{R_2}(X)$。因此 ${}_{x}R_1\subseteq X$ 且 ${}_{x}R_2\subseteq X$，进一步可得 ${}_{x}R={}_{x}R_1\cup{}_{x}R_2\subseteq X$。从而 $x\in\underline{R}(X)$。

（3）由上、下近似算子的对偶性，有

$$\overline{R}(X)=(\underline{R}(X^{\mathrm{c}}))^{\mathrm{c}}=(\underline{R_1}(X^{\mathrm{c}})\cap\underline{R_2}(X^{\mathrm{c}}))^{\mathrm{c}}=((\overline{R_1}(X))^{\mathrm{c}}\cap(\overline{R_2}(X))^{\mathrm{c}})^{\mathrm{c}}=\overline{R_1}(X)\cup\overline{R_2}(X)$$

推论 2.1　设 (U,V,R_1) 和 (U,V,R_2) 是两个近似空间，如果 $R_1\subseteq R_2$，则 $\forall X\subseteq V$，

有 $\underline{R_1}(X)\supseteq\underline{R_2}(X)$ 且 $\overline{R_1}(X)\subseteq\overline{R_2}(X)$。

推论 2.1 表明，关系越细，下近似越大，而上近似越小。另外，定理 2.2 可推广至更一般的情形。

定理 2.3　设 $(U,V,R_i)(i=1,2,\cdots,n)$ 是 n 个近似空间，且 $R=\bigcup_{i=1}^{n}R_i$。则 $\forall x\in U$，$X\subseteq V$，有如下结论。

（1）${}_xR=\bigcup_{i=1}^{n}{}_xR_i$。

（2）$\underline{R}(X)=\bigcap_{i=1}^{n}\underline{R_i}(X)$。

（3）$\overline{R}(X)=\bigcup_{i=1}^{n}\overline{R_i}(X)$。

2.1.3　双论域上的分明粗糙集模型的交

定义 2.5　设 (U,V,R_1) 和 (U,V,R_2) 是两个近似空间，近似空间 $(U,V,R_1\cap R_2)$ 称为 (U,V,R_1) 和 (U,V,R_2) 的交。

定理 2.4　设 (U,V,R_1) 和 (U,V,R_2) 是两个近似空间，且 $R=R_1\cap R_2$，则 $\forall x\in U$，$X\subseteq V$，有如下结论。

（1）${}_xR={}_xR_1\cap{}_xR_2$。

（2）$\underline{R}(X)\supseteq\underline{R_1}(X)\cup\underline{R_2}(X)$。

（3）$\overline{R}(X)\subseteq\overline{R_1}(X)\cap\overline{R_2}(X)$。

证明　（1）类似于定理 2.2 中结论（1）的证明。

（2）如果 $x\in\underline{R_1}(X)\cup\underline{R_2}(X)$，则 ${}_xR_1\subseteq X$ 或 ${}_xR_2\subseteq X$。从而 ${}_xR={}_xR_1\cap{}_xR_2\subseteq X$，这意味着 $x\in\underline{R}(X)$。所以 $\underline{R}(X)\supseteq\underline{R_1}(X)\cup\underline{R_2}(X)$。

（3）利用上、下近似算子的对偶性，则有

$$\overline{R}(X)=(\underline{R}(X^{c}))^{c}\subseteq(\underline{R_1}(X^{c})\cup\underline{R_2}(X^{c}))^{c}=\overline{R_1}(X)\cap\overline{R_2}(X)$$

注 2.1　一般地，$\underline{R}(X)=\underline{R_1}(X)\cup\underline{R_2}(X)$ 和 $\overline{R}(X)=\overline{R_1}(X)\cap\overline{R_2}(X)$ 是不成立的，其中 $R=R_1\cap R_2$。

例 2.2　设 $U=\{x_1,x_2,x_3,x_4\}$，$V=\{y_1,y_2,y_3,y_4,y_5\}$，$R_1$ 和 R_2 分别如表 2.2 和表 2.3 所示。

表 2.2　例 2.2 中从 U 到 V 的二元关系 R_1

R_1	y_1	y_2	y_3	y_4	y_5
x_1	1	1	1	0	1
x_2	1	0	0	1	0

续表

R_1	y_1	y_2	y_3	y_4	y_5
x_3	0	1	1	0	1
x_4	1	0	1	0	1

表 2.3　例 2.2 中从 U 到 V 的二元关系 R_2

R_2	y_1	y_2	y_3	y_4	y_5
x_1	0	0	1	1	0
x_2	1	1	0	1	0
x_3	1	1	0	0	0
x_4	1	0	1	1	1

于是 $R = R_1 \cap R_2$ 如表 2.4 所示。

表 2.4　例 2.2 中从 U 到 V 的二元关系 R

R	y_1	y_2	y_3	y_4	y_5
x_1	0	0	1	0	0
x_2	1	0	0	1	0
x_3	0	1	0	0	0
x_4	1	0	1	0	1

取 $X = \{y_2, y_4\}$，则 $\underline{R}(X) = \{x_3\}$，$\underline{R_1}(X) = \underline{R_2}(X) = \varnothing$，$\overline{R}(X) = \{x_2, x_3\}$，$\overline{R_1}(X) = \{x_1, x_2, x_3\}$，$\overline{R_2}(X) = \{x_1, x_2, x_3, x_4\}$。显然，$\underline{R}(X) \neq \underline{R_1}(X) \cup \underline{R_2}(X)$ 且 $\overline{R}(X) \neq \overline{R_1}(X) \cap \overline{R_2}(X)$。

类似地，定理 2.4 可以推广至一般情形。

定理 2.5　设 (U, V, R_i) $(i = 1, 2, \cdots, n)$ 是 n 个近似空间，且 $R = \bigcap_{i=1}^{n} R_i$。则 $\forall x \in U$，$X \subseteq V$，有如下结论。

（1）${}_xR = \bigcap_{i=1}^{n} {}_xR_i$。

（2）$\underline{R}(X) \supseteq \bigcup_{i=1}^{n} \underline{R_i}(X)$。

（3）$\overline{R}(X) \subseteq \bigcap_{i=1}^{n} \overline{R_i}(X)$。

2.1.4　双论域上的分明粗糙集模型的逆

定义 2.6　设 (U, V, R) 是一个近似空间，近似空间 (U, V, R^{-1}) 称为 (U, V, R) 的逆，其中 R^{-1} 为 R 的逆关系。

定理 2.6　设 (U, V, R) 是一个近似空间，则 $\forall y \in V$，$X \subseteq U$，有如下结论。

（1）${}_y(R^{-1}) = R_y$。

（2）$\underline{R^{-1}}(X) = \underline{R}'(X)$。

（3）$\overline{R^{-1}}(X) = \overline{R}'(X)$。

证明　（1）$\forall y \in V$，${}_y(R^{-1}) = \{x \in U \mid (y,x) \in R^{-1}\}$

$$= \{x \in U \mid (x,y) \in R\} = R_y$$

（2）$\underline{R^{-1}}(X) = \{y \in V \mid {}_y(R^{-1}) \subseteq X\}$

$$= \{y \in V \mid R_y \subseteq X\}$$

$$= \underline{R}'(X)$$

（3）由上、下近似算子的对偶性，有

$$\overline{R^{-1}}(X) = (\underline{R^{-1}}(X^{c}))^{c} = (\underline{R}'(X^{c}))^{c} = \overline{R}'(X)$$

定义 2.7　设 R 是 U 上的一个二元关系。

（1）如果 $\forall x \in U$，$(x,x) \in R$，则称 R 是自反的。

（2）如果 $\forall x, y \in U$，$(x,y) \in R$ 蕴涵 $(y,x) \in R$，则称 R 是对称的。

（3）如果 $\forall x, y, z \in U$，$(x,y) \in R$ 且 $(y,z) \in R$ 蕴涵 $(x,z) \in R$，则称 R 是传递的。

（4）如果 R 是自反的、对称的且传递的，则称 R 是一个等价关系。

（5）如果 $\forall x \in U$，$(x,x) \notin R$，则称 R 是反自反的。

定义 2.8　设 R 是 U 上的一个二元关系。

（1）称包含在 R 内的最大的反自反关系为 R 的反自反核，记为 $\mathrm{ar}(R)$。

（2）称包含在 R 内的最大的对称关系为 R 的对称核，记为 $s(R)$。

（3）称包含 R 的最小的自反关系为 R 的自反闭包，记为 $\overline{r}(R)$。

（4）称包含 R 的最小的对称关系为 R 的对称闭包，记为 $\overline{s}(R)$。

定理 2.7　设 R 是 U 上的一个二元关系。

（1）$\mathrm{ar}(R) = R \cap \Delta^{c}$，其中 $\Delta = \{(x,x) \mid x \in U\}$。

（2）$s(R) = R \cap R^{-1}$，其中 R^{-1} 是 R 的逆关系。

（3）$\overline{r}(R) = R \cup \Delta$。

（4）$\overline{s}(R) = R \cup R^{-1}$。

证明　由定义 2.7 和定义 2.8 易证。

作为粗糙集模型的并、交、逆的应用，下面给出由关系的核与闭包诱导的近似空间的性质。

定理 2.8　设 (U,R) 是一个近似空间，则 $\forall x \in U$，$X \subseteq U$，有如下结论。

（1）${}_x(\mathrm{ar}(R)) = {}_xR \cap {}_x(\Delta^{c})$。

（2）$\underline{\mathrm{ar}(R)}(X) \supseteq \underline{R}(X) \cup \underline{\Delta^{c}}(X)$。

（3）$\overline{\mathrm{ar}(R)}(X) \subseteq \overline{R}(X) \cap \overline{\Delta^{c}}(X)$。

证明 由定理 2.4 和定理 2.7 的结论（1）可证。

定理 2.9 设 (U,R) 是一个近似空间，则 $\forall x \in U$，$X \subseteq U$，有如下结论。

（1）$_x(s(R)) = {_xR} \cap R_x = {_xR} \cap {_x(R^{-1})}$。

（2）$\underline{s(R)}(X) \supseteq \underline{R}(X) \cup \underline{R'}(X) = \underline{R}(X) \cup \underline{R^{-1}}(X)$。

（3）$\overline{s(R)}(X) \subseteq \overline{R}(X) \cap \overline{R'}(X) = \overline{R}(X) \cap \overline{R^{-1}}(X)$。

证明 由定理 2.4 和定理 2.7 的结论（2）可证。

引理 2.1 在近似空间 (U,Δ)，$\forall X \subseteq U$，有 $\underline{\Delta}(X) = X = \overline{\Delta}(X)$。

定理 2.10 设 (U,R) 是一个近似空间，则 $\forall x \in U$，$X \subseteq U$，有如下结论。

（1）$_x(\overline{r}(R)) = {_xR} \cup \{x\}$。

（2）$\underline{\overline{r}(R)}(X) = \underline{R}(X) \cap X$。

（3）$\overline{\overline{r}(R)}(X) = \overline{R}(X) \cup X$。

证明 由定理 2.2、定理 2.7 的结论（3）和引理 2.1 可证。

定理 2.11 设 (U,R) 是一个近似空间，则 $\forall x \in U$，$X \subseteq U$，有如下结论。

（1）$_x(\overline{s}(R)) = {_xR} \cup {_x(R^{-1})} = {_xR} \cup R_x$。

（2）$\underline{\overline{s}(R)}(X) = \underline{R}(X) \cap \underline{R^{-1}}(X) = \underline{R}(X) \cap \underline{R'}(X)$。

（3）$\overline{\overline{s}(R)}(X) = \overline{R}(X) \cup \overline{R^{-1}}(X) = \overline{R}(X) \cup \overline{R'}(X)$。

证明 由定理 2.2、定理 2.6 和定理 2.7 的结论（4）可证。

2.1.5 双论域上的分明粗糙集模型的合成

先讨论同一论域上粗糙集模型的合成。

定义 2.9 设 (U,R_1) 和 (U,R_2) 是两个近似空间，称近似 $(U,R_1 \circ R_2)$ 是 (U,R_1) 和 (U,R_2) 的合成。

定理 2.12 设 (U,R_1) 和 (U,R_2) 是两个近似空间，且 $R = R_1 \circ R_2$，则 $\forall X \subseteq U$，有如下结论。

（1）$\underline{R}(X) = (\underline{R_1} \circ \underline{R_2})(X) = \underline{R_1}(\underline{R_2}(X))$。

（2）$\overline{R}(X) = (\overline{R_1} \circ \overline{R_2})(X) = \overline{R_1}(\overline{R_2}(X))$。

证明 （1）首先注意到 $\underline{R}(X) = \{x \mid {_xR} \subseteq X\} = \{x \in U \mid R_2({_xR_1}) \subseteq X\}$，其中，$R_2({_xR_1}) = \cup\{{_yR_2} \mid y \in {_xR_1}\}$。如果 $x \in \underline{R}(X)$，则 $R_2({_xR_1}) \subseteq X$，于是 $\forall y \in {_xR_1}$，有 ${_yR_2} \subseteq R_2({_xR_1}) \subseteq X$，因此 $y \in \underline{R_2}(X)$，这意味着 ${_xR_1} \subseteq R_2(X)$。从而 $x \in \underline{R_1}(\underline{R_2}(X))$。

反过来，如果 $x \in \underline{R_1}(\underline{R_2}(X))$，则 ${_xR_1} \subseteq \underline{R_2}(X)$，于是 $\forall y \in {_xR_1}$，有 $y \in \underline{R_2}(X)$，即 ${_yR_2} \subseteq X$，进一步可得 $R_2({_xR_1}) \subseteq X$，即 ${_xR} \subseteq X$。因此 $x \in \underline{R}(X)$。

故结论（1）成立。

（2）类似地，$\overline{R}(X)=\{x\in U\mid {}_xR\cap X\neq 0\}=\{x\in U\mid R_2({}_xR_1)\cap X\neq 0\}$。

则

$$\begin{aligned} x\in\overline{R}(X) &\Leftrightarrow R_2({}_xR_1)\cap X\neq\varnothing \\ &\Leftrightarrow \exists y\in {}_xR_1,\ \text{s.t.},\ {}_yR_2\cap X\neq\varnothing \\ &\Leftrightarrow \exists y\in {}_xR_1 \text{且}\ y\in\overline{R_2}(X) \\ &\Leftrightarrow {}_xR_1\cap\overline{R}_2(X)\neq\varnothing \\ &\Leftrightarrow x\in\overline{R_1}(\overline{R_2}(X)) \end{aligned}$$

故结论（2）成立。

定理 2.12 可推广到如下的一般情形。

定理 2.13　设 (U,R) 是一个近似空间，且 $T=R^n$，则 $\forall X\subseteq U$，有如下结论。

（1）$\underline{T}(A)=\underline{R}^{(n)}(A)$。

（2）$\overline{T}(A)=\overline{R}^{(n)}(A)$。

其中，$f^{(n)}(A)$ 表示映射 f 的 n 次合成。

类似地，可证双论域上的粗糙集模型合成具有下面的结论。

定理 2.14　设 (U,V,R_1) 和 (V,W,R_2) 是两个近似空间，且 $R=R_1\circ R_2$，则 $\forall A\subseteq U$，有如下结论。

（1）$\underline{R}(A)=(\underline{R_1}\circ\underline{R_2})(A)=\underline{R_1}(\underline{R_2}(A))$。

（2）$\overline{R}(A)=(\overline{R_1}\circ\overline{R_2})(A)=\overline{R_1}(\overline{R_2}(A))$。

证明　类似于定理 2.12。

2.2　双论域上的模糊粗糙集模型的变换

2.2.1　双论域上的模糊粗糙集模型

定义 2.10　设 U 和 V 是两个非空有限论域，R 是从 U 到 V 的一个模糊关系，即 $R:U\times V\to[0,1]$，(U,V,R) 称为一个模糊近似空间。

$\forall A\in F(V)$，A 的下近似和上近似分别定义如下：$\forall x\in U$

$$\underline{R}(A)(x)=\mathop{\wedge}_{y\in V}((1-R(x,y))\vee A(y))$$

$$\overline{R}(A)(x)=\mathop{\vee}_{y\in V}(R(x,y)\wedge A(y))$$

称 $(\underline{R}(A),\overline{R}(A))$ 为模糊粗糙集。

定义 2.11　设 U 和 V 是两个非空有限论域，R 是从 U 到 V 的一个模糊关系，如果 $x\in U$ 满足 $\forall y\in V$，$R(x,y)=0$，称 x 是相对于 R 的一个孤立元，所有孤立元的集合称为孤立集，记为 S，即 $S=\{x\in U\mid R(x,y)=0,\forall y\in V\}$。

定义 2.12　设(U,V,R)称为一个模糊近似空间，$\forall B\in F(U)$，B的下近似和上近似分别定义如下：$\forall y\in V$

$$\underline{R}'(B)(y)=\bigwedge_{x\in U}((1-R(x,y))\vee B(x))$$

$$\overline{R}'(B)(y)=\bigvee_{x\in U}(R(x,y)\wedge B(x))$$

称$(\underline{R}'(B),\overline{R}'(B))$为逆模糊粗糙集。

类似地，可以证明定义 2.12 给出的上、下近似算子具有定理 2.15 中相应的性质。上、下近似算子具有下列性质。

定理 2.15　设(U,V,R)称为一个模糊近似空间，S是孤立集，则$\forall X,Y\in F(V)$，有如下结论。

（1）$\underline{R}(\varnothing)\supseteq S$，$\overline{R}(\varnothing)=\varnothing$，$\underline{R}(V)=U$，$\overline{R}(V)\subseteq S^{c}$。

（2）$S\subseteq\underline{R}(X)$，$\overline{R}(X)\subseteq S^{c}$。

（3）如果$S\neq\varnothing$，则$\underline{R}(X)\neq\overline{R}(X)$。

（4）$\underline{R}(X\cap Y)=\underline{R}(X)\cap\underline{R}(Y)$，$\overline{R}(X\cup Y)=\overline{R}(X)\cup\overline{R}(Y)$。

（5）$\underline{R}(X\cup Y)\supseteq\underline{R}(X)\cup\underline{R}(Y)$，$\overline{R}(X\cap Y)\subseteq\overline{R}(X)\cap\overline{R}(Y)$。

（6）如果$X\subseteq Y$，则$\underline{R}(X)\subseteq\underline{R}(Y)$且$\overline{R}(X)\subseteq\overline{R}(Y)$。

（7）$\underline{R}(X)=(\overline{R}(X^{c}))^{c}$，$\overline{R}(X)=(\underline{R}(X^{c}))^{c}$。

证明　由定义 2.10 和定义 2.11 可证。

2.2.2　双论域上的模糊粗糙集模型的并

定义 2.13　设R是从U到V的一个模糊关系。

（1）$\forall x\in U$，称${}_xR$为x的R模糊集，其中$\forall y\in V$，${}_xR(y)=R(x,y)$。

（2）$\forall y\in V$，称R_y为y的R模糊集，其中$\forall x\in U$，$R_y(x)=R(x,y)$。

定义 2.14　设(U,V,R_1)和(U,V,R_2)是两个模糊近似空间，称模糊近似空间$(U,V,R_1\cup R_2)$是(U,V,R_1)和(U,V,R_2)的并。

定理 2.16　设(U,V,R_1)和(U,V,R_2)是两个模糊近似空间，且$R=R_1\cup R_2$，则$\forall x\in U$，$A\in F(V)$，有如下结论。

（1）${}_xR={}_xR_1\cup{}_xR_2$。

（2）$\underline{R}(A)=\underline{R_1}(A)\cap\underline{R_2}(A)$。

（3）$\overline{R}(A)=\overline{R_1}(A)\cup\overline{R_2}(A)$。

证明　（1）由定义 2.13（1），$\forall y\in V$，有

$$\begin{aligned}{}_xR(y)&=R(x,y)=(R_1\cup R_2)(x,y)\\&=\max(R_1(x,y),R_2(x,y))=({}_xR_1\cup{}_xR_2)(y)\end{aligned}$$

所以${}_xR={}_xR_1\cup{}_xR_2$。

（2）$\forall x\in U$，有

$$\begin{aligned}\underline{R}(A)(x) &= \underset{y\in V}{\wedge}((1-R(x,y))\vee A(y))\\ &= \underset{y\in V}{\wedge}((1-\max(R_1(x,y),R_2(x,y)))\vee A(y))\\ &= \underset{y\in V}{\wedge}(\min(1-R_1(x,y),1-R_2(x,y))\vee A(y))\\ &= \underset{y\in V}{\wedge}\min((1-R_1(x,y))\vee A(y),(1-R_2(x,y))\vee A(y))\\ &= \min(\underset{y\in V}{\wedge}((1-R_1(x,y))\vee A(y)),\underset{y\in V}{\wedge}((1-R_2(x,y))\vee A(y)))\\ &= \min(\underline{R_1}(A)(x),\underline{R_2}(A)(x))\\ &= (\underline{R_1}(A)\cap\underline{R_2}(A))(x)\end{aligned}$$

所以 $\underline{R}(A)=\underline{R_1}(A)\cap\underline{R_2}(A)$。

（3）由上、下近似算子的对偶性，有

$$\overline{R}(A)=(\underline{R}(A^{c}))^{c}=(\underline{R_1}(A^{c})\cap\underline{R_2}(A^{c}))^{c}=\overline{R_1}(A)\cup\overline{R_2}(A)$$

由定理 2.16 可得下面的推论。

推论 2.2　设 (U,V,R_1) 和 (U,V,R_2) 是两个模糊近似空间，如果 $R_1\subseteq R_2$，则 $\forall A\in F(V)$，有 $\underline{R_1}(A)\supseteq\underline{R_2}(A)$，$\overline{R_1}(A)\subseteq\overline{R_2}(A)$。

定理 2.16 可推广至如下一般情形。

定理 2.17　设 $(U,V,R_i)(i=1,2,\cdots,n)$ 是 n 个模糊近似空间，如果 $R=\bigcup_{i=1}^{n}R_i$，则 $\forall x\in U$，$A\in F(V)$，有如下结论。

（1）${}_xR=\bigcup_{i=1}^{n}{}_xR_i$。

（2）$\underline{R}(A)=\bigcap_{i=1}^{n}\underline{R_i}(A)$。

（3）$\overline{R}(A)=\bigcup_{i=1}^{n}\overline{R_i}(A)$。

2.2.3 双论域上的模糊粗糙集模型的交

定义 2.15　设 (U,V,R_1) 和 (U,V,R_2) 是两个模糊近似空间，称模糊近似空间 $(U,V,R_1\cap R_2)$ 是 (U,V,R_1) 和 (U,V,R_2) 的交。

定理 2.18　设 (U,V,R_1) 和 (U,V,R_2) 是两个模糊近似空间，且 $R_1\cap R_2$，则 $\forall x\in U$，$A\in F(V)$，有如下结论。

（1）${}_xR={}_xR_1\cap{}_xR_2$。

（2）$\underline{R}(A)\supseteq\underline{R_1}(A)\cup\underline{R_2}(A)$。

（3）$\overline{R}(A)\subseteq\overline{R_1}(A)\cap\overline{R_2}(A)$。

证明　（1）由定义 2.13（1），$\forall y\in V$，有

$$\begin{aligned}{}_xR(y)&=R(x,y)\\&=(R_1\cap R_2)(x,y)\\&=\min\{R_1(x,y),R_2(x,y)\}\\&=({}_xR_1\cap {}_xR_2)(y)\end{aligned}$$

所以 ${}_xR={}_xR_1\cap {}_xR_2$。

（2）$\forall x\in U$，有

$$\begin{aligned}\underline{R}(A)&=\mathop{\wedge}_{y\in V}((1-R(x,y))\vee A(y))\\&=\mathop{\wedge}_{y\in V}((1-\min\{R_1(x,y),R_2(x,y)\})\vee A(y))\\&=\mathop{\wedge}_{y\in V}(\max(1-R_1(x,y),1-R_2(x,y))\vee A(y))\\&=\mathop{\wedge}_{y\in V}(\max((1-R_1(x,y))\vee A(y),(1-R_2(x,y))\vee A(y)))\\&\geqslant\max(\mathop{\wedge}_{y\in V}(1-R_1(x,y))\vee A(y)),\mathop{\wedge}_{y\in V}((1-R_2(x,y))\vee A(y)))\\&=\max(\underline{R_1}(A)(x)),\underline{R_2}(A)(x))\\&=(\underline{R_1}(A)\cup\underline{R_2}(A))(x)\end{aligned}$$

所以 $\underline{R}(A)\supseteq\underline{R_1}(A)\cup\underline{R_2}(A)$。

（3）由上、下近似算子的对偶性，有

$$\overline{R}(A)=(\underline{R}(A^{\mathrm{c}}))^{\mathrm{c}}\subseteq(\underline{R_1}(A^{\mathrm{c}})\cup\underline{R_2}(A^{\mathrm{c}}))^{\mathrm{c}}=\overline{R_1}(A)\cap\overline{R_2}(A)$$

注 2.2　一般地，$\underline{R}(A)=\underline{R_1}(A)\cup\underline{R_2}(A)$ 和 $\overline{R}(A)=\overline{R_1}(A)\cap\overline{R_2}(A)$ 是不成立的，其中 $R=R_1\cap R_2$。

例 2.3　设 (U,V,R_1) 和 (U,V,R_2) 是两个模糊近似空间，其中 $U=V=\{x_1,x_2,x_3\}$，R_1 和 R_2 分别如表 2.5 和表 2.6 所示。

表 2.5　例 2.3 中二元关系 R_1

R_1	x_1	x_2	x_3
x_1	0.8	0.2	0.6
x_2	0.4	0.1	0.5
x_3	0.6	0.7	0.1

表 2.6　例 2.3 中二元关系 R_2

R_2	x_1	x_2	x_3
x_1	0.2	0.7	0.3
x_2	0.5	0.2	0.4
x_3	0.2	0.5	0.1

则 $R=R_1\bigcap R_2$ 如表 2.7 所示。

表 2.7　例 2.3 中二元关系 R

R	x_1	x_2	x_3
x_1	0.2	0.2	0.3
x_2	0.4	0.1	0.4
x_3	0.2	0.5	0.1

设模糊集 $A=\dfrac{0.6}{x_1}+\dfrac{0.5}{x_2}+\dfrac{1}{x_3}$，则由定义 2.10，有

$$\begin{aligned}\underline{R_1}(A)(x_1) &= \bigwedge_{y\in U}((1-R_1(x_1,y))\vee A(y))\\ &=(0.2\vee 0.6)\wedge(0.8\vee 0.5)\wedge(0.4\vee 1)\\ &=0.6\\ \underline{R_2}(A)(x_1) &= \bigwedge_{y\in U}((1-R_2(x_1,y))\vee A(y))\\ &=(0.8\vee 0.6)\wedge(0.3\vee 0.5)\wedge(0.7\vee 1)\\ &=0.5\end{aligned}$$

$$\underline{R}(A)(x_1)=\bigwedge_{y\in U}((1-R(x_1,y))\vee A(y))=(0.8\vee 0.6)\wedge(0.8\vee 0.5)\wedge(0.7\vee 1)=0.8$$

于是可得 $\underline{R}(A)(x_1)\neq\max\{\underline{R_1}(A)(x_1),\underline{R_2}(A)(x_1)\}$，这就意味着 $\underline{R}(A)\neq\underline{R_1}(A)\bigcup\underline{R_2}(A)$。

由上、下近似的对偶性，可得 $\overline{R}(A)\neq\overline{R_1}(A)\bigcap\overline{R_2}(A)$。

定理 2.18 可以推广到如下更一般的情形。

定理 2.19　设 $(U,V,R_i)(i=1,2,\cdots,n)$ 是 n 个模糊近似空间，且 $R=\bigcap_{i=1}^{n}R_i$，则 $\forall x\in U$，$A\in F(V)$，有如下结论。

（1）${}_xR=\bigcap_{i=1}^{n}{}_xR_i$。

（2）$\underline{R}(A)\supseteq\bigcup_{i=1}^{n}\underline{R_i}(A)$。

（3）$\overline{R}(A)\subseteq\bigcap_{i=1}^{n}\overline{R_i}(A)$。

2.2.4　双论域上的模糊粗糙集模型的逆

定义 2.16　设 (U,V,R) 是一个模糊近似空间，称模糊近似空间 (U,V,R^{-1}) 为 (U,V,R) 的逆，其中 R^{-1} 是 R 的逆模糊关系。

定理 2.20　设 (U,V,R) 是一个模糊近似空间，(U,V,R^{-1}) 是 (U,V,R) 的逆模糊近似空间，则 $\forall x\in V$，$A\in F(U)$，有如下结论。

（1）${}_x(R^{-1})=R_x$。

（2）$\underline{R^{-1}}(A)=\underline{R}'(A)$。

（3）$\overline{R^{-1}}(A)=\overline{R}'(A)$。

证明 （1）$\forall y\in U$，${}_x(R^{-1})(y)=R^{-1}(x,y)=R(y,x)=R_x(y)$，所以${}_x(R^{-1})=R_x$。

（2）$\forall x\in V$

$$\begin{aligned}\underline{R^{-1}}(A)(x)&=\bigwedge_{y\in U}((1-R^{-1}(x,y))\vee A(y))\\&=\bigwedge_{y\in U}((1-R(y,x))\vee A(y))\\&=\underline{R}'(A)(x)\end{aligned}$$

所以$\underline{R^{-1}}(A)=\underline{R}'(A)$。

（3）由上、下近似算子的对偶性，有

$$\overline{R^{-1}}(A)=(\underline{R^{-1}}(A^{c}))^{c}=(\underline{R}'(A^{c}))^{c}=\overline{R}'(A)$$

定义 2.17 设 R 是从 U 到 V 的一个模糊关系。

（1）若$\forall x\in U$，$R(x,x)=1$，则称 R 是自反的。

（2）若$\forall x\in U$，$R(x,x)=0$，则称 R 是反自反的。

（3）若$\forall x,y\in U$，$R(x,y)=R(y,x)$，则称 R 是对称的。

定义 2.18 （1）称 I 是从 U 到 U 的一个恒等模糊关系，其中 I 满足$\forall x,y\in U$

$$I=\begin{cases}1, & x=y\\0, & x\neq y\end{cases}$$

（2）设 R 是从 U 到 V 的一个模糊关系，设 Q 是从 V 到 W 的一个模糊关系，称 $R\circ Q$ 为 Q 与 R 的复合，其中$\forall(x,z)\in U\times W$，$(R\circ Q)(x,z)=\bigvee_{y\in V}(R(x,y)\wedge Q(y,z))$；若$U=V=W$，$R=Q$，则 R 的幂定义为 $R^{1}=R$，$R^{n+1}=R^{n}\circ R$。

定义 2.19 设 R 是从 U 到 V 的一个模糊关系。

（1）称包含在 R 中的最大的反自反模糊关系为 R 的反自反核，记为$\mathrm{ar}(R)$。

（2）称包含在 R 中的最大的对称模糊关系为 R 的对称核，记为$s(R)$。

（3）称包含 R 的最小的自反模糊关系为 R 的自反闭包，记为$\overline{r}(R)$。

（4）称包含 R 的最小的对称模糊关系为 R 的对称闭包，记为$\overline{s}(R)$。

定理 2.21 设 R 是从 U 到 V 的一个模糊关系。

（1）$\mathrm{ar}(R)=R\cap I^{c}$，其中 I^{c} 是 I 的补。

（2）$s(R)=R\cap R^{-1}$。

（3）$\overline{r}(R)=R\cup I$。

（4）$\overline{s}(R)=R\cup R^{-1}$。

证明 由定义 2.17～定义 2.19 易证。

作为模糊粗糙集模型的并、交、逆的应用，下面给出由模糊关系的核与闭包诱导的近似空间的性质。

引理 2.2　在模糊近似空间 (U,I) 中，$\forall A\in F(U)$，有 $\overline{I}(A)=A=\underline{I}(A)$。

证明　$\forall x\in U$

$$\begin{aligned}\underline{I}(A)(x)&=\bigwedge_{y\in U}((1-I(x,y)\vee A(y))\\&=\bigwedge_{y\neq x}((1-I(x,y)\vee A(y))\wedge((1-I(x,x)\vee A(x))\\&=(\bigwedge_{y\neq x}(1\vee A(y))\wedge(0\vee A(x))\\&=A(x)\end{aligned}$$

所以 $\underline{I}(A)=A$。由上、下近似算子的对偶性，有 $\overline{I}(A)=A$。

定理 2.22　设 (U,R) 是一个模糊近似空间，则 $\forall x\in U$，$A\in F(U)$，有如下结论。

（1）${}_x(\mathrm{ar}(R))={}_xR\cap{}_x(I^{\mathrm{c}})$。

（2）$\underline{\mathrm{ar}(R)}(A)\supseteq\underline{R}(A)\cup\underline{I^{\mathrm{c}}}(A)$。

（3）$\overline{\mathrm{ar}(R)}(A)\subseteq\overline{R}(A)\cap\overline{I^{\mathrm{c}}}(A)$。

证明　由定理 2.18 和定理 2.21 的结论（1）可证。

定理 2.23　设 (U,R) 是一个模糊近似空间，则 $\forall x\in U$，$A\in F(U)$，有如下结论。

（1）${}_x(s(R))={}_xR\cap{}_x(R^{-1})$。

（2）$\underline{s(R)}(A)\supseteq\cup(A)\cup\underline{R^{-1}}(A)=\underline{R}(A)\cup\underline{R}'(A)$。

（3）$\overline{s(R)}(A)\subseteq\overline{R}(A)\cap\overline{R^{-1}}(A)=\overline{R}(A)\cap\overline{R}'(A)$。

证明　由定理 2.18 和定理 2.21 的结论（2）可证。

定理 2.24　设 (U,R) 是一个模糊近似空间，则 $\forall x\in U$，$A\in F(U)$，有如下结论。

（1）${}_x(\overline{r}(R))={}_xR\cup{}_xI$。

（2）$\underline{\overline{r}(R)}(A)=\underline{R}(A)\cap A$。

（3）$\overline{\overline{r}(R)}(A)=\overline{R}(A)\cup A$。

证明　由定理 2.16、定理 2.21 的结论（3）和引理 2.2 可证。

定理 2.25　设 (U,R) 是一个模糊近似空间，则 $\forall x\in U$，$A\in F(U)$，有如下结论。

（1）${}_x(\overline{s}(R))={}_xR\cup{}_x(R^{-1})={}_xR\cup R_x$。

（2）$\underline{\overline{s}(R)}(A)=\underline{R}(A)\cap\underline{R^{-1}}(A)=\underline{R}(A)\cap\underline{R}'(A)$。

（3）$\overline{\overline{s}(R)}(A)=\overline{R}(A)\cup\overline{R^{-1}}(A)=\overline{R}(A)\cup\overline{R}'(A)$。

证明　由定理 2.16、定理 2.21 的结论（4）和引理 2.2 可证。

2.2.5　双论域上的模糊粗糙集模型的合成

下面先讨论单论域上模糊粗糙集模型的合成。

定义 2.20　设 (U,R_1) 和 (U,R_2) 是两个模糊近似空间，称模糊近似空间 $(U,R_1\circ R_2)$ 为 (U,R_1) 和 (U,R_2) 的合成。

定理 2.26 设(U,R_1)和(U,R_2)是两个模糊近似空间，且$R=R_1\circ R_2$，则$\forall A\in F(U)$，有如下结论。

（1）$\underline{R}(A)=(\underline{R_1}\circ\underline{R_2})(A)=\underline{R_1}(\underline{R_2}(A))$。

（2）$\overline{R}(A)=(\overline{R_1}\circ\overline{R_2})(A)=\overline{R_1}(\overline{R_2}(A))$。

证明 （1）$\forall x\in U$

$$
\begin{aligned}
\underline{R_1}(\underline{R_2}(A))(x)&=\bigwedge_{y\in U}((1-R_1(x,y))\vee\underline{R_2}(A)(y))\\
&=\bigwedge_{y\in U}((1-R_1(x,y))\vee(\bigwedge_{z\in U}((1-R_2(y,z))\vee A(z))))\\
&=\bigwedge_{y\in U}\bigwedge_{z\in U}((1-R_1(x,y))\vee((1-R_2(y,z))\vee A(z)))\\
&=\bigwedge_{z\in U}(\bigwedge_{y\in U}((1-R_1(x,y))\vee(1-R_2(y,z)))\vee A(z))\\
&=\bigwedge_{z\in U}((1-\bigvee_{y\in U}(R_1(x,y)\wedge R_2(y,z)))\vee A(z))\\
&=\bigwedge_{z\in U}((1-R(x,z))\vee A(z))\\
&=\underline{R}(A)(x)
\end{aligned}
$$

所以$\underline{R}(A)=(\underline{R_1}\circ\underline{R_2})(A)=\underline{R_1}(\underline{R_2}(A))$。

（2）$\forall x\in U$

$$
\begin{aligned}
\overline{R_1}(\overline{R_2}(A))(x)&=\bigvee_{y\in U}(R_1(x,y)\wedge\overline{R_2}(A)(y))\\
&=\bigvee_{y\in U}(R_1(x,y)\wedge(\bigvee_{z\in U}(R_2(y,z)\wedge A(z))))\\
&=\bigvee_{y\in U}\bigvee_{z\in U}(R_1(x,y)\wedge R_2(y,z)\wedge A(z))\\
&=\bigvee_{z\in U}(\bigvee_{y\in U}(R_1(x,y)\wedge R_2(y,z))\wedge A(z))\\
&=\bigvee_{z\in U}(R(x,z)\wedge A(z))\\
&=\overline{R}(A)(x)
\end{aligned}
$$

所以$\overline{R}(A)=(\overline{R_1}\circ\overline{R_2})(A)=\overline{R_1}(\overline{R_2}(A))$。

由定理 2.26 可得下面更一般的结论。

定理 2.27 设(U,R)是一个模糊近似空间，且$T=R^n$，则$\forall A\in F(U)$，有如下结论。

（1）$\underline{T}(A)=\underline{R}^{(n)}(A)$。

（2）$\overline{T}(A)=\overline{R}^{(n)}(A)$，其中$f^{(n)}$表示$f$的$n$次合成。

定理 2.26 还可以推广至双论域的情形。

定理 2.28 设(W,U,R_1)和(U,V,R_2)是两个模糊近似空间，且$R=R_1\circ R_2$，则$\forall A\in F(V)$，有如下结论。

（1）$\underline{R}(A)=(\underline{R_1}\circ\underline{R_2})(A)=\underline{R_1}(\underline{R_2}(A))$。

（2）$\overline{R}(A)=(\overline{R_1}\circ\overline{R_2})(A)=\overline{R_1}(\overline{R_2}(A))$。

证明　类似于定理 2.26。

2.3　双论域上的直觉模糊粗糙集模型的变换

2.3.1　双论域上的直觉模糊粗糙集模型

定义 2.21　设 U、V 是两个非空有限论域，R 是从 U 到 V 的一个直觉模糊关系，即 $R=(R^l,R^u)$，其中 $R^l:U\times V\to[0,1]$，$R^u:U\times V\to[0,1]$ 满足 $\forall(x,y)\in U\times V$，$0\leqslant R^l(x,y)+R^u(x,y)\leqslant 1$，称 (U,V,R) 是一个直觉模糊近似空间。

定义 2.22　设 (U,V,R) 是一个直觉模糊近似空间，$\forall A\in \mathrm{IF}(V)$，其中 IF($V$)表示 V 上的直觉模糊集的全体，A 的下近似和上近似分别定义如下

$$\underline{R}(A)=((\underline{R}(A))^l,(\underline{R}(A))^u),\quad \overline{R}(A)=((\overline{R}(A))^l,(\overline{R}(A))^u)$$

其中，$\forall x\in U$

$$(\underline{R}(A))^l(x)=\underset{y\in V}{\wedge}(R^u(x,y)\vee A^l(y)),\quad (\underline{R}(A))^u(x)=\underset{y\in V}{\vee}(R^l(x,y)\wedge A^u(y))$$
$$(\overline{R}(A))^l(x)=\underset{y\in V}{\vee}(R^l(x,y)\wedge A^l(y)),\quad (\overline{R}(A))^u(x)=\underset{y\in V}{\wedge}(R^u(x,y)\vee A^u(y))$$

称 $(\underline{R}(A),\overline{R}(A))$ 为直觉模糊粗糙集。

上、下近似算子具有下列性质。

定理 2.29　设 (U,V,R) 是一个直觉模糊近似空间，$\forall A,B\in \mathrm{IF}(V)$，有如下结论。

（1）$\overline{R}(A)=(\underline{R}(A^{\mathrm{c}}))^{\mathrm{c}}$，$\underline{R}(A)=(\overline{R}(A^{\mathrm{c}}))^{\mathrm{c}}$。

（2）$\overline{R}(A\cup B)=\overline{R}(A)\cup\overline{R}(B)$，$\underline{R}(A\cap B)=\underline{R}(A)\cap\underline{R}(B)$。

（3）$\overline{R}(A\cap B)\subseteq\overline{R}(A)\cap\overline{R}(B)$，$\underline{R}(A\cup B)\supseteq\underline{R}(A)\cup\underline{R}(B)$。

（4）若 $A\subseteq B$，则 $\overline{R}(A)\subseteq\overline{R}(B)$，$\underline{R}(A)\subseteq\underline{R}(B)$。

（5）$\overline{R}(\varnothing)=\varnothing$，$\underline{R}(V)=U$。

证明　由定义 2.22 易证。

定义 2.23　设 (U,V,R) 是一个直觉模糊近似空间，$\forall A\in \mathrm{IF}(U)$，$A$ 的下近似和上近似分别定义如下

$$\underline{R}'(A)=((\underline{R}'(A))^l,(\underline{R}'(A))^u),\quad \overline{R}'(A)=((\overline{R}'(A))^l,(\overline{R}'(A))^u)$$

其中，$\forall x\in V$

$$(\underline{R}'(A))^l(x)=\underset{y\in U}{\wedge}(R^u(y,x)\vee A^l(y)),\quad (\underline{R}'(A))^u(x)=\underset{y\in U}{\vee}(R^l(y,x)\wedge A^u(y))$$

$$(\overline{R}'(A))^l(x) = \underset{y\in U}{\vee}(R^l(y,x)\wedge A^l(y)), \quad (\overline{R}'(A))^u(x) = \underset{y\in U}{\wedge}(R^u(y,x)\vee A^u(y))$$

称 $(\underline{R}'(A),\overline{R}'(A))$ 为逆直觉模糊粗糙集。

类似可证 $\underline{R}'$ 和 $\overline{R}'$ 具有定理 2.29 中相应的性质。

2.3.2 双论域上的直觉模糊粗糙集模型的并

定义 2.24 设 R 是从 U 到 V 的一个直觉模糊关系。

（1）$\forall x\in U$，称 ${}_xR$ 为 x 的 R 直觉模糊集，其中 $\forall y\in V$，$({}_xR)^l(y)=R^l(x,y)$，$({}_xR)^u(y)=R^u(x,y)$。

（2）$\forall y\in V$，称 R_y 为 y 的 R 直觉模糊集，其中 $\forall x\in U$，$(R_y)^l(x)=R^l(x,y)$，$(R_y)^u(x)=R^u(x,y)$。

定义 2.25 设 (U,V,R_1) 和 (U,V,R_2) 是两个直觉模糊近似空间，称直觉模糊近似空间 $(U,V,R_1\cup R_2)$ 是 (U,V,R_1) 和 (U,V,R_2) 的并。

定理 2.30 设 (U,V,R_1) 和 (U,V,R_2) 是两个直觉模糊近似空间，且 $R=R_1\cup R_2$，则 $\forall x\in U$，$A\in \mathrm{IF}(V)$，有如下结论。

（1）${}_xR={}_xR_1\cup{}_xR_2$。

（2）$\underline{R}(A)=\underline{R_1}(A)\cap\underline{R_2}(A)$。

（3）$\overline{R}(A)=\overline{R_1}(A)\cup\overline{R_2}(A)$。

证明 （1）$\forall y\in V$

$$\begin{aligned}({}_xR^l)(y)&=R^l(x,y)=(R_1\cup R_2)^l(x,y)\\&=\max\{(R_1)^l(x,y),(R_2)^l(x,y)\}\\&=\max\{({}_xR_1)^l(y),({}_xR_2)^l(y)\}\\&=(({}_xR_1)^l\cup({}_xR_2)^l)(y)\\({}_xR^u)(y)&=R^u(x,y)=(R_1\cup R_2)^u(x,y)\\&=\min\{(R_1)^u(x,y),(R_2)^u(x,y)\}\\&=\min\{({}_xR_1)^u(y),({}_xR_2)^u(y)\}\\&=(({}_xR_1)^u\cap({}_xR_2)^u)(y)\end{aligned}$$

所以 ${}_xR={}_xR_1\cup{}_xR_2$。

（2）$\forall x\in U$

$$\begin{aligned}(\underline{R}(A))^l(x)&=\underset{y\in V}{\wedge}(R^u(x,y)\vee A^l(y))\\&=\underset{y\in V}{\wedge}((R_1\cup R_2)^u(x,y)\vee A^l(y))\end{aligned}$$

$$
\begin{aligned}
&= \underset{y\in V}{\wedge}(\min\{(R_1)^u(x,y),(R_2)^u(x,y)\}\vee A^l(y))\\
&= \underset{y\in V}{\wedge}(\min\{(R_1)^u(x,y)\vee A^l(y),(R_2)^u(x,y)\vee A^l(y)\}\\
&= \min\{\underset{y\in V}{\wedge}((R_1)^u(x,y)\vee A^l(y)),\underset{y\in V}{\wedge}((R_2)^u(x,y)\vee A^l(y))\}\\
&= \min\{(\underline{R_1}(A))^l(x),(\underline{R_2}(A))^l(x)\}\\
&= ((\underline{R_1}(A))^l\cap(\underline{R_2}(A))^l)(x)\\
&= (\underline{R_1}(A)\cap\underline{R_2}(A))^l(x)
\end{aligned}
$$

$$
\begin{aligned}
(\underline{R}(A))^u(x) &= \underset{y\in V}{\vee}(R^l(x,y)\vee A^u(y))\\
&= \underset{y\in V}{\vee}(\max\{(R_1)^l(x,y),(R_2)^l(x,y)\}\wedge A^u(y))\\
&= \underset{y\in V}{\vee}(\max\{(R_1)^l(x,y)\wedge A^u(y),(R_2)^l(x,y)\wedge A^u(y)\}\\
&= \max\{\underset{y\in V}{\vee}((R_1)^l(x,y)\wedge A^u(y)),\underset{y\in V}{\vee}((R_2)^l(x,y)\wedge A^u(y))\}\\
&= \max\{(\underline{R_1}(A))^u(x),(\underline{R_2}(A))^u(x)\}\\
&= ((\underline{R_1}(A))^u\cup(\underline{R_2}(A))^u)(x)\\
&= (\underline{R_1}(A)\cap\underline{R_2}(A))^u(x)
\end{aligned}
$$

所以$\underline{R}(A)=\underline{R_1}(A)\cap\underline{R_2}(A)$。

（3）由上、下近似算子的对偶性，有

$$
\overline{R}(A)=(\underline{R}(A^{c}))^{c}=(\underline{R_1}(A^{c})\cap\underline{R_2}(A^{c}))^{c}=\overline{R_1}(A)\cup\overline{R_2}(A)
$$

由定理 2.30 可得下面的推论。

推论 2.3　设(U,V,R_1)和(U,V,R_2)是两个直觉模糊近似空间，如果$R_1\subseteq R_2$，则$A\in \mathrm{IF}(V)$，有$\underline{R_1}(A)\supseteq\underline{R_2}(A)$且$\overline{R_1}(A)\subseteq\overline{R_2}(A)$。

另外，定理 2.30 可推广至下面更一般的情形。

定理 2.31　设$(U,V,R_i)(i=1,2,\cdots,n)$是 n 个直觉模糊近似空间，且$R=\bigcup_{i=1}^{n}R_i$，则$\forall x\in U$，$A\in \mathrm{IF}(V)$，有如下结论。

（1）${}_xR=\bigcup_{i=1}^{n}{}_xR_i$。

（2）$\underline{R}(A)=\bigcap_{i=1}^{n}\underline{R_i}(A)$。

（3）$\overline{R}(A)=\bigcup_{i=1}^{n}\overline{R_i}(A)$。

2.3.3 双论域上的直觉模糊粗糙集模型的交

定义 2.26 设 (U,V,R_1) 和 (U,V,R_2) 是两个直觉模糊近似空间，称直觉模糊近似空间 $(U,V,R_1\cap R_2)$ 是 (U,V,R_1) 和 (U,V,R_2) 的交。

定理 2.32 设 (U,V,R_1) 和 (U,V,R_2) 是两个直觉模糊近似空间，且 $R=R_1\cap R_2$，则 $\forall x\in U$， $A\in \mathrm{IF}(V)$，有如下结论。

（1） ${}_xR={}_xR_1\cap{}_xR_2$。

（2） $\underline{R}(A)\supseteq\underline{R_1}(A)\cup\underline{R_2}(A)$。

（3） $\overline{R}(A)\subseteq\overline{R_1}(A)\cap\overline{R_2}(A)$。

证明 （1） $\forall y\in V$

$$\begin{aligned}({}_xR^l)(y)&=R^l(x,y)=(R_1\cap R_2)^l(x,y)\\&=\min((R_1)^l(x,y),(R_2)^l(x,y))\\&=\min(({}_xR_1)^l(y),({}_xR_2)^l(y))\\&=({}_xR_1\cap{}_xR_2)^l(y)\end{aligned}$$

$$\begin{aligned}({}_xR^u)(y)&=R^u(x,y)=(R_1\cup R_2)^u(x,y)\\&=\max((R_1)^u(x,y),(R_2)^u(x,y))\\&=\max(({}_xR_1)^u(y),({}_xR_2)^u(y))\\&=({}_xR_1\cup{}_xR_2)^u(y)\end{aligned}$$

所以 ${}_xR={}_xR_1\cap{}_xR_2$。

（2） $\forall x\in U$

$$\begin{aligned}(\underline{R}(A))^l(x)&=\bigwedge_{y\in V}(R^u(x,y)\vee A^l(y))\\&=\bigwedge_{y\in V}(\max((R_1)^u(x,y),(R_2)^u(x,y))\vee A^l(y))\\&=\bigwedge_{y\in V}(\max((R_1)^u(x,y)\vee A^l(y),(R_2)^u(x,y)\vee A^l(y))\\&\geqslant\max(\bigwedge_{y\in V}((R_1)^u(x,y)\vee A^l(y)),\bigwedge_{y\in V}((R_2)^u(x,y)\vee A^l(y)))\\&=\max((\underline{R_1}(A))^l(x),(\underline{R_2}(A))^l(x))\\&=(\underline{R_1}(A)\cup\underline{R_2}(A))^l(x)\end{aligned}$$

$$\begin{aligned}(\underline{R}(A))^u(x)&=\bigvee_{y\in V}(R^l(x,y)\wedge A^u(y))\\&=\bigvee_{y\in V}(\min((R_1)^l(x,y),(R_2)^l(x,y))\wedge A^u(y))\end{aligned}$$

$$= \vee_{y\in V}(\min(((R_1)^l(x,y) \wedge A^u(y),(R_2)^l(x,y) \wedge A^u(y))$$

$$\leqslant \min(\vee_{y\in V}((R_1)^l(x,y) \wedge A^u(y)), \vee_{y\in V}((R_2)^l(x,y) \wedge A^u(y)))$$

$$= \min((\underline{R_1}(A))^u(x),(\underline{R_2}(A))^u(x))$$

$$= ((\underline{R_1}(A))^u \cap (\underline{R_2}(A))^u)(x)$$

$$= (\underline{R_1}(A) \cup \underline{R_2}(A))^u(x)$$

所以 $\underline{R}(A) \supseteq \underline{R_1}(A) \cup \underline{R_2}(A)$ 。

（3）由上、下近似算子的对偶性，有

$$\overline{R}(A) = (\underline{R}(A^c))^c \subseteq (\underline{R_1}(A^c) \cup \underline{R_2}(A^c))^c = \overline{R_1}(A) \cap \overline{R_2}(A)$$

注 2.3　一般地，$\underline{R}(A) = \underline{R_1}(A) \cup \underline{R_2}(A)$ 和 $\overline{R}(A) = \overline{R_1}(A) \cap \overline{R_2}(A)$ 是不成立的，其中 $R = R_1 \cap R_2$ 。

例 2.4　设 (U,V,R_1) 和 (U,V,R_2) 是两个直觉模糊近似空间，其中 $U = V = \{x_1, x_2, x_3\}$ ，R_1 和 R_2 分别如表 2.8 和表 2.9 所示。

表 2.8　例 2.4 中直觉模糊关系 R_1

R_1	x_1	x_2	x_3
x_1	(0.8, 0.1)	(0.2, 0.6)	(0.6, 0.3)
x_2	(0.4, 0.1)	(0.1, 0.2)	(0.5, 0.4)
x_3	(0.6, 0.2)	(0.7, 0.2)	(1, 0)

表 2.9　例 2.4 中直觉模糊关系 R_2

R_2	x_1	x_2	x_3
x_1	(0.2, 0.7)	(0.7, 0.1)	(0.3, 0.5)
x_2	(0.5, 0.1)	(0.2, 0.6)	(0.4, 0.3)
x_3	(0.2, 0.2)	(0.5, 0.1)	(0.1, 0.5)

则 $R = R_1 \cap R_2$ ，如表 2.10 所示。

表 2.10　例 2.4 中直觉模糊关系 R

R	x_1	x_2	x_3
x_1	(0.2, 0.7)	(0.2, 0.6)	(0.3, 0.5)
x_2	(0.4, 0.1)	(0.1, 0.6)	(0.4, 0.4)
x_3	(0.2, 0.2)	(0.5, 0.2)	(0.1, 0.5)

取 $A = \dfrac{(0.6,0.2)}{x_1} + \dfrac{(0.5,0.4)}{x_2} + \dfrac{(1,0)}{x_3}$ ，则

$$(\overline{R_1}(A))^l(x_1)=\vee_{y\in V}((R_1)^l(x_1,y)\wedge A^l(y))$$
$$=(0.8\wedge 0.6)\vee(0.2\wedge 0.5)\vee(0.6\wedge 1)=0.6$$

$$(\overline{R_2}(A))^l(x_1)=\vee_{y\in V}((R_2)^l(x_1,y)\wedge A^l(y))$$
$$=(0.2\wedge 0.6)\vee(0.7\wedge 0.5)\vee(0.3\wedge 1)=0.5$$

$$(\overline{R}(A))^l(x_1)=\vee_{y\in V}((R)^l(x_1,y)\wedge A^l(y))$$
$$=(0.2\wedge 0.6)\vee(0.2\wedge 0.5)\vee(0.3\wedge 1)=0.3$$

从而 $(\overline{R}(A))^l(x_1)\neq \min((\overline{R_1}(A))^l(x_1),(\overline{R_2}(A))^l(x_1))$，故 $\overline{R}(A)\neq\overline{R_1}(A)\cap\overline{R_2}(A)$。由上、下近似算子的对偶性，有 $\underline{R}(A)\neq\underline{R_1}(A)\cup\underline{R_2}(A)$。

定理 2.32 可推广至下面更一般的情形。

定理 2.33 设 $(U,V,R_i)(i=1,2,\cdots,n)$ 是 n 个直觉模糊近似空间，且 $R=\bigcap_{i=1}^{n}R_i$，则 $\forall x\in U$，$A\in \mathrm{IF}(V)$，有如下结论。

（1）${}_xR=\bigcap_{i=1}^{n}{}_xR_i$。

（2）$\underline{R}(A)\supseteq\bigcup_{i=1}^{n}\underline{R_i}(A)$。

（3）$\overline{R}(A)\subseteq\bigcap_{i=1}^{n}\overline{R_i}(A)$。

2.3.4 双论域上的直觉模糊粗糙集模型的逆

定义 2.27 设 (U,V,R) 是一个直觉模糊近似空间，称直觉模糊近似空间 (U,V,R^{-1}) 是 (U,V,R) 的逆，其中 R^{-1} 是 R 的逆直觉模糊关系。

定理 2.34 设 (U,V,R) 是一个直觉模糊近似空间，则 $\forall x\in V$，$A\in\mathrm{IF}(U)$，有如下结论。

（1）${}_x(R^{-1})=R_x$。

（2）$\underline{R^{-1}}(A)=\underline{R}'(A)$。

（3）$\overline{R^{-1}}(A)=\overline{R}'(A)$。

证明 （1）$\forall y\in U$

$$({}_x(R^{-1}))^l(y)=(R^{-1})^l(x,y)=R^l(y,x)=(R_x)^l(y)$$

$$({}_x(R^{-1}))^u(y)=(R^{-1})^u(x,y)=R^u(y,x)=(R_x)^u(y)$$

所以 ${}_x(R^{-1})=R_x$。

（2）$\forall x \in V$

$$\begin{aligned}(\underline{R^{-1}}(A))^l(x) &= \underset{y\in U}{\wedge}((R^{-1})^u(x,y) \vee A^l(y)) \\ &= \underset{y\in U}{\wedge}(R^u(y,x) \vee A^l(y)) \\ &= (\underline{R}'(A))^l(x)\end{aligned}$$

$$\begin{aligned}(\underline{R^{-1}}(A))^u(x) &= \underset{y\in U}{\vee}((R^{-1})^l(x,y) \vee A^u(y)) \\ &= \underset{y\in U}{\vee}(R^l(y,x) \vee A^u(y)) \\ &= (\underline{R}'(A))^u(x)\end{aligned}$$

所以 $\overline{R^{-1}}(A) = \overline{R}'(A)$。

（3）由上、下近似算子的对偶性可得。

定义 2.28　设 R 是从 U 到 U 的一个直觉模糊关系。

（1）如果 $\forall x \in U$，$R^l(x,x)=1$ 且 $R^u(x,x)=0$，称 R 是自反的。

（2）如果 $\forall x \in U$，$R^l(x,x)=0$ 且 $R^u(x,x)=1$，称 R 是反自反的。

（3）如果 $\forall (x,y) \in U \times U$，$R^l(x,y)=R^l(y,x)$，且 $R^u(x,y)=R^u(y,x)$，称 R 是对称的。

定义 2.29　（1）称 I 是从 U 到 U 的一个恒等直觉模糊关系，其中 I 满足

$$\forall x,y \in U,\quad I^l(x,y)=\begin{cases}1, & x=y\\ 0, & x\neq y\end{cases},\quad I^u(x,y)=\begin{cases}0, & x=y\\ 1, & x\neq y\end{cases}$$

（2）设 R 是从 U 到 V 的一个直觉模糊关系，Q 是从 V 到 W 的一个直觉模糊关系，称 $R\circ Q$ 为 Q 与 R 的复合，其中，$\forall (x,z) \in U \times W$

$$(R\circ Q)^l(x,z)=(R^l \circ Q^l)(x,z)=\underset{y\in V}{\vee}(R^l(x,y)\wedge Q^l(y,z))$$

$$(R\circ Q)^u(x,z)=(R^u \circ Q^u)(x,z)=\underset{y\in V}{\wedge}(R^u(x,y)\vee Q^u(y,z))$$

若 $U=V=W$，$R=Q$，R 的幂定义为 $R^1=R$，$R^{n+1}=R^n\circ R$。

定义 2.30　设 R 是从 U 到 U 的一个直觉模糊关系。

（1）称包含在 R 中的最大的反自反直觉模糊关系为 R 的反自反核，记为 $\mathrm{ar}(R)$。

（2）称包含在 R 中的最大的对称直觉模糊关系为 R 的对称核，记为 $s(R)$。

（3）称包含 R 的最小的自反直觉模糊关系为 R 的自反闭包，记为 $\overline{r}(R)$。

（4）称包含 R 的最小的对称直觉模糊关系为 R 的对称闭包，记为 $\overline{s}(R)$。

定理 2.35　设 R 是从 U 到 U 的一个直觉模糊关系，则有如下结论。

（1）$\mathrm{ar}(R)=R\cap I^{\mathrm{c}}$，其中 I^{c} 是 I 的补。

（2）$s(R)=R\cap R^{-1}$。

（3）$\overline{r}(R)=R\cup I$。

（4）$\overline{s}(R) = R \cup R^{-1}$。

证明　由定义 2.28～定义 2.30 易证。

作为直觉模糊粗糙集模型的并、交、逆的应用，下面给出由直觉模糊关系的核与闭包诱导的近似空间的性质。

定理 2.36　设 (U,R) 是一个直觉模糊近似空间，则 $\forall x \in U$，$A \in \mathrm{IF}(U)$，有如下结论。

（1）${}_x(\mathrm{ar}(R)) = {}_xR \cap {}_x(I^{c})$。

（2）$\underline{\mathrm{ar}(R)}(A) \supseteq \underline{R}(A) \cup \underline{I^{c}}(A)$。

（3）$\overline{\mathrm{ar}(R)}(A) \subseteq \overline{R}(A) \cap \overline{I^{c}}(A)$。

证明　由定理 2.32 和定理 2.35 的结论（1）可得。

定理 2.37　设 (U,R) 是一个直觉模糊近似空间，则 $\forall x \in U$，$A \in \mathrm{IF}(U)$，有如下结论。

（1）${}_x(s(R)) = {}_xR \cap {}_x(R^{-1}) = {}_xR \cap R_x$。

（2）$\underline{s(R)}(A) \supseteq \underline{R}(A) \cup \underline{R^{-1}}(A) = \underline{R}(A) \cup \underline{R}'(A)$。

（3）$\overline{s(R)}(A) \subseteq \overline{R}(A) \cap \overline{R^{-1}}(A) = \overline{R}(A) \cap \overline{R}'(A)$。

证明　由定理 2.32 和定理 2.35 的结论（2）可得。

引理 2.3　在直觉模糊近似空间 (U,I) 中，$\forall A \in \mathrm{IF}(U)$，有 $\overline{I}(A) = A = \underline{I}(A)$。

证明　$\forall x \in U$

$$
\begin{aligned}
(\overline{I}(A))^{l}(x) &= \bigvee_{y\in U}(I^{l}(x,y) \wedge A^{l}(y)) \\
&= (\bigvee_{y\neq x}(I^{l}(x,y) \wedge A^{l}(y))) \vee (I^{l}(x,x) \wedge A^{l}(x)) \\
&= (\bigvee_{y\neq x}(0 \wedge A^{l}(y))) \vee (1 \wedge A^{l}(x)) \\
&= A^{l}(x) \\
(\overline{I}(A))^{u}(x) &= \bigwedge_{y\in U}(I^{u}(x,y) \wedge A^{u}(y)) \\
&= (\bigwedge_{y\neq x}(I^{u}(x,y) \vee A^{u}(y))) \wedge (I^{u}(x,x) \vee A^{u}(x)) \\
&= (\bigwedge_{y\neq x}(1 \vee A^{u}(y))) \wedge (0 \vee A^{u}(x)) \\
&= A^{u}(x)
\end{aligned}
$$

因此 $\overline{I}(A) = A$。由上、下近似算子的对偶性，可得 $A = \underline{I}(A)$。

定理 2.38　设 (U,R) 是一个直觉模糊近似空间，则 $\forall x \in U$，$A \in \mathrm{IF}(U)$，有如下结论。

（1）${}_x(\overline{r}(R)) = {}_xR \cup {}_xI$。

（2）$\underline{\overline{r}(R)}(A) = \underline{R}(A) \cap A$。

（3）$\overline{\overline{r(R)}}(A)=\overline{R}(A)\cup A$。

证明　由定理2.30、定理2.35和引理2.3可证。

定理 2.39　设(U,R)是一个直觉模糊近似空间，则$\forall x\in U$，$A\in \mathrm{IF}(U)$，有如下结论。

（1）$_x(\overline{s}(R))={}_xR\cup{}_x(R^{-1})={}_xR\cup R_x$。

（2）$\underline{\underline{s(R)}}(A)=\underline{R}(A)\cap\underline{R^{-1}}(A)=\underline{R}(A)\cap\underline{R}'(A)$。

（3）$\overline{\overline{s(R)}}(A)=\overline{R}(A)\cup\overline{R^{-1}}(A)=\overline{R}(A)\cup\overline{R}'(A)$。

证明　由定理2.30和定理2.35的结论（4）可得。

2.3.5 双论域上的直觉模糊粗糙集模型的合成

先讨论单论域上直觉模糊粗糙集模型的合成。

定义 2.31　设(U,R_1)和(U,R_2)是两个直觉模糊近似空间，称直觉模糊近似空间$(U,R_1\circ R_2)$为(U,R_1)和(U,R_2)的合成。

定理 2.40　设(U,R_1)和(U,R_2)是两个直觉模糊近似空间，且$R=R_1\circ R_2$，则$\forall A\in \mathrm{IF}(U)$，有如下结论。

（1）$\overline{R}(A)=(\overline{R_1}\circ\overline{R_2})(A)=\overline{R_1}(\overline{R_2}(A))$。

（2）$\underline{R}(A)=(\underline{R_1}\circ\underline{R_2})(A)=\underline{R_1}(\underline{R_2}(A))$。

证明　（1）$\forall x\in U$

$$\begin{aligned}
(\overline{R_1}(\overline{R_2}(A)))^l(x)&=\mathop{\vee}_{y\in U}((R_1)^l(x,y)\wedge(\overline{R_2}(A))^l(y))\\
&=\mathop{\vee}_{y\in U}((R_1)^l(x,y)\wedge(\mathop{\vee}_{z\in U}((R_2)^l(y,z)\wedge A^l(z))))\\
&=\mathop{\vee}_{y\in U}\mathop{\vee}_{z\in U}((R_1)^l(x,y)\wedge((R_2)^l(y,z)\wedge A^l(z)))\\
&=\mathop{\vee}_{z\in U}(\mathop{\vee}_{y\in U}((R_1)^l(x,y)\wedge(R_2)^l(y,z))\wedge A^l(z))\\
&=\mathop{\vee}_{z\in U}(R^l(x,z)\wedge A^l(z))\\
&=(\overline{R}(A))^l(x)
\end{aligned}$$

$$\begin{aligned}
(\overline{R_1}(\overline{R_2}(A)))^u(x)&=\mathop{\wedge}_{y\in U}((R_1)^u(x,y)\vee(\overline{R_2}(A))^u(y))\\
&=\mathop{\wedge}_{y\in U}((R_1)^u(x,y)\vee(\mathop{\wedge}_{z\in U}((R_2)^u(y,z)\vee A^u(z))))\\
&=\mathop{\wedge}_{y\in U}\mathop{\wedge}_{z\in U}((R_1)^u(x,y)\vee((R_2)^u(y,z)\vee A^u(z)))\\
&=\mathop{\wedge}_{z\in U}(\mathop{\wedge}_{y\in U}((R_1)^u(x,y)\vee(R_2)^u(y,z))\vee A^u(z))\\
&=\mathop{\wedge}_{z\in U}(R^u(x,z)\vee A^u(z))\\
&=(\overline{R}(A))^u(x)
\end{aligned}$$

因此 $\overline{R}(A)=(\overline{R_1}\circ\overline{R_2})(A)=\overline{R_1}(\overline{R_2}(A))$。

（2）$\forall x\in U$

$$\begin{aligned}(\underline{R_1}(\underline{R_2}(A)))^l(x)&=\underset{y\in U}{\wedge}((R_1)^u(x,y)\vee(\underline{R_2}(A))^l(y))\\&=\underset{y\in U}{\wedge}((R_1)^u(x,y)\vee(\underset{z\in U}{\wedge}((R_2)^u(y,z)\vee A^l(z))))\\&=\underset{y\in U}{\wedge}\underset{z\in U}{\wedge}((R_1)^u(x,y)\vee((R_2)^u(y,z)\vee A^l(z)))\\&=\underset{z\in U}{\wedge}(\underset{y\in U}{\wedge}((R_1)^u(x,y)\vee(R_2)^u(y,z))\vee A^l(z))\\&=\underset{z\in U}{\wedge}(R^u(x,z)\vee A^l(z))\\&=(\underline{R}(A))^l(x)\end{aligned}$$

$$\begin{aligned}(\underline{R_1}(\underline{R_2}(A)))^u(x)&=\underset{y\in U}{\vee}((R_1)^l(x,y)\wedge(\underline{R_2}(A))^u(y))\\&=\underset{y\in U}{\vee}((R_1)^l(x,y)\wedge(\underset{z\in U}{\vee}((R_2)^l(y,z)\wedge A^u(z))))\\&=\underset{y\in U}{\vee}\underset{z\in U}{\vee}((R_1)^l(x,y)\wedge((R_2)^l(y,z)\wedge A^u(z)))\\&=\underset{z\in U}{\vee}(\underset{y\in U}{\vee}((R_1)^l(x,y)\wedge(R_2)^l(y,z))\wedge A^u(z))\\&=\underset{z\in U}{\vee}(R^u(x,z)\wedge A^u(z))\\&=(\underline{R}(A))^u(x)\end{aligned}$$

因此 $\underline{R}(A)=(\underline{R_1}\circ\underline{R_2})(A)=\underline{R_1}(\underline{R_2}(A))$。

由定理 2.40 知，在合成空间中的直觉模糊粗糙近似算子恰好等于两个直觉模糊近似空间中的直觉模糊粗糙近似算子的合成。

定理 2.40 可推广至更一般的情形。

推论 2.4　设 (U,R) 是一个直觉模糊近似空间，且 $T=R^n$，则 $\forall A\in \mathrm{IF}(U)$，有如下结论。

（1）$\overline{T}(A)=\overline{R}^{(n)}(A)$。

（2）$\underline{T}(A)=\underline{R}^{(n)}(A)$，其中 $f^{(n)}$ 表示映射 f 的 n 次合成。

定理 2.40 还可推广至双论域的情形。

定理 2.41　设 (W,U,R_1) 和 (U,V,R_2) 是两个直觉模糊近似空间，且 $R=R_1\circ R_2$，则 $\forall A\in \mathrm{IF}(V)$，有如下结论。

（1）$\overline{R}(A)=(\overline{R_1}\circ\overline{R_2})(A)=\overline{R_1}(\overline{R_2}(A))$。

（2）$\underline{R}(A)=(\underline{R_1}\circ\underline{R_2})(A)=\underline{R_1}(\underline{R_2}(A))$。

证明　类似于定理 2.40。

2.3.6 应用举例

下面通过一个例子来阐述直觉模糊粗糙集模型的变换在多属性决策中的具体应用。

例 2.5　设$U=\{u_1,u_2,u_3,u_4\}$表示决策结果集，其中u_1代表“很受欢迎”，u_2代表“受欢迎”，u_3代表“不太受欢迎”，u_4代表“不受欢迎”。$V=\{v_1,v_2,v_3,v_4\}$表示条件属性集，其中v_1代表“图案和颜色”，v_2代表“款式”，v_3代表“耐久性”，v_4代表“价格”。$W=\{w\}$表示决策属性集，其中w表示“购买”。

假设一件衣服如果很受欢迎，则100%的人购买；如果受欢迎，则90%的人购买，5%的人不购买，5%的人不作决定；如果不太受欢迎，则35%的人购买，5%的人不购买，15%的人不作决定；如果不受欢迎，则没有人购买。用矩阵表示如下

$$\boldsymbol{M}=\begin{pmatrix}(1,0) & (0.9,0.05) & (0.35,0.5) & (0,1)\end{pmatrix}$$

一些专家和顾客被邀请根据图案和颜色对某一指定的衣服进行评价。假设10%的人认为很受欢迎，5%的人认为受欢迎，60%的人认为不太受欢迎，15%的人认为不受欢迎，10%的人不作评价。用向量表示如下

$$\begin{pmatrix}(0.1,0.8) & (0.05,0.85) & (0.6,0.3) & (0.15,0.75)\end{pmatrix}^{\mathrm{T}}$$

其中，T 表示转置。

类似地，根据其他三个条件属性对衣服分别进行评价，可得下面三个向量，即

$$\begin{pmatrix}(0.2,0.7) & (0.55,0.35) & (0.1,0.8) & (0.05,0.85)\end{pmatrix}^{\mathrm{T}}$$

$$\begin{pmatrix}(0.45,0.45) & (0.2,0.7) & (0.15,0.75) & (0.1,0.8)\end{pmatrix}^{\mathrm{T}}$$

$$\begin{pmatrix}(0.2,0.7) & (0.15,0.75) & (0.05,0.85) & (0.5,0.4)\end{pmatrix}^{\mathrm{T}}$$

基于上面四个向量，可得4×4矩阵如下

$$\boldsymbol{N}=\begin{pmatrix}(0.1,0.8) & (0.2,0.7) & (0.45,0.45) & (0.2,0.7)\\(0.05,0.85) & (0.55,0.35) & (0.2,0.7) & (0.15,0.75)\\(0.6,0.3) & (0.1,0.8) & (0.15,0.75) & (0.05,0.85)\\(0.15,0.75) & (0.05,0.85) & (0.1,0.8) & (0.5,0.4)\end{pmatrix}$$

设R_1和R_2分别是$\boldsymbol{M}$和$\boldsymbol{N}$对应的直觉模糊关系，显然R_1是从W到U的一个直觉模糊关系，R_2是从U到V的一个直觉模糊关系。

现有一名顾客，其对各条件属性的权重为$\boldsymbol{A}=(0.4\quad 0.3\quad 0.2\quad 0.1)^{\mathrm{T}}$。显然，$\boldsymbol{A}$可看成一个特殊的直觉模糊值向量$\boldsymbol{A}=\begin{pmatrix}(0.4,0.6) & (0.3,0.7) & (0.2,0.8) & (0.1,0.9)\end{pmatrix}^{\mathrm{T}}$。下面可利用直觉模糊粗糙集模型的合成帮助此顾客决定是否购买指定衣服。

首先，通过计算可得$\overline{R_2}(\boldsymbol{A})=\begin{pmatrix}(0.2,0.7) & (0.3,0.7) & (0.4,0.6) & (0.15,0.75)\end{pmatrix}^{\mathrm{T}}$。

其次，根据定理 2.41 的结论（1）可得，$\overline{R_1}(\overline{R_2}(A))(w)=(0.35,0.6)$。因为 $0.35<0.6$，所以该顾客不购买指定衣服。

参 考 文 献

张文修, 吴伟志, 梁吉业, 等. 2001. 粗糙集理论与方法. 北京: 科学出版社.

Abbas S E. 2005. On intuitionistic fuzzy compactness. Information Sciences, 173: 75-91.

Atanassov K. 1984. Intuitionistic fuzzy relations. Proceedings of the Third International Symposium on Automation and Scientific Instrumentation, Varna: 56-57.

Atanassov K. 1986. Intuitionistic fuzzy sets. Fuzzy Sets and Systems, 20: 87-96.

Atanassov K. 1989. More on intuitionistic fuzzy sets. Fuzzy Sets and Systems, 33: 37-45.

Atanassov K. 1994. New operations defined over the intuitionistic fuzzy sets. Fuzzy Sets and Systems, 61: 137-142.

Atanassov K. 1995. Remarks on the intuitionistic fuzzy sets-III. Fuzzy Sets and Systems, 75: 401- 402.

Atanassov K. 1999. Intuitionistic Fuzzy Sets: Theory and Applications. Berlin: Springer.

Bi Y, Anderson T, McClean S. 2003. A rough set model with ontologies for discovering maximal association rules in document collections. Knowledge-Based Systems, 16: 243-251.

Bonikowski Z, Bryniariski E, Skardowska U W. 1998. Extension and intentions in the rough set theory. Information Sciences, 107: 149-167.

Bundy A. 1985. Incidence calculus: A mechanism for probabilistic reasoning. Journal of Automated Reasoning, 1: 263-283.

Burillo P, Bustince H. 1995. Intuitionistic fuzzy relations. Mathware and Soft Computing, 2: 5-38.

Bustince H, Burillo P. 1996. Structures on intuitionistic fuzzy relations. Fuzzy Sets and Systems, 78: 293-303.

Cattaneo G. 1998. Abstract approximation spaces for rough theories// Polkowski L, Skowron A. Rough Sets in Knowledge Discovery, Methodology and Applications. Berlin: Springer, 59-98.

Coker D. 1997. An introduction to intuitionistic fuzzy topological spaces. Fuzzy Sets and Systems, 88: 81-89.

Cornelis C, Cock M D, Kerre E E. 2003. Intuitionistic fuzzy rough sets: At the crossroads of imperfect knowledge. Expert Systems, 20: 260-270.

Davey B A, Pristley H A. 1990. Introduction to Lattices and Orders. Cambridge: Cambridge University Press.

De S K, Biswas R, Roy A R. 2000. Some operations on intuitionistic fuzzy sets. Fuzzy Sets and Systems, 114: 477-484.

Dubois D, Gottwald S, Hajek P, et al. 2005. Terminological difficulties in fuzzy set theory the case of intuitionistic fuzzy sets. Fuzzy Sets and Systems, 156: 485-491.

Dubois D, Prade H. 1990. Rough fuzzy sets and fuzzy rough sets. International Journal of General Systems, 17: 191-209.

Gerstenkorn T, Manko J. 1995. Bifuzzy probabilistic sets. Fuzzy Sets and Systems, 71: 207-214.

Gerstenkorn T, Tepavcevic A. 2001. Lattice valued bifuzzy sets. New Logics for the New Economy: 65-68.

Griffin G, Chen Z. 1998. Rough set extension of Tcl for data mining. Knowledge-Based Systems, 11: 249-253.

Jena S P, Ghosh S K. 2002. Intuitionistic fuzzy rough sets. Notes on Intuitionistic Fuzzy Sets, 8: 1-18.

Kryszkiewicz M. 1998. Rough set approach to incomplete information systems. Information Sciences, 112: 39-49.

Li D F, Cheng C T. 2002. New similarity measures of intuitionistic fuzzy sets and application to pattern recognitions. Pattern Recognition Letters, 23: 221-225.

Liang J Y, Xu Z B. 2002. The algorithm on knowledge reduction in incomplete information systems. International Journal of Uncertainty, Fuzziness Knowledge-Based Systems, 10: 95-103.

Liu G L. 2010. Rough set theory based on two universal sets and its applications. Knowledge-Based Systems, 23(2): 110-115.

Liu H W, Wang G J. 2007. Multi-criteria decision-making methods based on intuitionistic fuzzy sets. European Journal of Operational Research, 179: 220-233.

Lupianez F G. 2006. Nets and filters in intuitionistic fuzzy topological spaces. Information Sciences, 176: 2396-2404.

Mi J S, Zhang W X. 2002. Composition of general fuzzy approximation spaces. LNAI, 2275: 497-501.

Mitchell H B. 2005. Pattern recognition using type-II fuzzy sets. Information Sciences, 170: 409-418.

Montero J, Gomez D, Bustince H. 2007. Atanassov's intuitionistic fuzzy sets as a classification model. Lecture Notes in Artificial Intelligence, 1: 69-76.

Montero J, Gomez D, Bustince H. 2007. On the relevance of some families of fuzzy sets. Fuzzy Sets and Systems, 158: 2429-2442.

Pankowska A, Wygralak M. 2004. A general concept of IF-sets with triangular norms. Soft Computing Foundations and Theoretical Aspects, Warszawa: 319-335.

Pankowska A, Wygralak M. 2006. General IF-sets with triangular norms and their applications to group decision making. Information Sciences, 176: 2713-2754.

Pawlak Z. 1982. Rough sets. International Journal of Computer and Information Sciences, 11: 341-356.

Pawlak Z. 1991. Rough Sets-Theoretical Aspects to Reasoning about Data. Dordrecht: Kluwer Academic Publisher.

Pei D W, Xu Z B. 2007. Transformation of rough set models. Knowledge-Based Systems, 20: 745-751.

Polkowski L. 2002. Rough Sets: Mathematical Foundations. Berlin: Springer.

Radzikowska A M. 2006. Rough approximation operations based on IF sets. Lecture Notes in Computer

Science, 4029: 528-537.

Rizvi S, Naqvi H J, Nadeem D. 2002. Rough intuitionistic fuzzy set. Proceedings of the Sixth Joint Conference on Information Sciences, Durham: 101-104.

Saadati R, Park J H. 2006. On the intuitionistic fuzzy topological spaces. Chaos, Solitons & Fractals, 27: 331-344.

Samanta S K, Mondal T K. 2001. Intuitionistic fuzzy rough sets and rough intuitionistic fuzzy sets. Journal of Fuzzy Mathematics, 9: 561-582.

Samanta S K, Mondal T K. 2002. On intuitionistic gradation of openness. Fuzzy Sets and Systems, 131: 323-336.

Shafer G. 1987. Belief functions and possibility measures. Analysis of Fuzzy Information, Boca Raton, 1: 51-84.

Skowron A, Stepanium J. 1996. Tolerance approximation spaces. Fundamenta Informaticae, 27: 245-253.

Slowinski R, Stefanowski J. 1996. Rough-set reasoning about uncertain data. Fundamenta Informaticae, 27: 229-243.

Vlachos I K, Sergiadis G D. 2007. Intuitionistic fuzzy information-applications to pattern recognition. Pattern Recognition Letters, 28: 197-206.

Wang W Q, Xin X L. 2005. Distance measure between intuitionistic fuzzy sets. Pattern Recognition Letters, 26: 2063-2069.

Wong S K M, Wang L S, Yao Y Y. 1993. Interval structures: A framework for representing uncertain information. Proceedings of the 8th International Conference on Uncertainty in Artificial Intelligence: 336-343.

Wong S K M,Wang L S, Yao Y Y. 1993. On modeling uncertainty with interval structures. Computational Intelligence, 11: 406-426.

Wu W Z, Mi J S, Zhang W X. 2002. Composition of approximation spaces and its applications. Journal of Engineering Mathematics, 19(3): 86-94.

Wu W Z, Mi J S, Zhang W X. 2003. Generalized fuzzy rough sets. Information Sciences, 151: 263-282.

Xu Z S. 2007. Intuitionistic preference relations and their application in group decision making. Information Sciences, 177: 2363-2379.

Xu Z S. 2010. Choquet integrals of weighted intuitionistic fuzzy information. Information Sciences, 180: 726-736.

Xu Z S, Chen J, Wu J J. 2008. Clustering algorithm for intuitionistic fuzzy sets. Information Sciences, 178: 3775-3790.

Xu Z S, Yager R R. 2006. Some geometric aggregation operators based on intuitionistic fuzzy sets. International Journal of General Systems, 35: 417-433.

Yang H L, Li S G, Guo Z L, et al. 2012. Transformation of bipolar fuzzy rough set model. Knowledge-Based Systems, 27: 60-68.

Yang H L, Li S G. 2009. Restudy of intuitionistic fuzzy relations. Systems Engineering-Theory & Practice, 29(2): 114-120.

Yan R, Zheng J, Liu J, et al. 2010. Research on the model of rough set over dual universes. Knowledge-Based Systems, 23(8): 817-822.

Yao Y Y. 1993. Interval-set algebra for qualitative knowledge representation. Proceedings of Fifth International Conference on Computing and Information: 370-374.

Yao Y Y. 1996. Generalization of rough sets using modal logic. Intelligent Automation Soft Computing, 2: 103-120.

Yao Y Y. 1996. Two views of the theory of rough sets in finite universes. International Journal of Approximate Reasoning, 15: 291-317.

Yao Y Y. 1998. Constructive and algebraic methods of the theory of rough sets. Information Sciences, 109: 21-47.

Yao Y Y. 1998. Generalized rough set models// Polkowski L, Tsumoto S, Lin T Y, et al. Rough Sets in Knowledge Discovery: 1. Methodology and Applications. Berlin: Springer, 286-318.

Yao Y Y. 1998. Relational interpretations of neighborhood operators and rough set approximation operators. Information Sciences, 111: 239-259.

Yao Y Y, Wong S K M, Lin T L. 1997. A review of rough set models// Lin T Y, Cercone N. Rough Sets and Data Mining, Dordrecht: Kluwer Academic Publisher, 47-75.

Yao Y Y, Wong S K M, Wang L S. 1995. A non-numeric approach to uncertain reasoning. International Journal of General Systems, 23: 343-359.

Zadeh L A. 1965. Fuzzy sets. Information Control, 8: 338-353.

Zakowski W. 1983. Axiomization in the space (U,P). Demonstratio Mathematica, 16: 761-769.

Zhang C Y, Fu H Y. 2006. Similarity measures on three kinds of fuzzy sets. Pattern Recognition Letters, 27: 1307-1317.

Zhou L, Wu W Z. 2008. On generalized intuitionistic fuzzy rough approximation operators. Information Sciences, 178: 2448-2465.

Zhu F, Wang F Y. 2003. Reduction and axiomatization of covering generalized rough sets. Information Sciences, 152: 217-230.

第 3 章　双论域上基于水平集的粗糙集

在 Pawlak 粗糙集模型中，论域上的二元关系必须是等价关系。然而在很多实际问题中，这一条件很难满足，人们所面对的信息往往是模棱两可的，即具有模糊性，且信息之间的关系是建立在双论域上的。为了更好地应用粗糙集理论，必须建立更广泛的粗糙集模型。本章系统地讨论双论域上基于水平集的粗糙集。

3.1　双论域上基于水平集的 1-型模糊粗糙集

3.1.1　双论域上基于水平集的 1-型模糊粗糙集的概念与性质

定义 3.1　设 U、V 是两个非空有限论域，R 是从 U 到 V 的一个模糊关系，$\forall \alpha \in (0,1]$，称 $R_\alpha = \{(x,y) \in U \times V \mid R(x,y) \geqslant \alpha\}$ 为 R 的 α 截关系。

定义 3.2　设 U、V 是两个非空有限论域，R 是从 U 到 V 的一个模糊关系，R_α 为 R 的 α 截关系，其中 $\alpha \in (0,1]$。$\forall X \subseteq V$，X 关于 R_α 的下近似和上近似分别定义如下

$$\underline{R_\alpha}(X) = \{x \in U \mid R_\alpha(x) \subseteq X\}$$

$$\overline{R_\alpha}(X) = \{x \in U \mid R_\alpha(x) \cap X \neq \varnothing\}$$

其中，$\forall x \in U$，$R_\alpha(x) = \{y \in V \mid (x,y) \in R_\alpha\}$，称 $(\underline{R_\alpha}(X), \overline{R_\alpha}(X))$ 为基于 R_α 的 1-型模糊粗糙集。

如果 $U = V$，则 R_α 是 U 上的一个二元关系。易见，如果 R 是 U 上的模糊等价关系，则 R_α 是 U 上的一个等价关系。因而，如果 R 是 U 上的模糊等价关系，则定义 3.2 中给出的模糊粗糙集就退化成经典的 Pawlak 粗糙集。

下面给出下近似算子 $\underline{R_\alpha}$ 和上近似算子 $\overline{R_\alpha}$ 的一些性质。

定理 3.1　设 U、V 是两个非空有限论域，R 是从 U 到 V 的一个模糊关系，R_α 为 R 的 α 截关系，其中 $\alpha \in (0,1]$。$\forall X, Y \subseteq V$，下近似算子 $\underline{R_\alpha}$ 和上近似算子 $\overline{R_\alpha}$ 具有下列性质。

（1）$\overline{R_\alpha}(\varnothing) = \varnothing$，$\underline{R_\alpha}(V) = U$。

（2）$\underline{R_\alpha}(X \cap Y) = \underline{R_\alpha}(X) \cap \underline{R_\alpha}(Y)$，$\overline{R_\alpha}(X \cup Y) = \overline{R_\alpha}(X) \cup \overline{R_\alpha}(Y)$。

（3）$\underline{R_\alpha}(X \cup Y) \supseteq \underline{R_\alpha}(X) \cup \underline{R_\alpha}(Y)$，$\overline{R_\alpha}(X \cap Y) \subseteq \overline{R_\alpha}(X) \cap \overline{R_\alpha}(Y)$。

（4）如果 $X\subseteq Y$，则 $\underline{R_\alpha}(X)\subseteq\underline{R_\alpha}(Y)$，$\overline{R_\alpha}(X)\subseteq\overline{R_\alpha}(Y)$。

（5）$\underline{R_\alpha}(X)=(\overline{R_\alpha}(X^{\mathrm{c}}))^{\mathrm{c}}$，$\overline{R_\alpha}(X)=(\underline{R_\alpha}(X^{\mathrm{c}}))^{\mathrm{c}}$。

证明　由定义 3.2 可证。

注 3.1　一般地，$\underline{R_\alpha}(\varnothing)\neq\varnothing$，$\overline{R_\alpha}(V)\neq U$。例如，设 $U=\{x_1,x_2\}$，$V=\{y_1,y_2\}$，从 U 到 V 的模糊关系 R 如表 3.1 所示。

表 3.1　注 3.1 中从 U 到 V 的模糊关系 R

R	y_1	y_2
x_1	0.2	0.4
x_2	0.45	0.7

取 $\alpha=0.52$，则 $\underline{R_\alpha}(\varnothing)=\{x_1\}\neq\varnothing$，$\overline{R_\alpha}(V)=\{x_2\}\neq U$。

定理 3.2　设 U、V 是两个非空有限论域，R 是从 U 到 V 的一个模糊关系，R_{α_1} 和 R_{α_2} 是 R 的两个截关系，其中 $\alpha_1,\alpha_2\in(0,1]$。如果 $\alpha_1\leqslant\alpha_2$，则 $\forall X\subseteq V$，有如下结论。

（1）$\underline{R_{\alpha_1}}(X)\subseteq\underline{R_{\alpha_2}}(X)$。

（2）$\overline{R_{\alpha_1}}(X)\supseteq\overline{R_{\alpha_2}}(X)$。

证明　（1）由定义 3.1 和定义 3.2，如果 $\alpha_1\leqslant\alpha_2$，则 $\forall x\in U$，有

$$\begin{aligned}R_{\alpha_1}(x)&=\{y\in V\mid(x,y)\in R_{\alpha_1}\}\\&=\{y\in V\mid R(x,y)\geqslant\alpha_1\}\\&\supseteq\{y\in V\mid R(x,y)\geqslant\alpha_2\}\\&=\{y\in V\mid(x,y)\in R_{\alpha_2}\}\\&=R_{\alpha_2}(x)\end{aligned}$$

$\forall x\in\underline{R_{\alpha_1}}(X)$，有 $R_{\alpha_1}(x)\subseteq X$，因此 $R_{\alpha_2}(x)\subseteq R_{\alpha_1}(x)\subseteq X$，这就意味着 $x\in\underline{R_{\alpha_2}}(X)$，从而 $\underline{R_{\alpha_1}}(X)\subseteq\underline{R_{\alpha_2}}(X)$。

（2）由 $R_{\alpha_1}(x)\supseteq R_{\alpha_2}(x)(\forall x\in U)$ 知，$R_{\alpha_1}(x)\cap X\supseteq R_{\alpha_2}(x)\cap X(\forall x\in U)$。根据定义 3.2，$\forall x\in\overline{R_{\alpha_2}}(X)$，有 $R_{\alpha_2}(x)\cap X\neq\varnothing$，于是 $R_{\alpha_1}(x)\cap X\neq\varnothing$，这意味着 $x\in\overline{R_{\alpha_1}}(X)$。

定理 3.3　设 U、V 是两个非空有限论域，R、S 是从 U 到 V 的两个模糊关系，$\forall X\subseteq V$，$\alpha\in(0,1]$。如果 $R\subseteq S$，则有如下结论。

（1）$\underline{R_\alpha}(X)\supseteq\underline{S_\alpha}(X)$。

（2）$\overline{R_\alpha}(X)\subseteq\overline{S_\alpha}(X)$。

证明　（1）由 $R\subseteq S$ 知，$\forall(x,y)\in U\times V$，$R(x,y)\leqslant S(x,y)$。则 $\forall x\in U$，$R_\alpha(x)=\{y\in V\mid R(x,y)\geqslant\alpha\}\subseteq\{y\in V\mid S(x,y)\geqslant\alpha\}=S_\alpha(x)$。$\forall x\in\underline{S_\alpha}(X)$，有 $S_\alpha(x)\subseteq X$，则

$R_\alpha(x)\subseteq X$，这意味着 $x\in \underline{R_\alpha}(X)$，所以 $\underline{S_\alpha}(X)\subseteq \underline{R_\alpha}(X)$。

（2）由 $R_\alpha(x)\subseteq S_\alpha(x)\,(\forall x\in U)$ 有，$R_\alpha(x)\cap X\subseteq S_\alpha(x)\cap X\,(\forall x\in U)$。$\forall x\in \overline{R_\alpha}(X)$，有 $R_\alpha(x)\cap X\neq\varnothing$，则 $S_\alpha(x)\cap X\neq\varnothing$，这意味着 $x\in\overline{S_\alpha}(X)$。因此 $\overline{R_\alpha}(X)\subseteq\overline{S_\alpha}(X)$。

引理 3.1　设 U、V 是两个非空有限论域，R、S 是从 U 到 V 的两个模糊关系，$\forall\alpha\in(0,1]$，$\forall x\in U$，有如下结论。

（1）$(R\cup S)_\alpha(x)=R_\alpha(x)\cup S_\alpha(x)$。

（2）$(R\cap S)_\alpha(x)=R_\alpha(x)\cap S_\alpha(x)$。

证明　（1）由定义 3.1 和定义 3.2 知，$\forall x\in U$，有

$$
\begin{aligned}
(R\cup S)_\alpha(x)&=\{y\in V\mid (R\cup S)(x,y)\geqslant\alpha\}\\
&=\{y\in V\mid \max(R(x,y),S(x,y))\geqslant\alpha\}\\
&=\{y\in V\mid R(x,y)\geqslant\alpha\}\cup\{y\in V\mid S(x,y)\geqslant\alpha\}\\
&=R_\alpha(x)\cup S_\alpha(x)
\end{aligned}
$$

（2）由定义 3.1 和定义 3.2 知，$\forall x\in U$，有

$$
\begin{aligned}
(R\cap S)_\alpha(x)&=\{y\in V\mid (R\cap S)(x,y)\geqslant\alpha\}\\
&=\{y\in V\mid \min(R(x,y),S(x,y))\geqslant\alpha\}\\
&=\{y\in V\mid R(x,y)\geqslant\alpha\}\cap\{y\in V\mid S(x,y)\geqslant\alpha\}\\
&=R_\alpha(x)\cap S_\alpha(x)
\end{aligned}
$$

定理 3.4　设 U、V 是两个非空有限论域，R、S 是从 U 到 V 的两个模糊关系，$\forall\alpha\in(0,1]$，$\forall X\subseteq V$，有如下结论。

（1）$\underline{(R\cup S)_\alpha}(X)=\underline{R_\alpha}(X)\cap\underline{S_\alpha}(X)\subseteq\underline{R_\alpha}(X)\cup\underline{S_\alpha}(X)$。

（2）$\overline{(R\cup S)_\alpha}(X)=\overline{R_\alpha}(X)\cup\overline{S_\alpha}(X)$。

（3）$\underline{(R\cap S)_\alpha}(X)\supseteq\underline{R_\alpha}(X)\cup\underline{S_\alpha}(X)\supseteq\underline{R_\alpha}(X)\cap\underline{S_\alpha}(X)$。

（4）$\overline{(R\cap S)_\alpha}(X)\subseteq\overline{R_\alpha}(X)\cap\overline{S_\alpha}(X)$。

证明　（1）由定义 3.1 和引理 3.1 的结论（1）知

$$
\begin{aligned}
\underline{(R\cup S)_\alpha}(X)&=\{x\in U\mid (R\cup S)_\alpha(x)\subseteq X\}\\
&=\{x\in U\mid R_\alpha(x)\cup S_\alpha(x)\subseteq X\}\\
&=\{x\in U\mid R_\alpha(x)\subseteq X\}\cap\{x\in U\mid S_\alpha(x)\subseteq X\}\\
&=\underline{R_\alpha}(X)\cap\underline{S_\alpha}(X)\\
&\subseteq\underline{R_\alpha}(X)\cup\underline{S_\alpha}(X)
\end{aligned}
$$

（2）由定义 3.1 和引理 3.1 的结论（1）知

$$\begin{aligned}\overline{(R\cup S)_\alpha}(X)&=\{x\in U\mid (R\cup S)_\alpha(x)\cap X\neq\varnothing\}\\&=\{x\in U\mid (R_\alpha(x)\cup S_\alpha(x))\cap X\neq\varnothing\}\\&=\{x\in U\mid R_\alpha(x)\cap X\neq\varnothing\}\cup\{x\in U\mid S_\alpha(x)\cap X\neq\varnothing\}\\&=\overline{R_\alpha}(X)\cup\overline{S_\alpha}(X)\end{aligned}$$

（3）由引理3.1的结论（2）有

$$\begin{aligned}\underline{(R\cap S)_\alpha}(X)&=\{x\in U\mid (R\cap S)_\alpha(x)\subseteq X\}\\&=\{x\in U\mid (R_\alpha(x)\cap S_\alpha(x))\subseteq X\}\\&\supseteq\{x\in U\mid R_\alpha(x)\subseteq X\}\cup\{x\in U\mid S_\alpha(x)\subseteq X\}\\&=\underline{R_\alpha}(x)\cup\underline{S_\alpha}(x)\end{aligned}$$

故$\underline{(R\cap S)_\alpha}(X)\supseteq\underline{R_\alpha}(X)\cup\underline{S_\alpha}(X)\supseteq\underline{R_\alpha}(X)\cap\underline{S_\alpha}(X)$。

（4）由引理3.1的结论（2）有

$$\begin{aligned}\overline{(R\cap S)_\alpha}(X)&=\{x\in U\mid (R\cap S)_\alpha(x)\cap X\neq\varnothing\}\\&=\{x\in U\mid (R_\alpha(x)\cap S_\alpha(x))\cap X\neq\varnothing\}\\&\subseteq\{x\in U\mid R_\alpha(x)\cap X\neq\varnothing\}\cap\{x\in U\mid S_\alpha(x)\cap X\neq\varnothing\}\end{aligned}$$

故$\overline{(R\cap S)_\alpha}(X)\subseteq\overline{R_\alpha}(X)\cap\overline{S_\alpha}(X)$。

定理3.5　设U、V是两个非空有限论域，其中$U=\{x_1,x_2,\cdots,x_n\}$，R是从U到V的一个模糊关系。如果R的α截关系R_α满足

$$R_\alpha(x_1)\subseteq R_\alpha(x_2)\subseteq\cdots\subseteq R_\alpha(x_n)$$

其中，$\alpha\in(0,1]$，$\forall X\subseteq V$，有如下结论。

（1）如果$x_i\in\underline{R_\alpha}(X)$，则$x_1,x_2,\cdots,x_{i-1}\in\underline{R_\alpha}(X)\ (i\in\{2,3,\cdots,n\})$。

（2）如果$x_i\in\overline{R_\alpha}(X)$，则$x_{i+1},x_{i+2},\cdots,x_n\in\overline{R_\alpha}(X)\ (i\in\{1,2,\cdots,n-1\})$。

证明　（1）如果$x_i\in\underline{R_\alpha}(X)$，则$R_\alpha(x_i)\subseteq X$，由已知条件知，$R_\alpha(x_k)\subseteq X$ $(k=1,2,\cdots,i-1)$，故$x_1,x_2,\cdots,x_{i-1}\in\underline{R_\alpha}(X)$。

（2）如果$x_i\in\overline{R_\alpha}(X)$，则$R_\alpha(x_i)\cap X\neq\varnothing$，由已知条件知，$R_\alpha(x_k)\cap X\neq\varnothing$ $(k=i+1,\cdots,n)$，故$x_{i+1},x_{i+2},\cdots,x_n\in\overline{R_\alpha}(X)$。

定义3.3　设U、V是两个非空有限论域，R是从U到V的一个模糊关系，R_α是R的α截关系，其中$\alpha\in(0,1]$。$\forall X\subseteq V$，X相对于R_α的近似精度$\rho_{R_\alpha}(X)$定义为

$$\rho_{R_\alpha}(X)=\begin{cases}\dfrac{\left|\underline{R_\alpha}(X)\right|}{\left|\overline{R_\alpha}(X)\right|}, & \overline{R_\alpha}(X)\neq\varnothing\\[2ex] 1, & \overline{R_\alpha}(X)=\varnothing\end{cases}$$

其中，$|\cdot|$表示集合的势。

令 $\mu_{R_\alpha}(X)=1-\rho_{R_\alpha}(X)$，称 $\mu_{R_\alpha}(X)$ 为 X 的近似粗糙度。

显然，$0\leqslant\rho_{R_\alpha}(X)\leqslant 1$ 且 $0\leqslant\mu_{R_\alpha}(X)\leqslant 1$。

定理 3.6　设 U、V 是两个非空有限论域，R 是从 U 到 V 的一个模糊关系，R_α 是 R 的 α 截关系，其中 $\alpha\in(0,1]$，$\forall X,Y\subseteq V$，有如下结论。

（1）$\rho_{R_\alpha}(X\cup Y)\left|\overline{R_\alpha}(X)\cup\overline{R_\alpha}(Y)\right|\geqslant\rho_{R_\alpha}(X)\left|\overline{R_\alpha}(X)\right|+\rho_{R_\alpha}(Y)\left|\overline{R_\alpha}(Y)\right|-\rho_{R_\alpha}(X\cap Y)\left|\overline{R_\alpha}(X)\cap\overline{R_\alpha}(Y)\right|$。

（2）$\mu_{R_\alpha}(X\cup Y)\left|\overline{R_\alpha}(X)\cup\overline{R_\alpha}(Y)\right|\leqslant\mu_{R_\alpha}(X)\left|\overline{R_\alpha}(X)\right|+\mu_{R_\alpha}(Y)\left|\overline{R_\alpha}(Y)\right|-\mu_{R_\alpha}(X\cap Y)\left|\overline{R_\alpha}(X)\cap\overline{R_\alpha}(Y)\right|$。

证明　根据近似精度的定义，有

$$\rho_{R_\alpha}(X\cup Y)=\frac{\left|\underline{R_\alpha}(X\cup Y)\right|}{\left|\overline{R_\alpha}(X\cup Y)\right|}\geqslant\frac{\left|\underline{R_\alpha}(X)\cup\underline{R_\alpha}(Y)\right|}{\left|\overline{R_\alpha}(X)\cup\overline{R_\alpha}(Y)\right|}$$

则 $\rho_{R_\alpha}(X\cup Y)\left|\overline{R_\alpha}(X)\cup\overline{R_\alpha}(Y)\right|\geqslant\left|\underline{R_\alpha}(X)\cup\underline{R_\alpha}(Y)\right|$。

类似可得 $\rho_{R_\alpha}(X\cap Y)\left|\overline{R_\alpha}(X)\cap\overline{R_\alpha}(Y)\right|\geqslant\left|\underline{R_\alpha}(X)\cap\underline{R_\alpha}(Y)\right|$。

则

$$\begin{aligned}&\rho_{R_\alpha}(X\cup Y)\left|\overline{R_\alpha}(X)\cup\overline{R_\alpha}(Y)\right|+\rho_{R_\alpha}(X\cap Y)\left|\overline{R_\alpha}(X)\cap\overline{R_\alpha}(Y)\right|\\&\geqslant\left|\underline{R_\alpha}(X)\cup\underline{R_\alpha}(Y)\right|+\left|\underline{R_\alpha}(X)\cap\underline{R_\alpha}(Y)\right|\\&=\left|\underline{R_\alpha}(X)\right|+\left|\underline{R_\alpha}(Y)\right|\\&=\rho_{R_\alpha}(X)\left|\overline{R_\alpha}(X)\right|+\rho_{R_\alpha}(Y)\left|\overline{R_\alpha}(Y)\right|\end{aligned}$$

故

$$\begin{aligned}&\rho_{R_\alpha}(X\cup Y)\left|\overline{R_\alpha}(X)\cup\overline{R_\alpha}(Y)\right|\geqslant\rho_{R_\alpha}(X)\left|\overline{R_\alpha}(X)\right|+\rho_{R_\alpha}(Y)\left|\overline{R_\alpha}(Y)\right|\\&-\rho_{R_\alpha}(X\cap Y)\left|\overline{R_\alpha}(X)\cap\overline{R_\alpha}(Y)\right|\end{aligned}$$

结论（2）类似结论（1），可证。

3.1.2　双论域上基于水平集的 1-型模糊粗糙集的推广

本节将给出双论域上基于水平集的 1-型模糊粗糙集的两种推广：程度推广和变精度推广。

定义 3.4　设 U、V 是两个非空有限论域，R 是从 U 到 V 的一个模糊关系，R_α 是

R 的α截关系，其中$\alpha \in (0,1]$，$\forall X \subseteq V$，X关于R_α和程度k的下近似和上近似分别如下

$$\underline{R_\alpha}^k(X) = \{x \in U \,\|\, R_\alpha(x) - X \,| \leqslant k\}$$
$$= \{x \in U \,\|\, R_\alpha(x) | - | R_\alpha(x) \cap X \,| \leqslant k\}$$
$$\overline{R_\alpha}^k(X) = \{x \in U \,\|\, R_\alpha(x) \cap X \,| > k\}$$

其中，k 是一个非负有限整数，$|\cdot|$表示集合的势。$(\underline{R_\alpha}^k(X), \overline{R_\alpha}^k(X))$称为基于$R_\alpha$的1-型程度模糊粗糙集。

注 3.2　如果$k = 0$，则

$$\underline{R_\alpha}^0(X) = \{x \in U \,\|\, R_\alpha(x) - X \,| \leqslant 0\} = \{x \in U \mid R_\alpha(x) \subseteq X\} = \underline{R_\alpha}(x)$$

$$\overline{R_\alpha}^0(X) = \{x \in U \,\|\, R_\alpha(x) \cap X \,| > 0\} = \{x \in U \mid R_\alpha(x) \cap X \neq \varnothing\} = \overline{R_\alpha}(x)$$

这表明定义 3.2 中给出的 1-型模糊粗糙集模型是定义 3.4 中给出的粗糙集模型的一个特殊情形。

定理 3.7　设U、V是两个非空有限论域，R是从U到V的一个模糊关系，R_α是R的α截关系，其中$\alpha \in (0,1]$，$\forall X, Y \subseteq V$，程度下近似算子和上近似算子具有以下性质。

（1）$\overline{R_\alpha}^k(\varnothing) = \varnothing$，$\underline{R_\alpha}^k(V) = U$。

（2）$\underline{R_\alpha}^0(X \cap Y) = \underline{R_\alpha}^0(X) \cap \underline{R_\alpha}^0(Y)$，$\overline{R_\alpha}^0(X \cup Y) = \overline{R_\alpha}^0(X) \cup \overline{R_\alpha}^0(Y)$。

（3）$\underline{R_\alpha}^k(X \cap Y) \subseteq \underline{R_\alpha}^k(X) \cap \underline{R_\alpha}^k(Y)$，$\overline{R_\alpha}^k(X \cup Y) \supseteq \overline{R_\alpha}^k(X) \cup \overline{R_\alpha}^k(Y)$。

（4）$\underline{R_\alpha}^k(X \cup Y) \supseteq \underline{R_\alpha}^k(X) \cup \underline{R_\alpha}^k(Y)$，$\overline{R_\alpha}^k(X \cap Y) \subseteq \overline{R_\alpha}^k(X) \cap \overline{R_\alpha}^k(Y)$。

（5）$\underline{R_\alpha}^k(X) = (\overline{R_\alpha}^k(X^{\mathrm{c}}))^{\mathrm{c}}$，$\overline{R_\alpha}^k(X) = (\underline{R_\alpha}^k(X^{\mathrm{c}}))^{\mathrm{c}}$。

（6）如果$X \subseteq Y$，则$\underline{R_\alpha}^k(X) \subseteq \underline{R_\alpha}^k(Y)$且$\overline{R_\alpha}^k(X) \subseteq \overline{R_\alpha}^k(Y)$。

（7）如果$k \geqslant l$，则$\underline{R_\alpha}^l(X) \subseteq \underline{R_\alpha}^k(X)$且$\overline{R_\alpha}^k(X) \subseteq \overline{R_\alpha}^l(X)$。

其中，k、l是非负有限整数。

证明　性质（1）～性质（4）、性质（6）和性质（7）由定义 3.2 和定义 3.4 易证，下面证明性质（5）。

注意到对于任意两个子集A、B，$A - B = A \cap B^{\mathrm{c}}$，则有

$$(\overline{R_\alpha}^k(X^{\mathrm{c}}))^{\mathrm{c}} = U - \{x \in U \,\|\, R_\alpha(x) \cap X^{\mathrm{c}} \,| > k\}$$
$$= U - \{x \in U \,\|\, R_\alpha(x) - X \,| > k\}$$
$$= \{x \in U \,\|\, R_\alpha(x) - X \,| \leqslant k\}$$
$$= \underline{R_\alpha}^k(X)$$

$$\begin{aligned}(\underline{R_\alpha}^k(X^c))^c &= U - \{x \in U \mid |R_\alpha(x) - X^c| \leqslant k\} \\ &= U - \{x \in U \mid |R_\alpha(x) \cap X| \leqslant k\} \\ &= \{x \in U \mid |R_\alpha(x) \cap X| > k\} \\ &= \overline{R_\alpha}^k(X)\end{aligned}$$

注 3.3　（1）如果 $k \neq 0$，则 $\underline{R_\alpha}^k(X) \subseteq \overline{R_\alpha}^k(X)$ 一般不成立。

（2）一般地，$\underline{R_\alpha}^k(\varnothing) \neq \varnothing$，$\overline{R_\alpha}^k(V) \neq U$。例如，设 $U = \{x_1, x_2\}$，$V = \{y_1, y_2\}$，从 U 到 V 的模糊关系 R 如表 3.2 所示。

表 3.2　注 3.3 中从 U 到 V 的模糊关系 R

R	y_1	y_2
x_1	0.2	0.4
x_2	0.5	0.8

取 $\alpha = 0.5$，$k = 1$，则 $\underline{R_\alpha^k}(\varnothing) = U \neq \varnothing$，$\overline{R_\alpha^k}(V) = \{x_2\} \neq U$。

（3）一般地，$\underline{R_\alpha}^k(X \cap Y) \supseteq \underline{R_\alpha}^k(X) \cap \underline{R_\alpha}^k(Y)$ 不成立。这是因为，当 $k > 0$ 时，由 $|R_\alpha(x) - X| \leqslant k$ 和 $|R_\alpha(x) - Y| \leqslant k$ 不能断定 $|R_\alpha(x) - (X \cap Y)| \leqslant k$。此外，$\overline{R_\alpha}^k(X \cup Y) \subseteq \overline{R_\alpha}^k(X) \cup \overline{R_\alpha}^k(Y)$ 一般也不成立。这是因为，当 $k > 0$ 时，由 $|R_\alpha(x) \cap (X \cup Y)| > k$ 不能断定 $|R_\alpha(x) \cap X| > k$ 或 $|R_\alpha(x) \cap Y| > k$。

下面给出 1-型模糊粗糙集模型的另一种推广——变精度推广。

定义 3.5　设 U、V 是两个非空有限论域，R 是从 U 到 V 的一个模糊关系，R_α 是 R 的 α 截关系，其中 $\alpha \in (0,1]$，$\forall X \subseteq V$，X 关于 R_α 和参数 γ 的下近似和上近似分别定义如下

$$\underline{R_\alpha}^\gamma(X) = \left\{x \in U \mid \frac{|R_\alpha(x) \cap X|}{|R_\alpha(x)|} \geqslant 1 - \gamma, R_\alpha(x) \neq \varnothing\right\} \cup \{x \in U \mid R_\alpha(x) = \varnothing\}$$

$$\overline{R_\alpha}^\gamma(X) = \left\{x \in U \mid \frac{|R_\alpha(x) \cap X|}{|R_\alpha(x)|} > \gamma, R_\alpha(x) \neq \varnothing\right\}$$

其中，$\gamma \in [0, 0.5)$；$|\cdot|$ 表示集合的势。$(\underline{R_\alpha}^\gamma(X), \overline{R_\alpha}^\gamma(X))$ 称为 1-型变精度模糊粗糙集。

定理 3.8　设 U、V 是两个非空有限论域，R 是从 U 到 V 的一个模糊关系，R_α 是 R 的 α 截关系，其中 $\alpha \in (0,1]$。$\forall X \subseteq V$，则有如下结论。

（1）$\underline{R_\alpha}^0(X) = \underline{R_\alpha}(X)$。

（2）$\overline{R_\alpha}^0(X) = \overline{R_\alpha}(X)$。

（3）$\underline{R_\alpha}(X) \subseteq \underline{R_\alpha}^{\gamma}(X)$。

（4）$\overline{R_\alpha}^{\gamma}(X) \subseteq \overline{R_\alpha}(X)$。

（5）$\underline{R_\alpha}^{0.5}(X) = \bigcup\limits_{\gamma \in [0,0.5)} \underline{R_\alpha}^{\gamma}(X)$。

（6）$\overline{R_\alpha}^{0.5}(X) = \bigcap\limits_{\gamma \in [0,0.5)} \overline{R_\alpha}^{\gamma}(X)$。

其中，$\gamma \in [0,0.5)$。

证明　由定义 3.2 和定义 3.5 易证。

3.2　双论域上基于水平集的 2-型模糊粗糙集

3.2.1　双论域上基于水平集的 2-型模糊粗糙集的概念与性质

定义 3.6　设 U、V 是两个非空有限论域，R 是从 U 到 V 的一个模糊关系，R_α 是 R 的 α 截关系，其中 $\alpha \in (0,1]$，$Y \subseteq V$，Y 关于 R_α 的下近似和上近似定义如下

$$\underline{R_\alpha}(Y) = \{x \in U \mid R_\alpha(x) \subseteq Y \text{且} R_\alpha(x) \neq \varnothing\}$$

$$\overline{R_\alpha}(Y) = \{x \in U \mid R_\alpha(x) \cap Y \neq \varnothing \text{或} R_\alpha(x) = \varnothing\}$$

$(\underline{R_\alpha}(Y), \overline{R_\alpha}(Y))$ 称为基于 R_α 的 2-型模糊粗糙集。

注 3.4　如果 R 是从 U 到 V 的一个串行的模糊关系，即 $\forall x \in U$，$\bigvee\limits_{y \in V} R(x,y) = 1$，因为 V 是有限的，则 $\forall x \in U$，存在 $y \in V$ 使得 $R(x,y) = 1$。因此 $\forall \alpha \in (0,1]$，$\forall x \in U$，有 $R_\alpha(x) \neq \varnothing$。从而

$$\begin{aligned}\underline{R_\alpha}(Y) &= \{x \in U \mid R_\alpha(x) \subseteq Y \text{且} R_\alpha(x) \neq \varnothing\} \\ &= \{x \in U \mid R_\alpha(x) \subseteq Y\}\end{aligned}$$

$$\begin{aligned}\overline{R_\alpha}(Y) &= \{x \in U \mid R_\alpha(x) \cap Y \neq \varnothing \text{或} R_\alpha(x) = \varnothing\} \\ &= \{x \in U \mid R_\alpha(x) \cap Y \neq \varnothing\}\end{aligned}$$

这表明此时 2-型模糊粗糙集模型等价于定义 3.2 中的 1-型模糊粗糙集模型。

注 3.5　如果 $U = V$，且 R 是从 U 到 V 的一个模糊等价关系，则 2-型模糊粗糙集就退化为经典的 Pawlak 粗糙集。

易见，$\underline{R_\alpha}(Y) \subseteq \overline{R_\alpha}(Y)$ $(\forall Y \subseteq V)$，基于此，Y 的正域、负域和边界域分别定义如下

$$\mathrm{POS}_{R_\alpha}(Y) = \underline{R_\alpha}(Y)$$

$$\mathrm{NEG}_{R_\alpha}(Y) = U - \overline{R_\alpha}(Y)$$

$$\mathrm{BND}_{R_\alpha}(Y)=\overline{R_\alpha}(Y)-\underline{R_\alpha}(Y)$$

下面给出逆下近似和逆上近似的定义。

定义 3.7 设 U、V 是两个非空有限论域，R 是从 U 到 V 的一个模糊关系，R_α 是 R 的 α 截关系，其中 $\alpha\in(0,1]$。$T\subseteq U$，T 关于 R_α 的逆下近似和逆上近似分别定义如下

$$\underline{R_\alpha}^{-1}(T)=\{y\in V\mid R_\alpha^{-1}(y)\subseteq T\text{且}R_\alpha^{-1}(y)\neq\varnothing\}$$

$$\overline{R_\alpha}^{-1}(T)=\{y\in V\mid R_\alpha^{-1}(y)\cap T\neq\varnothing\text{或}R_\alpha^{-1}(y)=\varnothing\}$$

其中，$R_\alpha^{-1}(y)=\{x\in U\mid R(x,y)\geqslant\alpha\}$。$(\underline{R_\alpha}^{-1}(T),\overline{R_\alpha}^{-1}(T))$ 称为基于 R_α 的 2-型逆模糊粗糙集。

同样的方法可以给出 1-型逆模糊粗糙集的概念。

下面讨论定义 3.7 中给出的下近似算子和上近似算子的相关性质。

定理 3.9 设 U、V 是两个非空有限论域，R 是从 U 到 V 的一个模糊关系，R_α 是 R 的 α 截关系，其中 $\alpha\in(0,1]$，$\forall Y_1,Y_2,Y\subseteq V$，有如下结论。

（1）$\underline{R_\alpha}(Y)\subseteq\overline{R_\alpha}(Y)$。

（2）$\underline{R_\alpha}(\varnothing)=\varnothing$，$\overline{R_\alpha}(V)=U$。

（3）$\underline{R_\alpha}(Y_1\cap Y_2)=\underline{R_\alpha}(Y_1)\cap\underline{R_\alpha}(Y_2)$，$\overline{R_\alpha}(Y_1\cup Y_2)=\overline{R_\alpha}(Y_1)\cup\overline{R_\alpha}(Y_2)$。

（4）$\underline{R_\alpha}(Y_1\cup Y_2)\supseteq\underline{R_\alpha}(Y_1)\cup\underline{R_\alpha}(Y_2)$，$\overline{R_\alpha}(Y_1\cap Y_2)\subseteq\overline{R_\alpha}(Y_1)\cap\overline{R_\alpha}(Y_2)$。

（5）如果 $Y_1\subseteq Y_2$，则 $\underline{R_\alpha}(Y_1)\subseteq\underline{R_\alpha}(Y_2)$ 且 $\overline{R_\alpha}(Y_1)\subseteq\overline{R_\alpha}(Y_2)$。

（6）$\underline{R_\alpha}(Y)=(\overline{R_\alpha}(Y^{\mathrm{c}}))^{\mathrm{c}}$，$\overline{R_\alpha}(Y)=(\underline{R_\alpha}(Y^{\mathrm{c}}))^{\mathrm{c}}$。

证明 只证明结论（3）和结论（6）。

对于结论（3）

$$\begin{aligned}\underline{R_\alpha}(Y_1\cap Y_2)&=\{x\in U\mid R_\alpha(x)\subseteq Y_1\cap Y_2\text{且}R_\alpha(x)\neq\varnothing\}\\&=\{x\in U\mid R_\alpha(x)\subseteq Y_1,R_\alpha(x)\subseteq Y_2\text{且}R_\alpha(x)\neq\varnothing\}\\&=\{x\in U\mid R_\alpha(x)\subseteq Y_1\text{且}R_\alpha(x)\neq\varnothing\}\\&\quad\cap\{x\in U\mid R_\alpha(x)\subseteq Y_2\text{且}R_\alpha(x)\neq\varnothing\}\\&=\underline{R_\alpha}(Y_1)\cap\underline{R_\alpha}(Y_2)\end{aligned}$$

$$\begin{aligned}\overline{R_\alpha}(Y_1\cup Y_2)&=\{x\in U\mid R_\alpha(x)\cap(Y_1\cup Y_2)\neq\varnothing\text{或}R_\alpha(x)=\varnothing\}\\&=\{x\in U\mid(R_\alpha(x)\cap Y_1)\cup(R_\alpha(x)\cap Y_2)\neq\varnothing\text{或}R_\alpha(x)=\varnothing\}\\&=\{x\in U\mid(R_\alpha(x)\cap Y_1)\neq\varnothing\text{或}R_\alpha(x)=\varnothing\}\\&\quad\cup\{x\in U\mid(R_\alpha(x)\cap Y_2)\neq\varnothing\text{或}R_\alpha(x)=\varnothing\}\\&=\overline{R_\alpha}(Y_1)\cup\overline{R_\alpha}(Y_2)\end{aligned}$$

结论（6）只需证明前一部分，即

$$
\begin{aligned}
(\overline{R_\alpha}(Y^c))^c &= U - \{x \in U \mid R_\alpha(x) \bigcap Y^c \neq \varnothing \text{或} R_\alpha(x) = \varnothing\} \\
&= \{x \in U \mid R_\alpha(x) \bigcap Y^c = \varnothing \text{且} R_\alpha(x) \neq \varnothing\} \\
&= \underline{R_\alpha}(Y)
\end{aligned}
$$

注 3.6　一般地，$\overline{R_\alpha}(\varnothing) \neq \varnothing$，$\underline{R_\alpha}(V) \neq U$。

例 3.1　设 $U = \{x_1, x_2\}$，$V = \{y_1, y_2\}$，从 U 到 V 的模糊关系 R 如表 3.3 所示。

表 3.3　例 3.1 中从 U 到 V 的模糊关系 R

R	y_1	y_2
x_1	0.5	0.3
x_2	0.27	0.9

取 $\alpha = 0.6$，则 $\underline{R_\alpha}(V) = \{x_2\} \neq U$，$\overline{R_\alpha}(\varnothing) = \{x_1\} \neq \varnothing$。

注 3.7　一般地，$\underline{R_\alpha}(Y_1 \bigcup Y_2) \neq \underline{R_\alpha}(Y_1) \bigcup \underline{R_\alpha}(Y_2)$ 且 $\overline{R_\alpha}(Y_1 \bigcap Y_2) \neq \overline{R_\alpha}(Y_1) \bigcap \overline{R_\alpha}(Y_2)$，其中 $\alpha \in (0,1]$。

例 3.2　设 $U = \{x_1, x_2\}$，$V = \{y_1, y_2, y_3\}$，$Y_1 = \{y_1, y_2\}$，$Y_2 = \{y_2, y_3\}$，从 U 到 V 的模糊关系 R 如表 3.4 所示。

表 3.4　例 3.2 中从 U 到 V 的模糊关系 R

R	y_1	y_2	y_3
x_1	0.72	0.5	0.65
x_2	0.38	1	0.8

取 $\alpha = 0.55$，则通过计算可得

$$
\underline{R_\alpha}(Y_1) = \varnothing, \quad \underline{R_\alpha}(Y_2) = \{x_2\}, \quad \underline{R_\alpha}(Y_1 \bigcup Y_2) = U
$$

$$
\overline{R_\alpha}(Y_1) = \overline{R_\alpha}(Y_2) = U, \quad \overline{R_\alpha}(Y_1 \bigcap Y_2) = \{x_2\}
$$

从而

$$
\underline{R_\alpha}(Y_1 \bigcup Y_2) \neq \underline{R_\alpha}(Y_1) \bigcup \underline{R_\alpha}(Y_2), \quad \overline{R_\alpha}(Y_1 \bigcap Y_2) \neq \overline{R_\alpha}(Y_1) \bigcap \overline{R_\alpha}(Y_2)
$$

注 3.8　一般情形下，$\underline{R_{\alpha_1}}(Y)$ 和 $\underline{R_{\alpha_2}}(Y)$ 以及 $\overline{R_{\alpha_1}}(Y)$ 和 $\overline{R_{\alpha_2}}(Y)$ 之间不存在包含关系，其中 $\alpha_1, \alpha_2 \in (0,1]$，满足 $\alpha_1 \leqslant \alpha_2$。

例 3.3　设 $U = \{x_1, x_2\}$，$V = \{y_1, y_2\}$，$Y_1 = \{y_1\}$，$Y_2 = \{y_2\}$，从 U 到 V 的模糊关系 R 如表 3.5 所示。

表 3.5　例 3.3 中从 U 到 V 的模糊关系 R

R	y_1	y_2
x_1	0.6	0.5
x_2	0.8	0.6

取 $\alpha_1 = 0.55$，$\alpha_2 = 0.7$，显然 $\alpha_1 \leqslant \alpha_2$，通过计算可得

$$\underline{R_{\alpha_1}}(Y_1) = \{x_1\},\quad \underline{R_{\alpha_2}}(Y_1) = \{x_2\},\quad \overline{R_{\alpha_1}}(Y_2) = \{x_2\},\quad \overline{R_{\alpha_2}}(Y_2) = \{x_1\}$$

显然 $\underline{R_{\alpha_1}}(Y_1)$ 和 $\underline{R_{\alpha_2}}(Y_1)$ 以及 $\overline{R_{\alpha_1}}(Y_2)$ 和 $\overline{R_{\alpha_2}}(Y_2)$ 之间不存在包含关系。

类似地，可以讨论逆下近似算子和逆上近似算子的相关性质。

3.2.2　双论域上基于水平集的 2-型模糊粗糙集的推广

定义 3.8　设 U、V 是两个非空有限论域，R 是从 U 到 V 的一个模糊关系，R_α 是 R 的 α 截关系，其中 $\alpha \in (0,1]$。$\forall Y \subseteq V$，Y 关于 R_α 和程度 k 的下近似和上近似分别定义如下

$$\begin{aligned}\underline{R_\alpha}^k(Y) &= \{x \in U \mid |R_\alpha(x) - Y| \leqslant k \text{且} R_\alpha(x) \neq \varnothing\} \\ &= \{x \in U \mid |R_\alpha(x)| - |R_\alpha(x) \cap Y| \leqslant k \text{且} R_\alpha(x) \neq \varnothing\}\end{aligned}$$

$$\overline{R_\alpha}^k(Y) = \{x \in U \mid |R_\alpha(x) \cap Y| > k \text{或} R_\alpha(x) = \varnothing\}$$

其中，k 是一个非负有限整数；$|\cdot|$ 表示集合的势。$(\underline{R_\alpha}^k(Y), \overline{R_\alpha}^k(Y))$ 称为基于 R_α 的 2-型程度模糊粗糙集。

注 3.9　如果 $k = 0$，则

$$\begin{aligned}\underline{R_\alpha}^0(Y) &= \{x \in U \mid |R_\alpha(x) - Y| \leqslant 0 \text{且} R_\alpha(x) \neq \varnothing\} \\ &= \{x \in U \mid |R_\alpha(x) - Y| = 0 \text{且} R_\alpha(x) \neq \varnothing\} \\ &= \{x \in U \mid R_\alpha(x) \subseteq Y \text{且} R_\alpha(x) \neq \varnothing\} \\ &= \underline{R_\alpha}(Y)\end{aligned}$$

$$\begin{aligned}\overline{R_\alpha}^0(Y) &= \{x \in U \mid |R_\alpha(x) \cap Y| > 0 \text{或} R_\alpha(x) = \varnothing\} \\ &= \{x \in U \mid R_\alpha(x) \cap Y \neq \varnothing \text{或} R_\alpha(x) = \varnothing\} \\ &= \overline{R_\alpha}(Y)\end{aligned}$$

这表明定义 3.6 中给出的 2-型模糊粗糙集模型是定义 3.8 中给出的 2-型程度模糊粗糙集模型的一个特例。

定理 3.10　设 U、V 是两个非空有限论域，R 是从 U 到 V 的一个模糊关系，R_α 是 R 的 α 截关系，其中 $\alpha \in (0,1]$。$\forall Y, Y_1, Y_2 \subseteq V$，程度下近似算子 $\underline{R_\alpha}^k$ 和上近似算子 $\overline{R_\alpha}^k$ 具有以下性质。

（1）$\underline{R_\alpha}^0(Y_1\cap Y_2)=\underline{R_\alpha}^0(Y_1)\cap\underline{R_\alpha}^0(Y_2)$，$\overline{R_\alpha}^0(Y_1\cup Y_2)=\overline{R_\alpha}^0(Y_1)\cup\overline{R_\alpha}^0(Y_2)$。

（2）$\underline{R_\alpha}^k(Y_1\cap Y_2)\subseteq\underline{R_\alpha}^k(Y_1)\cap\underline{R_\alpha}^k(Y_2)$，$\overline{R_\alpha}^k(Y_1\cup Y_2)\supseteq\overline{R_\alpha}^k(Y_1)\cup\overline{R_\alpha}^k(Y_2)$。

（3）$\underline{R_\alpha}^k(Y_1\cup Y_2)\supseteq\underline{R_\alpha}^k(Y_1)\cup\underline{R_\alpha}^k(Y_2)$，$\overline{R_\alpha}^k(Y_1\cap Y_2)\subseteq\overline{R_\alpha}^k(Y_1)\cap\overline{R_\alpha}^k(Y_2)$。

（4）$\underline{R_\alpha}^k(Y)=(\overline{R_\alpha}^k(Y^{\mathrm{c}}))^{\mathrm{c}}$，$\overline{R_\alpha}^k(Y)=(\underline{R_\alpha}^k(Y^{\mathrm{c}}))^{\mathrm{c}}$。

（5）如果$Y_1\subseteq Y_2$，则$\underline{R_\alpha}^k(Y_1)\subseteq\underline{R_\alpha}^k(Y_2)$且$\overline{R_\alpha}^k(Y_1)\subseteq\overline{R_\alpha}^k(Y_2)$。

（6）如果$k\geqslant l$，则$\underline{R_{(\alpha,\beta)}}^l(Y_1)\subseteq\underline{R_{(\alpha,\beta)}}^k(Y_2)$且$\overline{R_{(\alpha,\beta)}}^k(Y_1)\subseteq\overline{R_{(\alpha,\beta)}}^l(Y_2)$。

其中，k、l是非负有限整数。

证明　性质（1）～性质（4）和性质（6）由定义3.6和定义3.8易证，下面证明性质（5）。

注意到对于任意两个子集A、B，$A-B=A\cap B^{\mathrm{c}}$，则有

$$\begin{aligned}(\overline{R_\alpha}^k(Y^{\mathrm{c}}))^{\mathrm{c}}&=U-\{x\in U\,\|\,R_\alpha(x)\cap Y^{\mathrm{c}}|>k\text{或}R_\alpha(x)=\varnothing\}\\&=U-\{x\in U\,\|\,R_\alpha(x)-Y|>k\text{或}R_\alpha(x)=\varnothing\}\\&=\{x\in U\,\|\,R_\alpha(x)-Y|\leqslant k\text{且}R_\alpha(x)\neq\varnothing\}\\&=\underline{R_\alpha}^k(Y)\end{aligned}$$

$$\begin{aligned}(\underline{R_\alpha}^k(Y^{\mathrm{c}}))^{\mathrm{c}}&=U-\{x\in U\,\|\,R_\alpha(x)-Y^{\mathrm{c}}|\leqslant k\text{且}R_\alpha(x)\neq\varnothing\}\\&=\{x\in U\,\|\,R_\alpha(x)\cap Y|>k\text{或}R_\alpha(x)=\varnothing\}\\&=\overline{R_\alpha}^k(Y)\end{aligned}$$

注3.10　一般地，$\underline{R_\alpha}^k(Y_1\cap Y_2)\supseteq\underline{R_\alpha}^k(Y_1)\cap\underline{R_\alpha}^k(Y_2)$不成立。这是因为，当$k>0$时，由$|R_\alpha(x)-Y_1|\leqslant k$和$|R_\alpha(x)-Y_2|\leqslant k$不能推出$|R_\alpha(x)-(Y_1\cap Y_2)|\leqslant k$一定成立。此外，$\overline{R_\alpha}^k(Y_1\cup Y_2)\subseteq\overline{R_\alpha}^k(Y_1)\cup\overline{R_\alpha}^k(Y_2)$一般也不成立。这是因为，当$k>0$时，由$|R_\alpha(x)\cap(Y_1\cup Y_2)|>k$不能推出$|R_\alpha(x)\cap Y_1|>k$或$|R_\alpha(x)\cap Y_2|>k$。

下面给出定义3.6中给出的2-型模糊粗糙集模型的另一种推广。

定义3.9　设U、V是两个非空有限论域，R是从U到V的一个模糊关系，R_α是R的α截关系，其中$\alpha\in(0,1]$。$\forall Y\subseteq V$，Y关于R_α和参数γ的下近似和上近似分别定义如下

$$\underline{VR_\alpha}^\gamma(Y)=\left\{x\in U\mid\frac{|R_\alpha(x)\cap Y|}{|R_\alpha(x)|}\geqslant1-\gamma,R_\alpha(x)\neq\varnothing\right\}$$

$$\overline{VR_\alpha}^\gamma(Y)=\left\{x\in U\mid\frac{|R_\alpha(x)\cap Y|}{|R_\alpha(x)|}>\gamma,R_\alpha(x)\neq\varnothing\right\}\cup\{x\in U\mid R_\alpha(x)=\varnothing\}$$

其中，$\gamma \in [0,0.5)$，$|\cdot|$表示集合的势。$(\underline{R_\alpha}^\gamma(Y), \overline{R_\alpha}^\gamma(Y))$ 称为基于 R_α 的 2-型变精度模糊粗糙集。

定理 3.11　设 U、V 是两个非空有限论域，R 是从 U 到 V 的一个模糊关系，R_α 是 R 的α截关系，其中 $\alpha \in (0,1]$，$\forall Y \subseteq V$，则有如下结论。

（1）$\underline{R_\alpha}^0(Y) = \underline{R_\alpha}(Y)$。

（2）$\overline{R_\alpha}^0(Y) = \overline{R_\alpha}(Y)$。

（3）$\underline{R_\alpha}(Y) \subseteq \underline{R_\alpha}^\gamma(Y)$。

（4）$\overline{R_\alpha}^\gamma(Y) \subseteq \overline{R_\alpha}(Y)$。

（5）$\underline{R_\alpha}^{0.5}(Y) = \bigcup\limits_{\gamma \in [0,0.5)} \underline{R_\alpha}^\gamma(Y)$。

（6）$\overline{R_\alpha}^{0.5}(Y) = \bigcap\limits_{\gamma \in [0,0.5)} \overline{R_\alpha}^\gamma(Y)$。

其中，$\gamma \in [0,0.5)$。

证明　由定义 3.6 和定义 3.9 易证。

3.2.3　应用举例

设 U、V 分别表示患者和症状的集合。阈值α由决策者根据他们的要求事先给定。$\forall x \in U$，$y \in V$，若 x 和 y 之间具有关系 R_α，则表明患者 x 具有症状 y 的程度不小于α。一般地，一种疾病具有多种症状。对于 V 的任意一个子集 Y，Y 表示具有症状$\{y_i \mid y_i \in Y\}$的一种疾病。给定一个患者 x，若他属于集合 $\underline{R_\alpha}(Y)$（即 Y 的正域），则认为他感染了疾病 Y，从而需要立即治疗。若他属于集合 $\overline{R_\alpha}(Y) - \underline{R_\alpha}(Y)$（即 Y 的边界域），则他可能感染了疾病 Y，也可能没有，且需要采取第二种方案。若他属于 $U - \overline{R_\alpha}(Y)$（即 Y 的负域），则认为他没有感染疾病 Y 且不需要治疗。

下面给出一个具体的例子。

例 3.4　设 $U = \{x_1, x_2, x_3, x_4, x_5, x_6\}$ 是患者的集合，$V = \{y_1, y_2, y_3, y_4, y_5, y_6\}$ 是症状的集合。从 U 到 V 的模糊关系 R 如表 3.6 所示。

表 3.6　例 3.4 中从 U 到 V 的模糊关系 R

R	y_1	y_2	y_3	y_4	y_5	y_6
x_1	0.8	0.6	0.4	0.7	0.3	0.2
x_2	0.7	0.3	0.2	0.5	0.8	0.6
x_3	0.5	0.2	0.6	0.3	0.7	0.1
x_4	0.4	0.6	0.5	0.7	0.5	0.3
x_5	0.3	0.5	0.7	0.3	0.6	0.8
x_6	0.1	0.7	0.8	0.6	0.3	0.2

设 $Y=\{y_1,y_3,y_5\}$ 表示某种疾病。

（1）取 $\alpha=0.5$，由定义 3.2 可得

$$R_{0.5}(x_1)=\{y_1,y_2,y_4\},\quad R_{0.5}(x_2)=\{y_1,y_4,y_5,y_6\},\quad R_{0.5}(x_3)=\{y_1,y_3,y_5\}$$
$$R_{0.5}(x_4)=\{y_2,y_3,y_4,y_5\},\quad R_{0.5}(x_5)=\{y_2,y_3,y_5,y_6\},\quad R_{0.5}(x_6)=\{y_2,y_3,y_4\}$$

进一步可得

$$\underline{R_{0.5}}(Y)=\{x_3\},\quad \overline{R_{0.5}}(Y)=\{x_1,x_2,x_3,x_4,x_5,x_6\},\quad \rho_{R_{0.5}}(Y)=0.17,\quad \mu_{R_{0.5}}(Y)=0.83$$

基于上述分析，可得患者 x_2 感染了疾病 Y，需立即治疗；患者 x_1、x_3、x_4、x_5、x_6 可能感染了疾病 Y，也可能没有，需进一步确认。

（2）取 $\alpha=0.7$，由定义 3.2 可得

$$R_{0.7}(x_1)=\{y_1,y_4\},\quad R_{0.7}(x_2)=\{y_1,y_5\},\quad R_{0.7}(x_3)=\{y_5\}$$
$$R_{0.7}(x_4)=\{y_4\},\quad R_{0.7}(x_5)=\{y_3,y_6\},\quad R_{0.7}(x_6)=\{y_2,y_3\}$$

进一步可得

$$\underline{R_{0.7}}(Y)=\{x_2,x_3\},\quad \overline{R_{0.7}}(Y)=\{x_1,x_2,x_3,x_5,x_6\},\quad \rho_{R_{0.7}}(Y)=0.4,\quad \mu_{R_{0.7}}(Y)=0.6$$

则可得患者 x_2、x_3 感染了疾病 Y，需立即治疗；患者 x_1、x_5、x_6 不确定是否感染，需进一步确认；患者 x_4 没有感染疾病 Y。

由例 3.4 知，上述方法是可调节的方法，在临床诊断中可以帮助决策者作出科学且精确的决策，也能控制误诊的风险大小。

3.3 双论域上基于水平集的 1-型直觉模糊粗糙集

3.3.1 双论域上基于水平集的 1-型直觉模糊粗糙集的概念与性质

定义 3.10 设 U、V 是两个非空有限论域，$R=\{<(x,y),R^l(x,y),R^u(x,y)>|(x,y)\in U\times V\}$ 是从 U 到 V 的一个直觉模糊关系，$\forall\alpha,\beta\in(0,1]$，称 $R_{(\alpha,\beta)}=\{(x,y)\in U\times V\mid R^l(x,y)\geqslant\alpha$ 且 $R^u(x,y)\leqslant\beta\}$ 为 R 的 (α,β) 截关系。

定义 3.11 设 U、V 是两个非空有限论域，R 是从 U 到 V 的一个直觉模糊关系，$R_{(\alpha,\beta)}$ 是 R 的 (α,β) 截关系，其中 $\alpha,\beta\in(0,1]$。$\forall X\subseteq V$，X 关于 $R_{(\alpha,\beta)}$ 的下近似和上近似分别定义如下

$$\underline{R_{(\alpha,\beta)}}(X)=\{x\in U\mid R_{(\alpha,\beta)}(x)\subseteq X\}$$
$$\overline{R_{(\alpha,\beta)}}(X)=\{x\in U\mid R_{(\alpha,\beta)}(x)\cap X\neq\varnothing\}$$

其中，$\forall x\in U$，$R_{(\alpha,\beta)}(x)=\{y\in V\mid(x,y)\in R_{(\alpha,\beta)}\}$。称 $(\underline{R_{(\alpha,\beta)}}(X),\overline{R_{(\alpha,\beta)}}(X))$ 是基于 $R_{(\alpha,\beta)}$ 的 1-型直觉模糊粗糙集。

注 3.11 如果 R 是从 U 到 V 的一个模糊关系且 $\alpha+\beta=1$，则定义 3.11 中给出的 1-型直觉模糊粗糙集就退化为定义 3.2 中给出的 1-型模糊粗糙集。

注 3.12 如果 $U=V$，则 $R_{(\alpha,\beta)}$ 是 U 上的一个二元关系。易见，如果 R 是 U 上的一个直觉模糊等价关系，则 $R_{(\alpha,\beta)}$ 是 U 上的一个等价关系。因而，如果 R 是 U 上的一个直觉模糊等价关系，则定义 3.11 中给出的 1-型直觉模糊粗糙集就退化为经典的 Pawlak 粗糙集。

下面给出下近似算子 $\underline{R_{(\alpha,\beta)}}$ 和上近似算子 $\overline{R_{(\alpha,\beta)}}$ 的一些性质。

定理 3.12 设 U、V 是两个非空有限论域，R 是从 U 到 V 的一个直觉模糊关系，$R_{(\alpha,\beta)}$ 是 R 的 (α,β) 截关系，其中 $\alpha,\beta\in(0,1]$。$\forall X,Y\subseteq V$，下近似算子 $\underline{R_{(\alpha,\beta)}}$ 和上近似算子 $\overline{R_{(\alpha,\beta)}}$ 具有下列性质。

（1）$\overline{R_{(\alpha,\beta)}}(\varnothing)=\varnothing$，$\overline{R_{(\alpha,\beta)}}(V)=U$。

（2）$\underline{R_{(\alpha,\beta)}}(X\cap Y)=\underline{R_{(\alpha,\beta)}}(X)\cap\underline{R_{(\alpha,\beta)}}(Y)$，$\overline{R_{(\alpha,\beta)}}(X\cup Y)=\overline{R_{(\alpha,\beta)}}(X)\cup\overline{R_{(\alpha,\beta)}}(Y)$。

（3）$\underline{R_{(\alpha,\beta)}}(X\cup Y)\supseteq\underline{R_{(\alpha,\beta)}}(X)\cup\underline{R_{(\alpha,\beta)}}(Y)$，$\overline{R_{(\alpha,\beta)}}(X\cap Y)\subseteq\overline{R_{(\alpha,\beta)}}(X)\cap\overline{R_{(\alpha,\beta)}}(Y)$。

（4）如果 $X\subseteq Y$，则 $\underline{R_{(\alpha,\beta)}}(X)\subseteq\underline{R_{(\alpha,\beta)}}(Y)$ 且 $\overline{R_{(\alpha,\beta)}}(X)\subseteq\overline{R_{(\alpha,\beta)}}(Y)$。

（5）$\underline{R_{(\alpha,\beta)}}(X)=(\overline{R_{(\alpha,\beta)}}(X^{c}))^{c}$，$\overline{R_{(\alpha,\beta)}}(X)=(\underline{R_{(\alpha,\beta)}}(X^{c}))^{c}$。

证明 由定义 3.11 易证。

注 3.13 一般地，$\underline{R_{(\alpha,\beta)}}(X)\not\subseteq\overline{R_{(\alpha,\beta)}}(X)$，$\underline{R_{(\alpha,\beta)}}(\varnothing)\neq\varnothing$ 以及 $\overline{R_{(\alpha,\beta)}}(V)=U$，其中 $\alpha,\beta\in(0,1]$。例如，取 $U=\{x_1,x_2\}$，$V=\{y_1,y_2\}$，从 U 到 V 的一个直觉模糊关系 R 如表 3.7 所示。

表 3.7 注 3.13 中从 U 到 V 的直觉模糊关系 R

R	y_1	y_2
x_1	(0.3,0.2)	(0.3,0.4)
x_2	(0.6,0.2)	(0.9,0)

取 $\alpha=0.5$，$\beta=0.1$，则有

$$\underline{R_{(0.5,0.1)}}(\varnothing)=\{x_1\}\neq\varnothing,\quad \overline{R_{(0.5,0.1)}}(V)=\{x_2\}\neq U$$

定理 3.13 设 U、V 是两个非空有限论域，R 是从 U 到 V 的一个直觉模糊关系，$R_{(\alpha_1,\beta_1)}$ 和 $R_{(\alpha_2,\beta_2)}$ 是 R 的两个截关系，其中 $\alpha_1,\beta_1,\alpha_2,\beta_2\in(0,1]$。如果 $\alpha_1\leqslant\alpha_2$，$\beta_1\geqslant\beta_2$，则有如下结论。

（1）$\underline{R_{(\alpha_1,\beta_1)}}(X)\subseteq\underline{R_{(\alpha_2,\beta_2)}}(X)$。

（2）$\overline{R_{(\alpha_2,\beta_2)}}(X)\subseteq\overline{R_{(\alpha_1,\beta_1)}}(X)$。

证明　（1）由定义 3.10 和定义 3.11，如果$\alpha_1\leqslant\alpha_2$，$\beta_1\geqslant\beta_2$，则$\forall x\in U$，有

$$\begin{aligned}R_{(\alpha_1,\beta_1)}(x)&=\{y\in V\mid(x,y)\in R_{(\alpha_1,\beta_1)}\}\\&=\{y\in V\mid R^l(x,y)\geqslant\alpha_1\text{ 且 }R^u(x,y)\leqslant\beta_1\}\\&\supseteq\{y\in V\mid R^l(x,y)\geqslant\alpha_2\text{ 且 }R^u(x,y)\leqslant\beta_2\}\\&=R_{(\alpha_2,\beta_2)}(x)\end{aligned}$$

$\forall x\in\underline{R_{(\alpha_1,\beta_1)}}(X)$，$R_{(\alpha_1,\beta_1)}(x)\subseteq X$，因此$R_{(\alpha_2,\beta_2)}(x)\subseteq R_{(\alpha_1,\beta_1)}(x)\subseteq X$，这意味着$x\in\underline{R_{(\alpha_2,\beta_2)}}(X)$。从而$\underline{R_{(\alpha_1,\beta_1)}}(X)\subseteq\underline{R_{(\alpha_2,\beta_2)}}(X)$。

（2）由$R_{(\alpha_1,\beta_1)}(x)\supseteq R_{(\alpha_2,\beta_2)}(x)\ (\forall x\in U)$。根据定义 3.11，$\forall x\in\overline{R_{(\alpha_2,\beta_2)}}(X)$，有$R_{(\alpha_2,\beta_2)}(x)\cap X\neq\varnothing$，因此$R_{(\alpha_1,\beta_1)}(x)\cap X\neq\varnothing$，这意味着$x\in\overline{R_{(\alpha_1,\beta_1)}}(X)$。

定理 3.14　设 U、V 是两个非空有限论域，R、S 是从 U 到 V 的两个直觉模糊关系，$\forall X\subseteq V$，$\alpha,\beta\in(0,1]$。如果$R\subseteq S$，则有如下结论。

（1）$\underline{R_{(\alpha,\beta)}}(X)\supseteq\underline{S_{(\alpha,\beta)}}(X)$。

（2）$\overline{R_{(\alpha,\beta)}}(X)\subseteq\overline{S_{(\alpha,\beta)}}(X)$。

证明　（1）由$R\subseteq S$知，$\forall(x,y)\in U\times V$，$R^l(x,y)\leqslant S^l(x,y)$ 且 $R^u(x,y)\geqslant S^u(x,y)$，则$\forall x\in U$

$$\begin{aligned}R_{(\alpha,\beta)}(x)&=\{y\in V\mid R^l(x,y)\geqslant\alpha\text{且}R^u(x,y)\leqslant\beta\}\\&\subseteq\{y\in V\mid S^l(x,y)\geqslant\alpha\text{且}S^u(x,y)\leqslant\beta\}\\&=S_{(\alpha,\beta)}(x)\end{aligned}$$

$\forall x\in\underline{S_{(\alpha,\beta)}}(X)$，有$S_{(\alpha,\beta)}(x)\subseteq X$，则$R_{(\alpha,\beta)}(x)\subseteq X$，这意味着$x\in\underline{R_{(\alpha,\beta)}}(X)$，所以$\underline{S_{(\alpha,\beta)}}(X)\subseteq\underline{R_{(\alpha,\beta)}}(X)$。

（2）由$R_{(\alpha,\beta)}(x)\subseteq S_{(\alpha,\beta)}(x)\ (\forall x\in U)$可知，$R_{(\alpha,\beta)}(x)\cap X\subseteq S_{(\alpha,\beta)}(x)\cap X\ (\forall x\in U)$。$\forall x\in\overline{R_{(\alpha,\beta)}}(X)$，有$R_{(\alpha,\beta)}(x)\cap X\neq\varnothing$，则$S_{(\alpha,\beta)}(x)\cap X\neq\varnothing$，这意味着$x\in\overline{S_{(\alpha,\beta)}}(X)$。因此$\overline{R_{(\alpha,\beta)}}(X)\subseteq\overline{S_{(\alpha,\beta)}}(X)$。

引理 3.2　设 U、V 是两个非空有限论域，R、S 是从 U 到 V 的两个直觉模糊关系，$\forall\alpha,\beta\in(0,1]$，$\forall x\in U$，有如下结论。

（1）$(R\cup S)_{(\alpha,\beta)}(x)\supseteq R_{(\alpha,\beta)}(x)\cup S_{(\alpha,\beta)}(x)$。

（2）$(R\cap S)_{(\alpha,\beta)}(x)=R_{(\alpha,\beta)}(x)\cap S_{(\alpha,\beta)}(x)$。

证明　（1）由定义 3.11 和定义 3.12 知，$\forall x\in U$，有

$$
\begin{aligned}
(R\cup S)_{(\alpha,\beta)}(x) &= \{y\in V \mid (R\cup S)^l(x,y)\geqslant\alpha,(R\cup S)^u(x,y)\leqslant\beta\}\\
&= \{y\in V \mid \max(R^l(x,y),S^l(x,y))\geqslant\alpha,\min(R^u(x,y),S^u(x,y))\leqslant\beta\}\\
&\supseteq \{y\in V \mid R^l(x,y)\geqslant\alpha,R^u(x,y)\leqslant\beta\}\cup\{y\in V \mid S^l(x,y)\geqslant\alpha,S^u(x,y)\leqslant\beta\}\\
&= R_{(\alpha,\beta)}(x)\cup S_{(\alpha,\beta)}(x)
\end{aligned}
$$

（2）利用定义 3.10 和定义 3.11，证明类似于引理 3.1 的结论（2）。

定理 3.15　设 U、V 是两个非空有限论域，R、S 是从 U 到 V 的两个直觉模糊关系，$\forall\alpha,\beta\in(0,1]$，$\forall X\subseteq V$，有如下结论。

（1）$\underline{(R\cup S)_{(\alpha,\beta)}}(X)\subseteq\underline{R_{(\alpha,\beta)}}(X)\cap\underline{S_{(\alpha,\beta)}}(X)\subseteq\underline{R_{(\alpha,\beta)}}(X)\cup\underline{S_{(\alpha,\beta)}}(X)$。

（2）$\overline{(R\cup S)_{(\alpha,\beta)}}(X)\supseteq\overline{R_{(\alpha,\beta)}}(X)\cup\overline{S_{(\alpha,\beta)}}(X)$。

（3）$\underline{(R\cap S)_{(\alpha,\beta)}}(X)\supseteq\underline{R_{(\alpha,\beta)}}(X)\cup\underline{S_{(\alpha,\beta)}}(X)\supseteq\underline{R_{(\alpha,\beta)}}(X)\cap\underline{S_{(\alpha,\beta)}}(X)$。

（4）$\overline{(R\cap S)_{(\alpha,\beta)}}(X)\subseteq\overline{R_{(\alpha,\beta)}}(X)\cap\overline{S_{(\alpha,\beta)}}(X)$。

证明　（1）由引理 3.2 的结论（1）和定义 3.11 有

$$
\begin{aligned}
\underline{(R\cup S)_{(\alpha,\beta)}}(X) &= \{x\in U \mid (R\cup S)_{(\alpha,\beta)}(x)\subseteq X\}\\
&\subseteq \{x\in U \mid R_{(\alpha,\beta)}(x)\cup S_{(\alpha,\beta)}(x)\subseteq X\}\\
&= \{x\in U \mid R_{(\alpha,\beta)}(x)\subseteq X\}\cap\{x\in U \mid S_{(\alpha,\beta)}(x)\subseteq X\}\\
&= \underline{R_{(\alpha,\beta)}}(X)\cap\underline{S_{(\alpha,\beta)}}(X)
\end{aligned}
$$

所以 $\underline{(R\cup S)_{(\alpha,\beta)}}(X)\subseteq\underline{R_{(\alpha,\beta)}}(X)\cap\underline{S_{(\alpha,\beta)}}(X)\subseteq\underline{R_{(\alpha,\beta)}}(X)\cup\underline{S_{(\alpha,\beta)}}(X)$。

（2）
$$
\begin{aligned}
\overline{(R\cup S)_{(\alpha,\beta)}}(X) &= \{x\in U \mid (R\cup S)_{(\alpha,\beta)}(x)\cap X\neq\varnothing\}\\
&\supseteq \{x\in U \mid (R_{(\alpha,\beta)}(x)\cup S_{(\alpha,\beta)}(x))\cap X\neq\varnothing\}\\
&= \{x\in U \mid R_{(\alpha,\beta)}(x)\cap X\neq\varnothing\}\cup\{x\in U \mid S_{(\alpha,\beta)}(x)\cap X\neq\varnothing\}\\
&= \overline{R_{(\alpha,\beta)}}(X)\cup\overline{S_{(\alpha,\beta)}}(X)
\end{aligned}
$$

所以 $\overline{(R\cup S)_{(\alpha,\beta)}}(X)\supseteq\overline{R_{(\alpha,\beta)}}(X)\cup\overline{S_{(\alpha,\beta)}}(X)$。

（3）由引理 3.2 的结论（2）和定义 3.11 有

$$
\begin{aligned}
\underline{(R\cap S)_{(\alpha,\beta)}}(X) &= \{x\in U \mid (R\cap S)_{(\alpha,\beta)}(x)\subseteq X\}\\
&= \{x\in U \mid R_{(\alpha,\beta)}(x)\cap S_{(\alpha,\beta)}(x)\subseteq X\}\\
&\supseteq \{x\in U \mid R_{(\alpha,\beta)}(x)\subseteq X\}\cup\{x\in U \mid S_{(\alpha,\beta)}(x)\subseteq X\}\\
&= \underline{R_{(\alpha,\beta)}}(X)\cup\underline{S_{(\alpha,\beta)}}(X)
\end{aligned}
$$

所以 $\underline{(R\cap S)_{(\alpha,\beta)}}(X)\supseteq\underline{R_{(\alpha,\beta)}}(X)\cup\underline{S_{(\alpha,\beta)}}(X)\supseteq\underline{R_{(\alpha,\beta)}}(X)\cap\underline{S_{(\alpha,\beta)}}(X)$。

（4）由引理 3.2 的结论（2）和定义 3.11，有

$$\begin{aligned}\overline{(R\cap S)_{(\alpha,\beta)}}(X)&=\{x\in U\mid (R\cap S)_{(\alpha,\beta)}(x)\cap X\neq\varnothing\}\\&=\{x\in U\mid R_{(\alpha,\beta)}(x)\cap S_{(\alpha,\beta)}(x)\cap X\neq\varnothing\}\\&\subseteq\{x\in U\mid R_{(\alpha,\beta)}(x)\cap X\neq\varnothing\}\cap\{x\in U\mid S_{(\alpha,\beta)}(x)\cap X\neq\varnothing\}\\&=\overline{R_{(\alpha,\beta)}}(X)\cap\overline{S_{(\alpha,\beta)}}(X)\end{aligned}$$

所以$\overline{(R\cap S)_{(\alpha,\beta)}}(X)\subseteq\overline{R_{(\alpha,\beta)}}(X)\cap\overline{S_{(\alpha,\beta)}}(X)$。

定理 3.16　设 U、V 是两个非空有限论域，其中 $U=\{x_1,x_2,\cdots,x_n\}$，R 是从 U 到 V 的一个直觉模糊关系。如果 R 的 (α,β) 截关系 $R_{(\alpha,\beta)}$ 满足

$$R_{(\alpha,\beta)}(x_1)\subseteq R_{(\alpha,\beta)}(x_2)\subseteq\cdots\subseteq R_{(\alpha,\beta)}(x_n)$$

其中，$\alpha,\beta\in(0,1]$，$\forall X\subseteq V$，有如下结论。

（1）如果 $x_i\in\underline{R_{(\alpha,\beta)}}(X)$，则 $x_1,x_2,\cdots,x_{i-1}\in\underline{R_{(\alpha,\beta)}}(X)$ $(i\in\{2,3,\cdots,n\})$。

（2）如果 $x_i\in\overline{R_{(\alpha,\beta)}}(X)$，则 $x_{i+1},x_{i+2},\cdots,x_n\in\overline{R_{(\alpha,\beta)}}(X)$ $(i\in\{1,2,\cdots,n-1\})$。

证明　（1）如果 $x_i\in\underline{R_{(\alpha,\beta)}}(X)$，则 $R_{(\alpha,\beta)}(x_i)\subseteq X$，由已知条件可得，$R_{(\alpha,\beta)}(x_k)\subseteq X$ $(k=1,2,\cdots,i-1)$，故 $x_1,x_2,\cdots,x_{i-1}\in\underline{R_{(\alpha,\beta)}}(X)$。

（2）如果 $x_i\in\overline{R_{(\alpha,\beta)}}(X)$，则 $R_{(\alpha,\beta)}(x_i)\cap X\neq\varnothing$，由已知条件可得

$$R_{(\alpha,\beta)}(x_k)\cap X\neq\varnothing,\quad k=i+1,\cdots,n$$

故 $x_{i+1},x_{i+2},\cdots,x_n\in\overline{R_{(\alpha,\beta)}}(X)$。

定义 3.12　设 U、V 是两个非空有限论域，R 是从 U 到 V 的一个直觉模糊关系，$R_{(\alpha,\beta)}$ 是 R 的 (α,β) 截关系，其中 $\alpha,\beta\in(0,1]$。$\forall X\subseteq V$，X 相对于 $R_{(\alpha,\beta)}$ 的近似精度 $\rho_{R_{(\alpha,\beta)}}(X)$ 定义为

$$\rho_{R_{(\alpha,\beta)}}(X)=\begin{cases}\dfrac{\left|\underline{R_{(\alpha,\beta)}}(X)\right|}{\left|\overline{R_{(\alpha,\beta)}}(X)\right|}, & \overline{R_{(\alpha,\beta)}}(X)\neq\varnothing\\ 1, & \overline{R_{(\alpha,\beta)}}(X)=\varnothing\end{cases}$$

其中，$|\cdot|$表示集合的势。

令 $\mu_{R_{(\alpha,\beta)}}(X)=1-\rho_{R_{(\alpha,\beta)}}(X)$，称 $\mu_{R_{(\alpha,\beta)}}(X)$ 为 X 的近似粗糙度。

显然，$0\leqslant\rho_{R_{(\alpha,\beta)}}(X)\leqslant1$，且 $0\leqslant\mu_{R_{(\alpha,\beta)}}(X)\leqslant1$。

定理 3.17　设 U、V 是两个非空有限论域，R 是从 U 到 V 的一个直觉模糊关系，$R_{(\alpha,\beta)}$ 是 R 的 (α,β) 截关系，其中 $\alpha,\beta\in(0,1]$。$\forall X,Y\subseteq V$，有如下结论。

（1）$\mu_{R_{(\alpha,\beta)}}(X\cup Y)\left|\overline{R_{(\alpha,\beta)}}(X)\cup\overline{R_{(\alpha,\beta)}}(Y)\right|\leqslant\mu_{R_{(\alpha,\beta)}}(X)\left|\overline{R_{(\alpha,\beta)}}(X)\right|+\mu_{R_{(\alpha,\beta)}}(X)\left|\overline{R_{(\alpha,\beta)}}(Y)\right|$

$-\mu_{R_{(\alpha,\beta)}}(X\cap Y)\left|\overline{R_{(\alpha,\beta)}}(X)\cap\overline{R_{(\alpha,\beta)}}(Y)\right|$。

（2）$\rho_{R_{(\alpha,\beta)}}(X\cup Y)\left|\overline{R_{(\alpha,\beta)}}(X)\cup\overline{R_{(\alpha,\beta)}}(Y)\right|\geqslant\rho_{R_{(\alpha,\beta)}}(X)\left|\overline{R_{(\alpha,\beta)}}(X)\right|+\rho_{R_{(\alpha,\beta)}}(Y)\left|\overline{R_{(\alpha,\beta)}}(Y)\right|$
$-\rho_{R_{(\alpha,\beta)}}(X\cap Y)\left|\overline{R_{(\alpha,\beta)}}(X)\cap\overline{R_{(\alpha,\beta)}}(Y)\right|$。

证明　对于结论（1），根据近似粗糙度的定义，有

$$\mu_{R_{(\alpha,\beta)}}(X\cup Y)=1-\frac{\left|\underline{R_{(\alpha,\beta)}}(X\cup Y)\right|}{\left|\overline{R_{(\alpha,\beta)}}(X\cup Y)\right|}\leqslant 1-\frac{\left|\underline{R_{(\alpha,\beta)}}(X)\cup\underline{R_{(\alpha,\beta)}}(Y)\right|}{\left|\overline{R_{(\alpha,\beta)}}(X)\cup\overline{R_{(\alpha,\beta)}}(Y)\right|}$$

则

$$\mu_{R_{(\alpha,\beta)}}(X\cup Y)\left|\overline{R_{(\alpha,\beta)}}(X)\cup\overline{R_{(\alpha,\beta)}}(Y)\right|\leqslant\left|\overline{R_{(\alpha,\beta)}}(X)\cup\overline{R_{(\alpha,\beta)}}(Y)\right|-\left|\underline{R_{(\alpha,\beta)}}(X)\cup\underline{R_{(\alpha,\beta)}}(Y)\right|$$

类似可得

$$\mu_{R_{(\alpha,\beta)}}(X\cap Y)\left|\overline{R_{(\alpha,\beta)}}(X)\cap\overline{R_{(\alpha,\beta)}}(Y)\right|\leqslant\left|\overline{R_{(\alpha,\beta)}}(X)\cap\overline{R_{(\alpha,\beta)}}(Y)\right|-\left|\underline{R_{(\alpha,\beta)}}(X)\cap\underline{R_{(\alpha,\beta)}}(Y)\right|$$

则

$$\begin{aligned}&\mu_{R_{(\alpha,\beta)}}(X\cup Y)\left|\overline{R_{(\alpha,\beta)}}(X)\cup\overline{R_{(\alpha,\beta)}}(Y)\right|+\mu_{R_{(\alpha,\beta)}}(X\cap Y)\left|\overline{R_{(\alpha,\beta)}}(X)\cap\overline{R_{(\alpha,\beta)}}(Y)\right|\\&\leqslant\left|\overline{R_{(\alpha,\beta)}}(X)\cup\overline{R_{(\alpha,\beta)}}(Y)\right|-\left|\underline{R_{(\alpha,\beta)}}(X)\cup\underline{R_{(\alpha,\beta)}}(Y)\right|+\left|\overline{R_{(\alpha,\beta)}}(X)\cap\overline{R_{(\alpha,\beta)}}(Y)\right|\\&\quad-\left|\underline{R_{(\alpha,\beta)}}(X)\cap\underline{R_{(\alpha,\beta)}}(Y)\right|\\&=\mu_{R_{(\alpha,\beta)}}(X)\left|\overline{R_{(\alpha,\beta)}}(X)\right|+\mu_{R_{(\alpha,\beta)}}(Y)\left|\overline{R_{(\alpha,\beta)}}(Y)\right|\end{aligned}$$

故

$$\begin{aligned}\mu_{R_{(\alpha,\beta)}}(X\cup Y)\left|\overline{R_{(\alpha,\beta)}}(X)\cup\overline{R_{(\alpha,\beta)}}(Y)\right|\leqslant&\ \mu_{R_{(\alpha,\beta)}}(X)\left|\overline{R_{(\alpha,\beta)}}(X)\right|+\mu_{R_{(\alpha,\beta)}}(Y)\left|\overline{R_{(\alpha,\beta)}}(Y)\right|\\&-\mu_{R_{(\alpha,\beta)}}(X\cap Y)\left|\overline{R_{(\alpha,\beta)}}(X)\cap\overline{R_{(\alpha,\beta)}}(Y)\right|\end{aligned}$$

结论（2）类似结论（1）可证。

3.3.2　双论域上基于水平集的 1-型直觉模糊粗糙集的推广

定义 3.13　设 U、V 是两个非空有限论域，R 是从 U 到 V 的一个直觉模糊关系，$R_{(\alpha,\beta)}$ 是 R 的 (α,β) 截关系，其中 $\alpha,\beta\in(0,1]$。$\forall X\subseteq V$，X 关于 $R_{(\alpha,\beta)}$ 和程度 k 的下近似和上近似分别定义如下

$$\begin{aligned}\underline{R_{(\alpha,\beta)}}^{k}(X)&=\{x\in U\,\|\,R_{(\alpha,\beta)}(x)-X\,|\leqslant k\}\\&=\{x\in U\,\|\,R_{(\alpha,\beta)}(x)|-|\,R_{(\alpha,\beta)}(x)\cap X\,|\leqslant k\}\end{aligned}$$

$$\overline{R_{(\alpha,\beta)}}^{k}(X)=\{x\in U\,\|\,R_{(\alpha,\beta)}(x)\cap X\,|>k\}$$

其中，k 是一个非负有限整数；$|\cdot|$ 表示集合的势。$(\underline{R_{(\alpha,\beta)}}^{k}(X),\overline{R_{(\alpha,\beta)}}^{k}(X))$ 称为基于 $R_{(\alpha,\beta)}$ 的 1-型程度直觉模糊粗糙集。

注 3.14 （1）如果 $k=0$，则

$$\underline{R_{(\alpha,\beta)}}^{0}(X)=\{x\in U \,\|\, R_{(\alpha,\beta)}(x)-X|\leqslant 0\}=\{x\in U \mid R_{(\alpha,\beta)}(x)\subseteq X\}=\underline{R_{(\alpha,\beta)}}(X)$$

$$\overline{R_{(\alpha,\beta)}}^{0}(X)=\{x\in U \,\|\, R_{(\alpha,\beta)}(x)\cap X|>0\}=\{x\in U \mid R_{(\alpha,\beta)}(x)\cap X\neq\varnothing\}=\overline{R_{(\alpha,\beta)}}(X)$$

这表明定义 3.11 中给出的 1-型直觉模糊粗糙集模型是定义 3.13 中给出的 1-型程度直觉模糊粗糙集模型的一个特例。

（2）如果 R 是从 U 到 V 的一个模糊关系且 $\alpha+\beta=1$，则 1-型程度直觉模糊粗糙集就退化为 1-型程度模糊粗糙集。

定理 3.18 设 U、V 是两个非空有限论域，R 是从 U 到 V 的一个直觉模糊关系，$R_{(\alpha,\beta)}$ 是 R 的 (α,β) 截关系，其中 $\alpha,\beta\in(0,1]$。$\forall X,Y\subseteq V$，程度下近似算子 $\underline{R_{(\alpha,\beta)}}^{k}$ 和上近似算子 $\overline{R_{(\alpha,\beta)}}^{k}$ 具有以下性质。

（1）$\overline{R_{(\alpha,\beta)}}^{k}(\varnothing)=\varnothing$，$\underline{R_{(\alpha,\beta)}}^{k}(V)=U$。

（2）$\underline{R_{(\alpha,\beta)}}^{0}(X\cap Y)=\underline{R_{(\alpha,\beta)}}^{0}(X)\cap\underline{R_{(\alpha,\beta)}}^{0}(Y)$；

$\overline{R_{(\alpha,\beta)}}^{0}(X\cup Y)=\overline{R_{(\alpha,\beta)}}^{0}(X)\cup\overline{R_{(\alpha,\beta)}}^{0}(Y)$。

（3）$\underline{R_{(\alpha,\beta)}}^{k}(X\cap Y)\subseteq\underline{R_{(\alpha,\beta)}}^{k}(X)\cap\underline{R_{(\alpha,\beta)}}^{k}(Y)$；

$\overline{R_{(\alpha,\beta)}}^{k}(X\cup Y)\supseteq\overline{R_{(\alpha,\beta)}}^{k}(X)\cup\overline{R_{(\alpha,\beta)}}^{k}(Y)$。

（4）$\underline{R_{(\alpha,\beta)}}^{k}(X\cup Y)\supseteq\underline{R_{(\alpha,\beta)}}^{k}(X)\cup\underline{R_{(\alpha,\beta)}}^{k}(Y)$；

$\overline{R_{(\alpha,\beta)}}^{k}(X\cap Y)\subseteq\overline{R_{(\alpha,\beta)}}^{k}(X)\cap\overline{R_{(\alpha,\beta)}}^{k}(Y)$。

（5）$\underline{R_{(\alpha,\beta)}}^{k}(X)=(\overline{R_{(\alpha,\beta)}}^{k}(X^{c}))^{c}$，$\overline{R_{(\alpha,\beta)}}^{k}(X)=(\underline{R_{(\alpha,\beta)}}^{k}(X^{c}))^{c}$。

（6）如果 $X\subseteq Y$，则 $\underline{R_{(\alpha,\beta)}}^{k}(X)\subseteq\underline{R_{(\alpha,\beta)}}^{k}(Y)$ 且 $\overline{R_{(\alpha,\beta)}}^{k}(X)\subseteq\overline{R_{(\alpha,\beta)}}^{k}(Y)$。

（7）如果 $k\geqslant l$，则 $\underline{R_{(\alpha,\beta)}}^{l}(X)\subseteq\underline{R_{(\alpha,\beta)}}^{k}(X)$ 且 $\overline{R_{(\alpha,\beta)}}^{k}(X)\subseteq\overline{R_{(\alpha,\beta)}}^{l}(X)$。

其中 k、l 是非负有限整数。

证明 性质（1）～性质（4）、性质（6）和性质（7）由定义 3.11 和定义 3.13 易证。下面证明性质（5）。

$$\begin{aligned}(\overline{R_{(\alpha,\beta)}}^{k}(X^{c}))^{c}&=U-\{x\in U \,\|\, R_{(\alpha,\beta)}(x)\cap X^{c}|>k\}\\&=U-\{x\in U \,\|\, R_{(\alpha,\beta)}(x)-X|>k\}\end{aligned}$$

$$= \{x \in U \mid |R_{(\alpha,\beta)}(x) - X| \leqslant k\}$$
$$= \underline{R_{(\alpha,\beta)}}^k(X)$$

$$(\underline{R_{(\alpha,\beta)}}^k(X^c))^c = U - \{x \in U \mid |R_{(\alpha,\beta)}(x) - X^c| \leqslant k\}$$
$$= \{x \in U \mid |R_{(\alpha,\beta)}(x) \cap X| > k\}$$
$$= \overline{R_{(\alpha,\beta)}}^k(X)$$

注 3.15 （1）如果 $k \neq 0$，则 $\underline{R_{(\alpha,\beta)}}^k(X) \subseteq \overline{R_{(\alpha,\beta)}}^k(X)$ 一般不成立。

（2）一般地，$\underline{R_{(\alpha,\beta)}}^k(\varnothing) \neq \varnothing$，$\overline{R_{(\alpha,\beta)}}^k(V) \neq U$ 不成立。例如，设 $U = \{x_1, x_2\}$，$V = \{y_1, y_2\}$，从 U 到 V 的直觉模糊关系 R 如表 3.8 所示。

表 3.8 注 3.15 中从 U 到 V 的直觉模糊关系 R

R	y_1	y_2
x_1	$(0.2, 0.6)$	$(0.4, 0.2)$
x_2	$(0.5, 0.2)$	$(0.8, 0.1)$

取 $\alpha = 0.5$，$\beta = 0.1$，$k = 1$，则 $\underline{R_{(0.5,0.1)}}(\varnothing) = U \neq \varnothing$ 且 $\overline{R_{(0.5,0.1)}}(V) = \varnothing \neq U$。

（3）一般地，$\underline{R_{(\alpha,\beta)}}^k(X \cap Y) \supseteq \underline{R_{(\alpha,\beta)}}^k(X) \cap \underline{R_{(\alpha,\beta)}}^k(Y)$ 不成立。这是因为，当 $k > 0$ 时，由 $\left|R_{(\alpha,\beta)}(x) - X\right| \leqslant k$ 和 $\left|R_{(\alpha,\beta)}(x) - Y\right| \leqslant k$ 不能推出 $\left|R_{(\alpha,\beta)}(x) - (X \cap Y)\right| \leqslant k$。此外，$\overline{R_{(\alpha,\beta)}}^k(X \cup Y) \subseteq \overline{R_{(\alpha,\beta)}}^k(X) \cup \overline{R_{(\alpha,\beta)}}^k(Y)$ 一般也不成立。这是因为，当 $k > 0$ 时，由 $\left|R_{(\alpha,\beta)}(x) \cap (X \cup Y)\right| > k$ 不能推出 $\left|R_{(\alpha,\beta)}(x) \cap X\right| > k$ 或 $\left|R_{(\alpha,\beta)}(x) \cap Y\right| > k$。

下面给出 1-型程度直觉模糊粗糙集的另一种推广。

定义 3.14 设 U、V 是两个非空有限论域，R 是从 U 到 V 的一个直觉模糊关系，$R_{(\alpha,\beta)}$ 是 R 的 (α,β) 截关系，其中 $\alpha, \beta \in (0,1]$。$\forall X \subseteq V$，X 关于 $R_{(\alpha,\beta)}$ 和参数 γ 的下近似和上近似分别定义如下

$$\underline{R_{(\alpha,\beta)}}^\gamma(X) = \left\{x \in U \mid \frac{\left|R_{(\alpha,\beta)}(x) \cap X\right|}{|R_{(\alpha,\beta)}(x)|} \geqslant 1 - \gamma, R_{(\alpha,\beta)}(x) \neq \varnothing\right\} \cup \{x \in U \mid R_{(\alpha,\beta)}(x) = \varnothing\}$$

$$\overline{R_{(\alpha,\beta)}}^\gamma(X) = \left\{x \in U \mid \frac{\left|R_{(\alpha,\beta)}(x) \cap X\right|}{\left|R_{(\alpha,\beta)}(x)\right|} > \gamma, R_{(\alpha,\beta)}(x) \neq \varnothing\right\}$$

其中，$\gamma \in [0, 0.5)$；$|\cdot|$ 表示集合的势。$(\underline{R_{(\alpha,\beta)}}^\gamma(X), \overline{R_{(\alpha,\beta)}}^\gamma(X))$ 称为 1-型变精度直觉模糊粗糙集。

定理 3.19　设 U、V 是两个非空有限论域，R 是从 U 到 V 的一个直觉模糊关系，$R_{(\alpha,\beta)}$ 是 R 的 (α,β) 截关系，其中 $\alpha,\beta\in(0,1]$，$\forall X\subseteq V$，则有如下结论。

（1）$\underline{R_{(\alpha,\beta)}}^{0}(X)=\underline{R_{(\alpha,\beta)}}(X)$。

（2）$\overline{R_{(\alpha,\beta)}}^{0}(X)=\overline{R_{(\alpha,\beta)}}(X)$。

（3）$\underline{R_{(\alpha,\beta)}}(X)\subseteq\underline{R_{(\alpha,\beta)}}^{\gamma}(X)$。

（4）$\overline{R_{(\alpha,\beta)}}^{\gamma}(X)\subseteq\overline{R_{(\alpha,\beta)}}(X)$。

（5）$\underline{R_{(\alpha,\beta)}}^{0.5}(X)=\bigcup\limits_{\gamma\in[0,0.5)}\underline{R_{(\alpha,\beta)}}^{\gamma}(X)$。

（6）$\overline{R_{(\alpha,\beta)}}^{0.5}(X)=\bigcap\limits_{\gamma\in[0,0.5)}\overline{R_{(\alpha,\beta)}}^{\gamma}(X)$，其中 $\gamma\in[0,0.5)$。

证明　由定义 3.11 和定义 3.14 易证。

3.4　双论域上基于水平集的2-型直觉模糊粗糙集

3.4.1　双论域上基于水平集的2-型直觉模糊粗糙集的概念与性质

定义 3.15　设 U、V 是两个非空有限论域，R 是从 U 到 V 的一个直觉模糊关系，$R_{(\alpha,\beta)}$ 是 R 的 (α,β) 截关系，其中 $\alpha,\beta\in(0,1]$，$\forall Y\subseteq V$，Y 关于 $R_{(\alpha,\beta)}$ 的下近似和上近似定义如下

$$\underline{R_{(\alpha,\beta)}}(Y)=\{x\in U\mid R_{(\alpha,\beta)}(x)\subseteq Y\text{且}R_{(\alpha,\beta)}(x)\neq\varnothing\}$$

$$\overline{R_{(\alpha,\beta)}}(Y)=\{x\in U\mid R_{(\alpha,\beta)}(x)\cap Y\neq\varnothing\text{或}R_{(\alpha,\beta)}(x)=\varnothing\}$$

$(\underline{R_{(\alpha,\beta)}}(Y),\overline{R_{(\alpha,\beta)}}(Y))$ 称为基于 $R_{(\alpha,\beta)}$ 的2-型直觉模糊粗糙集。

注 3.16　如果 R 是从 U 到 V 的一个模糊关系，且 $\beta=1-\alpha$，则2-型直觉模糊粗糙集就退化为定义 3.6 中给出的2-型模糊粗糙集。

注 3.17　如果 R 是从 U 到 V 的一个串行的直觉模糊关系，即 $\forall x\in U$，$\bigvee\limits_{y\in V}R^{l}(x,y)=1$ 且 $\bigwedge\limits_{y\in V}R^{u}(x,y)=0$，因为 V 是有限的，则 $\forall x\in U$，存在 $y\in V$ 使得 $R^{l}(x,y)=1$ 且 $R^{u}(x,y)=0$。因此 $\forall\alpha,\beta\in(0,1]$，$\forall x\in U$，有 $R_{(\alpha,\beta)}(x)\neq\varnothing$。从而

$$\begin{aligned}\underline{R_{(\alpha,\beta)}}(Y)&=\{x\in U\mid R_{(\alpha,\beta)}(x)\subseteq Y\text{且}R_{(\alpha,\beta)}(x)\neq\varnothing\}\\&=\{x\in U\mid R_{(\alpha,\beta)}(x)\subseteq Y\}\\\overline{R_{(\alpha,\beta)}}(Y)&=\{x\in U\mid R_{(\alpha,\beta)}(x)\cap Y\neq\varnothing\text{或}R_{(\alpha,\beta)}(x)=\varnothing\}\\&=\{x\in U\mid R_{(\alpha,\beta)}(x)\cap Y\neq\varnothing\}\end{aligned}$$

这表明此时 2-型直觉模糊粗糙集模型等价于定义 3.10 中的 1-型直觉模糊粗糙集模型。

注 3.18 如果$U=V$，且 R 是从 U 到 V 的一个直觉模糊等价关系，则 2-型直觉模糊粗糙集就退化为经典的 Pawlak 粗糙集。

易见，$\underline{R_{(\alpha,\beta)}}(Y)\subseteq\overline{R_{(\alpha,\beta)}}(Y)\ (\forall Y\subseteq V)$，基于此，$Y$ 的正域、负域和边界域分别定义如下

$$\mathrm{POS}_{R_{(\alpha,\beta)}}(Y)=\underline{R_{(\alpha,\beta)}}(Y)$$

$$\mathrm{NEG}_{R_{(\alpha,\beta)}}(Y)=U-\overline{R_{(\alpha,\beta)}}(Y)$$

$$\mathrm{BND}_{R_{(\alpha,\beta)}}(Y)=\overline{R_{(\alpha,\beta)}}(Y)-\underline{R_{(\alpha,\beta)}}(Y)$$

下面给出逆下近似和逆上近似的定义。

定义 3.16 设 U、V 是两个非空有限论域，R 是从 U 到 V 的一个直觉模糊关系，$R_{(\alpha,\beta)}$ 是 R 的 (α,β) 截关系，其中 $\alpha,\beta\in(0,1]$，$\forall T\subseteq U$，T 关于 $R_{(\alpha,\beta)}$ 的逆下近似和逆上近似分别定义如下

$$\underline{R_{(\alpha,\beta)}}^{-1}(T)=\{y\in V\mid R_{(\alpha,\beta)}^{-1}(y)\subseteq T\text{且}R_{(\alpha,\beta)}^{-1}(y)\neq\varnothing\}$$

$$\overline{R_{(\alpha,\beta)}}^{-1}(T)=\{y\in V\mid R_{(\alpha,\beta)}^{-1}(y)\cap T\neq\varnothing\text{或}R_{(\alpha,\beta)}^{-1}(y)=\varnothing\}$$

其中，$R_{(\alpha,\beta)}^{-1}(y)=\{x\in U\mid R^{l}(x,y)\geqslant\alpha,R^{u}(x,y)\leqslant\beta\}$。$(\underline{R_{(\alpha,\beta)}}^{-1}(T),\overline{R_{(\alpha,\beta)}}^{-1}(T))$ 称为基于 $R_{(\alpha,\beta)}$ 的 2-型逆直觉模糊粗糙集。

类似的方法可以定义 1-型逆直觉模糊粗糙集。

注 3.19 如果 R 是从 U 到 V 的一个模糊关系，且 $\beta=1-\alpha$，则 2-型逆直觉模糊粗糙集就退化为定义 3.7 中给出的 2-型逆模糊粗糙集。

下面讨论定义 3.15 中给出的下近似算子和上近似算子的相关性质。

定理 3.20 设 U、V 是两个非空有限论域，R 是从 U 到 V 的一个直觉模糊关系，$R_{(\alpha,\beta)}$ 是 R 的 (α,β) 截关系，其中 $\alpha,\beta\in(0,1]$，$\forall Y_1,Y_2,Y\subseteq V$，有如下结论。

（1）$\underline{R_{(\alpha,\beta)}}(Y)\subseteq\overline{R_{(\alpha,\beta)}}(Y)$。

（2）$\underline{R_{(\alpha,\beta)}}(\varnothing)=\varnothing$，$\overline{R_{(\alpha,\beta)}}(V)=U$。

（3）$\underline{R_{(\alpha,\beta)}}(Y_1\cap Y_2)=\underline{R_{(\alpha,\beta)}}(Y_1)\cap\underline{R_{(\alpha,\beta)}}(Y_2)$，$\overline{R_{(\alpha,\beta)}}(Y_1\cup Y_2)=\overline{R_{(\alpha,\beta)}}(Y_1)\cup\overline{R_{(\alpha,\beta)}}(Y_2)$。

（4）$\underline{R_{(\alpha,\beta)}}(Y_1\cup Y_2)\supseteq\underline{R_{(\alpha,\beta)}}(Y_1)\cup\underline{R_{(\alpha,\beta)}}(Y_2)$，$\overline{R_{(\alpha,\beta)}}(Y_1\cap Y_2)\subseteq\overline{R_{(\alpha,\beta)}}(Y_1)\cap\overline{R_{(\alpha,\beta)}}(Y_2)$。

（5）如果 $Y_1\subseteq Y_2$，则 $\underline{R_{(\alpha,\beta)}}(Y_1)\subseteq\underline{R_{(\alpha,\beta)}}(Y_2)$ 且 $\overline{R_{(\alpha,\beta)}}(Y_1)\subseteq\overline{R_{(\alpha,\beta)}}(Y_2)$。

（6）$\underline{R_{(\alpha,\beta)}}(Y)=(\overline{R_{(\alpha,\beta)}}(Y^{\mathrm{c}}))^{\mathrm{c}}$，$\overline{R_{(\alpha,\beta)}}(Y)=(\underline{R_{(\alpha,\beta)}}(Y^{\mathrm{c}}))^{\mathrm{c}}$。

证明　只证明结论（3）和结论（6）。

对于结论（3）

$$
\begin{aligned}
\underline{R_{(\alpha,\beta)}}(Y_1 \cap Y_2) &= \{x \in U \mid R_{(\alpha,\beta)}(x) \subseteq Y_1 \cap Y_2 \text{且} R_{(\alpha,\beta)}(x) \neq \varnothing\} \\
&= \{x \in U \mid R_{(\alpha,\beta)}(x) \subseteq Y_1, R_{(\alpha,\beta)}(x) \subseteq Y_2 \text{且} R_{(\alpha,\beta)}(x) \neq \varnothing\} \\
&= \{x \in U \mid R_{(\alpha,\beta)}(x) \subseteq Y_1 \text{且} R_{(\alpha,\beta)}(x) \neq \varnothing\} \\
&\quad \cap \{x \in U \mid R_{(\alpha,\beta)}(x) \subseteq Y_2 \text{且} R_{(\alpha,\beta)}(x) \neq \varnothing\} \\
&= \underline{R_{(\alpha,\beta)}}(Y_1) \cap \underline{R_{(\alpha,\beta)}}(Y_2)
\end{aligned}
$$

$$
\begin{aligned}
\overline{R_{(\alpha,\beta)}}(Y_1 \cup Y_2) &= \{x \in U \mid R_{(\alpha,\beta)}(x) \cap (Y_1 \cup Y_2) \neq \varnothing \text{或} R_{(\alpha,\beta)}(x) = \varnothing\} \\
&= \{x \in U \mid (R_{(\alpha,\beta)}(x) \cap Y_1) \cup (R_{(\alpha,\beta)}(x) \cap Y_2) \neq \varnothing \text{或} R_{(\alpha,\beta)}(x) = \varnothing\} \\
&= \{x \in U \mid (R_{(\alpha,\beta)}(x) \cap Y_1) \neq \varnothing \text{或} R_{(\alpha,\beta)}(x) = \varnothing\} \\
&\quad \cup \{x \in U \mid (R_{(\alpha,\beta)}(x) \cap Y_2) \neq \varnothing \text{或} R_{(\alpha,\beta)}(x) = \varnothing\} \\
&= \overline{R_{(\alpha,\beta)}}(Y_1) \cup \overline{R_{(\alpha,\beta)}}(Y_2)
\end{aligned}
$$

结论（6）只需证明前一部分

$$
\begin{aligned}
(\overline{R_{(\alpha,\beta)}}(Y^{\mathrm{c}}))^{\mathrm{c}} &= U - \{x \in U \mid R_{(\alpha,\beta)}(x) \cap Y^{\mathrm{c}} \neq \varnothing \text{或} R_{(\alpha,\beta)}(x) = \varnothing\} \\
&= \{x \in U \mid R_{(\alpha,\beta)}(x) \cap Y^{\mathrm{c}} = \varnothing \text{且} R_{(\alpha,\beta)}(x) \neq \varnothing\} \\
&= \underline{R_{(\alpha,\beta)}}(Y)
\end{aligned}
$$

注 3.20　一般地，$\overline{R_{(\alpha,\beta)}}(\varnothing) \neq \varnothing$，$\underline{R_{(\alpha,\beta)}}(V) \neq U$。例如，设 $U = \{x_1, x_2\}$，$V = \{y_1, y_2\}$，从 U 到 V 的直觉模糊关系 R 如表 3.9 所示。

表 3.9　注 3.20 中从 U 到 V 的直觉模糊关系 R

R	y_1	y_2
x_1	(0.3, 0.2)	(0.3, 0.4)
x_2	(0.6, 0.2)	(0.9, 0)

取 $\alpha = 0.5$，$\beta = 0.1$，则通过计算可得 $\overline{R_{(\alpha,\beta)}}(\varnothing) = \{x_1\} \neq \varnothing$，$\underline{R_{(\alpha,\beta)}}(V) = \{x_2\} \neq U$。

注 3.21　一般地，$\underline{R_{(\alpha,\beta)}}(Y_1 \cup Y_2) \neq \underline{R_{(\alpha,\beta)}}(Y_1) \cup \underline{R_{(\alpha,\beta)}}(Y_2)$ 且 $\overline{R_{(\alpha,\beta)}}(Y_1 \cap Y_2) \neq \overline{R_{(\alpha,\beta)}}(Y_1) \cap \overline{R_{(\alpha,\beta)}}(Y_2)$，其中 $\alpha, \beta \in (0,1]$。

例 3.5　设 $U = \{x_1, x_2\}$，$V = \{y_1, y_2\}$，$Y_1 = \{y_1\}$，$Y_2 = \{y_2\}$，从 U 到 V 的直觉模糊关系 R 如表 3.10 所示。

表 3.10　例 3.5 中从 U 到 V 的直觉模糊关系 R

R	y_1	y_2
x_1	(0.3, 0.2)	(0.3, 0.4)
x_2	(0.6, 0.2)	(0.9, 0)

取 $\alpha=0.5$，$\beta=0.1$，则通过计算可得

$$\underline{R_{(\alpha,\beta)}}(Y_1)=\varnothing,\quad \underline{R_{(\alpha,\beta)}}(Y_2)=\{x_2\},\quad \underline{R_{(\alpha,\beta)}}(Y_1\cup Y_2)=U$$

$$\overline{R_{(\alpha,\beta)}}(Y_1)=\{x_1\},\quad \overline{R_{(\alpha,\beta)}}(Y_2)=U,\quad \overline{R_{(\alpha,\beta)}}(Y_1\cap Y_2)=\varnothing$$

显然

$$\underline{R_{(\alpha,\beta)}}(Y_1\cup Y_2)\neq \underline{R_{(\alpha,\beta)}}(Y_1)\cup \underline{R_{(\alpha,\beta)}}(Y_2),\quad \overline{R_{(\alpha,\beta)}}(Y_1\cap Y_2)\neq \overline{R_{(\alpha,\beta)}}(Y_1)\cap \overline{R_{(\alpha,\beta)}}(Y_2)$$

注 3.22　一般地，$\underline{R_{(\alpha_1,\beta_1)}}(Y)$ 和 $\underline{R_{(\alpha_2,\beta_2)}}(Y)$ 以及 $\overline{R_{(\alpha_1,\beta_1)}}(Y)$ 和 $\overline{R_{(\alpha_2,\beta_2)}}(Y)$ 之间不存在包含关系，其中 $\alpha_1,\beta_1,\alpha_2,\beta_2\in(0,1]$，满足 $\alpha_1\leqslant\alpha_2$，$\beta_1\geqslant\beta_2$。

例 3.6　设 $U=\{x_1,x_2\}$，$V=\{y_1,y_2\}$，$Y_1=\{y_1\}$，$Y_2=\{y_2\}$，从 U 到 V 的直觉模糊关系 R 如表 3.11 所示。

表 3.11　例 3.6 中从 U 到 V 的直觉模糊关系 R

R	y_1	y_2
x_1	(0.6, 0.1)	(0.4, 0.2)
x_2	(1, 0)	(0.6, 0)

取 $\alpha_1=0.55$，$\beta_1=0.3$，$\alpha_2=0.7$，$\beta_2=0.1$，显然 $\alpha_1\leqslant\alpha_2$ 且 $\beta_1\geqslant\beta_2$，通过计算可得

$$\underline{R_{(\alpha_1,\beta_1)}}(Y_1)=\{x_1\},\quad \underline{R_{(\alpha_2,\beta_2)}}(Y_1)=\{x_2\},\quad \overline{R_{(\alpha_1,\beta_1)}}(Y_2)=\{x_2\},\quad \overline{R_{(\alpha_2,\beta_2)}}(Y_2)=\{x_1\}$$

显然 $\underline{R_{(\alpha_1,\beta_1)}}(Y_1)$ 和 $\underline{R_{(\alpha_2,\beta_2)}}(Y_1)$ 以及 $\overline{R_{(\alpha_1,\beta_1)}}(Y_2)$ 和 $\overline{R_{(\alpha_2,\beta_2)}}(Y_2)$ 之间不存在包含关系。

类似地，可以讨论逆下近似算子和逆上近似算子的相关性质。

3.4.2　双论域上基于水平集的 2-型直觉模糊粗糙集的推广

定义 3.17　设 U、V 是两个非空有限论域，R 是从 U 到 V 的一个直觉模糊关系，$R_{(\alpha,\beta)}$ 是 R 的 (α,β) 截关系，其中 $\alpha,\beta\in(0,1]$。$\forall Y\subseteq V$，Y 关于 $R_{(\alpha,\beta)}$ 和程度 k 的下近似和上近似分别定义如下

$$\begin{aligned}\underline{R_{(\alpha,\beta)}}^{k}(Y)&=\{x\in U\,\|\,R_{(\alpha,\beta)}(x)-Y|\leqslant k\text{且}R_{(\alpha,\beta)}(x)\neq\varnothing\}\\&=\{x\in U\,\|\,R_{(\alpha,\beta)}(x)|-|R_{(\alpha,\beta)}(x)\cap Y|\leqslant k\text{且}R_{(\alpha,\beta)}(x)\neq\varnothing\}\end{aligned}$$

$$\overline{R_{(\alpha,\beta)}}^{k}(Y)=\{x\in U\,\|\,R_{(\alpha,\beta)}(x)\cap Y|>k\text{或}R_{(\alpha,\beta)}(x)=\varnothing\}$$

其中，k 是一个非负有限整数；$|\cdot|$ 表示集合的势。$(\underline{R_{(\alpha,\beta)}}^k(Y),\overline{R_{(\alpha,\beta)}}^k(Y))$ 称为基于 $R_{(\alpha,\beta)}$ 的2-型程度直觉模糊粗糙集。

注 3.23 （1）如果 $k=0$，则

$$\begin{aligned}\underline{R_{(\alpha,\beta)}}^0(Y)&=\{x\in U \mid |R_{(\alpha,\beta)}(x)-Y|\leqslant 0\text{且}R_{(\alpha,\beta)}(x)\neq\varnothing\}\\&=\{x\in U \mid |R_{(\alpha,\beta)}(x)-Y|=0\text{且}R_{(\alpha,\beta)}(x)\neq\varnothing\}\\&=\{x\in U \mid R_{(\alpha,\beta)}(x)\subseteq Y\text{且}R_{(\alpha,\beta)}(x)\neq\varnothing\}\\&=\underline{R_{(\alpha,\beta)}}(Y)\end{aligned}$$

$$\begin{aligned}\overline{R_{(\alpha,\beta)}}^0(Y)&=\{x\in U \mid |R_{(\alpha,\beta)}(x)\cap Y|>0\text{或}R_{(\alpha,\beta)}(x)=\varnothing\}\\&=\{x\in U \mid R_{(\alpha,\beta)}(x)\cap Y\neq\varnothing\text{或}R_{(\alpha,\beta)}(x)=\varnothing\}\\&=\overline{R_{(\alpha,\beta)}}(Y)\end{aligned}$$

这表明定义3.15中给出的2-型直觉模糊粗糙集模型是定义3.17中给出的2-型程度直觉模糊粗糙集模型的一个特例。

（2）如果 R 是从 U 到 V 的一个模糊关系且 $\alpha+\beta=1$，则2-型程度直觉模糊粗糙集就退化为2-型程度模糊粗糙集。

定理 3.21 设 U、V 是两个非空有限论域，R 是从 U 到 V 的一个直觉模糊关系，$R_{(\alpha,\beta)}$ 是 R 的 (α,β) 截关系，其中 $\alpha,\beta\in(0,1]$。$\forall Y,Y_1,Y_2\subseteq V$，程度下近似算子 $\underline{R_{(\alpha,\beta)}}^k$ 和上近似算子 $\overline{R_{(\alpha,\beta)}}^k$ 具有以下性质。

（1）$\underline{R_{(\alpha,\beta)}}^0(Y_1\cap Y_2)=\underline{R_{(\alpha,\beta)}}^0(Y_1)\cap\underline{R_{(\alpha,\beta)}}^0(Y_2)$；

$\overline{R_{(\alpha,\beta)}}^0(Y_1\cup Y_2)=\overline{R_{(\alpha,\beta)}}^0(Y_1)\cup\overline{R_{(\alpha,\beta)}}^0(Y_2)$。

（2）$\underline{R_{(\alpha,\beta)}}^k(Y_1\cap Y_2)\subseteq\underline{R_{(\alpha,\beta)}}^k(Y_1)\cap\underline{R_{(\alpha,\beta)}}^k(Y_2)$；

$\overline{R_{(\alpha,\beta)}}^k(Y_1\cup Y_2)\supseteq\overline{R_{(\alpha,\beta)}}^k(Y_1)\cup\overline{R_{(\alpha,\beta)}}^k(Y_2)$。

（3）$\underline{R_{(\alpha,\beta)}}^k(Y_1\cup Y_2)\supseteq\underline{R_{(\alpha,\beta)}}^k(Y_1)\cup\underline{R_{(\alpha,\beta)}}^k(Y_2)$；

$\overline{R_{(\alpha,\beta)}}^k(Y_1\cap Y_2)\subseteq\overline{R_{(\alpha,\beta)}}^k(Y_1)\cap\overline{R_{(\alpha,\beta)}}^k(Y_2)$。

（4）如果 $Y_1\subseteq Y_2$，则 $\underline{R_{(\alpha,\beta)}}^k(Y_1)\subseteq\underline{R_{(\alpha,\beta)}}^k(Y_2)$ 且 $\overline{R_{(\alpha,\beta)}}^k(Y_1)\subseteq\overline{R_{(\alpha,\beta)}}^k(Y_2)$。

（5）$\underline{R_{(\alpha,\beta)}}^k(Y)=(\overline{R_{(\alpha,\beta)}}^k(Y^c))^c$，$\overline{R_{(\alpha,\beta)}}^k(Y)=(\underline{R_{(\alpha,\beta)}}^k(Y^c))^c$。

（6）如果 $k\geqslant l$，则 $\underline{R_{(\alpha,\beta)}}^l(Y)\subseteq\underline{R_{(\alpha,\beta)}}^k(Y)$ 且 $\overline{R_{(\alpha,\beta)}}^k(Y)\subseteq\overline{R_{(\alpha,\beta)}}^l(Y)$。

其中，k、l 是非负有限整数。

证明 性质（1）～性质（4）和性质（6）由定义 3.11 和定义 3.17 易证，下面证明性质（5）。

注意到对于任意两个子集 A、B，$A-B=A\cap B^{\mathrm{c}}$，则有

$$
\begin{aligned}
(\overline{R_{(\alpha,\beta)}}^{k}(Y^{\mathrm{c}}))^{\mathrm{c}} &= U-\{x\in U \,\|\, R_{(\alpha,\beta)}(x)\cap Y^{\mathrm{c}} \,|> k\text{或}R_{(\alpha,\beta)}(x)=\varnothing\} \\
&= U-\{x\in U \,\|\, R_{(\alpha,\beta)}(x)-Y \,|> k\text{或}R_{(\alpha,\beta)}(x)=\varnothing\} \\
&= \{x\in U \,\|\, R_{(\alpha,\beta)}(x)-Y \,|\leqslant k\text{且}R_{(\alpha,\beta)}(x)\neq\varnothing\} \\
&= \underline{R_{(\alpha,\beta)}}^{k}(Y)
\end{aligned}
$$

$$
\begin{aligned}
(\underline{R_{(\alpha,\beta)}}^{k}(Y^{\mathrm{c}}))^{\mathrm{c}} &= U-\{x\in U \,\|\, R_{(\alpha,\beta)}(x)-Y^{\mathrm{c}} \,|\leqslant k\text{且}R_{(\alpha,\beta)}(x)\neq\varnothing\} \\
&= \{x\in U \,\|\, R_{(\alpha,\beta)}(x)\cap Y \,|> k\text{或}R_{(\alpha,\beta)}(x)=\varnothing\} \\
&= \overline{R_{(\alpha,\beta)}}^{k}(Y)
\end{aligned}
$$

注 3.24 一般地，$\underline{R_{(\alpha,\beta)}}^{k}(Y_1\cap Y_2)\supseteq\underline{R_{(\alpha,\beta)}}^{k}(Y_1)\cap\underline{R_{(\alpha,\beta)}}^{k}(Y_2)$ 不成立。这是因为，当 $k>0$ 时，由 $\left|R_{(\alpha,\beta)}(x)-Y_1\right|\leqslant k$ 和 $\left|R_{(\alpha,\beta)}(x)-Y_2\right|\leqslant k$ 不能推出 $\left|R_{(\alpha,\beta)}(x)-(Y_1\cap Y_2)\right|\leqslant k$ 一定成立。此外，$\overline{R_{(\alpha,\beta)}}^{k}(Y_1\cup Y_2)\subseteq\overline{R_{(\alpha,\beta)}}^{k}(Y_1)\cup\overline{R_{(\alpha,\beta)}}^{k}(Y_2)$ 一般也不成立。这是因为，当 $k>0$ 时，由 $\left|R_{(\alpha,\beta)}(x)\cap(Y_1\cup Y_2)\right|>k$ 不能推出 $\left|R_{(\alpha,\beta)}(x)\cap Y_1\right|>k$ 或 $\left|R_{(\alpha,\beta)}(x)\cap Y_2\right|>k$。

下面给出定义 3.15 中给出的 2-型直觉模糊粗糙集模型的另一种推广。

定义 3.18 设 U、V 是两个非空有限论域，R 是从 U 到 V 的一个直觉模糊关系，$R_{(\alpha,\beta)}$ 是 R 的 (α,β) 截关系，其中 $\alpha,\beta\in(0,1]$。$\forall Y\subseteq V$，Y 关于 $R_{(\alpha,\beta)}$ 和参数 γ 的下近似和上近似分别定义如下

$$
\underline{VR_{(\alpha,\beta)}}^{\gamma}(Y)=\left\{x\in U \,\middle|\, \frac{\left|R_{(\alpha,\beta)}(x)\cap Y\right|}{\left|R_{(\alpha,\beta)}(x)\right|}\geqslant 1-\gamma, R_{(\alpha,\beta)}(x)\neq\varnothing\right\}
$$

$$
\overline{VR_{(\alpha,\beta)}}^{\gamma}(Y)=\left\{x\in U \,\middle|\, \frac{\left|R_{(\alpha,\beta)}(x)\cap Y\right|}{\left|R_{(\alpha,\beta)}(x)\right|}>\gamma, R_{(\alpha,\beta)}(x)\neq\varnothing\right\}\cup\{x\in U \mid R_{(\alpha,\beta)}(x)=\varnothing\}
$$

其中，$\gamma\in[0,0.5)$；$|\cdot|$ 表示集合的势。$(\underline{R_{(\alpha,\beta)}}^{\gamma}(Y),\overline{R_{(\alpha,\beta)}}^{\gamma}(Y))$ 称为基于 $R_{(\alpha,\beta)}$ 的 2-型变精度直觉模糊粗糙集。

定理 3.22 设 U、V 是两个非空有限论域，R 是从 U 到 V 的一个直觉模糊关系，$R_{(\alpha,\beta)}$ 是 R 的 (α,β) 截关系，其中 $\alpha,\beta\in(0,1]$，$\forall Y\subseteq V$，则有如下结论。

（1）$\underline{R_{(\alpha,\beta)}}^{0}(Y)=\underline{R_{(\alpha,\beta)}}(Y)$。

（2）$\overline{R_{(\alpha,\beta)}}^{0}(Y)=\overline{R_{(\alpha,\beta)}}(Y)$。

（3）$\underline{R_{(\alpha,\beta)}}(Y)\subseteq\underline{R_{(\alpha,\beta)}}^{\gamma}(Y)$。

（4）$\overline{R_{(\alpha,\beta)}}^{\gamma}(Y) \subseteq \overline{R_{(\alpha,\beta)}}(Y)$。

（5）$\underline{R_{(\alpha,\beta)}}^{0.5}(Y) = \bigcup_{\gamma \in [0,0.5)} \underline{R_{(\alpha,\beta)}}^{\gamma}(Y)$。

（6）$\overline{R_{(\alpha,\beta)}}^{0.5}(Y) = \bigcap_{\gamma \in [0,0.5)} \overline{R_{(\alpha,\beta)}}^{\gamma}(Y)$。

其中，$\gamma \in [0,0.5)$。

证明　由定义 3.15 和定义 3.18 易证。

3.4.3 应用举例

设 U、V 分别表示患者和症状的集合。阈值 α、β 由决策者根据他们的要求事先给定。$\forall x \in U$，$y \in V$，若 x 和 y 之间具有关系 $R_{(\alpha,\beta)}$，则表明患者 x 具有症状 y 的程度不小于 α，x 不具有症状 y 的程度不大于 β。一般地，一种疾病具有多种症状。对于 V 的任意子集 Y，Y 表示具有症状 $\{v_i \mid v_i \in Y\}$ 的一种疾病。给定一个患者 x，如果他属于集合 $\underline{R_{(\alpha,\beta)}}(Y)$（即 Y 的正域），则认为他感染了疾病 Y，需立即治疗。如果他属于集合 $\overline{R_{(\alpha,\beta)}}(Y) - \underline{R_{(\alpha,\beta)}}(Y)$（即 Y 的边界域），则他可能感染了疾病 Y，也可能没有感染，需采取第二种方案，进一步确认。如果他属于 $U - \overline{R_{(\alpha,\beta)}}(Y)$（即 Y 的负域），则认为他没有感染疾病 Y，不需要治疗。

下面给出一个具体的例子。

例 3.7　设 $U = \{x_1, x_2, x_3, x_4\}$ 是患者的集合，$V = \{y_1, y_2, y_3, y_4\}$ 是症状的集合，从 U 到 V 的直觉模糊关系 R 如表 3.12 所示。

表 3.12　例 3.7 中从 U 到 V 的直觉模糊关系 R

R	y_1	y_2	y_3	y_4
x_1	(0.74, 0.1)	(0.25, 0.43)	(0.17, 0.64)	(1, 0)
x_2	(0.62, 0.2)	(0.45, 0.32)	(0.87, 0.05)	(0.45, 0.45)
x_3	(0.53, 0.34)	(1, 0)	(0.24, 0.23)	(0.18, 0.25)
x_4	(0.12, 0.71)	(0.77, 0.1)	(0.43, 0.5)	(0.69, 0)

设 $Y = \{y_1, y_2\} \subseteq V$ 表示某种疾病。

（1）取 $\alpha = 0.5$，$\beta = 0.2$，有

$$R_{(0.5,0.2)}(x_1) = \{y_1, y_4\}, \quad R_{(0.5,0.2)}(x_2) = \{y_1, y_3\}$$

$$R_{(0.5,0.2)}(x_3) = \{y_2\}, \quad R_{(0.5,0.2)}(x_4) = \{y_2, y_4\}$$

则通过计算可得 Y 的下近似、上近似为

$$\underline{R_{(0.5,0.2)}}(Y) = \{x_3\}, \quad \overline{R_{(0.5,0.2)}}(Y) = U$$

进一步可得 Y 的近似精确度和粗糙度为

$$\rho_{R_{(0.5,0.2)}}(Y)=\frac{1}{4},\quad \mu_{R_{(0.5,0.2)}}(Y)=\frac{3}{4}$$

基于上述分析可得：患者 x_3 感染了疾病 Y，需立即治疗；患者 x_1、x_2、x_4 可能感染了疾病，也可能没有，需进一步确认。

（2）取 $\alpha=0.7$，$\beta=0.1$，有

$$R_{(0.7,0.1)}(x_1)=\{y_1,y_4\},\quad R_{(0.7,0.1)}(x_2)=\{y_3\}$$

$$R_{(0.7,0.1)}(x_3)=\{y_2\},\quad R_{(0.7,0.1)}(x_4)=\{y_2\}$$

则通过计算可得 Y 的下近似和上近似如下

$$\underline{R_{(0.7,0.1)}}(Y)=\{x_3,x_4\},\quad \overline{R_{(0.7,0.1)}}(Y)=\{x_1,x_3,x_4\}$$

进一步可得 Y 的近似精确度和粗糙度为

$$\rho_{R_{(0.7,0.1)}}(Y)=\frac{2}{3},\quad \mu_{R_{(0.7,0.1)}}(Y)=\frac{1}{3}$$

基于以上分析可得：患者 x_3 和 x_4 感染了疾病 Y，需立即治疗；患者 x_1 可能感染了疾病 Y，也可能没有，需进一步确认；患者 x_2 没有感染疾病 Y。

由例 3.7 可知，上述方法可控制误诊的风险大小。

3.5 双论域上基于水平集的1-型区间值直觉模糊粗糙集

3.5.1 双论域上基于水平集的1-型区间值直觉模糊粗糙集的概念与性质

设 U 是一个非空有限论域，U 上的区间值直觉模糊集 A 定义为

$$A=\{<x,M_A(x),N_A(x)>|\,x\in U\}$$

其中，$M_A(x)$、$N_A(x)$ 是 $[0,1]$ 的两个闭子集，且 $\forall x\in U$，$0\leqslant \sup M_A(x)+\sup N_A(x)\leqslant 1$。

设 U、V 是两个非空有限论域，$U\times V$ 上的任意一个区间值直觉模糊集 R 称为从 U 到 V 的一个区间值直觉模糊关系。

定义 3.19 设 U、V 是两个非空有限论域，R 是从 U 到 V 的一个区间值直觉模糊关系，$\forall \alpha,\beta,s,t\in(0,1]$，称 $R_{(\alpha,\beta,s,t)}=\{(x,y)\in U\times V\,|\inf M_R(x,y)\geqslant\alpha,\sup M_R(x,y)\geqslant\beta$，$\inf N_R(x,y)\leqslant s,\sup N_R(x,y)\leqslant t\}$ 为 R 的 (α,β,s,t) 截关系。

定义 3.20 设 U、V 是两个非空有限论域，R 是从 U 到 V 的一个区间值直觉模糊关系，$R_{(\alpha,\beta,s,t)}$ 是 R 的 (α,β,s,t) 截关系，其中 $\alpha,\beta,s,t\in(0,1]$。$\forall X\subseteq V$，X 关于 $R_{(\alpha,\beta,s,t)}$ 的下近似和上近似分别定义如下

$$\underline{R_{(\alpha,\beta,s,t)}}(X)=\{x\in U\mid R_{(\alpha,\beta,s,t)}(x)\subseteq X\}$$

$$\overline{R_{(\alpha,\beta,s,t)}}(X)=\{x\in U\mid R_{(\alpha,\beta,s,t)}(x)\cap X\neq\varnothing\}$$

其中，$R_{(\alpha,\beta,s,t)}(x)=\{y\in V\mid (x,y)\in R_{(\alpha,\beta,s,t)}\}$。称$(\underline{R_{(\alpha,\beta,s,t)}}(X),\overline{R_{(\alpha,\beta,s,t)}}(X))$为基于$R_{(\alpha,\beta,s,t)}$的 1-型区间值直觉模糊粗糙集。

注 3.25　如果 R 是从 U 到 V 的一个直觉模糊关系，且$\alpha=\beta$，$s=t$，则定义 3.20 中给出的 1-型区间值直觉模糊粗糙集就退化为定义 3.11 中给出的 1-型直觉模糊粗糙集。

注 3.26　如果$U=V$，则$R_{(\alpha,\beta,s,t)}$是 U 上的一个二元关系。易见，如果 R 是 U 上的一个区间值直觉模糊等价关系，则$R_{(\alpha,\beta,s,t)}$是 U 上的一个等价关系。因此，如果 R 是 U 上的一个区间值直觉模糊等价关系（即自反的、对称的且传递的），则定义 3.20 中给出的 1-型区间值直觉模糊粗糙集就退化为经典的 Pawlak 粗糙集。

下面给出下近似算子$\underline{R_{(\alpha,\beta,s,t)}}$和上近似算子$\overline{R_{(\alpha,\beta,s,t)}}$的一些性质。

定理 3.23　设 U、V 是两个非空有限论域，R 是从 U 到 V 的一个区间值直觉模糊关系，$R_{(\alpha,\beta,s,t)}$是 R 的(α,β,s,t)截关系，其中$\alpha,\beta,s,t\in(0,1]$。$\forall X,Y\subseteq V$，则有如下结论。

（1）$\overline{R_{(\alpha,\beta,s,t)}}(\varnothing)=\varnothing$，$\underline{R_{(\alpha,\beta,s,t)}}(V)=U$。

（2）$\underline{R_{(\alpha,\beta,s,t)}}(X\cap Y)=\underline{R_{(\alpha,\beta,s,t)}}(X)\cap\underline{R_{(\alpha,\beta,s,t)}}(Y)$，$\overline{R_{(\alpha,\beta,s,t)}}(X\cup Y)=\overline{R_{(\alpha,\beta,s,t)}}(X)\cup\overline{R_{(\alpha,\beta,s,t)}}(Y)$。

（3）$\underline{R_{(\alpha,\beta,s,t)}}(X\cup Y)\supseteq\underline{R_{(\alpha,\beta,s,t)}}(X)\cup\underline{R_{(\alpha,\beta,s,t)}}(Y)$，$\overline{R_{(\alpha,\beta,s,t)}}(X\cap Y)\subseteq\overline{R_{(\alpha,\beta,s,t)}}(X)\cap\overline{R_{(\alpha,\beta,s,t)}}(Y)$。

（4）如果$X\subseteq Y$，则$\underline{R_{(\alpha,\beta,s,t)}}(X)\subseteq\underline{R_{(\alpha,\beta,s,t)}}(Y)$且$\overline{R_{(\alpha,\beta,s,t)}}(X)\subseteq\overline{R_{(\alpha,\beta,s,t)}}(Y)$。

（5）$\underline{R_{(\alpha,\beta,s,t)}}(X)=(\overline{R_{(\alpha,\beta,s,t)}}(X^{c}))^{c}$，$\overline{R_{(\alpha,\beta,s,t)}}(X)=(\underline{R_{(\alpha,\beta,s,t)}}(X^{c}))^{c}$。

证明　利用定义 3.20 易证。

注 3.27　一般地，$\underline{R_{(\alpha,\beta,s,t)}}(\varnothing)\neq\varnothing$且$\overline{R_{(\alpha,\beta,s,t)}}(V)\neq U$。例如，设$U=\{x_1,x_2\}$，$V=\{y_1,y_2\}$，且从 U 到 V 的区间值直觉模糊关系 R 如表 3.13 所示。

表 3.13　注 3.27 中从 U 到 V 的区间值直觉模糊关系 R

R	y_1	y_2
x_1	([0.02,0.25],[0.14,0.46])	([0.12,0.45],[0.39,0.52])
x_2	([0.23,0.58],[0.06,0.25])	([0,0.01],[0.47,0.9])

取$\alpha=0$，$\beta=0.51$，$s=0.23$，$t=0.73$，则有

$$\underline{R_{(0,0.51,0.23,0.73)}}(\varnothing)=\{x_1\}\neq\varnothing,\quad \overline{R_{(0,0.51,0.23,0.73)}}(V)=\{x_2\}\neq U$$

定理 3.24　设 U、V 是两个非空有限论域，R 是从 U 到 V 的一个区间值直觉模糊关系，$R_{(\alpha_1,\beta_1,s_1,t_1)}$ 和 $R_{(\alpha_2,\beta_2,s_2,t_2)}$ 是 R 的两个截关系，其中 $\alpha_1,\beta_1,s_1,t_1,\alpha_2,\beta_2,s_2,t_2\in(0,1]$。$\forall X\subseteq V$，如果 $\alpha_1\leqslant\alpha_2$，$\beta_1\leqslant\beta_2$，$s_1\geqslant s_2$，$t_1\geqslant t_2$，则有如下结论。

（1）$\underline{R_{(\alpha_1,\beta_1,s_1,t_1)}}(X)\subseteq\underline{R_{(\alpha_2,\beta_2,s_2,t_2)}}(X)$。

（2）$\overline{R_{(\alpha_2,\beta_2,s_2,t_2)}}(X)\subseteq\overline{R_{(\alpha_1,\beta_1,s_1,t_1)}}(X)$。

证明　（1）由定义 3.19 和定义 3.20，如果 $\alpha_1\leqslant\alpha_2$，$\beta_1\leqslant\beta_2$，$s_1\geqslant s_2$，$t_1\geqslant t_2$，则 $\forall x\in U$，有

$$\begin{aligned}R_{(\alpha_1,\beta_1,s_1,t_1)}(x)&=\{y\in V\mid(x,y)\in R_{(\alpha_1,\beta_1,s_1,t_1)}\}\\&=\{y\in V\mid\inf M_R(x,y)\geqslant\alpha_1,\sup M_R(x,y)\geqslant\beta_1\text{且}\\&\qquad\inf N_R(x,y)\leqslant s_1,\sup N_R(x,y)\leqslant t_1\}\\&\supseteq\{y\in V\mid\inf M_R(x,y)\geqslant\alpha_2,\sup M_R(x,y)\geqslant\beta_2\text{且}\\&\qquad\inf N_R(x,y)\leqslant s_2,\sup N_R(x,y)\leqslant t_2\}\\&=R_{(\alpha_2,\beta_2,s_2,t_2)}(x)\end{aligned}$$

$\forall x\in\underline{R_{(\alpha_1,\beta_1,s_1,t_1)}}(X)$，有 $R_{(\alpha_1,\beta_1,s_1,t_1)}(x)\subseteq X$，因此 $R_{(\alpha_2,\beta_2,s_2,t_2)}(x)\subseteq R_{(\alpha_1,\beta_1,s_1,t_1)}(x)\subseteq X$，这意味着 $x\in\underline{R_{(\alpha_2,\beta_2,s_2,t_2)}}(X)$。从而 $\underline{R_{(\alpha_1,\beta_1,s_1,t_1)}}(X)\subseteq\underline{R_{(\alpha_2,\beta_2,s_2,t_2)}}(X)$。

（2）由 $R_{(\alpha_1,\beta_1,s_1,t_1)}(x)\supseteq R_{(\alpha_2,\beta_2,s_2,t_2)}(x)(\forall x\in U)$ 知

$$\underline{R_{(\alpha_1,\beta_1,s_1,t_1)}}(x)\cap X\supseteq\underline{R_{(\alpha_2,\beta_2,s_2,t_2)}}(x)\cap X,\quad\forall x\in U$$

根据定义 3.7，$\forall x\in\overline{R_{(\alpha_2,\beta_2,s_2,t_2)}}(X)$，有 $R_{(\alpha_2,\beta_2,s_2,t_2)}(x)\cap X\neq\varnothing$，于是 $R_{(\alpha_1,\beta_1,s_1,t_1)}(x)\cap X\neq\varnothing$，这意味着 $x\in\overline{R_{(\alpha_1,\beta_1,s_1,t_1)}}(X)$。故 $\overline{R_{(\alpha_2,\beta_2,s_2,t_2)}}(X)\subseteq\overline{R_{(\alpha_1,\beta_1,s_1,t_1)}}(X)$。

定理 3.25　设 U、V 是两个非空有限论域，R、S 是从 U 到 V 的两个区间值直觉模糊关系，$\forall X\subseteq V$，$\alpha,\beta,s,t\in(0,1]$。如果 $R\subseteq S$，则有如下结论。

（1）$\underline{S_{(\alpha,\beta,s,t)}}(X)\subseteq\underline{R_{(\alpha,\beta,s,t)}}(X)$。

（2）$\overline{R_{(\alpha,\beta,s,t)}}(X)\subseteq\overline{S_{(\alpha,\beta,s,t)}}(X)$。

证明　（1）由 $R\subseteq S$ 知，$\forall(x,y)\in U\times V$

$$\inf\nolimits_{M_R}(x,y)\leqslant\inf\nolimits_{M_S}(x,y),\quad\sup\nolimits_{M_R}(x,y)\leqslant\sup\nolimits_{M_S}(x,y)$$

$$\inf\nolimits_{N_R}(x,y)\geqslant\inf\nolimits_{N_S}(x,y),\quad\sup\nolimits_{N_R}(x,y)\geqslant\sup\nolimits_{N_S}(x,y)$$

则 $\forall x\in U$

$$
\begin{aligned}
R_{(\alpha,\beta,s,t)}(x) &= \{y\in V \mid \inf_{M_R}(x,y)\geqslant \alpha, \sup_{M_R}(x,y)\geqslant \beta \text{且} \inf_{N_R}(x,y)\leqslant s, \sup_{N_R}(x,y)\leqslant t\} \\
&\subseteq \{y\in V \mid \inf_{M_S}(x,y)\geqslant \alpha, \sup_{M_S}(x,y)\geqslant \beta \text{且} \inf_{N_S}(x,y)\leqslant s, \sup_{N_S}(x,y)\leqslant t\} \\
&= S_{(\alpha,\beta,s,t)}(x)
\end{aligned}
$$

$\forall x\in \underline{S_{(\alpha,\beta,s,t)}}(X)$，有$S_{(\alpha,\beta,s,t)}(x)\subseteq X$，则$R_{(\alpha,\beta,s,t)}(x)\subseteq X$，这意味着$x\in \underline{R_{(\alpha,\beta,s,t)}}(X)$，所以$\underline{S_{(\alpha,\beta,s,t)}}(X)\subseteq \underline{R_{(\alpha,\beta,s,t)}}(X)$。

（2）由 $R_{(\alpha,\beta,s,t)}(x)\subseteq S_{(\alpha,\beta,s,t)}(x)(\forall x\in U)$ 知，$R_{(\alpha,\beta,s,t)}(x)\cap X\subseteq S_{(\alpha,\beta,s,t)}(x)\cap X(\forall x \in U)$。$\forall x\in \overline{R_{(\alpha,\beta,s,t)}}(X)$，有 $R_{(\alpha,\beta,s,t)}(x)\cap X\neq\varnothing$，则 $S_{(\alpha,\beta,s,t)}\cap X\neq\varnothing$，这意味着 $x\in \overline{S_{(\alpha,\beta,s,t)}}(X)$。因此 $\overline{R_{(\alpha,\beta,s,t)}}(X)\subseteq \overline{S_{(\alpha,\beta,s,t)}}(X)$。

引理 3.3　设 U、V 是两个非空有限论域，R、S 是从 U 到 V 的两个区间值直觉模糊关系，$\forall \alpha,\beta,s,t\in(0,1]$，$\forall x\in U$，有如下结论。

（1）$(R\cup S)_{(\alpha,\beta,s,t)}(x)\supseteq R_{(\alpha,\beta,s,t)}(x)\cup S_{(\alpha,\beta,s,t)}(x)$。

（2）$(R\cap S)_{(\alpha,\beta,s,t)}(x)= R_{(\alpha,\beta,s,t)}(x)\cap S_{(\alpha,\beta,s,t)}(x)$。

证明　利用定义 3.19 和定义 3.20，证明类似于引理 3.2。

定理 3.26　设 U、V 是两个非空有限论域，R、S 是从 U 到 V 的两个区间值直觉模糊关系，$\forall X\subseteq V$，$\forall \alpha,\beta,s,t\in(0,1]$，有如下结论。

（1）$\underline{(R\cup S)_{(\alpha,\beta,s,t)}}(X)\subseteq \underline{R_{(\alpha,\beta,s,t)}}(X)\cap \underline{S_{(\alpha,\beta,s,t)}}(X)\subseteq \underline{R_{(\alpha,\beta,s,t)}}(X)\cup \underline{S_{(\alpha,\beta,s,t)}}(X)$。

（2）$\overline{(R\cup S)_{(\alpha,\beta,s,t)}}(X)\supseteq \overline{R_{(\alpha,\beta,s,t)}}(X)\cup \overline{S_{(\alpha,\beta,s,t)}}(X)$。

（3）$\underline{(R\cap S)_{(\alpha,\beta,s,t)}}(X)\supseteq \underline{R_{(\alpha,\beta,s,t)}}(X)\cup \underline{S_{(\alpha,\beta,s,t)}}(X)\supseteq \underline{R_{(\alpha,\beta,s,t)}}(X)\cap \underline{S_{(\alpha,\beta,s,t)}}(X)$。

（4）$\overline{(R\cap S)_{(\alpha,\beta,s,t)}}(X)\subseteq \overline{R_{(\alpha,\beta,s,t)}}(X)\cap \overline{S_{(\alpha,\beta,s,t)}}(X)$。

证明　（1）由引理 3.3 的结论（1）和定义 3.20，有

$$
\begin{aligned}
\underline{(R\cup S)_{(\alpha,\beta,s,t)}}(X) &= \{x\in U \mid (R\cup S)_{(\alpha,\beta,s,t)}(x)\subseteq X\} \\
&\subseteq \{x\in U \mid R_{(\alpha,\beta,s,t)}(x)\cup S_{(\alpha,\beta,s,t)}(x)\subseteq X\} \\
&= \{x\in U \mid R_{(\alpha,\beta,s,t)}(x)\subseteq X\}\cap\{x\in U \mid S_{(\alpha,\beta,s,t)}(x)\subseteq X\} \\
&= \underline{R_{(\alpha,\beta,s,t)}}(X)\cap \underline{S_{(\alpha,\beta,s,t)}}(X)
\end{aligned}
$$

所以$\underline{(R\cup S)_{(\alpha,\beta,s,t)}}(X)\subseteq \underline{R_{(\alpha,\beta,s,t)}}(X)\cap \underline{S_{(\alpha,\beta,s,t)}}(X)\subseteq \underline{R_{(\alpha,\beta,s,t)}}(X)\cup \underline{S_{(\alpha,\beta,s,t)}}(X)$。

（2）
$$
\begin{aligned}
\overline{(R\cup S)_{(\alpha,\beta,s,t)}}(X) &= \{x\in U \mid (R\cup S)_{(\alpha,\beta,s,t)}(x)\cap X\neq\varnothing\} \\
&\supseteq \{x\in U \mid (R_{(\alpha,\beta,s,t)}(x)\cup S_{(\alpha,\beta,s,t)}(x))\cap X\neq\varnothing\} \\
&= \{x\in U \mid R_{(\alpha,\beta,s,t)}(x)\cap X\neq\varnothing\}\cup\{x\in U \mid S_{(\alpha,\beta,s,t)}(x)\cap X\neq\varnothing\} \\
&= \overline{R_{(\alpha,\beta,s,t)}}(X)\cup \overline{S_{(\alpha,\beta,s,t)}}(X)
\end{aligned}
$$

（3）由引理 3.3 的结论（2）和定义 3.20，有

$$\begin{aligned}\underline{(R\cap S)_{(\alpha,\beta,s,t)}}(X)&=\{x\in U\mid (R\cap S)_{(\alpha,\beta,s,t)}(x)\subseteq X\}\\&=\{x\in U\mid R_{(\alpha,\beta,s,t)}(x)\cap S_{(\alpha,\beta,s,t)}(x)\subseteq X\}\\&\supseteq\{x\in U\mid R_{(\alpha,\beta,s,t)}(x)\subseteq X\}\cup\{x\in U\mid S_{(\alpha,\beta,s,t)}(x)\subseteq X\}\\&=\underline{R_{(\alpha,\beta,s,t)}}(X)\cup\underline{S_{(\alpha,\beta,s,t)}}(X)\end{aligned}$$

所以 $\underline{(R\cap S)_{(\alpha,\beta,s,t)}}(X)\supseteq\underline{R_{(\alpha,\beta,s,t)}}(X)\cup\underline{S_{(\alpha,\beta,s,t)}}(X)\supseteq\underline{R_{(\alpha,\beta,s,t)}}(X)\cap\underline{S_{(\alpha,\beta,s,t)}}(X)$。

（4）由引理 3.3 的结论（2）和定义 3.20，有

$$\begin{aligned}\overline{(R\cap S)_{(\alpha,\beta,s,t)}}(X)&=\{x\in U\mid (R\cap S)_{(\alpha,\beta,s,t)}(x)\cap X\neq\varnothing\}\\&=\{x\in U\mid R_{(\alpha,\beta,s,t)}(x)\cap S_{(\alpha,\beta,s,t)}(x)\cap X\neq\varnothing\}\\&\subseteq\{x\in U\mid R_{(\alpha,\beta,s,t)}(x)\cap X\neq\varnothing\}\cap\{x\in U\mid S_{(\alpha,\beta,s,t)}(x)\cap X\neq\varnothing\}\\&=\overline{R_{(\alpha,\beta,s,t)}}(X)\cap\overline{S_{(\alpha,\beta,s,t)}}(X)\end{aligned}$$

所以 $\overline{(R\cap S)_{(\alpha,\beta,s,t)}}(X)\subseteq\overline{R_{(\alpha,\beta,s,t)}}(X)\cap\overline{S_{(\alpha,\beta,s,t)}}(X)$。

定理 3.27　设 U、V 是两个非空有限论域，其中 $U=\{x_1,x_2,\cdots,x_n\}$，R 是从 U 到 V 的一个区间值直觉模糊关系。如果 R 的 (α,β,s,t) 截关系 $R_{(\alpha,\beta,s,t)}$ 满足

$$R_{(\alpha,\beta,s,t)}(x_1)\subseteq R_{(\alpha,\beta,s,t)}(x_2)\subseteq\cdots\subseteq R_{(\alpha,\beta,s,t)}(x_n)$$

其中，$\alpha,\beta,s,t\in(0,1]$，$\forall X\subseteq V$，有如下结论。

（1）如果 $x_i\in\underline{R_{(\alpha,\beta,s,t)}}(X)$，则 $x_1,x_2,\cdots,x_{i-1}\in\underline{R_{(\alpha,\beta,s,t)}}(X)(i\in\{2,3,\cdots,n\})$。

（2）如果 $x_i\in\underline{R_{(\alpha,\beta,s,t)}}(X)$，则 $x_{i+1},x_{i+2},\cdots,x_n\in\underline{R_{(\alpha,\beta,s,t)}}(X)(i\in\{1,2,\cdots,n-1\})$。

证明　（1）如果 $x_i\in\underline{R_{(\alpha,\beta,s,t)}}(X)$，则 $R_{(\alpha,\beta,s,t)}(x_i)\subseteq X$，由已知条件知，$R_{(\alpha,\beta,s,t)}(x_k)\subseteq X(k=1,2,\cdots,i-1)$，故 $x_1,x_2,\cdots,x_{i-1}\in\underline{R_{(\alpha,\beta,s,t)}}(X)$。

（2）如果 $x_i\in\overline{R_{(\alpha,\beta,s,t)}}(X)$，则 $R_{(\alpha,\beta,s,t)}(x_i)\cap X\neq\varnothing$，由已知条件知，$R_{(\alpha,\beta,s,t)}(x_k)\cap X\neq\varnothing(k=i+1,i+2,\cdots,n)$，故 $x_{i+1},x_{i+2},\cdots,x_n\in\overline{R_{(\alpha,\beta,s,t)}}(X)$。

定义 3.21　设 U、V 是两个非空有限论域，R 是从 U 到 V 的一个区间值直觉模糊关系，$R_{(\alpha,\beta,s,t)}$ 是 R 的 (α,β,s,t) 截关系，其中 $\alpha,\beta,s,t\in(0,1]$。$\forall X\subseteq V$，X 相对于 $R_{(\alpha,\beta,s,t)}$ 的近似精度 $\rho_{R_{(\alpha,\beta,s,t)}}(X)$ 定义为

$$\rho_{R_{(\alpha,\beta,s,t)}}(X)=\begin{cases}\dfrac{\left|\underline{R_{(\alpha,\beta,s,t)}}(X)\right|}{\left|\overline{R_{(\alpha,\beta,s,t)}}(X)\right|}, & \overline{R_{(\alpha,\beta,s,t)}}(X)\neq\varnothing\\ 1, & \overline{R_{(\alpha,\beta,s,t)}}(X)=\varnothing\end{cases}$$

其中，$|\cdot|$ 表示集合的势。

令 $\mu_{R_{(\alpha,\beta,s,t)}}(X)=1-\rho_{R_{(\alpha,\beta,s,t)}}(X)$，称 $\mu_{R_{(\alpha,\beta,s,t)}}(X)$ 为 X 的近似粗糙度。

显然，$0\leqslant\rho_{R_{(\alpha,\beta,s,t)}}(X)\leqslant 1$，$0\leqslant\mu_{R_{(\alpha,\beta,s,t)}}(X)\leqslant 1$。

定理 3.28　设 U、V 是两个非空有限论域，R 是从 U 到 V 的一个区间值直觉模糊关系，$\alpha,\beta,s,t\in[0,1]$，$\forall X,Y\subseteq V$，有如下结论。

（1）$\rho_{R_{(\alpha,\beta,s,t)}}(X\cup Y)\left|\overline{R_{(\alpha,\beta,s,t)}}(X)\cup\overline{R_{(\alpha,\beta,s,t)}}(Y)\right|\geqslant\rho_{R_{(\alpha,\beta,s,t)}}(X)\left|\overline{R_{(\alpha,\beta,s,t)}}(X)\right|+\rho_{R_{(\alpha,\beta,s,t)}}(Y)\left|\overline{R_{(\alpha,\beta,s,t)}}(X)\right|-\rho_{R_{(\alpha,\beta,s,t)}}(X\cap Y)\left|\overline{R_{(\alpha,\beta,s,t)}}(X)\cap\overline{R_{(\alpha,\beta,s,t)}}(Y)\right|$。

（2）$\mu_{R_{(\alpha,\beta,s,t)}}(X\cup Y)\left|\overline{R_{(\alpha,\beta,s,t)}}(X)\cup\overline{R_{(\alpha,\beta,s,t)}}(Y)\right|\leqslant\mu_{R_{(\alpha,\beta,s,t)}}(X)\left|\overline{R_{(\alpha,\beta,s,t)}}(X)\right|+\mu_{R_{(\alpha,\beta,s,t)}}(Y)\left|\overline{R_{(\alpha,\beta,s,t)}}(X)\right|-\mu_{R_{(\alpha,\beta,s,t)}}(X\cap Y)\left|\overline{R_{(\alpha,\beta,s,t)}}(X)\cap\overline{R_{(\alpha,\beta,s,t)}}(Y)\right|$。

证明　（1）根据近似精度的定义，有

$$\rho_{R_{(\alpha,\beta,s,t)}}(X\cup Y)=\frac{\left|\underline{R_{(\alpha,\beta,s,t)}}(X\cup Y)\right|}{\left|\overline{R_{(\alpha,\beta,s,t)}}(X\cup Y)\right|}\geqslant\frac{\left|\underline{R_{(\alpha,\beta,s,t)}}(X)\cup\underline{R_{(\alpha,\beta,s,t)}}(Y)\right|}{\left|\overline{R_{(\alpha,\beta,s,t)}}(X)\cup\overline{R_{(\alpha,\beta,s,t)}}(Y)\right|}$$

则

$$\rho_{R_{(\alpha,\beta,s,t)}}(X\cup Y)\left|\overline{R_{(\alpha,\beta,s,t)}}(X)\cup\overline{R_{(\alpha,\beta,s,t)}}(Y)\right|\geqslant\left|\underline{R_{(\alpha,\beta,s,t)}}(X)\cup\underline{R_{(\alpha,\beta,s,t)}}(Y)\right|$$

类似可得

$$\rho_{R_{(\alpha,\beta,s,t)}}(X\cap Y)\left|\overline{R_{(\alpha,\beta,s,t)}}(X)\cap\overline{R_{(\alpha,\beta,s,t)}}(Y)\right|\geqslant\left|\underline{R_{(\alpha,\beta,s,t)}}(X)\cap\underline{R_{(\alpha,\beta,s,t)}}(Y)\right|$$

则

$$\begin{aligned}&\rho_{R_{(\alpha,\beta,s,t)}}(X\cup Y)\left|\overline{R_{(\alpha,\beta,s,t)}}(X)\cup\overline{R_{(\alpha,\beta,s,t)}}(Y)\right|+\rho_{R_{(\alpha,\beta,s,t)}}(X\cap Y)\left|\overline{R_{(\alpha,\beta,s,t)}}(X)\cap\overline{R_{(\alpha,\beta,s,t)}}(Y)\right|\\&\geqslant\left|\underline{R_{(\alpha,\beta,s,t)}}(X)\cup\underline{R_{(\alpha,\beta,s,t)}}(Y)\right|+\left|\underline{R_{(\alpha,\beta,s,t)}}(X)\cap\underline{R_{(\alpha,\beta,s,t)}}(Y)\right|\\&=\left|\underline{R_{(\alpha,\beta,s,t)}}(X)\right|+\left|\underline{R_{(\alpha,\beta,s,t)}}(Y)\right|\\&=\rho_{R_{(\alpha,\beta,s,t)}}(X)\left|\overline{R_{(\alpha,\beta,s,t)}}(X)\right|+\rho_{R_{(\alpha,\beta,s,t)}}(Y)\left|\overline{R_{(\alpha,\beta,s,t)}}(Y)\right|\end{aligned}$$

故

$$\begin{aligned}\rho_{R_{(\alpha,\beta,s,t)}}(X\cup Y)\left|\overline{R_{(\alpha,\beta,s,t)}}(X)\cup\overline{R_{(\alpha,\beta,s,t)}}(Y)\right|\geqslant&\rho_{R_{(\alpha,\beta,s,t)}}(X)\left|\overline{R_{(\alpha,\beta,s,t)}}(X)\right|+\rho_{R_{(\alpha,\beta,s,t)}}(Y)\left|\overline{R_{(\alpha,\beta,s,t)}}(Y)\right|\\&-\rho_{R_{(\alpha,\beta,s,t)}}(X\cap Y)\left|\overline{R_{(\alpha,\beta,s,t)}}(X)\cap\overline{R_{(\alpha,\beta,s,t)}}(Y)\right|\end{aligned}$$

（2）类似结论（1）可证。

3.5.2　双论域上基于水平集的 1-型区间值直觉模糊粗糙集的推广

定义 3.22　设 U、V 是两个非空有限论域，R 是从 U 到 V 的一个区间值直觉模糊

关系，$R_{(\alpha,\beta,s,t)}$ 是 R 的 (α,β,s,t) 截关系，其中 $\alpha,\beta,s,t\in(0,1]$。$\forall X\subseteq V$，X 关于 $R_{(\alpha,\beta,s,t)}$ 和程度 k 的下近似和上近似分别定义如下

$$\underline{R_{(\alpha,\beta,s,t)}}^{k}(X)=\{x\in U \mid |R_{(\alpha,\beta,s,t)}(x)-X|\leqslant k\}$$
$$=\{x\in U \mid |R_{(\alpha,\beta,s,t)}(x)|-|R_{(\alpha,\beta,s,t)}(x)\cap X|\leqslant k\}$$

$$\overline{R_{(\alpha,\beta,s,t)}}^{k}(X)=\{x\in U \mid |R_{(\alpha,\beta,s,t)}(x)\cap X|>k\}$$

其中，k 是一个非负有限整数；$|\cdot|$ 表示集合的势。$(\underline{R_{(\alpha,\beta,s,t)}}^{k}(X),\overline{R_{(\alpha,\beta,s,t)}}^{k}(X))$ 称为基于 $R_{(\alpha,\beta,s,t)}$ 的 1-型程度区间值直觉模糊粗糙集。

注 3.28 （1）如果 $k=0$，则

$$\underline{R_{(\alpha,\beta,s,t)}}^{0}(X)=\{x\in U \mid |R_{(\alpha,\beta,s,t)}(x)-X|\leqslant 0\}$$
$$=\{x\in U \mid R_{(\alpha,\beta,s,t)}(x)\subseteq X\}$$
$$=\underline{R_{(\alpha,\beta,s,t)}}(X)$$

$$\overline{R_{(\alpha,\beta,s,t)}}^{0}(X)=\{x\in U \mid |R_{(\alpha,\beta,s,t)}(x)\cap X|>0\}$$
$$=\{x\in U \mid R_{(\alpha,\beta,s,t)}(x)\cap X\neq\varnothing\}$$
$$=\overline{R_{(\alpha,\beta,s,t)}}(X)$$

这表明定义 3.20 中给出的 1-型区间值直觉模糊粗糙集是定义 3.22 中给出的 1-型程度区间值直觉模糊粗糙集的一个特例。

（2）如果 R 是从 U 到 V 的一个直觉模糊关系，且 $\alpha=\beta$，$s=t$，则 1-型程度区间值直觉模糊粗糙集就退化为 1-型程度直觉模糊粗糙集。

定理 3.29 设 U、V 是两个非空有限论域，R 是从 U 到 V 的一个区间值直觉模糊关系，$R_{(\alpha,\beta,s,t)}$ 是 R 的 (α,β,s,t) 截关系，其中 $\alpha,\beta,s,t\in(0,1]$。$\forall X,Y\subseteq V$，程度下近似算子 $\underline{R_{(\alpha,\beta,s,t)}}^{k}$ 和程度上近似算子 $\overline{R_{(\alpha,\beta,s,t)}}^{k}$ 具有以下性质。

（1）$\overline{R_{(\alpha,\beta,s,t)}}^{k}(\varnothing)=\varnothing$，$\underline{R_{(\alpha,\beta,s,t)}}^{k}(V)=U$。

（2）$\underline{R_{(\alpha,\beta,s,t)}}^{0}(X\cap Y)=\underline{R_{(\alpha,\beta,s,t)}}^{0}(X)\cap\underline{R_{(\alpha,\beta,s,t)}}^{0}(Y)$，$\overline{R_{(\alpha,\beta,s,t)}}^{0}(X\cup Y)=\overline{R_{(\alpha,\beta,s,t)}}^{0}(X)\cup\overline{R_{(\alpha,\beta,s,t)}}^{0}(Y)$。

（3）$\underline{R_{(\alpha,\beta,s,t)}}^{k}(X\cap Y)\subseteq\underline{R_{(\alpha,\beta,s,t)}}^{k}(X)\cap\underline{R_{(\alpha,\beta,s,t)}}^{k}(Y)$，$\overline{R_{(\alpha,\beta,s,t)}}^{k}(X\cup Y)\supseteq\overline{R_{(\alpha,\beta,s,t)}}^{k}(X)\cup\overline{R_{(\alpha,\beta,s,t)}}^{k}(Y)$。

（4）$\underline{R_{(\alpha,\beta,s,t)}}^{k}(X\cup Y)\supseteq\underline{R_{(\alpha,\beta,s,t)}}^{k}(X)\cup\underline{R_{(\alpha,\beta,s,t)}}^{k}(Y)$，$\overline{R_{(\alpha,\beta,s,t)}}^{k}(X\cap Y)\subseteq\overline{R_{(\alpha,\beta,s,t)}}^{k}(X)$

$\bigcap \overline{R_{(\alpha,\beta,s,t)}}^{k}(Y)$。

（5）$\underline{R_{(\alpha,\beta,s,t)}}^{k}(X)=(\overline{R_{(\alpha,\beta,s,t)}}^{k}(X^{c}))^{c}$，$\overline{R_{(\alpha,\beta,s,t)}}^{k}(X)=(\underline{R_{(\alpha,\beta,s,t)}}^{k}(X^{c}))^{c}$。

（6）如果 $X\subseteq Y$，则 $\underline{R_{(\alpha,\beta,s,t)}}^{k}(X)\subseteq \underline{R_{(\alpha,\beta,s,t)}}^{k}(Y)$ 且 $\overline{R_{(\alpha,\beta,s,t)}}^{k}(X)\subseteq \overline{R_{(\alpha,\beta,s,t)}}^{k}(Y)$。

（7）如果 $k\geqslant l$，则 $\underline{R_{(\alpha,\beta,s,t)}}^{l}(X)\subseteq \underline{R_{(\alpha,\beta,s,t)}}^{k}(X)$ 且 $\overline{R_{(\alpha,\beta,s,t)}}^{k}(X)\subseteq \overline{R_{(\alpha,\beta,s,t)}}^{l}(X)$。

其中，k、l 是非负有限整数。

证明　性质（1）～性质（4）、性质（6）和性质（7）由定义 3.20 和定义 3.22 易证。下面证明性质（5）。

$$
\begin{aligned}
(\overline{R_{(\alpha,\beta,s,t)}}^{k}(X^{c}))^{c}&=U-\{x\in U \,\|\, R_{(\alpha,\beta,s,t)}(x)\cap X^{c}|>k\}\\
&=U-\{x\in U \,\|\, R_{(\alpha,\beta,s,t)}(x)-X|>k\}\\
&=\{x\in U \,\|\, R_{(\alpha,\beta,s,t)}(x)-X|\leqslant k\}\\
&=\underline{R_{(\alpha,\beta,s,t)}}^{k}(X)
\end{aligned}
$$

$$
\begin{aligned}
(\underline{R_{(\alpha,\beta,s,t)}}^{k}(X^{c}))^{c}&=U-\{x\in U \,\|\, R_{(\alpha,\beta,s,t)}(x)-X^{c}|\leqslant k\}\\
&=U-\{x\in U \,\|\, R_{(\alpha,\beta,s,t)}(x)\cap X|\leqslant k\}\\
&=\{x\in U \,\|\, R_{(\alpha,\beta,s,t)}(x)\cap X|>k\}\\
&=\overline{R_{(\alpha,\beta,s,t)}}^{k}(X)
\end{aligned}
$$

注 3.29　（1）如果 $k\neq 0$，则 $\underline{R_{(\alpha,\beta,s,t)}}^{k}(X)\subseteq \overline{R_{(\alpha,\beta,s,t)}}^{k}(X)$ 一般不成立。

（2）一般地，$\underline{R_{(\alpha,\beta,s,t)}}(\varnothing)\neq\varnothing$，$\overline{R_{(\alpha,\beta,s,t)}}(V)\neq U$。例如，设 $U=\{x_1,x_2\}$，$V=\{y_1,y_2\}$，从 U 到 V 的区间值直觉模糊关系 R 如表 3.14 所示。

表 3.14　注 3.29 中从 U 到 V 的区间值直觉模糊关系 R

R	y_1	y_2
x_1	([0.2, 0.25],[0.6, 0.7])	([0.4, 0.5],[0.2, 0.36])
x_2	([0.5, 0.6],[0.2, 0.3])	([0.6, 0.8],[0.1, 0.15])

取 $\alpha=0.5$，$\beta=0.6$，$s=0.1$，$t=0.4$，$k=1$，则

$$\underline{R_{(0.5,0.6,0.1,0.4)}}^{1}(\varnothing)=U\neq\varnothing,\quad \overline{R_{(0.5,0.6,0.1,0.4)}}^{1}(V)=\varnothing\neq U$$

（3）一般地，$\underline{R_{(\alpha,\beta,s,t)}}^{k}(X\cap Y)\supseteq \underline{R_{(\alpha,\beta,s,t)}}^{k}(X)\cap \underline{R_{(\alpha,\beta,s,t)}}^{k}(Y)$ 不成立。这是因为对于 $k>0$，由 $\left|R_{(\alpha,\beta,s,t)}(x)-X\right|\leqslant k$ 和 $\left|R_{(\alpha,\beta,s,t)}(x)-Y\right|\leqslant k$ 不能推出 $\left|R_{(\alpha,\beta,s,t)}(x)-(X\cap Y)\right|\leqslant k$ 一定成立。此外，$\overline{R_{(\alpha,\beta,s,t)}}^{k}(X\cup Y)\subseteq \overline{R_{(\alpha,\beta,s,t)}}^{k}(X)\cup \overline{R_{(\alpha,\beta,s,t)}}^{k}(Y)$ 一般也不成立。这是

因为，对于 $k>0$，由 $\left|R_{(\alpha,\beta,s,t)}(x)\cap(X\cup Y)\right|>k$ 不能推出 $\left|R_{(\alpha,\beta,s,t)}(x)\cap X\right|>k$ 或 $\left|R_{(\alpha,\beta,s,t)}(x)\cap Y\right|>k$。

定义 3.23 设 U、V 是两个非空有限论域，R 是从 U 到 V 的一个区间值直觉模糊关系，$R_{(\alpha,\beta,s,t)}$ 是 R 的 (α,β,s,t) 截关系，其中 $\alpha,\beta,s,t\in(0,1]$。$\forall X\subseteq V$，X 关于 $R_{(\alpha,\beta,s,t)}$ 和参数 γ 的下近似和上近似分别定义如下

$$\underline{R_{(\alpha,\beta,s,t)}}^{\gamma}(X)=\left\{x\in U\mid\frac{\left|R_{(\alpha,\beta,s,t)}(x)\cap X\right|}{\left|R_{(\alpha,\beta,s,t)}(x)\right|}\geqslant 1-\gamma,R_{(\alpha,\beta,s,t)}(x)\neq\varnothing\right\}\cup\{x\in U|R_{(\alpha,\beta,s,t)}(x)=\varnothing\}$$

$$\overline{R_{(\alpha,\beta,s,t)}}^{\gamma}(X)=\left\{x\in U\mid\frac{\left|R_{(\alpha,\beta,s,t)}(x)\cap X\right|}{\left|R_{(\alpha,\beta,s,t)}(x)\right|}>\gamma,R_{(\alpha,\beta,s,t)}(x)\neq\varnothing\right\}$$

其中，$\gamma\in[0,0.5)$；$|\cdot|$ 表示集合的势。$(\underline{R_{(\alpha,\beta,s,t)}}^{\gamma}(X),\overline{R_{(\alpha,\beta,s,t)}}^{\gamma}(X))$ 称为基于 $R_{(\alpha,\beta,s,t)}$ 的 1-型变精度区间值直觉模糊粗糙集。

定理 3.30 设 U、V 是两个非空有限论域，R 是从 U 到 V 的一个区间值直觉模糊关系，$R_{(\alpha,\beta,s,t)}$ 是 R 的 (α,β,s,t) 截关系，其中 $\alpha,\beta,s,t\in(0,1]$，$\forall X\subseteq V$，则有如下结论。

（1）$\underline{R_{(\alpha,\beta,s,t)}}^{0}(X)=\underline{R_{(\alpha,\beta,s,t)}}(X)$。

（2）$\overline{R_{(\alpha,\beta,s,t)}}^{0}(X)=\overline{R_{(\alpha,\beta,s,t)}}(X)$。

（3）$\underline{R_{(\alpha,\beta,s,t)}}(X)\subseteq\underline{R_{(\alpha,\beta,s,t)}}^{\gamma}(X)$。

（4）$\overline{R_{(\alpha,\beta,s,t)}}^{\gamma}(X)\subseteq\overline{R_{(\alpha,\beta,s,t)}}(X)$。

（5）$\underline{R_{(\alpha,\beta,s,t)}}^{0.5}(X)=\bigcup\limits_{\gamma\in[0,0.5)}\underline{R_{(\alpha,\beta,s,t)}}^{\gamma}(X)$。

（6）$\overline{R_{(\alpha,\beta,s,t)}}^{0.5}(X)=\bigcap\limits_{\gamma\in[0,0.5)}\overline{R_{(\alpha,\beta,s,t)}}^{\gamma}(X)$。

其中，$\gamma\in[0,0.5)$。

证明 由定义 3.20 和定义 3.23 易证。

3.6 双论域上基于水平集的 2-型区间值直觉模糊粗糙集

3.6.1 双论域上基于水平集的 2-型区间值直觉模糊粗糙集的概念与性质

定义 3.24 设 U、V 是两个非空有限论域，R 是从 U 到 V 的一个区间值直觉模糊关系，$R_{(\alpha,\beta,s,t)}$ 是 R 的 (α,β,s,t) 截关系，其中 $\alpha,\beta,s,t\in(0,1]$，$\forall Y\subseteq V$，Y 关于 $R_{(\alpha,\beta,s,t)}$ 的下近似和上近似定义如下

$$\underline{R_{(\alpha,\beta,s,t)}}(Y)=\{x\in U\mid R_{(\alpha,\beta,s,t)}(x)\subseteq Y\text{且}R_{(\alpha,\beta,s,t)}(x)\neq\varnothing\}$$

$$\overline{R_{(\alpha,\beta,s,t)}}(Y)=\{x\in U\mid R_{(\alpha,\beta,s,t)}(x)\cap Y\neq\varnothing\text{或}R_{(\alpha,\beta,s,t)}(x)=\varnothing\}$$

$(\underline{R_{(\alpha,\beta,s,t)}}(Y),\overline{R_{(\alpha,\beta,s,t)}}(Y))$ 称为基于 $R_{(\alpha,\beta,s,t)}$ 的 2-型区间值直觉模糊粗糙集。

注 3.30　如果 R 是从 U 到 V 的一个直觉模糊关系，且 $\alpha=\beta$，$s=t$，则 2-型区间值直觉模糊粗糙集就退化为 2-型直觉模糊粗糙集。

注 3.31　如果 R 是从 U 到 V 的一个串行的区间值直觉模糊关系，即 $\forall x\in U$

$$\bigvee_{y\in V}\inf M_R(x,y)=1,\quad \bigvee_{y\in V}\sup M_R(x,y)=1,\quad \bigwedge_{y\in V}\inf N_R(x,y)=0,\quad \bigwedge_{y\in V}\sup N_R(x,y)=0$$

因为 V 是有限的,则对于任意的 $x\in U$，存在 $y\in V$ 使得 $M_R(x,y)=[1,1]$ 且 $N_R(x,y)=[0,0]$。因此 $\forall\alpha,\beta,s,t\in(0,1]$，$\forall x\in U$，有 $R_{(\alpha,\beta,s,t)}(x)\neq\varnothing$。从而

$$\begin{aligned}\underline{R_{(\alpha,\beta,s,t)}}(Y)&=\{x\in U\mid R_{(\alpha,\beta,s,t)}(x)\subseteq Y\text{且}R_{(\alpha,\beta,s,t)}(x)\neq\varnothing\}\\&=\{x\in U\mid R_{(\alpha,\beta,s,t)}(x)\subseteq Y\}\end{aligned}$$

$$\begin{aligned}\overline{R_{(\alpha,\beta,s,t)}}(Y)&=\{x\in U\mid R_{(\alpha,\beta,s,t)}(x)\cap Y\neq\varnothing\text{或}R_{(\alpha,\beta,s,t)}(x)=\varnothing\}\\&=\{x\in U\mid R_{(\alpha,\beta,s,t)}(x)\cap Y\neq\varnothing\}\end{aligned}$$

这表明此时 2-型区间值直觉模糊粗糙集模型等价于 1-型区间值直觉模糊粗糙集模型。

注 3.32　如果 $U=V$，且 R 是从 U 到 V 的一个区间值直觉模糊等价关系，则 2-型区间值直觉模糊粗糙集就退化为经典的 Pawlak 粗糙集。

易见，$\underline{R_{(\alpha,\beta,s,t)}}(Y)\subseteq\overline{R_{(\alpha,\beta,s,t)}}(Y)(\forall Y\subseteq V)$，基于此，$Y$ 的正域、负域和边界域分别定义如下

$$\mathrm{POS}_{R_{(\alpha,\beta,s,t)}}(Y)=\underline{R_{(\alpha,\beta,s,t)}}(Y)$$

$$\mathrm{NEG}_{R_{(\alpha,\beta,s,t)}}(Y)=U-\overline{R_{(\alpha,\beta,s,t)}}(Y)$$

$$\mathrm{BND}_{R_{(\alpha,\beta,s,t)}}(Y)=\overline{R_{(\alpha,\beta,s,t)}}(Y)-\underline{R_{(\alpha,\beta,s,t)}}(Y)$$

下面给出逆下近似和逆上近似的定义。

定义 3.25　设 U、V 是两个非空有限论域，R 是从 U 到 V 的一个区间值直觉模糊关系，$R_{(\alpha,\beta,s,t)}$ 是 R 的 (α,β,s,t) 截关系，其中 $\alpha,\beta,s,t\in(0,1]$，$\forall Y\subseteq U$，Y 关于 $R_{(\alpha,\beta,s,t)}$ 的逆下近似和逆上近似分别定义如下

$$\underline{R_{(\alpha,\beta,s,t)}}^{-1}(Y)=\{y\in V\mid R^{-1}_{(\alpha,\beta,s,t)}(y)\subseteq Y\text{且}R^{-1}_{(\alpha,\beta,s,t)}(y)\neq\varnothing\}$$

$$\overline{R_{(\alpha,\beta,s,t)}}^{-1}(Y)=\{y\in V\mid R^{-1}_{(\alpha,\beta,s,t)}(y)\cap Y\neq\varnothing\text{或}R^{-1}_{(\alpha,\beta,s,t)}(y)=\varnothing\}$$

其中，$R^{-1}_{(\alpha,\beta,s,t)}(y)=\{x\in U\mid(x,y)\in R_{(\alpha,\beta,s,t)}\}$。$(\underline{R_{(\alpha,\beta,s,t)}}^{-1}(Y),\overline{R_{(\alpha,\beta,s,t)}}^{-1}(Y))$ 称为基于 $R_{(\alpha,\beta,s,t)}$ 的2-型逆区间值直觉模糊粗糙集。

类似地，可以定义1-型逆区间值直觉模糊粗糙集。

注 3.33 如果 R 是从 U 到 V 的一个直觉模糊关系，且 $\alpha=\beta$，$s=t$，则2-型逆区间值直觉模糊粗糙集就退化为2-型逆直觉模糊粗糙集。

下面讨论定义3.24中给出的下近似算子和上近似算子的相关性质。

定理 3.31 设 U、V 是两个非空有限论域，R 是从 U 到 V 的一个区间值直觉模糊关系，$R_{(\alpha,\beta,s,t)}$ 是 R 的 (α,β,s,t) 截关系，其中 $\alpha,\beta,s,t\in(0,1]$，$\forall Y_1,Y_2,Y\subseteq V$，则有如下结论。

（1）$\underline{R_{(\alpha,\beta,s,t)}}(Y)\subseteq\overline{R_{(\alpha,\beta,s,t)}}(Y)$。

（2）$\underline{R_{(\alpha,\beta,s,t)}}(\varnothing)=\varnothing$，$\overline{R_{(\alpha,\beta,s,t)}}(V)=U$。

（3）$\underline{R_{(\alpha,\beta,s,t)}}(Y_1\cap Y_2)=\underline{R_{(\alpha,\beta,s,t)}}(Y_1)\cap\underline{R_{(\alpha,\beta,s,t)}}(Y_2)$，$\overline{R_{(\alpha,\beta,s,t)}}(Y_1\cup Y_2)=\overline{R_{(\alpha,\beta,s,t)}}(Y_1)\cup\overline{R_{(\alpha,\beta,s,t)}}(Y_2)$。

（4）$\underline{R_{(\alpha,\beta,s,t)}}(Y_1\cup Y_2)\supseteq\underline{R_{(\alpha,\beta,s,t)}}(Y_1)\cup\underline{R_{(\alpha,\beta,s,t)}}(Y_2)$，$\overline{R_{(\alpha,\beta,s,t)}}(Y_1\cap Y_2)\subseteq\overline{R_{(\alpha,\beta,s,t)}}(Y_1)\cap\overline{R_{(\alpha,\beta,s,t)}}(Y_2)$。

（5）如果 $Y_1\subseteq Y_2$，则 $\underline{R_{(\alpha,\beta,s,t)}}(Y_1)\subseteq\underline{R_{(\alpha,\beta,s,t)}}(Y_2)$ 且 $\overline{R_{(\alpha,\beta,s,t)}}(Y_1)\subseteq\overline{R_{(\alpha,\beta,s,t)}}(Y_2)$。

（6）$\underline{R_{(\alpha,\beta,s,t)}}(Y)=(\overline{R_{(\alpha,\beta,s,t)}}(Y^{\mathrm{c}}))^{\mathrm{c}}$，$\overline{R_{(\alpha,\beta,s,t)}}(Y)=(\underline{R_{(\alpha,\beta,s,t)}}(Y^{\mathrm{c}}))^{\mathrm{c}}$。

证明 只证明结论（3）和结论（6）。

对于结论（3）

$$\begin{aligned}\underline{R_{(\alpha,\beta,s,t)}}(Y_1\cap Y_2)&=\{x\in U\mid R_{(\alpha,\beta,s,t)}(x)\subseteq Y_1\cap Y_2\text{且}R_{(\alpha,\beta,s,t)}(x)\neq\varnothing\}\\&=\{x\in U\mid R_{(\alpha,\beta,s,t)}(x)\subseteq Y_1,R_{(\alpha,\beta,s,t)}(x)\subseteq Y_2\text{且}R_{(\alpha,\beta,s,t)}(x)\neq\varnothing\}\\&=\{x\in U\mid R_{(\alpha,\beta,s,t)}(x)\subseteq Y_1\text{且}R_{(\alpha,\beta,s,t)}(x)\neq\varnothing\}\\&\quad\cap\{x\in U\mid R_{(\alpha,\beta,s,t)}(x)\subseteq Y_2\text{且}R_{(\alpha,\beta,s,t)}(x)\neq\varnothing\}\\&=\underline{R_{(\alpha,\beta,s,t)}}(Y_1)\cap\underline{R_{(\alpha,\beta,s,t)}}(Y_2)\end{aligned}$$

$$\begin{aligned}\overline{R_{(\alpha,\beta,s,t)}}(Y_1\cup Y_2)&=\{x\in U\mid R_{(\alpha,\beta,s,t)}(x)\cap(Y_1\cup Y_2)\neq\varnothing\text{或}R_{(\alpha,\beta,s,t)}(x)=\varnothing\}\\&=\{x\in U\mid(R_{(\alpha,\beta,s,t)}(x)\cap Y_1)\cup(R_{(\alpha,\beta,s,t)}(x)\cap Y_2)\neq\varnothing\text{或}R_{(\alpha,\beta,s,t)}(x)=\varnothing\}\\&=\{x\in U\mid(R_{(\alpha,\beta,s,t)}(x)\cap Y_1)\neq\varnothing\text{或}R_{(\alpha,\beta,s,t)}(x)=\varnothing\}\\&\quad\cup\{x\in U\mid(R_{(\alpha,\beta,s,t)}(x)\cap Y_2)\neq\varnothing\text{或}R_{(\alpha,\beta,s,t)}(x)=\varnothing\}\\&=\overline{R_{(\alpha,\beta,s,t)}}(Y_1)\cup\overline{R_{(\alpha,\beta,s,t)}}(Y_2)\end{aligned}$$

结论（6）只需证明前一部分，即

$$
\begin{aligned}
(\overline{R_{(\alpha,\beta,s,t)}}(Y^{c}))^{c} &= U-\{x\in U \mid R_{(\alpha,\beta,s,t)}(x)\cap Y^{c}\neq\varnothing \text{或} R_{(\alpha,\beta,s,t)}(x)=\varnothing\} \\
&= \{x\in U \mid R_{(\alpha,\beta,s,t)}(x)\cap Y^{c}=\varnothing \text{且} R_{(\alpha,\beta,s,t)}(x)\neq\varnothing\} \\
&= \underline{R_{(\alpha,\beta,s,t)}}(Y)
\end{aligned}
$$

注 3.34 一般地，$\overline{R_{(\alpha,\beta,s,t)}}(\varnothing)\neq\varnothing$，$\underline{R_{(\alpha,\beta,s,t)}}(V)\neq U$，$\forall\alpha,\beta,s,t\in(0,1]$。例如，设$U=\{x_1,x_2\}$，$V=\{y_1,y_2\}$，从 U 到 V 的区间值直觉模糊关系 R 如表 3.15 所示。

表 3.15 注 3.34 中从 U 到 V 的区间值直觉模糊关系 R

R	y_1	y_2
x_1	([0.3, 0.45], [0.3, 0.5])	([0.5, 0.6], [0.3, 0.36])
x_2	([0.5, 0.6], [0.1, 0.3])	([0.6, 0.8], [0.1, 0.15])

取$\alpha=0.4$，$\beta=0.5$，$s=0.2$，$t=0.3$，则通过计算可得

$$
\overline{R_{(0.4,0.5,0.2,0.3)}}(\varnothing)=\{x_1\}\neq\varnothing,\quad \underline{R_{(0.4,0.5,0.2,0.3)}}(V)=\{x_2\}\neq U
$$

注 3.35 一般地，$\underline{R_{(\alpha,\beta,s,t)}}(Y_1\cup Y_2)\neq\underline{R_{(\alpha,\beta,s,t)}}(Y_1)\cup\underline{R_{(\alpha,\beta,s,t)}}(Y_2)$ 且 $\overline{R_{(\alpha,\beta,s,t)}}(Y_1\cap Y_2)\neq \overline{R_{(\alpha,\beta,s,t)}}(Y_1)\cap\overline{R_{(\alpha,\beta,s,t)}}(Y_2)$，其中$\forall\alpha,\beta,s,t\in(0,1]$。

例 3.8 设$U=\{x_1,x_2\}$，$V=\{y_1,y_2\}$，$Y_1=\{y_1\}$，$Y_2=\{y_2\}$，从 U 到 V 的区间值直觉模糊关系 R 如表 3.16 所示。

表 3.16 例 3.8 中从 U 到 V 的区间值直觉模糊关系 R

R	y_1	y_2
x_1	([0.3, 0.5], [0.2, 0.5])	([0.3, 0.4], [0.4, 0.5])
x_2	([0.6, 0.7], [0.2, 0.3])	([0.9, 1], [0, 0])

取$\alpha=0.5$，$\beta=0.7$，$s=0.1$，$t=0.2$，则通过计算可得

$$
\underline{R_{(0.5,0.7,0.1,0.2)}}(Y_1)=\varnothing,\quad \underline{R_{(0.5,0.7,0.1,0.2)}}(Y_2)=\{x_2\},\quad \underline{R_{(0.5,0.7,0.1,0.2)}}(Y_1\cup Y_2)=U
$$

$$
\overline{R_{(0.5,0.7,0.1,0.2)}}(Y_1)=\{x_1\},\quad \overline{R_{(0.5,0.7,0.1,0.2)}}(Y_2)=U,\quad \overline{R_{(0.5,0.7,0.1,0.2)}}(Y_1\cap Y_2)=\varnothing
$$

显然

$$
\underline{R_{(0.5,0.7,0.1,0.2)}}(Y_1\cup Y_2)\neq\underline{R_{(0.5,0.7,0.1,0.2)}}(Y_1)\cup\underline{R_{(0.5,0.7,0.1,0.2)}}(Y_2)
$$

以及

$$
\overline{R_{(0.5,0.7,0.1,0.2)}}(Y_1\cap Y_2)\neq\overline{R_{(0.5,0.7,0.1,0.2)}}(Y_1)\cap\overline{R_{(0.5,0.7,0.1,0.2)}}(Y_2)
$$

注 3.36 $\underline{R_{(\alpha_1,\beta_1,s_1,t_1)}}(Y)$ 和 $\underline{R_{(\alpha_2,\beta_2,s_2,t_2)}}(Y)$ 以及 $\overline{R_{(\alpha_1,\beta_1,s_1,t_1)}}(Y)$ 和 $\overline{R_{(\alpha_2,\beta_2,s_2,t_2)}}(Y)$ 之间不存

在包含关系，其中 $\alpha_1,\beta_1,s_1,t_1,\alpha_2,\beta_2,s_2,t_2\in(0,1]$，满足 $\alpha_1\leqslant\alpha_2$，$\beta_1\leqslant\beta_2$，$s_1\geqslant s_2$，$t_1\geqslant t_2$。

类似地，可以讨论逆下近似算子和逆上近似算子的相关性质。

3.6.2 双论域上基于水平集的2-型区间值直觉模糊粗糙集的推广

定义 3.26 设 U、V 是两个非空有限论域，R 是从 U 到 V 的一个区间值直觉模糊关系，$R_{(\alpha,\beta,s,t)}$ 是 R 的 (α,β,s,t) 截关系，其中 $\alpha,\beta,s,t\in(0,1]$。$\forall Y\subseteq V$，Y 关于 $R_{(\alpha,\beta,s,t)}$ 和程度 k 的下近似和上近似分别定义如下

$$\begin{aligned}\underline{R_{(\alpha,\beta,s,t)}}^{k}(Y)&=\{x\in U\,\|\,R_{(\alpha,\beta,s,t)}(x)-Y|\leqslant k\text{且}R_{(\alpha,\beta,s,t)}(x)\neq\varnothing\}\\&=\{x\in U\,\|\,R_{(\alpha,\beta,s,t)}(x)|-|R_{(\alpha,\beta,s,t)}(x)\cap X|\leqslant k\text{且}R_{(\alpha,\beta,s,t)}(x)\neq\varnothing\}\end{aligned}$$

$$\overline{R_{(\alpha,\beta,s,t)}}^{k}(Y)=\{x\in U\,\|\,R_{(\alpha,\beta,s,t)}(x)\cap Y|>k\text{或}R_{(\alpha,\beta,s,t)}(x)=\varnothing\}$$

其中，k 是一个非负有限整数；$|\cdot|$ 表示集合的势。$(\underline{R_{(\alpha,\beta,s,t)}}^{k}(Y),\overline{R_{(\alpha,\beta,s,t)}}^{k}(Y))$ 称为基于 $R_{(\alpha,\beta,s,t)}$ 的2-型程度区间值直觉模糊粗糙集。

注 3.37 （1）如果 $k=0$，则

$$\begin{aligned}\underline{R_{(\alpha,\beta,s,t)}}^{0}(Y)&=\{x\in U\,\|\,R_{(\alpha,\beta,s,t)}(x)-Y|\leqslant 0\text{且}R_{(\alpha,\beta,s,t)}(x)\neq\varnothing\}\\&=\{x\in U\,\|\,R_{(\alpha,\beta,s,t)}(x)-Y|=0\text{且}R_{(\alpha,\beta,s,t)}(x)\neq\varnothing\}\\&=\{x\in U\mid R_{(\alpha,\beta,s,t)}(x)\subseteq Y\text{且}R_{(\alpha,\beta,s,t)}(x)\neq\varnothing\}\\&=\underline{R_{(\alpha,\beta,s,t)}}(Y)\end{aligned}$$

$$\begin{aligned}\overline{R_{(\alpha,\beta,s,t)}}^{0}(Y)&=\{x\in U\,\|\,R_{(\alpha,\beta,s,t)}(x)\cap Y|>0\text{或}R_{(\alpha,\beta,s,t)}(x)=\varnothing\}\\&=\{x\in U\mid R_{(\alpha,\beta,s,t)}(x)\cap Y\neq\varnothing\text{或}R_{(\alpha,\beta,s,t)}(x)=\varnothing\}\\&=\overline{R_{(\alpha,\beta,s,t)}}(Y)\end{aligned}$$

这表明定义3.24中给出的2-型区间值直觉模糊粗糙集是定义3.26中给出的2-型程度区间值直觉模糊粗糙集的一个特例。

（2）如果 R 是从 U 到 V 的一个直觉模糊关系，且 $\alpha=\beta$，$s=t$，则2-型程度区间值直觉模糊粗糙集就退化为2-型程度直觉模糊粗糙集。

定理 3.32 设 U、V 是两个非空有限论域，R 是从 U 到 V 的一个区间值直觉模糊关系，$R_{(\alpha,\beta,s,t)}$ 是 R 的 (α,β,s,t) 截关系，其中 $\alpha,\beta,s,t\in(0,1]$。$\forall Y,Y_1,Y_2\subseteq V$，程度下近似算子 $\underline{R_{(\alpha,\beta,s,t)}}^{k}$ 和上近似算子 $\overline{R_{(\alpha,\beta,s,t)}}^{k}$ 具有以下性质。

（1）$\underline{R_{(\alpha,\beta,s,t)}}^{0}(Y_1\cap Y_2)=\underline{R_{(\alpha,\beta,s,t)}}^{0}(Y_1)\cap\underline{R_{(\alpha,\beta,s,t)}}^{0}(Y_2)$；

$\overline{R_{(\alpha,\beta,s,t)}}^{0}(Y_1\cup Y_2)=\overline{R_{(\alpha,\beta,s,t)}}^{0}(Y_1)\cup\overline{R_{(\alpha,\beta,s,t)}}^{0}(Y_2)$。

（2）$\underline{R_{(\alpha,\beta,s,t)}}^{k}(Y_1 \cap Y_2) \subseteq \underline{R_{(\alpha,\beta,s,t)}}^{k}(Y_1) \cap \underline{R_{(\alpha,\beta,s,t)}}^{k}(Y_2)$；

$\overline{R_{(\alpha,\beta,s,t)}}^{k}(Y_1 \cup Y_2) \supseteq \overline{R_{(\alpha,\beta,s,t)}}^{k}(Y_1) \cup \overline{R_{(\alpha,\beta,s,t)}}^{k}(Y_2)$。

（3）$\underline{R_{(\alpha,\beta,s,t)}}^{k}(Y_1 \cup Y_2) \supseteq \underline{R_{(\alpha,\beta,s,t)}}^{k}(Y_1) \cup \underline{R_{(\alpha,\beta,s,t)}}^{k}(Y_2)$；

$\overline{R_{(\alpha,\beta,s,t)}}^{k}(Y_1 \cap Y_2) \subseteq \overline{R_{(\alpha,\beta,s,t)}}^{k}(Y_1) \cap \overline{R_{(\alpha,\beta,s,t)}}^{k}(Y_2)$。

（4）$\underline{R_{(\alpha,\beta,s,t)}}^{k}(Y) = (\overline{R_{(\alpha,\beta,s,t)}}^{k}(Y^{c}))^{c}$，$\overline{R_{(\alpha,\beta,s,t)}}^{k}(Y) = (\underline{R_{(\alpha,\beta,s,t)}}^{k}(Y^{c}))^{c}$。

（5）如果$Y_1 \subseteq Y_2$，则$\underline{R_{(\alpha,\beta,s,t)}}^{k}(Y_1) \subseteq \underline{R_{(\alpha,\beta,s,t)}}^{k}(Y_2)$且$\overline{R_{(\alpha,\beta,s,t)}}^{k}(Y_1) \subseteq \overline{R_{(\alpha,\beta,s,t)}}^{k}(Y_2)$。

（6）如果$k \geqslant l$，则$\underline{R_{(\alpha,\beta,s,t)}}^{l}(Y) \subseteq \underline{R_{(\alpha,\beta,s,t)}}^{k}(Y)$且$\overline{R_{(\alpha,\beta,s,t)}}^{k}(Y) \subseteq \overline{R_{(\alpha,\beta,s,t)}}^{l}(Y)$。

其中，k、l是非负有限整数。

证明 性质（1）～性质（3）和性质（5）、性质（6）由定义3.24和定义3.26易证，下面证明性质（4）。

$$\begin{aligned}(\overline{R_{(\alpha,\beta,s,t)}}^{k}(Y^{c}))^{c} &= U - \{x \in U \,\|\, R_{(\alpha,\beta,s,t)}(x) \cap Y^{c} | > k\} \\ &= U - \{x \in U \,\|\, R_{(\alpha,\beta,s,t)}(x) - Y | > k\} \\ &= \{x \in U \,\|\, R_{(\alpha,\beta,s,t)}(x) - Y | \leqslant k\} \\ &= \underline{R_{(\alpha,\beta,s,t)}}^{k}(Y)\end{aligned}$$

$$\begin{aligned}(\underline{R_{(\alpha,\beta,s,t)}}^{k}(Y^{c}))^{c} &= U - \{x \in U \,\|\, R_{(\alpha,\beta,s,t)}(x) - Y^{c} | \leqslant k\} \\ &= \{x \in U \,\|\, R_{(\alpha,\beta,s,t)}(x) \cap Y | > k\} \\ &= \overline{R_{(\alpha,\beta,s,t)}}^{k}(Y)\end{aligned}$$

注 3.38 一般地，$\underline{R_{(\alpha,\beta,s,t)}}^{k}(Y_1 \cap Y_2) \supseteq \underline{R_{(\alpha,\beta,s,t)}}^{k}(Y_1) \cap \underline{R_{(\alpha,\beta,s,t)}}^{k}(Y_2)$不成立。这是因为，由$\left|R_{(\alpha,\beta,s,t)}(x) - Y_1\right| \leqslant k$和$\left|R_{(\alpha,\beta,s,t)}(x) - Y_2\right| \leqslant k$不能推出$\left|R_{(\alpha,\beta,s,t)}(x) - (Y_1 \cap Y_2)\right| \leqslant k$，其中$k$是非负有限整数。此外，$\overline{R_{(\alpha,\beta,s,t)}}^{k}(Y_1 \cup Y_2) \subseteq \overline{R_{(\alpha,\beta,s,t)}}^{k}(Y_1) \cup \overline{R_{(\alpha,\beta,s,t)}}^{k}(Y_2)$一般也不成立。这是因为，由$\left|R_{(\alpha,\beta,s,t)}(x) \cap (Y_1 \cup Y_2)\right| > k$不能推出$\left|R_{(\alpha,\beta,s,t)}(x) \cap Y_1\right| > k$或$\left|R_{(\alpha,\beta,s,t)}(x) \cap Y_2\right| > k$，其中$k$是非负有限整数。

下面给出定义3.24中给出的2-型区间值直觉模糊粗糙集模型的另一种推广。

定义 3.27 设U、V是两个非空有限论域，R是从U到V的一个区间值直觉模糊关系，$R_{(\alpha,\beta,s,t)}$是R的(α,β,s,t)截关系，其中$\alpha,\beta,s,t \in [0,1]$。$\forall Y \subseteq V$，$Y$关于$R_{(\alpha,\beta,s,t)}$和参数$\gamma$的下近似和上近似分别定义如下

$$\underline{VR_{(\alpha,\beta,s,t)}}^{\gamma}(Y)=\left\{x\in U \mid \frac{|R_{(\alpha,\beta,s,t)}(x)\cap Y|}{|R_{(\alpha,\beta,s,t)}(x)|}\geqslant 1-\gamma, R_{(\alpha,\beta,s,t)}(x)\neq\varnothing\right\}$$

$$\overline{VR_{(\alpha,\beta,s,t)}}^{\gamma}(Y)=\left\{x\in U \mid \frac{|R_{(\alpha,\beta,s,t)}(x)\cap Y|}{|R_{(\alpha,\beta,s,t)}(x)|}>\gamma, R_{(\alpha,\beta,s,t)}(x)\neq\varnothing\right\}\cup\{x\in U\mid R_{(\alpha,\beta,s,t)}(x)=\varnothing\}$$

其中，$\gamma\in[0,0.5)$；$|\cdot|$表示集合的势。$(\underline{R_{(\alpha,\beta,s,t)}}^{\gamma}(Y),\overline{R_{(\alpha,\beta,s,t)}}^{\gamma}(Y))$ 称为基于 $R_{(\alpha,\beta,s,t)}$ 的 2-型变精度区间值直觉模糊粗糙集。

定理 3.33　设 U、V 是两个非空有限论域，R 是从 U 到 V 的一个区间值直觉模糊关系，$R_{(\alpha,\beta,s,t)}$ 是 R 的 (α,β,s,t) 截关系，其中 $\alpha,\beta,s,t\in(0,1]$，$\forall Y\subseteq V$，则有如下结论。

（1）$\underline{R_{(\alpha,\beta,s,t)}}^{0}(Y)=\underline{R_{(\alpha,\beta,s,t)}}(Y)$。

（2）$\overline{R_{(\alpha,\beta,s,t)}}^{0}(Y)=\overline{R_{(\alpha,\beta,s,t)}}(Y)$。

（3）$\underline{R_{(\alpha,\beta,s,t)}}(Y)\subseteq\underline{R_{(\alpha,\beta,s,t)}}^{\gamma}(Y)$。

（4）$\overline{R_{(\alpha,\beta,s,t)}}^{\gamma}(Y)\subseteq\overline{R_{(\alpha,\beta,s,t)}}(Y)$。

（5）$\underline{R_{(\alpha,\beta,s,t)}}^{0.5}(Y)=\bigcup_{\gamma\in[0,0.5)}\underline{R_{(\alpha,\beta,s,t)}}^{\gamma}(Y)$。

（6）$\overline{R_{(\alpha,\beta,s,t)}}^{0.5}(Y)=\bigcap_{\gamma\in[0,0.5)}\overline{R_{(\alpha,\beta,s,t)}}^{\gamma}(Y)$。

其中，$\gamma\in[0,0.5)$。

证明　由定义 3.24 和定义 3.27 易证。

3.6.3　应用举例

设 U 和 V 分别表示患者和症状的集合。阈值α、β、s、t 由决策者根据他们的要求事先给定。$\forall x\in U$，$\forall y\in V$，若 x 和 y 之间具有关系 $R_{(\alpha,\beta,s,t)}$，则表明患者 x 具有症状 y 的下水平不低于α，上水平不低于β，且该患者不具有症状 y 的下水平不超过 s，上水平不超过 t。一般地，一种疾病表现出多种症状。对于 V 的任意一个子集 Y，Y 表示具有症状 $\{y_i\mid y_i\in V\}$ 的一种疾病。给定一个患者 x，如果他属于集合 $\underline{R_{(\alpha,\beta,s,t)}}(Y)$（即 Y 的正域），则认为他感染了疾病 Y，从而该患者需要立即治疗。如果他属于集合 $\overline{R_{(\alpha,\beta,s,t)}}(Y)-\underline{R_{(\alpha,\beta,s,t)}}(Y)$（即 Y 的边界域），则他可能感染了疾病 Y，也可能没有，需进一步确认。如果他属于 $U-\overline{R_{(\alpha,\beta,s,t)}}(Y)$（即 Y 的负域），则认为他没有感染疾病 Y，不需要治疗。

下面给出一个具体的例子。

例 3.9　设 $U=\{x_1,x_2,x_3,x_4\}$ 是患者的集合，$V=\{y_1,y_2,y_3,y_4\}$ 是症状的集合。从 U 到 V 的区间值直觉模糊关系 R 如表 3.17 所示。

表 3.17　例 3.9 中从 U 到 V 的区间值直觉模糊关系 R

R	y_1	y_2	y_3	y_4
x_1	([0.34,0.74],[0.12,0.25])	([0.12,0.25],[0.23,0.43])	([0,0.17],[0.31,0.36])	([0.5,1],[0,0])
x_2	([0.43,0.62],[0.06,0.2])	([0.32,0.45],[0.27,0.32])	([0.46,0.87],[0.02,0.05])	([0.3,0.4],[0.2,0.4])
x_3	([0.21,0.53],[0.13,0.34])	([0.86,1],[0,0])	([0,0.24],[0.09,0.23])	([0,0.18],[0.1,0.2])
x_4	([0,0.12],[0.34,0.71])	([0.51,0.77],[0,0.1])	([0.26,0.43],[0.34,0.51])	([0.5,0.6],[0,0])

设 $Y=\{y_1,y_2\}\subseteq V$ 表示某种疾病。

（1）取 $\alpha=0.22$，$\beta=0.51$，$s=0.13$，$t=0.29$。根据定义 3.20 可得

$$R_{(0.22,0.51,0.13,0.29)}(x_1)=\{y_1,y_4\},\quad R_{(0.22,0.51,0.13,0.29)}(x_2)=\{y_1,y_3\}$$
$$R_{(0.22,0.51,0.13,0.29)}(x_3)=\{y_2\},\quad R_{(0.22,0.51,0.13,0.29)}(x_4)=\{y_2,y_4\}$$

进一步

$$\underline{R_{(0.22,0.51,0.13,0.29)}}(Y)=\{x_3\},\quad \overline{R_{(0.22,0.51,0.13,0.29)}}(Y)=U$$

$$\rho_{R_{(0.22,0.51,0.13,0.29)}}(Y)=\frac{1}{4},\quad \mu_{R_{(0.22,0.51,0.13,0.29)}}(Y)=\frac{3}{4}$$

基于上述分析，可得：患者 x_3 感染了疾病 Y，需立即治疗；根据这些症状不能确定患者 x_1、x_2 及 x_4 是否感染了疾病 Y，需进一步确认。

（2）取 $\alpha=0.33$，$\beta=0.74$，$s=0.08$，$t=0.14$。根据定义 3.20 可得

$$R_{(0.33,0.74,0.08,0.14)}(x_1)=\{y_1,y_4\},\quad R_{(0.33,0.74,0.08,0.14)}(x_2)=\{y_3\}$$
$$R_{(0.33,0.74,0.08,0.14)}(x_3)=\{y_2\},\quad R_{(0.33,0.74,0.08,0.14)}(x_4)=\{y_2\}$$

进一步

$$\underline{R_{(0.33,0.74,0.08,0.14)}}(Y)=\{x_3,x_4\},\quad \overline{R_{(0.33,0.74,0.08,0.14)}}(Y)=\{x_1,x_3,x_4\}$$

$$\rho_{R_{(0.33,0.74,0.08,0.14)}}(Y)=\frac{2}{3},\quad \mu_{R_{(0.33,0.74,0.08,0.14)}}(Y)=\frac{1}{3}$$

基于上述分析，可得：患者 x_3、x_4 感染了疾病 Y，需立即治疗；不能确定患者 x_1 是否感染了疾病 Y，需进一步确认；患者 x_2 没有感染疾病 Y。

参 考 文 献

张文修，吴伟志，梁吉业，等. 2001. 粗糙集理论与方法. 北京：科学出版社.

Abu-Donia H M. 2012. Multi knowledge based rough approximations and applications. Knowledge-Based Systems, 26: 20-29.

Atanassov K. 1984. Intuitionistic fuzzy relations. Proceedings of Third International Symposium Automation and Scientific Instrumentation: 56-57.

Atanassov K. 1986. Intuitionistic fuzzy sets. Fuzzy Sets and Systems, 20: 87-96.

Atanassov K. 1999. Intuitionistic Fuzzy Sets: Theory and Applications. Berlin: Springer.

Atanassov K. 2005. Answer to D. Dubois, S. Gottwald, P. Hajek, J. Kacprzyk, and H. Prade's paper "Terminological difficulties in fuzzy set theory-the case of Intuitionistic Fuzzy Sets". Fuzzy Sets and Systems, 156: 496-499.

Atanassov K. 2007. My personal view on intuitionistic fuzzy sets theory// Bustince H, Herrera F, Montero J, et al. Fuzzy Sets and Their Extensions: Representation, Aggregation and Models, Berlin: Springer, 25-46.

Bi Y, Anderson T, McClean S. 2003. A rough set model with ontologies for discovering maximal association rules in document collections. Knowledge-Based Systems, 16: 243-251.

Burillo P, Bustince H. 1995. Intuitionistic fuzzy relations. Mathware and Soft Computing, 2: 5-38.

Bustince H, Burillo P. 1996. Structures on intuitionistic fuzzy relations. Fuzzy Sets and Systems, 78: 293-303.

Chanas S, Kuchta D. 1992. Further remarks on the relation between rough sets and fuzzy sets. Fuzzy Sets and Systems, 47(3): 391-394.

Chen D, Zhang W, Daniel Y, et al. 2006. Rough approximations on a complete completely distributive lattice with applications to generalized rough sets. Information Sciences, 176(13):1829-1848.

Chen Y, Miao D, Wang R, et al. 2011. A rough set approach to feature selection based on power set tree. Knowledge-Based Systems, 24(2): 275-281.

Cornelis C, Cock M D, Kerre E E. 2003. Intuitionistic fuzzy rough sets: At the crossroads of imperfect knowledge. Expert Systems, 20: 260-270.

Dubois D, Gottwald S, Hajek P, et al. 2005. Terminological difficulties in fuzzy set theory the case of intuitionistic fuzzy sets. Fuzzy Sets and Systems, 156: 485-491.

Dubois D, Prade H. 1990. Rough fuzzy sets and fuzzy rough sets. International Journal of General System, 17(2-3):191-209.

Feng L, Li T, Ruan D, et al. 2011. A vague-rough set approach for uncertain knowledge acquisition. Knowledge-Based Systems, 24: 837-843.

Ge X. 2010. An application of covering approximation spaces on network security. Computers and Mathematics with Applications, 60(5): 1191-1199.

Griffin G, Chen Z. 1998. Rough set extension of Tcl for data mining. Knowledge-Based Systems, 11: 249-253.

Guo Z L, Yang H L, Wang J. 2015. Rough set over Dual-universes in intuitionistic fuzzy approximation space. Journal of Intelligent and Fuzzy Systems, 28: 169-178.

He Q, Wu C, Chen D, et al. 2011. Fuzzy rough set based attribute reduction for information systems with fuzzy decisions. Knowledge-Based Systems, 24: 689-696.

Hong T P, Liu Y L, Wang S L. 2009. Fuzzy rough sets with hierarchical quantitative attributes. Expert Systems with Applications, 36(3): 6790-6799.

Kondo M. 2006. On the structure of generalized rough set. Information Sciences, 176: 589-600.

Li T J, Zhang W X. 2008. Rough fuzzy approximations on two universes of discourse. Information Sciences, 178(3): 892-906.

Li T, Ruan D, Geert W, et al. 2007. A rough sets based characteristic relation approach for dynamic attribute generalization in data mining. Knowledge-Based Systems, 20(5): 485-494.

Lin T Y. 1998. Topological and Fuzzy Rough Sets, Intelligent Decision Support: Handbook of Applications and Advances of the Rough Sets Theory. Dordrecht: Kluwer Academic Publisher.

Liu G L. 2010. Rough set theory based on two universal sets and its applications. Knowledge-Based Systems, 23(2): 110-115.

Liu H W, Wang G J. 2007. Multi-criteria decision-making methods based on intuitionistic fuzzy sets. European Journal of Operational Research, 179: 220-233.

Montero J, Gomez D, Bustince H. 2007. Atanassov's intuitionistic fuzzy sets as a classification model. Lecture Notes in Artificial Intelligence, 1: 69-76.

Montero J, Gomez D, Bustince H. 2007. On the relevance of some families of fuzzy sets. Fuzzy Sets and Systems, 158: 429-442.

Morsi N N, Yakout M M. 1998. Axiomatics for fuzzy rough sets. Fuzzy Sets and Systems, 100: 327-342.

Nakarnura A. 1998. Fuzzy rough sets. Note on Multiple-valued Logic in Japan, 9(8): 1-8.

Nanda S, Majumdar S. 1992. Fuzzy rough sets. Fuzzy Sets and Systems, 45: 157-160.

Pal S K, Mitra P. 2004. Case generation using rough sets with fuzzy representations. IEEE Transactions on Knowledge Data, 16(3): 293-300.

Pal S K. 2004. Soft data mining computational theory of perceptions and rough-fuzzy approach. Information Sciences, 63(1-3): 5-12.

Pankowska A, Wygralak M. 2004. A general concept of IF-sets with triangular norms. Soft Computing Foundations and Theoretical Aspects, Warszawa: 319-335.

Pawlak Z. 1982. Rough sets. International Journal of Computer and Information Sciences, 11: 341-356.

Pawlak Z. 1991. Rough Sets-theoretical Aspects of Reasoning About Data. Dordrecht: Kluwer Academic Publisher.

Pawlak Z, Skowron A. 2007. Rough sets: some extensions. Information Sciences, 177: 28-40.

Pawlak Z, Skowron A. 2007. Rudiments of rough sets. Information Sciences, 177: 3-27.

Pei D W, Xu Z B. 2007. Rough set models on two universes. International Journal of General System, 33 (5): 569-581.

Pei D W, Xu Z B. 2007. Transformation of rough set models. Knowledge-Based Systems, 20: 745-751.

Quafafou M. 2000. α-RST: A Generalization of rough set theory. Information Sciences, 124: 301-316.

Radzikowska A M. 2006. Rough approximation operations based on IF sets. Lecture Notes in Computer

Science, 4029: 528-537.

Rizvi S, Naqvi H J, Nadeem D. 2002. Rough intuitionistic fuzzy set. Proceedings of the Sixth Joint Conference on Information Sciences, Durham: 101-104.

Samanta S K, Mondal T K. 2001. Intuitionistic fuzzy rough sets and rough intuitionistic fuzzy sets. Journal of Fuzzy Mathematics, 9: 561-582.

She Y H, Wang G J. 2009. An axiomatic approach of fuzzy rough sets based on residuated lattices. Computers and Mathematics with Applications, 58(1): 189-201.

Skowron A, Stepaniuk J. 1996. Tolerance approximation spaces. Fundamenta Informaticae, 27: 245-253.

Slowinski R. 1992. Intelligent Decision Support: Handbook of Applications and Advances of the Rough Sets Theory. Boston: Kluwer Academic Publisher.

Sun B Z, Ma W M. 2011. Fuzzy rough set model on two different universes and its application. Applied Mathematical Modelling, 35: 1798-1809.

Tsang E C C, Chen D, Yeung D S. 2008. Approximations and reducts with covering generalized rough sets. Computers and Mathematics with Applications, 56: 279-289.

Tsumcto S. 1998. Automated extraction of medical expert system rules from clinical databases based on rough set theory. Information Sciences, 112: 67-84.

Wu W Z, Zhang W X. 2004. Constructive and axiomatic approaches of fuzzy approximation operators. Information Sciences, 159: 233-254.

Wu W Z, Mi J S, Zhang W X. 2003. Generalized fuzzy rough sets. Information Sciences, 151: 263-282.

Xu Z S, Chen J, Wu J J. 2008. Clustering algorithm for intuitionistic fuzzy sets. Information Sciences, 178: 3775-3790.

Yan R, Zheng J, Liu J, et al. 2010. Research on the model of rough set over dual universes. Knowledge-Based Systems, 23(8): 817-822.

Yang H L. 2011. A note on “Rough set theory based on two universal sets and its applications”. Knowledge-Based Systems, 24(3): 465-466.

Yang H L. 2012. Interval valued fuzzy rough set model on two different universes and its application. Lecture Notes in Artificial Intelligence, 7413: 66-72.

Yang H L, Li S G, Guo Z L, et al. 2012. Transformation of bipolar fuzzy rough set models. Knowledge-Based Systems, 27: 60-68.

Yang H L, Li S G, Wang S, et al. 2012. Bipolar fuzzy rough set model on two different universes and its application. Knowledge-Based Systems, 35: 94-101.

Yang T, Li Q. 2010. Reduction about approximation spaces of covering generalized rough sets. International Journal of Approximate Reasoning, 51(3): 335-345.

Yang X, Zhang M, Dou H, et al. 2011. Neighborhood systems-based rough sets in incomplete information system. Knowledge-Based Systems, 24(6): 858-867.

Yao Y Y. 1998. A comparative study of fuzzy sets and rough sets. Journal of Information Science, 109:

227-242.

Yao Y Y. 1998. Constructive and algebraic methods of the theory of rough set. Information Sciences, 109: 21-47.

Yao Y Y, Lin T Y. 1996. Generalization of rough sets using model logic. Intelligent Automation and Soft Computing, 2: 103-120.

Zadeh L A. 1965. Fuzzy sets. Information and Control, 8: 338-353.

Zhang W X, Wu W Z. 1998. The rough set model based on the random set (I). Journal of Xi'an Jiaotong University, 34(12): 15-47.

Ziarko W. 1993. Variable precision rough set model. Journal of Computer System Science, 46: 39-59.

Ziarko W. 2001. Set approximation quality measure in the variable precision rough set model. Soft Computing System, Management and Applications: 442-452.

第 4 章　双论域上的概率粗糙集

Pawlak 粗糙集模型是基于可利用信息的完全性的，忽视了可利用信息的不完全性和可能存在的统计信息，对于不协调的决策表的规则提取往往显得无能为力，概率粗糙集从概率论的观点出发研究粗糙集理论，弥补了这一缺陷。本章系统讲述双论域上的概率粗糙集，具体包括双论域上基于一般二元关系的概率粗糙集、双论域上的模糊概率粗糙集以及双论域上的直觉模糊概率粗糙集三个部分。

4.1　双论域上基于一般二元关系的概率粗糙集

4.1.1　双论域上基于一般二元关系的概率粗糙集的概念与性质

定义 4.1　设 U、V 是两个非空有限论域，$R \subseteq U \times V$ 为从 U 到 V 的一个一般二元关系，P 是定义在由 V 的子集构成的 σ 代数上的概率测度，(U,V,R,P) 称为双论域上的概率近似空间。$\forall 0 \leqslant \beta < \alpha \leqslant 1$，$X \subseteq V$，$X$ 关于 (U,V,R,P) 和参数 α、β 的下近似、上近似分别定义如下

$$\underline{PR}_{\alpha}(X) = \{x \in U \mid P(X \mid R(x)) \geqslant \alpha, R(x) \neq \varnothing\}$$

$$\overline{PR}_{\beta}(X) = \{x \in U \mid P(X \mid R(x)) > \beta, R(x) \neq \varnothing\} \cup \{x \in U \mid R(x) = \varnothing\}$$

其中，$R(x) = \{y \in V \mid (x,y) \in R\}$ $(\forall x \in U)$，称 $(\underline{PR}_{\alpha}(X), \overline{PR}_{\beta}(X))$ 为双论域上的概率粗糙集。

进一步，X 关于 (U,V,R,P) 和参数 α、β 的正域、负域和边界域分别定义如下

$$\mathrm{POS}_{PR_{\alpha}}(X) = \underline{PR}_{\alpha}(X) = \{x \in U \mid P(X \mid R(x)) \geqslant \alpha, R(x) \neq \varnothing\}$$

$$\mathrm{NEG}_{PR_{\beta}}(X) = U - \overline{PR}_{\beta}(X) = \{x \in U \mid P(X \mid R(x)) \leqslant \beta, R(x) \neq \varnothing\}$$

$$\begin{aligned}\mathrm{BND}_{PR_{(\alpha,\beta)}}(X) = \overline{PR}_{\beta}(X) - \underline{PR}_{\alpha}(X) = &\{x \in U \mid \beta < P(X \mid R(x)) < \alpha, R(x) \neq \varnothing\} \\ &\cup \{x \in U \mid R(x) = \varnothing\}\end{aligned}$$

注 4.1　（1）如果 $U = V$，则双论域上的概率粗糙集就退化为单论域上基于一般二元关系的概率粗糙集。

（2）如果 $U = V$ 且 R 是 U 上的一个等价关系，则双论域上的概率粗糙集就退化为经典 I-型概率粗糙集。

（3）如果 $\alpha=1$，$\beta=0$ 且 $P(X\mid R(x))=\dfrac{|X\cap R(x)|}{|R(x)|}$，其中 $|\cdot|$ 表示集合的势，则

$$\begin{aligned}\underline{PR_1}(X)&=\{x\in U\mid P(X\mid R(x))\geqslant 1,R(x)\neq\varnothing\}\\&=\{x\in U\mid R(x)\subseteq X,R(x)\neq\varnothing\}\end{aligned}$$

$$\begin{aligned}\overline{PR_0}(X)&=\{x\in U\mid P(X\mid R(x))>0,R(x)\neq\varnothing\}\cup\{x\in U\mid R(x)=\varnothing\}\\&=\{x\in U\mid R(x)\cap X\neq\varnothing\}\cup\{x\in U\mid R(x)=\varnothing\}\end{aligned}$$

这意味着，此时双论域上的概率粗糙集就退化为 Yan 提出的粗糙集。

类似地，可以定义逆下近似和逆上近似如下。

定义 4.2　设 (U,V,R,P) 是双论域上的概率近似空间，$\forall 0\leqslant\beta<\alpha\leqslant 1$，$T\subseteq U$，$T$ 关于 (U,V,R,P) 和参数 α、β 的逆下近似和逆上近似分别定义如下

$$\underline{PR_\alpha}^{-1}(T)=\{y\in V\mid P(T\mid R^{-1}(y))\geqslant\alpha,R^{-1}(y)\neq\varnothing\}$$

$$\overline{PR_\beta}^{-1}(T)=\{y\in V\mid P(T\mid R^{-1}(y))>\beta,R^{-1}(y)\neq\varnothing\}\cup\{y\in V\mid R^{-1}(y)=\varnothing\}$$

其中，$R^{-1}(y)=\{x\in U\mid (x,y)\in R\}$。$(\underline{PR_\alpha}^{-1}(T),\overline{PR_\beta}^{-1}(T))$ 称为双论域上的逆概率粗糙集模型。

注 4.2　如果 $\alpha=1$，$\beta=0$ 且 $P(T\mid R^{-1}(y))=\dfrac{|T\cap R^{-1}(y)|}{|R^{-1}(y)|}$，则

$$\begin{aligned}\underline{PR_1}^{-1}(T)&=\{y\in V\mid P(T\mid R^{-1}(y))\geqslant 1,R^{-1}(y)\neq\varnothing\}\\&=\{y\in V\mid R^{-1}(y)\subseteq T,R^{-1}(y)\neq\varnothing\}\end{aligned}$$

$$\begin{aligned}\overline{PR_0}^{-1}(T)&=\{y\in V\mid P(T\mid R^{-1}(y))>0,R^{-1}(x)\neq\varnothing\}\cup\{y\in V\mid R^{-1}(y)=\varnothing\}\\&=\{y\in V\mid R^{-1}(y)\cap T\neq\varnothing\}\cup\{y\in V\mid R^{-1}(y)=\varnothing\}\end{aligned}$$

这意味着，此时双论域上的逆概率粗糙集模型就退化为 Yan 提出的逆粗糙集模型。

定理 4.1　设 (U,V,R,P) 是双论域上的概率近似空间，$\forall 0\leqslant\beta<\alpha\leqslant 1$，$X,Y\subseteq V$，下近似算子 $\underline{PR_\alpha}$ 和上近似算子 $\overline{PR_\beta}$ 具有下列性质。

（1）$\underline{PR_\alpha}(X)\subseteq\overline{PR_\beta}(X)$。

（2）$\underline{PR_\alpha}(\varnothing)=\varnothing$，$\overline{PR_\beta}(V)=U$。

（3）$\underline{PR_\alpha}(X\cap Y)\subseteq\underline{PR_\alpha}(X)\cap\underline{PR_\alpha}(Y)$，$\overline{PR_\beta}(X\cup Y)\supseteq\overline{PR_\beta}(X)\cup\overline{PR_\beta}(Y)$。

（4）$\underline{PR_\alpha}(X\cup Y)\supseteq\underline{PR_\alpha}(X)\cup\underline{PR_\alpha}(Y)$，$\overline{PR_\beta}(X\cap Y)\subseteq\overline{PR_\beta}(X)\cap\overline{PR_\beta}(Y)$。

（5）如果 $X\subseteq Y$，则 $\underline{PR_\alpha}(X)\subseteq\underline{PR_\alpha}(Y)$ 且 $\overline{PR_\beta}(X)\subseteq\overline{PR_\beta}(Y)$。

（6）$\underline{PR_\alpha}(X)=(\overline{PR_{(1-\alpha)}}(X^{c}))^{c}(\alpha>0.5)$，$\overline{PR_\beta}(X)=(\underline{PR_{1-\beta}}(X^{c}))^{c}(\beta<0.5)$。

（7）如果 $0<\alpha_1\leqslant\alpha_2\leqslant 1$ 且 $0\leqslant\beta_1\leqslant\beta_2<1$，则 $\underline{PR_{\alpha_2}}(X)\subseteq\underline{PR_{\alpha_1}}(X)$ 且 $\overline{PR_{\beta_2}}(X)\subseteq\overline{PR_{\beta_1}}(X)$。

证明 仅证明性质（6）。注意到 $P(A^{c}\mid B)=1-P(A\mid B)$ 且 $(A\cup B)^{c}=A^{c}\cap B^{c}$，如果 $\alpha>0.5$，则有

$$\begin{aligned}(\overline{PR}_{(1-\alpha)}(X^{c}))^{c}&=U-(\{x\in U\mid P(X^{c}\mid R(x))>1-\alpha,R(x)\neq\varnothing\}\cup\{x\in U\mid R(x)=\varnothing\})\\&=(U-\{x\in U\mid P(X^{c}\mid R(x))>1-\alpha,R(x)\neq\varnothing\})\cap(U-\{x\in U\mid R(x)=\varnothing\})\\&=U-\{x\in U\mid P(X\mid R(x))<\alpha,R(x)\neq\varnothing\}\cap(U-\{x\in U\mid R(x)=\varnothing\})\\&=\{x\in U\mid P(X\mid R(x))\geqslant\alpha,R(x)\neq\varnothing\}\\&=\underline{PR}_{\alpha}(X)\end{aligned}$$

注意到 $(X^{c})^{c}=X$ 及 $\underline{PR}_{\alpha}(X)=(\overline{PR}_{(1-\alpha)}(X^{c}))^{c}$ $(\alpha>0.5)$，如果 $\beta<0.5$，则 $(\underline{PR}_{1-\beta}(X^{c}))^{c}=((\overline{PR}_{\beta}(X))^{c})^{c}=\overline{PR}_{\beta}(X)$。

注 4.3 一般地，$\overline{PR}_{\beta}(\varnothing)\neq\varnothing$ 且 $\underline{PR}_{\alpha}(V)\neq U$，例如，令 $U=\{x_1,x_2\}$，$V=\{y_1,y_2\}$，从 U 到 V 的二元关系 R 如表 4.1 所示。

表 4.1 注 4.3 中从 U 到 V 的二元关系 R

R	y_1	y_2
x_1	0	0
x_2	1	0

易见 $R(x_1)=\varnothing$，$R(x_2)=\{y_1\}$。由定义 4.1 可得，$\overline{PR}_{\beta}(\varnothing)=\{x_1\}\neq\varnothing$，$\underline{PR}_{\alpha}(V)=\{x_2\}\neq U$。

定理 4.2 设 (U,V,R,P) 是双论域上的概率近似空间，$\forall 0<\gamma<1$，$\forall X\subseteq V$，有如下结论。

（1）$\lim\limits_{\alpha\to\gamma^{-}}\underline{PR}_{\alpha}(X)=\bigcap\limits_{0<\alpha<\gamma}\underline{PR}_{\alpha}(X)=\underline{PR}_{\gamma}(X)$。

（2）$\lim\limits_{\beta\to\gamma^{+}}\overline{PR}_{\beta}(X)=\bigcup\limits_{1>\beta>\gamma}\overline{PR}_{\beta}(X)=\overline{PR}_{\gamma}(X)$。

证明 （1）由定理 4.1 的性质（7）知，$\lim\limits_{\alpha\to\gamma^{-}}\underline{PR}_{\alpha}(X)=\bigcap\limits_{0<\alpha<\gamma}\underline{PR}_{\alpha}(X)$，且如果 $\alpha<\gamma$，则 $\underline{PR}_{\alpha}(X)\supseteq\underline{PR}_{\gamma}(X)$。因此 $\lim\limits_{\alpha\to\gamma^{-}}\underline{PR}_{\alpha}(X)=\bigcap\limits_{0<\alpha<\gamma}\underline{PR}_{\alpha}(X)\supseteq\underline{PR}_{\gamma}(X)$。

反过来，$\forall x\in\bigcap\limits_{0<\alpha<\gamma}\underline{PR}_{\alpha}(X)$，有 $P(X\mid R(x))\geqslant\alpha(\forall 0<\alpha<\gamma)$。则 $P(X\mid R(x))\geqslant\gamma$ 意味着 $x\in\underline{PR}_{\gamma}(X)$。否则，如果 $P(X\mid R(x))<\gamma$，取 $\alpha=\dfrac{P(X\mid R(x))+\gamma}{2}$，则 $0<\alpha<\gamma$，但 $P(X\mid R(x))<\alpha$，产生矛盾。所以 $\bigcap\limits_{0<\alpha<\gamma}\underline{PR}_{\alpha}(X)\subseteq\underline{PR}_{\gamma}(X)$。

因此 $\lim\limits_{\alpha\to\gamma^{-}}\underline{PR}_{\alpha}(X)=\bigcap\limits_{0<\alpha<\gamma}\underline{PR}_{\alpha}(X)=\underline{PR}_{\gamma}(X)$。

（2）由定理 4.1 的性质（7），有 $\lim\limits_{\beta\to\gamma^{+}}\overline{PR}_{\beta}(X)=\bigcup\limits_{1>\beta>\gamma}\overline{PR}_{\beta}(X)$，且如果 $\beta>\gamma$，则 $\overline{PR}_{\beta}(X)\subseteq\overline{PR}_{\gamma}(X)$。因此 $\lim\limits_{\beta\to\gamma^{+}}\overline{PR}_{\beta}(X)=\bigcup\limits_{1>\beta>\gamma}\overline{PR}_{\beta}(X)\subseteq\overline{PR}_{\gamma}(X)$。

反过来，$\forall x \in \overline{PR}_\gamma(X)$，有 $R(x)=\varnothing$ 或 $P(X \mid R(x)) > \gamma (R(x) \neq \varnothing)$。

（1）如果 $R(x)=\varnothing$，显然 $x \in \bigcup_{1>\beta>\gamma} \overline{PR}_\beta(X)$。

（2）如果 $P(X \mid R(x)) > \gamma (R(x) \neq \varnothing)$，取 $\beta = \dfrac{P(X \mid R(x)) + \gamma}{2}$，则 $1 > \beta > \gamma$ 且 $P(X \mid R(x)) > \beta$，这意味着 $x \in \bigcup_{1>\beta>\gamma} \overline{PR}_\beta(X)$。

所以 $\lim_{\beta \to \gamma^+} \overline{PR}_\beta(X) = \bigcup_{1>\beta>\gamma} \overline{PR}_\beta(X) = \overline{PR}_\gamma(X)$。

定理 4.2 表明概率下近似 $\underline{PR}_\alpha(X)$ 关于 α 是左连续的，而概率上近似 $\overline{PR}_\beta$ 关于 β 是右连续的。

定理 4.3　设 (U,V,R,P) 是双论域上的概率近似空间，$\forall 0<\gamma<1$，$\forall X \subseteq V$，有如下结论。

（1）$\lim_{\alpha \to \gamma^+} \underline{PR}_\alpha(X) = \bigcup_{1 \geqslant \alpha > \gamma} \underline{PR}_\alpha(X) \subseteq \overline{PR}_\gamma(X)$。

（2）$\lim_{\beta \to \gamma^-} \overline{PR}_\beta(X) = \bigcap_{0 \leqslant \beta < \gamma} \overline{PR}_\beta(X) \supseteq \underline{PR}_\gamma(X)$。

（3）
$$\begin{aligned}\lim_{\alpha \to \gamma^+, \beta \to \gamma^-} \mathrm{BND}_{PR_{(\alpha,\beta)}}(X) &= \bigcap_{0 \leqslant \beta < \gamma < \alpha \leqslant 1} (\overline{PR}_\beta(X) - \underline{PR}_\alpha(X)) \\ &\supseteq \underline{PR}_\gamma(X) - \overline{PR}_\gamma(X) \\ &= \{x \in U \mid P(X \mid R(x)) = \gamma, R(x) \neq \varnothing\}。\end{aligned}$$

证明　（1）由定理 4.1 的性质（7），有 $\lim_{\alpha \to \gamma^+} \underline{PR}_\alpha(X) = \bigcup_{1 \geqslant \alpha > \gamma} \underline{PR}_\alpha(X)$。根据定义 4.1，如果 $\alpha > \gamma$，则有

$$\begin{aligned}\underline{PR}_\alpha(X) &= \{x \in U \mid P(X \mid R(x)) \geqslant \alpha, R(x) \neq \varnothing\} \\ &\subseteq \{x \in U \mid P(X \mid R(x)) > r, R(x) \neq \varnothing\} \cup \{x \in U \mid R(x) = \varnothing\} \\ &= \overline{PR}_\gamma(X)\end{aligned}$$

这意味着 $\bigcup_{1 \geqslant \alpha > \gamma} \underline{PR}_\alpha(X) \subseteq \overline{PR}_\gamma(X)$。

因此 $\lim_{\alpha \to \gamma^+} \underline{PR}_\alpha(X) = \bigcup_{1 \geqslant \alpha > \gamma} \underline{PR}_\alpha(X) \subseteq \overline{PR}_\gamma(X)$。

（2）由定理 4.1 的性质（7），有 $\lim_{\beta \to \gamma^-} \overline{PR}_\beta(X) = \bigcap_{0 \leqslant \beta < \gamma} \overline{PR}_\beta(X)$。

根据定义 4.1，如果 $\beta < \gamma$，则有

$$\begin{aligned}\overline{PR}_\beta(X) &= \{x \in U \mid P(X \mid R(x)) > \beta, R(x) \neq \varnothing\} \\ &\supseteq \{x \in U \mid P(X \mid R(x)) \geqslant \gamma, R(x) \neq \varnothing\} \\ &= \underline{PR}_\gamma(X)\end{aligned}$$

这意味着 $\bigcap_{0 \leqslant \beta < \gamma} \overline{PR}_\beta(X) \supseteq \underline{PR}_\gamma(X)$。

因此 $\lim\limits_{\beta\to\gamma^-}\overline{PR}_\beta(X)=\bigcap\limits_{0\leqslant\beta<\gamma}\overline{PR}_\beta(X)\supseteq\underline{PR}_\gamma(X)$。

(3) 根据结论 (1) 和结论 (2) 的证明可知，如果 $\beta<\gamma<\alpha$，则 $\underline{PR}_\alpha(X)\subseteq\overline{PR}_\gamma(X)$ 且 $\overline{PR}_\beta(X)\supseteq\underline{PR}_\gamma(X)$。因此 $\overline{PR}_\beta(X)-\underline{PR}_\alpha(X)\supseteq\underline{PR}_\gamma(X)-\overline{PR}_\gamma(X)$，这就意味着 $\bigcap\limits_{0\leqslant\beta<\gamma<\alpha\leqslant1}(\overline{PR}_\beta(X)-\underline{PR}_\alpha(X))\supseteq\underline{PR}_\gamma(X)-\overline{PR}_\gamma(X)=\{x\in U\mid P(X\mid R(x))=\gamma,R(x)\neq\varnothing\}$。

由定理 4.1 的性质 (7) 知，边界区域 $\mathrm{BND}_{PR_{(\alpha,\beta)}}(X)$ 当 β 增大、α 减小时减小，则

$$\lim_{\alpha\to\gamma^+,\beta\to\gamma^-}\mathrm{BND}_{PR_{(\alpha,\beta)}}(X)=\bigcap_{0\leqslant\beta<\gamma<\alpha\leqslant1}(\overline{PR}_\beta(X)-\underline{PR}_\alpha(X))$$

故

$$\begin{aligned}\lim_{\alpha\to\gamma^+,\beta\to\gamma^-}\mathrm{BND}_{PR_{(\alpha,\beta)}}(X)&=\bigcap_{0\leqslant\beta<\gamma<\alpha\leqslant1}(\overline{PR}_\beta(X)-\underline{PR}_\alpha(X))\\&\supseteq\underline{PR}_\gamma(X)-\overline{PR}_\gamma(X)\\&=\{x\in U\mid P(X\mid R(x))=\gamma,R(x)\neq\varnothing\}\end{aligned}$$

定理 4.3 中的包含符号一般不能换成相等符号，那么什么条件可以换成等号呢？下面的定理 4.4 对此进行了回答。

定理 4.4 设 (U,V,R,P) 是双论域上的概率近似空间，$\forall 0<\gamma<1$，$\forall X\subseteq V$，如果 R 是一个串行的二元关系，即 $\forall x\in U$，存在 $y\in V$ 使得 $(x,y)\in R$，则有如下结论。

(1) $\lim\limits_{\alpha\to\gamma^+}\underline{PR}_\alpha(X)=\bigcup\limits_{1\geqslant\alpha>\gamma}\underline{PR}_\alpha(X)=\overline{PR}_\gamma(X)$。

(2) $\lim\limits_{\beta\to\gamma^-}\overline{PR}_\beta(X)=\bigcap\limits_{0\leqslant\beta<\gamma}\overline{PR}_\beta(X)=\underline{PR}_\gamma(X)$。

(3) $$\begin{aligned}\lim_{\alpha\to\gamma^+,\beta\to\gamma^-}\mathrm{BND}_{PR_{(\alpha,\beta)}}(X)&=\bigcap_{0\leqslant\beta<\gamma<\alpha\leqslant1}(\overline{PR}_\beta(X)-\underline{PR}_\alpha(X))\\&=\underline{PR}_\gamma(X)-\overline{PR}_\gamma(X)\\&=\{x\in U\mid P(X\mid R(x))=\gamma,R(x)\neq\varnothing\}\end{aligned}$$。

证明 如果 R 是串行的，则 $\forall x\in U$，$R(x)\neq\varnothing$，从而

$$\underline{PR}_\alpha(X)=\{x\in U\mid P(X\mid R(x))\geqslant\alpha\}$$

$$\overline{PR}_\beta(X)=\{x\in U\mid P(X\mid R(x))>\beta\}$$

利用此结论，后面的证明类似于定理 4.3。

注 4.4 $\forall 0<\gamma<1$，一般地，$\lim\limits_{\alpha\to\gamma^+}\underline{PR}_\alpha(X)\neq\underline{PR}_\gamma(X)$ 且 $\lim\limits_{\beta\to\gamma^-}\overline{PR}_\beta(X)\neq\overline{PR}_\gamma(X)$。例如，$U=\{x_1,x_2,x_3,x_4,x_5\}$，$V=\{y_1,y_2,y_3,y_4\}$。从 U 到 V 的二元关系 R 如表 4.2 所示。

表 4.2 注 4.4 中从 U 到 V 的二元关系 R

R	y_1	y_2	y_3	y_4
x_1	1	0	1	1
x_2	0	0	1	1

续表

R	y_1	y_2	y_3	y_4
x_3	1	1	1	1
x_4	1	1	1	1
x_5	0	1	1	0

取 $X=\{y_2,y_3,y_4\}$ 且 $P(X\mid R(x))=\dfrac{|X\cap R(x)|}{|R(x)|}$，$\gamma=0.5$，则

$$P(X\mid R(x_1))=\frac{2}{3},\quad P(X\mid R(x_2))=1$$

$$P(X\mid R(x_3))=P(X\mid R(x_4))=\frac{1}{2},\quad P(X\mid R(x_5))=1$$

从而 $\underline{PR}_{0.5}(X)=U$，$\overline{PR}_{0.5}(X)=\{x_1,x_2,x_5\}$，由定理 4.4 知

$$\lim_{\alpha\to 0.5^+}\underline{PR}_\alpha(X)=\{x_1,x_2,x_5\},\quad \lim_{\beta\to 0.5^-}\overline{PR}_\beta(X)=U$$

故 $\lim\limits_{\alpha\to 0.5^+}\underline{PR}_\alpha(X)\neq\underline{PR}_{0.5}(X)$ 且 $\lim\limits_{\beta\to 0.5^-}\overline{PR}_\beta(X)\neq\overline{PR}_{0.5}(X)$。

定义 4.3　设 (U,V,R,P) 是双论域上的概率近似空间，$\forall 0\leqslant\beta<\alpha\leqslant 1$，$X\subseteq V$，$X$ 关于 (U,V,R,P) 和 α、β 的近似精度定义如下

$$\rho_{PR_{(\alpha,\beta)}}(X)=\begin{cases}\dfrac{|\underline{PR}_\alpha(X)|}{|\overline{PR}_\beta(X)|}, & \overline{PR}_\beta(X)\neq\varnothing\\ 1, & \overline{PR}_\beta(X)=\varnothing\end{cases}$$

其中，$|\cdot|$ 表示集合的势。

令 $\mu_{PR_{(\alpha,\beta)}}(X)=1-\rho_{PR_{(\alpha,\beta)}}(X)$，称为 X 关于 (U,V,R,P) 和 α、β 的近似粗糙度。

易见，$0\leqslant\rho_{PR_{(\alpha,\beta)}}(X)\leqslant 1$ 且 $0\leqslant\mu_{PR_{(\alpha,\beta)}}(X)\leqslant 1$。

定理 4.5　近似精度 $\rho_{PR_{(\alpha,\beta)}}(X)$ 和近似粗糙度 $\mu_{PR_{(\alpha,\beta)}}(X)$ 具有下列性质。

（1）$\rho_{PR_{(\alpha,\beta)}}(X\cup Y)|\overline{PR}_\beta(X)\cup\overline{PR}_\beta(Y)|\leqslant\rho_{PR_{(\alpha,\beta)}}(X)|\overline{PR}_\beta(X)|+\rho_{PR_{(\alpha,\beta)}}(Y)|\overline{PR}_\beta(Y)|$ $-\rho_{PR_{(\alpha,\beta)}}(X\cap Y)|\overline{PR}_\beta(X)\cap\overline{PR}_\beta(Y)|$。

（2）$\mu_{PR_{(\alpha,\beta)}}(X\cup Y)|\overline{PR}_\beta(X)\cup\overline{PR}_\beta(Y)|\geqslant\mu_{PR_{(\alpha,\beta)}}(X)|\overline{PR}_\beta(X)|+\mu_{PR_{(\alpha,\beta)}}(Y)|\overline{PR}_\beta(Y)|$ $-\mu_{PR_{(\alpha,\beta)}}(X\cap Y)|\overline{PR}_\beta(X)\cap\overline{PR}_\beta(Y)|$。

证明　（1）根据近似精度的定义，有

$$\rho_{PR_{(\alpha,\beta)}}(X\cup Y)=\frac{|\underline{PR}_\alpha(X\cup Y)|}{|\overline{PR}_\beta(X\cup Y)|}\geqslant\frac{|\underline{PR}_\alpha(X)\cup\underline{PR}_\alpha(Y)|}{|\overline{PR}_\beta(X)\cup\overline{PR}_\beta(Y)|}$$

则

$$\rho_{PR_{(\alpha,\beta)}}(X\cup Y)\left|\overline{PR}_{\beta}(X)\cup\overline{PR}_{\beta}(Y)\right|\geqslant\left|\underline{PR}_{\alpha}(X)\cup\underline{PR}_{\alpha}(Y)\right|$$

类似可得

$$\rho_{PR_{(\alpha,\beta)}}(X\cap Y)\left|\overline{PR}_{\beta}(X)\cap\overline{PR}_{\beta}(Y)\right|\geqslant\left|\underline{PR}_{\alpha}(X)\cap\underline{PR}_{\alpha}(Y)\right|$$

则

$$\begin{aligned}&\rho_{PR_{(\alpha,\beta)}}(X\cup Y)\left|\overline{PR}_{\beta}(X)\cup\overline{PR}_{\beta}(Y)\right|+\rho_{PR_{(\alpha,\beta)}}(X\cap Y)\left|\overline{PR}_{\beta}(X)\cap\overline{PR}_{\beta}(Y)\right|\\&\geqslant\left|\underline{PR}_{\alpha}(X)\cup\underline{PR}_{\alpha}(Y)\right|+\left|\underline{PR}_{\alpha}(X)\cap\underline{PR}_{\alpha}(Y)\right|\\&=\left|\underline{PR}_{\alpha}(X)\right|+\left|\underline{PR}_{\alpha}(Y)\right|\\&=\rho_{PR_{(\alpha,\beta)}}(X)\left|\overline{PR}_{\beta}(X)\right|+\rho_{PR_{(\alpha,\beta)}}(Y)\left|\overline{PR}_{\beta}(Y)\right|\end{aligned}$$

故

$$\begin{aligned}\rho_{PR_{(\alpha,\beta)}}(X\cup Y)\left|\overline{PR}_{\beta}(X)\cup\overline{PR}_{\beta}(Y)\right|\geqslant&\ \rho_{PR_{(\alpha,\beta)}}(X)\left|\overline{PR}_{\beta}(X)\right|+\rho_{PR_{(\alpha,\beta)}}(Y)\left|\overline{PR}_{\beta}(Y)\right|\\&-\rho_{PR_{(\alpha,\beta)}}(X\cap Y)\left|\overline{PR}_{\beta}(X)\cap\overline{PR}_{\beta}(Y)\right|\end{aligned}$$

（2）类似结论（1）可证。

4.1.2 应用实例

下面阐述本节提出的概率粗糙集模型的应用。

一般地，一种疾病总是有多个基本症状，$\forall X\subseteq V$，X 表示具有症状 $\{y_i \mid y_i\in X\}$ 的某种疾病。给定一个患者 x，利用三支决策理论有如下结论。

（1）如果他属于 $\mathrm{POS}_{PR_{\alpha}}(X)=\underline{PR}_{\alpha}(X)$，则认为该患者感染了疾病 X，需立即治疗。

（2）如果他属于 $\mathrm{BND}_{PR_{(\alpha,\beta)}}(X)=\overline{PR}_{\beta}(X)-\underline{PR}_{\alpha}(X)$，则认为该患者可能感染了疾病 X，需进一步确诊。

（3）如果他属于 $\mathrm{NEG}_{PR_{\beta}}(X)$，则认为该患者没有感染疾病 X，不需治疗。

例 4.1 设 $U=\{x_1,x_1,x_3,x_4,x_5,x_6\}$ 表示患者的集合，$V=\{y_1,y_1,y_3,y_4\}$ 表示症状的集合。从 U 到 V 的二元关系 R 如表 4.3 所示。

表 4.3 例 4.1 中从 U 到 V 的二元关系 R

R	y_1	y_2	y_3	y_4
x_1	1	0	1	1
x_2	0	0	1	0
x_3	0	1	0	1
x_4	1	0	1	1
x_5	0	1	0	0
x_6	1	0	0	1

易见

$$R(x_1)=\{y_1,y_3,y_4\},\quad R(x_2)=\{y_3\},\quad R(x_3)=\{y_2,y_4\}$$

$$R(x_4)=\{y_1,y_3\},\quad R(x_5)=\{y_2\},\quad R(x_6)=\{y_1,y_4\}$$

设 $X=\{y_1,y_2\}$ 表示具有症状 y_1、y_2 的一种疾病。取 $\alpha=\dfrac{2}{3}$，$\beta=\dfrac{1}{3}$，通过计算可得

$$\underline{PR}_{\frac{2}{3}}(X)=\{x_5\},\quad \overline{PR}_{\frac{1}{3}}(X)=\{x_3,x_4,x_5,x_6\}$$

从而

$$\mathrm{BND}_{PR_{\left(\frac{2}{3},\frac{1}{3}\right)}}(X)=\{x_3,x_4,x_6\},\quad \mathrm{NEG}_{PR_{\frac{1}{3}}}(X)=\{x_1,x_2\}$$

故可得以下结论。

（1）患者 x_5 感染了疾病 X，需立即治疗。

（2）患者 x_3、x_4、x_6 可能感染了疾病 X，需进一步确诊。

（3）患者 x_1、x_2 没有感染疾病 X，不需治疗。

4.2　双论域上的模糊概率粗糙集

4.2.1　双论域上模糊概率粗糙集的概念与性质

定义 4.4　设 U、V 是两个非空有限论域，R 是从 U 到 V 的一个模糊关系，P 是定义在由 V 的子集构成的 σ 代数上的概率测度，(U,V,R,P) 称为双论域上的模糊概率近似空间。$\forall\lambda\in(0,1]$，$0\leqslant\beta<\alpha\leqslant1$，$X\subseteq V$，$X$ 关于 (U,V,R,P) 和参数 λ、α、β 的下近似、上近似分别定义如下

$$\underline{PR}_{(\lambda,\alpha)}(X)=\{x\in U\mid P(X\mid R_\lambda(x))\geqslant\alpha,R_\lambda(x)\neq\varnothing\}$$

$$\overline{PR}_{(\lambda,\beta)}(X)=\{x\in U\mid P(X\mid R_\lambda(x))>\beta,R_\lambda(x)\neq\varnothing\}\cup\{x\in U\mid R_\lambda(x)=\varnothing\}$$

其中，$R_\lambda(x)=\{y\in V\mid R(x,y)\geqslant\lambda\}$，称 $(\underline{PR}_{(\lambda,\alpha)}(X),\overline{PR}_{(\lambda,\beta)}(X))$ 为双论域上的模糊概率粗糙集。

进一步，X 关于 (U,V,R,P) 和参数 λ、α、β 的正域、负域和边界域分别定义如下

$$\mathrm{POS}_{PR_{(\lambda,\alpha)}}(X)=\underline{PR}_{(\lambda,\alpha)}(X)=\{x\in U\mid P(X\mid R_\lambda(x))\geqslant\alpha,R_\lambda(x)\neq\varnothing\}$$

$$\mathrm{NEG}_{PR_{(\lambda,\beta)}}(X)=U-\overline{PR}_{(\lambda,\beta)}(X)=\{x\in U\mid P(X\mid R_\lambda(x))\leqslant\beta,R_\lambda(x)\neq\varnothing\}$$

$$\mathrm{BND}_{PR_{(\lambda,\alpha,\beta)}}(X)=\overline{PR}_{(\lambda,\beta)}(X)-\underline{PR}_{(\lambda,\alpha)}(X)=\{x\in U\mid \beta<P(X\mid R_\lambda(x))<\alpha,R_\lambda(x)\neq\varnothing\}\cup\{x\in U\mid R_\lambda(x)=\varnothing\}$$

注 4.5　(1) 如果 $U=V$，则双论域上的模糊概率粗糙集就退化为单论域上的模糊概率粗糙集。

(2) 如果 $P(X\mid R_\lambda(x))=\dfrac{|X\cap R_\lambda(x)|}{|R_\lambda(x)|}$，$\alpha=1$ 且 $\beta=0$，则

$$\begin{aligned}\underline{PR}_{(\lambda,1)}(X)&=\{x\in U\mid P(X\mid R_\lambda(x))\geqslant 1,R_\lambda(x)\neq\varnothing\}\\&=\{x\in U\mid R_\lambda(x)\subseteq X,R_\lambda(x)\neq\varnothing\}\end{aligned}$$

$$\begin{aligned}\overline{PR}_{(\lambda,0)}(X)&=\{x\in U\mid P(X\mid R_\lambda(x))>0,R_\lambda(x)\neq\varnothing\}\cup\{x\in U\mid R_\lambda(x)=\varnothing\}\\&=\{x\in U\mid R_\lambda(x)\cap X\neq\varnothing\}\cup\{x\in U\mid R_\lambda(x)=\varnothing\}\end{aligned}$$

这意味着，此时，如果 R 是分明的二元关系（注意到 $R_\lambda(x)=R(x)$ ），则模糊概率粗糙集模型就退化为 Yan 提出的粗糙集模型。

(3) 如果 R 是从 U 到 V 的一个一般二元关系，注意到 $R_\lambda(x)=R(x)(\forall x\in U)$，则模糊概率粗糙集模型就退化为定义 4.1 中的概率粗糙集模型。

类似地，可以定义逆下近似和逆上近似如下。

定义 4.5　设 (U,V,R,P) 是双论域上的模糊概率近似空间，$\forall\lambda\in(0,1]$，$0\leqslant\beta<\alpha\leqslant 1$，$T\subseteq U$，$T$ 关于 (U,V,R,P) 和参数 λ、α、β 的逆下近似和逆上近似分别定义如下

$$\underline{PR}^{-1}_{(\lambda,\alpha)}(T)=\{y\in V\mid P(T\mid R_\lambda^{-1}(y))\geqslant\alpha,R_\lambda^{-1}(y)\neq\varnothing\}$$

$$\overline{PR}^{-1}_{(\lambda,\beta)}(T)=\{y\in V\mid P(T\mid R_\lambda^{-1}(y))>\beta,R_\lambda^{-1}(y)\neq\varnothing\}\cup\{y\in V\mid R_\lambda^{-1}(y)=\varnothing\}$$

其中，$R_\lambda^{-1}(y)=\{x\in U\mid R(x,y)\geqslant\lambda\}$。$(\underline{PR}^{-1}_{(\lambda,\alpha)}(T),\overline{PR}^{-1}_{(\lambda,\beta)}(T))$ 称为逆模糊概率粗糙集模型。

注 4.6　如 $P(T\mid R_\lambda^{-1}(y))=\dfrac{|T\cap R_\lambda^{-1}(y)|}{|R_\lambda^{-1}(y)|}$，$\alpha=1$ 且 $\beta=0$，则

$$\begin{aligned}\underline{PR}^{-1}_{(\lambda,1)}(T)&=\{y\in V\mid P(T\mid R_\lambda^{-1}(y))\geqslant 1,R_\lambda^{-1}(y)\neq\varnothing\}\\&=\{y\in V\mid R_\lambda^{-1}(y)\subseteq T,R_\lambda^{-1}(y)\neq\varnothing\}\end{aligned}$$

$$\begin{aligned}\overline{PR}^{-1}_{(\lambda,0)}(T)&=\{y\in V\mid P(T\mid R_\lambda^{-1}(y))>0,R_\lambda^{-1}(y)\neq\varnothing\}\cup\{y\in V\mid R_\lambda^{-1}(y)=\varnothing\}\\&=\{y\in V\mid R_\lambda^{-1}(y)\cap T\neq\varnothing,R_\lambda^{-1}(y)\neq\varnothing\}\cup\{y\in V\mid R_\lambda^{-1}(y)=\varnothing\}\end{aligned}$$

这意味着，此时，如果 R 是一个分明的二元关系（注意到 $R_\lambda^{-1}(y)=R^{-1}(y)$ ），则逆模糊概率粗糙集模型就退化为 Yan 提出的逆粗糙集模型。

定理 4.6　设 (U,V,R,P) 是双论域上的模糊概率近似空间，$\forall\lambda\in(0,1]$，$\forall 0\leqslant\beta<\alpha\leqslant 1$，$X,Y\subseteq V$，则下近似算子 $\underline{PR}_{(\lambda,\alpha)}$ 和上近似算子 $\overline{PR}_{(\lambda,\beta)}$ 具有下列性质。

(1) $\underline{PR}_{(\lambda,\alpha)}(X)\subseteq\overline{PR}_{(\lambda,\beta)}(X)$。

（2）$\underline{PR}_{(\lambda,\alpha)}(\varnothing)=\varnothing$，$\overline{PR}_{(\lambda,\beta)}(V)=U$。

（3）$\underline{PR}_{(\lambda,\alpha)}(X\cap Y)\subseteq\underline{PR}_{(\lambda,\alpha)}(X)\cap\underline{PR}_{(\lambda,\alpha)}(Y)$，$\overline{PR}_{(\lambda,\beta)}(X\cup Y)\supseteq\overline{PR}_{(\lambda,\beta)}(X)\cup\overline{PR}_{(\lambda,\beta)}(Y)$。

（4）$\underline{PR}_{(\lambda,\alpha)}(X\cup Y)\supseteq\underline{PR}_{(\lambda,\alpha)}(X)\cup\underline{PR}_{(\lambda,\alpha)}(Y)$，$\overline{PR}_{(\lambda,\beta)}(X\cap Y)\subseteq\overline{PR}_{(\lambda,\beta)}(X)\cap\overline{PR}_{(\lambda,\beta)}(Y)$。

（5）如果 $X\subseteq Y$，则 $\underline{PR}_{(\lambda,\alpha)}(X)\subseteq\underline{PR}_{(\lambda,\alpha)}(Y)$ 且 $\overline{PR}_{(\lambda,\beta)}(X)\subseteq\overline{PR}_{(\lambda,\beta)}(Y)$。

（6）$\underline{PR}_{(\lambda,\alpha)}(X)=(\overline{PR}_{(\lambda,1-\alpha)}(X^{c}))^{c}(\alpha>0.5)$，$\overline{PR}_{(\lambda,\beta)}(X)=(\underline{PR}_{(\lambda,1-\beta)}(X^{c}))^{c}(\beta<0.5)$。

（7）如果 $0<\alpha_1\leqslant\alpha_2\leqslant1$ 且 $0\leqslant\beta_1\leqslant\beta_2<1$，则 $\underline{PR}_{(\lambda,\alpha_2)}(X)\subseteq\underline{PR}_{(\lambda,\alpha_1)}(X)$ 且 $\overline{PR}_{(\lambda,\beta_2)}(X)\subseteq\overline{PR}_{(\lambda,\beta_1)}(X)$。

证明　类似于定理 4.1。

注 4.7　一般地，$\overline{PR}_{(\lambda,\beta)}(\varnothing)\neq\varnothing$ 且 $\underline{PR}_{(\lambda,\alpha)}(V)\neq U$，例如，令 $U=\{x_1,x_2\}$，$V=\{y_1,y_2\}$，从 U 到 V 的模糊关系 R 如表 4.4 所示。

表 4.4　注 4.7 中从 U 到 V 的模糊关系 R

R	y_1	y_2
x_1	0.23	0.44
x_2	0.51	0.78

取 $\lambda=0.45$，$\alpha=0.22$ 且 $\beta=0.16$，则 $\overline{PR}_{(\lambda,\beta)}(\varnothing)=\{x_1\}\neq\varnothing$，$\underline{PR}_{(\lambda,\alpha)}(V)=\{x_2\}\neq U$。

定理 4.7　设 (U,V,R,P) 是双论域上的模糊概率近似空间，$\forall 0<\gamma<1$，$X\subseteq V$，有如下结论。

（1）$\lim\limits_{\alpha\to\gamma^-}\underline{PR}_{(\lambda,\alpha)}(X)=\bigcap\limits_{0<\alpha<\gamma}\underline{PR}_{(\lambda,\alpha)}(X)=\underline{PR}_{(\lambda,\gamma)}(X)$。

（2）$\lim\limits_{\beta\to\gamma^+}\overline{PR}_{(\lambda,\beta)}(X)=\bigcup\limits_{1>\beta>\gamma}\overline{PR}_{(\lambda,\beta)}(X)=\overline{PR}_{(\lambda,\gamma)}(X)$。

证明　(1)由定理 4.6 的性质(7)知，$\lim\limits_{\alpha\to\gamma^-}\underline{PR}_{(\lambda,\alpha)}(X)=\bigcap\limits_{0<\alpha<\gamma}\underline{PR}_{(\lambda,\alpha)}(X)$，且如果 $\alpha<\gamma$，则 $\underline{PR}_{(\lambda,\alpha)}(X)\supseteq\underline{PR}_{(\lambda,\gamma)}(X)$。因此 $\lim\limits_{\alpha\to\gamma^-}\underline{PR}_{(\lambda,\alpha)}(X)=\bigcap\limits_{0<\alpha<\gamma}\underline{PR}_{(\lambda,\alpha)}(X)\supseteq\underline{PR}_{(\lambda,\gamma)}(X)$。

反过来，$\forall x\in\bigcap\limits_{0<\alpha<\gamma}\underline{PR}_{(\lambda,\alpha)}(X)$，有 $P(X\,|\,R_\lambda(x))\geqslant\alpha(\forall 0<\alpha<\gamma)$，则 $P(X\,|\,R_\lambda(x))\geqslant\gamma$，这说明 $\forall x\in\underline{PR}_{(\lambda,\gamma)}(X)$。这是因为，如果 $P(X\,|\,R_\lambda(x))<\gamma$，取 $\alpha=\dfrac{P(X\,|\,R_\lambda(x))+\gamma}{2}$，则 $\forall 0<\alpha<\gamma$，然而 $P(X\,|\,R_\lambda(x))<\alpha$，产生矛盾。

所以 $\lim\limits_{\alpha\to\gamma^-}\underline{PR}_{(\lambda,\alpha)}(X)=\bigcap\limits_{0<\alpha<\gamma}\underline{PR}_{(\lambda,\alpha)}(X)=\underline{PR}_{(\lambda,\gamma)}(X)$。

（2）由定理 4.6 的性质（7），有 $\lim\limits_{\beta\to\gamma^+}\overline{PR}_{(\lambda,\beta)}(X)=\bigcup\limits_{1>\beta>\gamma}\overline{PR}_{(\lambda,\beta)}(X)$，且如果 $\beta>\gamma$，

则 $\overline{PR}_{(\lambda,\beta)}(X)\subseteq\overline{PR}_{(\lambda,\gamma)}(X)$。因此 $\lim\limits_{\beta\to\gamma^+}\overline{PR}_{(\lambda,\beta)}(X)=\bigcup\limits_{1>\beta>\gamma}\overline{PR}_{(\lambda,\beta)}(X)\subseteq\overline{PR}_{(\lambda,\gamma)}(X)$。

反过来，$\forall x\in\overline{PR}_{(\lambda,\gamma)}(X)$，有 $R_\lambda(x)=\varnothing$ 或 $P(X\mid R_\lambda(x))>\gamma(R_\lambda(x)\neq\varnothing)$。

① 如果 $R_\lambda(x)=\varnothing$，显然 $x\in\bigcup\limits_{1>\beta>\gamma}\overline{PR}_{(\lambda,\beta)}(X)$。

② 如果 $P(X\mid R_\lambda(x))>\gamma(R_\lambda(x)\neq\varnothing)$，取 $\beta=\dfrac{P(X\mid R_\lambda(x))+\gamma}{2}$，则 $1>\beta>\gamma$ 且 $P(X\mid R_\lambda(x))>\beta$，这表明 $x\in\bigcup\limits_{1>\beta>\gamma}\overline{PR}_{(\lambda,\beta)}(X)$。

故 $\lim\limits_{\beta\to\gamma^+}\overline{PR}_{(\lambda,\beta)}(X)=\bigcup\limits_{1>\beta>\gamma}\overline{PR}_{(\lambda,\beta)}(X)=\overline{PR}_{(\lambda,\gamma)}(X)$。

定理 4.7 表明模糊概率下近似算子 $\underline{PR}_{(\lambda,\alpha)}(X)$ 关于 α 是左连续的，而模糊概率上近似算子 $\overline{PR}_{(\lambda,\beta)}(X)$ 关于 β 是右连续的。

定理 4.8　设 (U,V,R,P) 是双论域上的模糊概率近似空间，$\forall 0<\gamma<1$，$X\subseteq V$，有如下结论。

（1）$\lim\limits_{\alpha\to\gamma^+}\underline{PR}_{(\lambda,\alpha)}(X)=\bigcup\limits_{1\geqslant\alpha>\gamma}\underline{PR}_{(\lambda,\alpha)}(X)\subseteq\overline{PR}_{(\lambda,\gamma)}(X)$。

（2）$\lim\limits_{\beta\to\gamma^-}\overline{PR}_{(\lambda,\beta)}(X)=\bigcap\limits_{0\leqslant\beta<\gamma}\overline{PR}_{(\lambda,\beta)}(X)\supseteq\underline{PR}_{(\lambda,\gamma)}(X)$。

（3）
$$\begin{aligned}\lim_{\substack{\alpha\to\gamma^+\\ \beta\to\gamma^-}}\mathrm{BND}_{PR_{(\lambda,\alpha,\beta)}}(X)&=\bigcap_{0\leqslant\beta<\gamma<\alpha\leqslant 1}(\overline{PR}_{(\lambda,\beta)}(X)-\underline{PR}_{(\lambda,\alpha)}(X))\\&\supseteq\underline{PR}_{(\lambda,\gamma)}(X)-\overline{PR}_{(\lambda,\gamma)}(X)\\&=\{x\in U\mid P(X\mid R_\lambda(x))=\gamma,R_\lambda(x)\neq\varnothing\}。\end{aligned}$$

证明　（1）由定理 4.6 的性质（7），有 $\lim\limits_{\alpha\to\gamma^+}\underline{PR}_{(\lambda,\alpha)}(X)=\bigcup\limits_{1\geqslant\alpha>\gamma}\underline{PR}_{(\lambda,\alpha)}(X)$。由定义 4.4，如果 $\alpha>\gamma$，则有

$$\begin{aligned}\underline{PR}_{(\lambda,\alpha)}(X)&=\{x\in U\mid P(X\mid R_\lambda(x))\geqslant\alpha,R_\lambda(x)\neq\varnothing\}\\&\subseteq\{x\in U\mid P(X\mid R_\lambda(x))>\gamma,R_\lambda(x)\neq\varnothing\}\cup\{x\in U\mid R_\lambda(x)=\varnothing\}\\&=\overline{PR}_{(\lambda,\gamma)}(X)\end{aligned}$$

这意味着 $\bigcup\limits_{1\geqslant\alpha>\gamma}\underline{PR}_{(\lambda,\alpha)}(X)\subseteq\overline{PR}_{(\lambda,\gamma)}(X)$。

因此 $\lim\limits_{\alpha\to\gamma^+}\underline{PR}_{(\lambda,\alpha)}(X)=\bigcup\limits_{1\geqslant\alpha>\gamma}\underline{PR}_{(\lambda,\alpha)}(X)\subseteq\overline{PR}_{(\lambda,\gamma)}(X)$。

（2）由定理 4.6 的性质（7），有 $\lim\limits_{\beta\to\gamma^-}\overline{PR}_{(\lambda,\beta)}(X)=\bigcap\limits_{0\leqslant\beta<\gamma}\overline{PR}_{(\lambda,\beta)}(X)$。

根据定义 4.4，如果 $\beta<\gamma$，则有

$$\begin{aligned}\overline{PR}_{(\lambda,\beta)}(X)&=\{x\in U\mid P(X\mid R_\lambda(x))>\beta,R_\lambda(x)\neq\varnothing\}\cup\{x\in U\mid R_\lambda(x)=\varnothing\}\\&\supseteq\{x\in U\mid P(X\mid R_\lambda(x))\geqslant\gamma,R_\lambda(x)\neq\varnothing\}\\&=\underline{PR}_{(\lambda,\gamma)}(X)\end{aligned}$$

从而 $\bigcap_{0\leqslant\beta<\gamma}\overline{PR}_{(\lambda,\beta)}(X)\supseteq\underline{PR}_{(\lambda,\gamma)}(X)$。

因此 $\lim_{\beta\to\gamma^-}\overline{PR}_{(\lambda,\beta)}(X)=\bigcap_{0\leqslant\beta<\gamma}\overline{PR}_{(\lambda,\beta)}(X)\supseteq\underline{PR}_{(\lambda,\gamma)}(X)$。

(3) 由结论 (1) 和结论 (2) 的证明过程可知，若 $\beta<\gamma<\alpha$，则 $\underline{PR}_{(\lambda,\alpha)}(X)\subseteq\overline{PR}_{(\lambda,\gamma)}(X)$ 且 $\overline{PR}_{(\lambda,\beta)}(X)\supseteq\underline{PR}_{(\lambda,\gamma)}(X)$。因此 $\overline{PR}_{(\lambda,\beta)}(X)-\underline{PR}_{(\lambda,\alpha)}(X)\supseteq\underline{PR}_{(\lambda,\gamma)}(X)-\overline{PR}_{(\lambda,\gamma)}(X)$，从而

$$
\begin{aligned}
\bigcap_{0\leqslant\beta<\gamma<\alpha\leqslant 1}(\overline{PR}_{(\lambda,\beta)}(X)-\underline{PR}_{(\lambda,\alpha)}(X))&\supseteq\underline{PR}_{(\lambda,\gamma)}(X)-\overline{PR}_{(\lambda,\gamma)}(X)\\
&=\{x\in U\mid P(X\mid R_\lambda(x))=\gamma,R_\lambda(x)\neq\varnothing\}
\end{aligned}
$$

再由定理 4.6 的性质（7）知，边界区域 $\mathrm{BND}_{PR_{(\lambda,\alpha,\beta)}}(X)$ 当 β 增大、α 减小时减小，则

$$
\lim_{\substack{\alpha\to\gamma^+\\ \beta\to\gamma^-}}\mathrm{BND}_{PR_{(\lambda,\alpha,\beta)}}(X)=\bigcap_{0\leqslant\beta<\gamma<\alpha\leqslant 1}(\overline{PR}_{(\lambda,\beta)}(X)-\underline{PR}_{(\lambda,\alpha)}(X))
$$

故

$$
\begin{aligned}
\lim_{\substack{\alpha\to\gamma^+\\ \beta\to\gamma^-}}\mathrm{BND}_{PR_{(\lambda,\alpha,\beta)}}(X)&=\bigcap_{0\leqslant\beta<\gamma<\alpha\leqslant 1}(\overline{PR}_{(\lambda,\beta)}(X)-\underline{PR}_{(\lambda,\alpha)}(X))\\
&\supseteq\underline{PR}_{(\lambda,\gamma)}(X)-\overline{PR}_{(\lambda,\gamma)}(X)\\
&=\{x\in U\mid P(X\mid R_\lambda(x))=\gamma,R_\lambda(x)\neq\varnothing\}
\end{aligned}
$$

定理 4.8 中的包含符号一般不能换成相等符号，什么条件下可以换成等号呢？下面的定理 4.9 进行了回答。

定理 4.9　设 (U,V,R,P) 是双论域上的模糊概率近似空间，$\forall 0<\gamma<1$，$X\subseteq V$，如果 R 是一个串行的模糊关系，即 $\forall u\in U$，$\bigvee_{y\in V}R(x,y)=1$，则有如下结论。

（1）$\lim_{\alpha\to\gamma^+}\underline{PR}_{(\lambda,\alpha)}(X)=\bigcup_{1\geqslant\alpha>\gamma}\underline{PR}_{(\lambda,\alpha)}(X)=\overline{PR}_{(\lambda,\gamma)}(X)$。

（2）$\lim_{\beta\to\gamma^-}\overline{PR}_{(\lambda,\beta)}(X)=\bigcap_{0\leqslant\beta<\gamma}\overline{PR}_{(\lambda,\beta)}(X)=\underline{PR}_{(\lambda,\gamma)}(X)$。

（3）
$$
\begin{aligned}
\lim_{\substack{\alpha\to\gamma^+\\ \beta\to\gamma^-}}\mathrm{BND}_{PR_{(\lambda,\alpha,\beta)}}(X)&=\bigcap_{0\leqslant\beta<\gamma<\alpha\leqslant 1}(\overline{PR}_{(\lambda,\beta)}(X)-\underline{PR}_{(\lambda,\alpha)}(X))\\
&=\underline{PR}_{(\lambda,\gamma)}(X)-\overline{PR}_{(\lambda,\gamma)}(X)\\
&=\{x\in U\mid P(X\mid R_\lambda(x))=\gamma\}。
\end{aligned}
$$

证明　如果 R 是串行的模糊关系，则 $\forall u\in U$，$\bigvee_{y\in V}R(x,y)=1$。因为 U 是有限论域，则存在 $y\in V$，使得 $R(x,y)=1$，从而 $\forall x\in U$，$R_\lambda(x)\neq\varnothing$，故

$$
\underline{PR}_{(\lambda,\alpha)}(X)=\{x\in U\mid P(X\mid R_\lambda(x))\geqslant\alpha\}
$$

$$
\overline{PR}_{(\lambda,\beta)}(X)=\{x\in U\mid P(X\mid R_\lambda(x))>\beta\}
$$

利用上述结果，后续的证明类似于定理 4.8。

注 4.8　$\forall 0<\gamma<1$，一般地，$\lim\limits_{\alpha\to\gamma^+}\underline{PR}_{(\lambda,\alpha)}(X)\neq\underline{PR}_{(\lambda,\gamma)}(X)$ 及 $\lim\limits_{\beta\to\gamma^-}\overline{PR}_{(\lambda,\beta)}(X)\neq\overline{PR}_{(\lambda,\gamma)}(X)$。例如，$U=\{x_1,x_2,x_3,x_4\}$，$V=\{y_1,y_2,y_3,y_4,y_5\}$，从 U 到 V 的模糊关系 R 如表 4.5 所示。

表 4.5　注 4.8 中从 U 到 V 的模糊关系 R

R	y_1	y_2	y_3	y_4	y_5
x_1	0.2	0.1	1	0.5	0.3
x_2	0.7	0.5	0	0.4	1
x_3	1	0.1	0.8	0.3	0.2
x_4	0.6	1	0.1	0.8	0.1

取 $\lambda=0.4$，则

$$P(X\mid R_\lambda(x_1))=1,\quad P(X\mid R_\lambda(x_2))=\frac{1}{4}$$

$$P(X\mid R_\lambda(x_3))=\frac{1}{2},\quad P(X\mid R_\lambda(x_4))=\frac{1}{3}$$

从而

$$\underline{PR}_{(\lambda,\frac{1}{3})}(X)=\{x_1,x_3,x_4\},\quad \overline{PR}_{(\lambda,\frac{1}{3})}(X)=\{x_1,x_3\}$$

由定理 4.9 知

$$\lim_{\alpha\to\frac{1}{3}^+}\underline{PR}_{(\lambda,\alpha)}(X)=\{x_1,x_3\},\quad \lim_{\beta\to\frac{1}{3}^-}\overline{PR}_{(\lambda,\beta)}(X)=\{x_1,x_3,x_4\}$$

故

$$\lim_{\alpha\to\frac{1}{3}^+}\underline{PR}_{(\lambda,\alpha)}(X)\neq\underline{PR}_{\left(\lambda,\frac{1}{3}\right)}(X),\quad \lim_{\beta\to\frac{1}{3}^-}\overline{PR}_{(\lambda,\beta)}(X)\neq\overline{PR}_{\left(\lambda,\frac{1}{3}\right)}(X)$$

定义 4.6　设 (U,V,R,P) 是双论域上的模糊概率近似空间，$\forall\lambda\in(0,1]$，$0\leqslant\beta<\alpha\leqslant1$，$X\subseteq V$，$X$ 关于 (U,V,R,P) 和参数 λ、α、β 的近似精度定义如下

$$\rho_{PR_{(\lambda,\alpha,\beta)}}(X)=\begin{cases}\dfrac{\left|\underline{PR}_{(\lambda,\alpha)}(X)\right|}{\left|\overline{PR}_{(\lambda,\beta)}(X)\right|}, & \overline{PR}_{(\lambda,\beta)}(X)\neq\varnothing\\ 1, & \overline{PR}_{(\lambda,\beta)}(X)=\varnothing\end{cases}$$

其中，$|\cdot|$表示集合的势。

令 $\mu_{PR_{(\lambda,\alpha,\beta)}}(X)=1-\rho_{PR_{(\lambda,\alpha,\beta)}}(X)$，$\mu_{PR_{(\lambda,\alpha,\beta)}}(X)$ 称为 X 关于 (U,V,R,P) 的近似粗糙度。

定理 4.10 $\rho_{PR_{(\lambda,\alpha,\beta)}}(X)$和$\mu_{PR_{(\lambda,\alpha,\beta)}}(X)$具有下列性质。

(1) $\rho_{PR_{(\lambda,\alpha,\beta)}}(X\cup Y)\left|\overline{PR}_{(\lambda,\beta)}(X)\cup\overline{PR}_{(\lambda,\beta)}(Y)\right|\leqslant\rho_{PR_{(\lambda,\alpha,\beta)}}(X)\left|\overline{PR}_{(\lambda,\beta)}(X)\right|+\rho_{PR_{(\lambda,\alpha,\beta)}}(Y)\left|\overline{PR}_{(\lambda,\beta)}(Y)\right|-\rho_{PR_{(\lambda,\alpha,\beta)}}(X\cap Y)\left|\overline{PR}_{(\lambda,\beta)}(X)\cap\overline{PR}_{(\lambda,\beta)}(Y)\right|$。

(2) $\mu_{PR_{(\lambda,\alpha,\beta)}}(X\cup Y)\left|\overline{PR}_{(\lambda,\beta)}(X)\cup\overline{PR}_{(\lambda,\beta)}(Y)\right|\geqslant\mu_{PR_{(\lambda,\alpha,\beta)}}(X)\left|\overline{PR}_{(\lambda,\beta)}(X)\right|+\mu_{PR_{(\lambda,\alpha,\beta)}}(Y)\left|\overline{PR}_{(\lambda,\beta)}(Y)\right|-\mu_{PR_{(\lambda,\alpha,\beta)}}(X\cap Y)\left|\overline{PR}_{(\lambda,\beta)}(X)\cap\overline{PR}_{(\lambda,\beta)}(Y)\right|$。

证明 (1) 根据近似精度的定义，有

$$\rho_{PR_{(\lambda,\alpha,\beta)}}(X\cup Y)=\frac{\left|\underline{PR}_{(\lambda,\alpha)}(X\cup Y)\right|}{\left|\overline{PR}_{(\lambda,\beta)}(X\cup Y)\right|}\geqslant\frac{\left|\underline{PR}_{(\lambda,\alpha)}(X)\cup\underline{PR}_{(\lambda,\alpha)}(Y)\right|}{\left|\overline{PR}_{(\lambda,\beta)}(X\cup)\overline{PR}_{(\lambda,\beta)}(Y)\right|}$$

则

$$\rho_{PR_{(\lambda,\alpha,\beta)}}(X\cup Y)\left|\overline{PR}_{(\lambda,\beta)}(X)\cup\overline{PR}_{(\lambda,\beta)}(Y)\right|\geqslant\left|\underline{PR}_{(\lambda,\alpha)}(X)\cup\underline{PR}_{(\lambda,\alpha)}(Y)\right|$$

类似可得

$$\rho_{PR_{(\lambda,\alpha,\beta)}}(X\cap Y)\left|\overline{PR}_{(\lambda,\beta)}(X)\cap\overline{PR}_{(\lambda,\beta)}(Y)\right|\geqslant\left|\underline{PR}_{(\lambda,\alpha)}(X)\cap\underline{PR}_{(\lambda,\alpha)}(Y)\right|$$

则

$$\begin{aligned}&\rho_{PR_{(\lambda,\alpha,\beta)}}(X\cup Y)\left|\overline{PR}_{(\lambda,\beta)}(X)\cup\overline{PR}_{(\lambda,\beta)}(Y)\right|+\rho_{PR_{(\lambda,\alpha,\beta)}}(X\cap Y)\left|\overline{PR}_{(\lambda,\beta)}(X)\cap\overline{PR}_{(\lambda,\beta)}(Y)\right|\\&\geqslant\left|\underline{PR}_{(\lambda,\alpha)}(X)\cup\underline{PR}_{(\lambda,\alpha)}(Y)\right|+\left|\underline{PR}_{(\lambda,\alpha)}(X)\cap\underline{PR}_{(\lambda,\alpha)}(Y)\right|\\&=\left|\underline{PR}_{(\lambda,\alpha)}(X)\right|+\left|\underline{PR}_{(\lambda,\alpha)}(Y)\right|\\&=\rho_{PR_{(\lambda,\alpha,\beta)}}(X)\left|\overline{PR}_{(\lambda,\beta)}(X)\right|+\rho_{PR_{(\lambda,\alpha,\beta)}}(Y)\left|\overline{PR}_{(\lambda,\beta)}(Y)\right|\end{aligned}$$

故

$$\begin{aligned}\rho_{PR_{(\lambda,\alpha,\beta)}}(X\cup Y)\left|\overline{PR}_{(\lambda,\beta)}(X)\cup\overline{PR}_{(\lambda,\beta)}(Y)\right|\geqslant&\rho_{PR_{(\lambda,\alpha,\beta)}}(X)\left|\overline{PR}_{(\lambda,\beta)}(X)\right|+\rho_{PR_{(\lambda,\alpha,\beta)}}(Y)\left|\overline{PR}_{(\lambda,\beta)}(Y)\right|\\&-\rho_{PR_{(\lambda,\alpha,\beta)}}(X\cap Y)\left|\overline{PR}_{(\lambda,\beta)}(X)\cap\overline{PR}_{(\lambda,\beta)}(Y)\right|\end{aligned}$$

(2) 类似结论 (1) 可证。

4.2.2 应用实例

设U和V分别表示患者和症状的集合，阈值λ由决策者根据他们的要求事先给定。对于V的任意一个子集X，X表示具有症状$\{y_i\mid y_i\in X\}$的一种疾病。给定一个患者x，利用三支决策理论，若他属于集合$\underline{PR}_{(\lambda,\alpha)}(X)$，则他一定感染了疾病$X$，从而该患者需要立即治疗；若他属于集合$\overline{PR}_{(\lambda,\beta)}(X)-\underline{PR}_{(\lambda,\alpha)}(X)$，即集合$\mathrm{BND}_{PR_{(\lambda,\alpha,\beta)}}(X)$，则他可能

感染了疾病 X，也可能没有，且需要采取第二种方案；若他属于集合 $\mathrm{NEG}_{PR_{(\lambda,\alpha,\beta)}}(X)$，则他一定没有感染疾病 X 且因此不需要治疗。

下面给出一个具体的例子。

例 4.2 设 $U=\{x_1,x_2,x_3,x_4,x_5,x_6,x_7,x_8,x_9,x_{10}\}$ 是患者的集合，$V=\{y_1,y_2,y_3,y_4,y_5\}$ 是症状的集合。假设每个患者 $x_i\in U$ 关于症状 $y_j\in V$ 的隶属度（即 $R\in F(U\times V)$）如表 4.6 所示。

表 4.6 患者关于症状的隶属度 R

R	y_1	y_2	y_3	y_4	y_5
x_1	0.85	0.25	0.77	0.17	0
x_2	0.62	0.74	0.17	0.53	0.81
x_3	0.45	0.1	0.89	0.18	0.24
x_4	0.47	0.17	0.83	0.74	0.91
x_5	0.2	0.9	0.3	0.8	0.75
x_6	0.81	0.3	0.3	0.82	0.9
x_7	0.82	0.7	0.87	0.4	0
x_8	0.31	0.73	1	0.44	0
x_9	0.91	0.25	0.2	0.3	1
x_{10}	0.82	0.4	0.9	0	0.78

设 $X=\{y_1,y_3\}$ 表示某一种疾病，这意味着该疾病在临床上表现出两种症状。取 $\lambda=0.71$，根据定义 4.4 可得

$$R_{0.71}(x_1)=\{y_1,y_3\},\quad R_{0.71}(x_2)=\{y_2,y_5\},\quad R_{0.71}(x_3)=\{y_3\},\quad R_{0.71}(x_4)=\{y_3,y_4,y_5\}$$

$$R_{0.71}(x_5)=\{y_2,y_4,y_5\},\quad R_{0.71}(x_6)=\{y_1,y_4,y_5\},\quad R_{0.71}(x_7)=\{y_1,y_2,y_3\}$$

$$R_{0.71}(x_8)=\{y_2,y_3\},\quad R_{0.71}(x_9)=\{y_1,y_5\},\quad R_{0.71}(x_{10})=\{y_1,y_3,y_5\}$$

取 $\alpha=\dfrac{2}{3}$，$\beta=\dfrac{4}{9}$，利用定义 4.4、定义 4.6 及 $P(X\mid R_\lambda(x))=\dfrac{|X\cap R_\lambda(x)|}{|R_\lambda(x)|}$，可分别计算出 X 的下近似、上近似、否定区域以及精确度如下

$$\underline{PR}_{(0.71,\frac{2}{3})}(X)=\{x_1,x_3,x_7,x_{10}\},\quad \overline{PR}_{(0.71,\frac{4}{9})}(X)=\{x_1,x_3,x_7,x_8,x_9,x_{10}\}$$

$$\mathrm{NEG}_{PR_{(0.71,\frac{4}{9})}}(X)=\{x_2,x_4,x_5,x_6\},\quad \rho_{PR_{(0.71,\frac{2}{3},\frac{4}{9})}}(X)=\frac{2}{3}$$

基于上面的讨论，可得到如下结论。

（1）患者 x_1、x_3、x_7、x_{10} 一定感染了疾病 X，需要立即治疗。

（2）根据这些症状不能确定患者 x_8、x_9 是否感染了此疾病 X，需采取第二种方案。

（3）患者 x_2、x_4、x_5、x_6 一定没有感染此疾病 X。

4.3　双论域上的直觉模糊概率粗糙集

4.3.1　双论域上直觉模糊概率粗糙集的概念与性质

定义 4.7　设 U、V 是两个非空有限论域，R 是从 U 到 V 的一个直觉模糊关系，P 是定义在由 V 的子集构成的 σ 代数上的概率测度，(U,V,R,P) 称为双论域上的直觉模糊概率近似空间。$\forall \lambda_1,\lambda_2 \in (0,1]$，$0 \leqslant \beta < \alpha \leqslant 1$，$X \subseteq V$，$X$ 关于 (U,V,R,P) 和参数 λ_1、λ_2、α、β 的下近似、上近似分别定义如下

$$\underline{PR}_{(\lambda_1,\lambda_2,\alpha)}(X) = \{x \in U \mid P(X \mid R_{(\lambda_1,\lambda_2)}(x)) \geqslant \alpha, R_{(\lambda_1,\lambda_2)}(x) \neq \varnothing\}$$

$$\overline{PR}_{(\lambda_1,\lambda_2,\beta)}(X) = \{x \in U \mid P(X \mid R_{(\lambda_1,\lambda_2)}(x)) > \beta, R_{(\lambda_1,\lambda_2)}(x) \neq \varnothing\} \cup \{x \in U \mid R_{(\lambda_1,\lambda_2)}(x) = \varnothing\}$$

其中，$R_{(\lambda_1,\lambda_2)}(x) = \{y \in V \mid R^l(x,y) \geqslant \lambda_1, R^u(x,y) \leqslant \lambda_2\}$，称 $(\underline{PR}_{(\lambda_1,\lambda_2,\alpha)}(X), \overline{PR}_{(\lambda_1,\lambda_2,\beta)}(X))$ 为双论域上的直觉模糊概率粗糙集。

进一步，X 关于 (U,V,R,P) 和参数 λ_1、λ_2、α、β 的正域、负域和边界域分别定义如下

$$\mathrm{POS}_{PR_{(\lambda_1,\lambda_2,\alpha)}}(X) = \underline{PR}_{(\lambda_1,\lambda_2,\alpha)}(X) = \{x \in U \mid P(X \mid R_{(\lambda_1,\lambda_2)}(x)) \geqslant \alpha, R_{(\lambda_1,\lambda_2)}(x) \neq \varnothing\}$$

$$\mathrm{NEG}_{PR_{(\lambda_1,\lambda_2,\beta)}}(X) = U - \overline{PR}_{(\lambda_1,\lambda_2,\beta)}(X) = \{x \in U \mid P(X \mid R_{(\lambda_1,\lambda_2)}(x)) \leqslant \beta, R_{(\lambda_1,\lambda_2)}(x) \neq \varnothing\}$$

$$\begin{aligned}\mathrm{BND}_{PR_{(\lambda_1,\lambda_2,\alpha,\beta)}}(X) &= \overline{PR}_{(\lambda_1,\lambda_2,\beta)}(X) - \underline{PR}_{(\lambda_1,\lambda_2,\alpha)}(X) \\ &= \{x \in U \mid \beta < P(X \mid R_{(\lambda_1,\lambda_2)}(x)) < \alpha, R_{(\lambda_1,\lambda_2)}(x) \neq \varnothing\} \cup \{x \in U \mid R_{(\lambda_1,\lambda_2)}(x) = \varnothing\}\end{aligned}$$

注 4.9　（1）如果 $U = V$，则此处的直觉模糊概率粗糙集就退化为单论域上的直觉模糊概率粗糙集。

（2）如果 R 是从 U 到 V 的一个模糊关系且 $\lambda_1 + \lambda_2 = 1$，则此处的直觉模糊概率粗糙集就退化为定义 4.4 中的模糊概率粗糙集。

（3）如果 $P(X \mid R_{(\lambda_1,\lambda_2)}(x)) = \dfrac{|X \cap R_{(\lambda_1,\lambda_2)}(x)|}{|R_{(\lambda_1,\lambda_2)}(x)|}$，$\alpha = 1$ 且 $\beta = 0$，则

$$\begin{aligned}\underline{PR}_{(\lambda_1,\lambda_2,1)}(X) &= \{x \in U \mid P(X \mid R_{(\lambda_1,\lambda_2)}(x)) \geqslant 1, R_{(\lambda_1,\lambda_2)}(x) \neq \varnothing\} \\ &= \{x \in U \mid R_{(\lambda_1,\lambda_2)}(x) \subseteq X, R_{(\lambda_1,\lambda_2)}(x) \neq \varnothing\}\end{aligned}$$

$$\overline{PR}_{(\lambda_1,\lambda_2,0)}(X)=\{x\in U\mid P(X\mid R_{(\lambda_1,\lambda_2)}(x))>0,R_{(\lambda_1,\lambda_2)}(x)\neq\varnothing\}\cup\{x\in U\mid R_{(\lambda_1,\lambda_2)}(x)=\varnothing\}$$
$$=\{x\in U\mid R_{(\lambda_1,\lambda_2)}(x)\cap X\neq\varnothing\}\cup\{x\in U\mid R_{(\lambda_1,\lambda_2)}(x)=\varnothing\}$$

这意味着，此时，如果 R 是分明的二元关系（注意到 $R_{(\lambda_1,\lambda_2)}(x)=R(x)$），则直觉模糊概率粗糙集模型就退化为 Yan 提出的粗糙集模型。

（4）如果 R 是从 U 到 V 的一个一般二元关系，注意到 $R_{(\lambda_1,\lambda_2)}(x)=R(x)(\forall x\in U)$，则直觉模糊概率粗糙集模型就退化为定义 4.1 中的概率粗糙集模型。

类似地，可以定义逆下近似和逆上近似如下。

定义 4.8 设 (U,V,R,P) 是双论域上的直觉模糊概率近似空间，$\forall\lambda_1,\lambda_2\in(0,1]$，$0\leqslant\beta<\alpha\leqslant1$，$T\subseteq U$，$T$ 关于 (U,V,R,P) 和参数 λ_1、λ_2、α、β 的逆下近似和逆上近似分别定义如下

$$\underline{PR}^{-1}_{(\lambda_1,\lambda_2,\alpha)}(T)=\{y\in V\mid P(T\mid R^{-1}_{(\lambda_1,\lambda_2)}(y))\geqslant\alpha,R^{-1}_{(\lambda_1,\lambda_2)}(y)\neq\varnothing\}$$

$$\overline{PR}^{-1}_{(\lambda_1,\lambda_2,\beta)}(T)=\{y\in V\mid P(T\mid R^{-1}_{(\lambda_1,\lambda_2)}(y))>\beta,R^{-1}_{(\lambda_1,\lambda_2)}(y)\neq\varnothing\}\cup\{y\in V\mid R^{-1}_{(\lambda_1,\lambda_2)}(y)=\varnothing\}$$

其中，$R^{-1}_{(\lambda_1,\lambda_2)}(y)=\{x\in U\mid R^l(x,y)\geqslant\lambda_1,R^u(x,y)\leqslant\lambda_2\}$。$(\underline{PR}^{-1}_{(\lambda_1,\lambda_2,\alpha)}(T),\overline{PR}^{-1}_{(\lambda_1,\lambda_2,\beta)}(T))$ 称为逆直觉模糊概率粗糙集模型。

注 4.10 如 $P(T\mid R^{-1}_{(\lambda_1,\lambda_2)}(y))=\dfrac{\left|T\cap R^{-1}_{(\lambda_1,\lambda_2)}(y)\right|}{\left|R^{-1}_{(\lambda_1,\lambda_2)}(y)\right|}$，$\alpha=1$ 且 $\beta=0$，则

$$\underline{PR}^{-1}_{(\lambda_1,\lambda_2,1)}(T)=\{y\in V\mid P(T\mid R^{-1}_{(\lambda_1,\lambda_2)}(y))\geqslant1,R^{-1}_{(\lambda_1,\lambda_2)}(y)\neq\varnothing\}$$
$$=\{y\in V\mid R^{-1}_{(\lambda_1,\lambda_2)}(y)\subseteq T,R^{-1}_{(\lambda_1,\lambda_2)}(y)\neq\varnothing\}$$

$$\overline{PR}^{-1}_{(\lambda_1,\lambda_2,0)}(T)=\{y\in V\mid P(T\mid R^{-1}_{(\lambda_1,\lambda_2)}(y))>0,R^{-1}_{(\lambda_1,\lambda_2)}(y)\neq\varnothing\}\cup\{y\in V\mid R^{-1}_{(\lambda_1,\lambda_2)}(y)=\varnothing\}$$
$$=\{y\in V\mid R^{-1}_{(\lambda_1,\lambda_2)}(y)\cap T\neq\varnothing,R^{-1}_{(\lambda_1,\lambda_2)}(y)\neq\varnothing\}\cup\{y\in V\mid R^{-1}_{(\lambda_1,\lambda_2)}(y)=\varnothing\}$$

这意味着，此时，如果 R 是一个分明的二元关系（注意到 $R^{-1}_{(\lambda_1,\lambda_2)}(y)=R^{-1}(y)$），则逆直觉模糊概率粗糙集模型就退化为 Yan 提出的逆粗糙集模型。

定理 4.11 设 (U,V,R,P) 是双论域上的直觉模糊概率近似空间，$\forall\lambda_1,\lambda_2\in(0,1]$，$\forall 0\leqslant\beta<\alpha\leqslant1$，$X,Y\subseteq V$，下近似算子 $\underline{PR}_{(\lambda_1,\lambda_2,\alpha)}$ 和上近似算子 $\overline{PR}_{(\lambda_1,\lambda_2,\beta)}$ 具有下列性质。

（1）$\underline{PR}_{(\lambda_1,\lambda_2,\alpha)}(X)\subseteq\overline{PR}_{(\lambda_1,\lambda_2,\beta)}(X)$。

（2）$\underline{PR}_{(\lambda_1,\lambda_2,\alpha)}(\varnothing)=\varnothing$，$\overline{PR}_{(\lambda_1,\lambda_2,\beta)}(V)=U$。

（3）$\underline{PR}_{(\lambda_1,\lambda_2,\alpha)}(X\cap Y)\subseteq\underline{PR}_{(\lambda_1,\lambda_2,\alpha)}(X)\cap\underline{PR}_{(\lambda_1,\lambda_2,\alpha)}(Y)$；

$\overline{PR}_{(\lambda_1,\lambda_2,\beta)}(X\cup Y)\supseteq\overline{PR}_{(\lambda_1,\lambda_2,\beta)}(X)\cup\overline{PR}_{(\lambda_1,\lambda_2,\beta)}(Y)$。

（4）$\underline{PR}_{(\lambda_1,\lambda_2,\alpha)}(X\cup Y)\supseteq\underline{PR}_{(\lambda_1,\lambda_2,\alpha)}(X)\cup\underline{PR}_{(\lambda_1,\lambda_2,\alpha)}(Y)$；

$\overline{PR}_{(\lambda_1,\lambda_2,\beta)}(X\cap Y)\subseteq\overline{PR}_{(\lambda_1,\lambda_2,\beta)}(X)\cap\overline{PR}_{(\lambda_1,\lambda_2,\beta)}(Y)$。

（5）如果 $X\subseteq Y$，则 $\underline{PR}_{(\lambda_1,\lambda_2,\alpha)}(X)\subseteq\underline{PR}_{(\lambda_1,\lambda_2,\alpha)}(Y)$ 且 $\overline{PR}_{(\lambda_1,\lambda_2,\beta)}(X)\subseteq\overline{PR}_{(\lambda_1,\lambda_2,\beta)}(Y)$。

（6）$\underline{PR}_{(\lambda_1,\lambda_2,\alpha)}(X)=(\overline{PR}_{(\lambda_1,\lambda_2,1-\alpha)}(X^{c}))^{c}(\alpha>0.5)$，$\overline{PR}_{(\lambda_1,\lambda_2,\beta)}(X)=(\underline{PR}_{(\lambda_1,\lambda_2,1-\beta)}(X^{c}))^{c}$ $(\beta<0.5)$。

（7）如果 $0<\alpha_1\leqslant\alpha_2\leqslant 1$ 且 $0\leqslant\beta_1\leqslant\beta_2<1$，则 $\underline{PR}_{(\lambda_1,\lambda_2,\alpha_2)}(X)\subseteq\underline{PR}_{(\lambda_1,\lambda_2,\alpha_1)}(X)$ 且 $\overline{PR}_{(\lambda_1,\lambda_2,\beta_2)}(X)\subseteq\overline{PR}_{(\lambda_1,\lambda_2,\beta_1)}(X)$。

证明　类似于定理 4.1。

注 4.11　一般地，$\overline{PR}_{(\lambda_1,\lambda_2,\beta)}(\varnothing)\neq\varnothing$ 且 $\underline{PR}_{(\lambda_1,\lambda_2,\alpha)}(V)\neq U$。例如，设 $U=\{x_1,x_2\}$，$V=\{y_1,y_2\}$，从 U 到 V 的直觉模糊关系 R 如表 4.7 所示。

表 4.7　注 4.11 中从 U 到 V 的直觉模糊关系 R

R	y_1	y_2
x_1	(0.23, 0.56)	(0.54, 0.37)
x_2	(0.51, 0.35)	(0.78, 0.12)

取 $\lambda_1=0.45$，$\lambda_2=0.1$，$\alpha=0.22$，$\beta=0.16$，则

$$\overline{PR}_{(\lambda_1,\lambda_2,\beta)}(\varnothing)=\{x_1\}\neq\varnothing,\quad \underline{PR}_{(\lambda_1,\lambda_2,\alpha)}(V)=\{x_2\}\neq U$$

定理 4.12　设 (U,V,R,P) 是双论域上的直觉模糊概率近似空间，$\forall 0<\gamma<1$，$X\subseteq V$，有如下结论。

（1）$\lim\limits_{\alpha\to\gamma^-}\underline{PR}_{(\lambda_1,\lambda_2,\alpha)}(X)=\bigcap\limits_{0<\alpha<\gamma}\underline{PR}_{(\lambda_1,\lambda_2,\alpha)}(X)=\underline{PR}_{(\lambda_1,\lambda_2,\gamma)}(X)$。

（2）$\lim\limits_{\beta\to\gamma^+}\overline{PR}_{(\lambda_1,\lambda_2,\beta)}(X)=\bigcup\limits_{1>\beta>\gamma}\overline{PR}_{(\lambda_1,\lambda_2,\beta)}(X)=\overline{PR}_{(\lambda_1,\lambda_2,\gamma)}(X)$。

证明　（1）由定理 4.11 的性质（7）知，$\forall 0<\gamma<1$，$X\subseteq V$，$\lim\limits_{\alpha\to\gamma^-}\underline{PR}_{(\lambda_1,\lambda_2,\alpha)}(X)=\bigcap\limits_{0<\alpha<\gamma}\underline{PR}_{(\lambda_1,\lambda_2,\alpha)}(X)$，且如果 $\alpha<\gamma$，则 $\underline{PR}_{(\lambda_1,\lambda_2,\alpha)}(X)\supseteq\underline{PR}_{(\lambda_1,\lambda_2,\gamma)}(X)$。

因此

$$\lim_{\alpha\to\gamma^-}\underline{PR}_{(\lambda_1,\lambda_2,\alpha)}(X)=\bigcap_{0<\alpha<\gamma}\underline{PR}_{(\lambda_1,\lambda_2,\alpha)}(X)\supseteq\underline{PR}_{(\lambda_1,\lambda_2,\gamma)}(X)$$

反过来，$\forall x\in\bigcap\limits_{0<\alpha<\gamma}\underline{PR}_{(\lambda_1,\lambda_2,\alpha)}(X)$，有 $P(X\mid R_{(\lambda_1,\lambda_2)}(x))\geqslant\alpha(\forall 0<\alpha<\gamma)$，则 $P(X\mid R_{(\lambda_1,\lambda_2)}(x))\geqslant\gamma$，这说明 $\forall x\in\underline{PR}_{(\lambda_1,\lambda_2,\gamma)}(X)$。这是因为，如果 $P(X\mid R_{(\lambda_1,\lambda_2)}(x))<\gamma$，取 $\alpha=\dfrac{P(X\mid R_{(\lambda_1,\lambda_2)}(x))+\gamma}{2}$，则 $\forall 0<\alpha<\gamma$，然而 $P(X\mid R_{(\lambda_1,\lambda_2)}(x))<\alpha$，矛盾。

所以

$$\lim_{\alpha\to\gamma^-}\underline{PR}_{(\lambda_1,\lambda_2,\alpha)}(X)=\bigcap_{0<\alpha<\gamma}\underline{PR}_{(\lambda_1,\lambda_2,\alpha)}(X)=\underline{PR}_{(\lambda_1,\lambda_2,\gamma)}(X)$$

（2）由定理 4.11 的性质（7），有 $\lim_{\beta\to\gamma^+}\overline{PR}_{(\lambda_1,\lambda_2,\beta)}(X)=\bigcup_{1>\beta>\gamma}\overline{PR}_{(\lambda_1,\lambda_2,\beta)}(X)$，且如果 $\beta>\gamma$，则 $\overline{PR}_{(\lambda_1,\lambda_2,\beta)}(X)\subseteq\overline{PR}_{(\lambda_1,\lambda_2,\gamma)}(X)$。因此 $\lim_{\beta\to\gamma^+}\overline{PR}_{(\lambda_1,\lambda_2,\beta)}(X)=\bigcup_{1>\beta>\gamma}\overline{PR}_{(\lambda_1,\lambda_2,\beta)}(X)$ $\subseteq\overline{PR}_{(\lambda_1,\lambda_2,\gamma)}(X)$。

反过来，$\forall x\in\overline{PR}_{(\lambda_1,\lambda_2,\gamma)}(X)$，有 $R_{(\lambda_1,\lambda_2)}(x)=\varnothing$ 或 $P(X\mid R_{(\lambda_1,\lambda_2)}(x))>\gamma(R_{(\lambda_1,\lambda_2)}(x)$ $\neq\varnothing)$。

①如果 $R_{(\lambda_1,\lambda_2)}(x)=\varnothing$，显然 $x\in\bigcup_{1>\beta>\gamma}\overline{PR}_{(\lambda_1,\lambda_2,\beta)}(X)$。

②如果 $P(X\mid R_{(\lambda_1,\lambda_2)}(x))>\gamma(R_{(\lambda_1,\lambda_2)}(x)\neq\varnothing)$，取 $\beta=\dfrac{P(X\mid R_{(\lambda_1,\lambda_2)}(x))+\gamma}{2}$，则 $1>\beta>\gamma$ 且 $P(X\mid R_{(\lambda_1,\lambda_2)}(x))>\beta$，这表明 $x\in\bigcup_{1>\beta>\gamma}\overline{PR}_{(\lambda_1,\lambda_2,\beta)}(X)$。

故 $\lim_{\beta\to\gamma^+}\overline{PR}_{(\lambda_1,\lambda_2,\beta)}(X)=\bigcup_{1>\beta>\gamma}\overline{PR}_{(\lambda_1,\lambda_2,\beta)}(X)=\overline{PR}_{(\lambda_1,\lambda_2,\gamma)}(X)$。

定理 4.12 表明直觉模糊概率下近似算子 $\underline{PR}_{(\lambda_1,\lambda_2,\alpha)}(X)$ 关于 α 是左连续的，而直觉模糊概率上近似算子 $\overline{PR}_{(\lambda_1,\lambda_2,\beta)}(X)$ 关于 β 是右连续的。

定理 4.13　设 (U,V,R,P) 是双论域上的直觉模糊概率近似空间，$\forall 0<\gamma<1$，$X\subseteq V$，有如下结论。

（1）$\lim_{\alpha\to\gamma^+}\underline{PR}_{(\lambda_1,\lambda_2,\alpha)}(X)=\bigcup_{1\geqslant\alpha>\gamma}\underline{PR}_{(\lambda_1,\lambda_2,\alpha)}(X)\subseteq\overline{PR}_{(\lambda_1,\lambda_2,\gamma)}(X)$。

（2）$\lim_{\beta\to\gamma^-}\overline{PR}_{(\lambda_1,\lambda_2,\beta)}(X)=\bigcap_{0\leqslant\beta<\gamma}\overline{PR}_{(\lambda_1,\lambda_2,\beta)}(X)\supseteq\underline{PR}_{(\lambda_1,\lambda_2,\gamma)}(X)$。

（3）
$$\begin{aligned}\lim_{\substack{\alpha\to\gamma^+\\ \beta\to\gamma^-}}\mathrm{BND}_{PR_{(\lambda_1,\lambda_2,\alpha,\beta)}}(X)&=\bigcap_{0\leqslant\beta<\gamma<\alpha\leqslant1}(\overline{PR}_{(\lambda_1,\lambda_2,\beta)}(X)-\underline{PR}_{(\lambda_1,\lambda_2,\alpha)}(X))\\&\supseteq\underline{PR}_{(\lambda_1,\lambda_2,\gamma)}(X)-\overline{PR}_{(\lambda_1,\lambda_2,\gamma)}(X)\\&=\{x\in U\mid P(X\mid R_{(\lambda_1,\lambda_2)}(x))=\gamma,R_{(\lambda_1,\lambda_2)}(x)\neq\varnothing\}\end{aligned}$$
。

证明　（1）由定理 4.11 的性质（7），有 $\lim_{\alpha\to\gamma^+}\underline{PR}_{(\lambda_1,\lambda_2,\alpha)}(X)=\bigcup_{1\geqslant\alpha>\gamma}\underline{PR}_{(\lambda_1,\lambda_2,\alpha)}(X)$。由定义 4.7，如果 $\alpha>\gamma$，则有

$$\begin{aligned}\underline{PR}_{(\lambda_1,\lambda_2,\alpha)}(X)&=\{x\in U\mid P(X\mid R_{(\lambda_1,\lambda_2)}(x))\geqslant\alpha,R_{(\lambda_1,\lambda_2)}(x)\neq\varnothing\}\\&\subseteq\{x\in U\mid P(X\mid R_{(\lambda_1,\lambda_2)}(x))>\gamma,R_{(\lambda_1,\lambda_2)}(x)\neq\varnothing\}\cup\{x\in U\mid R_{(\lambda_1,\lambda_2)}(x)=\varnothing\}\\&=\overline{PR}_{(\lambda_1,\lambda_2,\gamma)}(X)\end{aligned}$$

这意味着 $\bigcup_{1\geqslant\alpha>\gamma}\underline{PR}_{(\lambda_1,\lambda_2,\alpha)}(X)\subseteq\overline{PR}_{(\lambda_1,\lambda_2,\gamma)}(X)$。

因此 $\lim\limits_{\alpha\to\gamma^+}\underline{PR}_{(\lambda_1,\lambda_2,\alpha)}(X)=\bigcup\limits_{1\geqslant\alpha>\gamma}\underline{PR}_{(\lambda_1,\lambda_2,\alpha)}(X)\subseteq\overline{PR}_{(\lambda_1,\lambda_2,\gamma)}(X)$。

（2）由定理 4.11 的性质（7），有 $\lim\limits_{\beta\to\gamma^-}\overline{PR}_{(\lambda_1,\lambda_2,\beta)}(X)=\bigcap\limits_{0\leqslant\beta<\gamma}\overline{PR}_{(\lambda_1,\lambda_2,\beta)}(X)$。

根据定义 4.7，如果 $\beta<\gamma$，则有

$$\begin{aligned}\overline{PR}_{(\lambda_1,\lambda_2,\beta)}(X)&=\{x\in U\mid P(X\mid R_{(\lambda_1,\lambda_2)}(x))>\beta,R_{(\lambda_1,\lambda_2)}(x)\neq\varnothing\}\cup\{x\in U\mid R_{(\lambda_1,\lambda_2)}(x)=\varnothing\}\\&\supseteq\{x\in U\mid P(X\mid R_{(\lambda_1,\lambda_2)}(x))\geqslant\gamma,R_{(\lambda_1,\lambda_2)}(x)\neq\varnothing\}\\&=\underline{PR}_{(\lambda_1,\lambda_2,\gamma)}(X)\end{aligned}$$

从而 $\bigcap\limits_{0\leqslant\beta<\gamma}\overline{PR}_{(\lambda_1,\lambda_2,\beta)}(X)\supseteq\underline{PR}_{(\lambda_1,\lambda_2,\gamma)}(X)$。

因此 $\lim\limits_{\beta\to\gamma^-}\overline{PR}_{(\lambda_1,\lambda_2,\beta)}(X)=\bigcap\limits_{0\leqslant\beta<\gamma}\overline{PR}_{(\lambda_1,\lambda_2,\beta)}(X)\supseteq\underline{PR}_{(\lambda_1,\lambda_2,\gamma)}(X)$。

（3）由结论（1）和结论（2）的证明过程可知，如果 $\beta<\gamma<\alpha$，则 $\underline{PR}_{(\lambda_1,\lambda_2,\alpha)}(X)\subseteq\overline{PR}_{(\lambda_1,\lambda_2,\gamma)}(X)$ 且 $\overline{PR}_{(\lambda_1,\lambda_2,\beta)}(X)\supseteq\underline{PR}_{(\lambda_1,\lambda_2,\gamma)}(X)$。因此

$$\overline{PR}_{(\lambda_1,\lambda_2,\beta)}(X)-\underline{PR}_{(\lambda_1,\lambda_2,\alpha)}(X)\supseteq\underline{PR}_{(\lambda_1,\lambda_2,\gamma)}(X)-\overline{PR}_{(\lambda_1,\lambda_2,\gamma)}(X)$$

从而

$$\begin{aligned}\bigcap_{0\leqslant\beta<\gamma<\alpha\leqslant1}(\overline{PR}_{(\lambda_1,\lambda_2,\beta)}(X)-\underline{PR}_{(\lambda_1,\lambda_2,\alpha)}(X))&\supseteq\underline{PR}_{(\lambda_1,\lambda_2,\gamma)}(X)-\overline{PR}_{(\lambda_1,\lambda_2,\gamma)}(X)\\&=\{x\in U\mid P(X\mid R_{(\lambda_1,\lambda_2)}(x))=\gamma,R_{(\lambda_1,\lambda_2)}(x)\neq\varnothing\}\end{aligned}$$

再由定理 4.11 的性质（7）知，边界区域 $\mathrm{BND}_{PR_{(\lambda_1,\lambda_2,\alpha,\beta)}}(X)$ 当 β 增大且 α 减小时减小，则

$$\lim_{\substack{\alpha\to\gamma^+\\\beta\to\gamma^-}}\mathrm{BND}_{PR_{(\lambda_1,\lambda_2,\alpha,\beta)}}(X)=\bigcap_{0\leqslant\beta<\gamma<\alpha\leqslant1}(\overline{PR}_{(\lambda_1,\lambda_2,\beta)}(X)-\underline{PR}_{(\lambda_1,\lambda_2,\alpha)}(X))$$

故

$$\begin{aligned}\lim_{\substack{\alpha\to\gamma^+\\\beta\to\gamma^-}}\mathrm{BND}_{PR_{(\lambda_1,\lambda_2,\alpha,\beta)}}(X)&=\bigcap_{0\leqslant\beta<\gamma<\alpha\leqslant1}(\overline{PR}_{(\lambda_1,\lambda_2,\beta)}(X)-\underline{PR}_{(\lambda_1,\lambda_2,\alpha)}(X))\\&\supseteq\underline{PR}_{(\lambda_1,\lambda_2,\gamma)}(X)-\overline{PR}_{(\lambda_1,\lambda_2,\gamma)}(X)\\&=\{x\in U\mid P(X\mid R_{(\lambda_1,\lambda_2)}(x))=\gamma,R_{(\lambda_1,\lambda_2)}(x)\neq\varnothing\}\end{aligned}$$

定理 4.13 中的包含符号一般不能换成相等符号，那么在什么条件下可以换成等号呢？下面的定理 4.14 进行了回答。

定理 4.14　设 (U,V,R,P) 是双论域上的直觉模糊概率近似空间，$\forall 0<\gamma<1$，$X\subseteq V$，如果 R 是一个串行的直觉模糊关系，即 $\forall x\in U$，$\bigvee\limits_{y\in V}R^l(x,y)=1$ 且 $\bigwedge\limits_{y\in V}R^u(x,y)=0$，则有如下结论。

（1）$\lim\limits_{\alpha\to\gamma^+}\underline{PR}_{(\lambda_1,\lambda_2,\alpha)}(X)=\bigcup\limits_{1\geqslant\alpha>\gamma}\underline{PR}_{(\lambda_1,\lambda_2,\alpha)}(X)=\overline{PR}_{(\lambda_1,\lambda_2,\gamma)}(X)$。

（2） $\lim\limits_{\beta\to\gamma^-}\overline{PR}_{(\lambda_1,\lambda_2,\beta)}(X)=\bigcap\limits_{0\leqslant\beta<\gamma}\overline{PR}_{(\lambda_1,\lambda_2,\beta)}(X)=\underline{PR}_{(\lambda_1,\lambda_2,\gamma)}(X)$。

（3） $\lim\limits_{\substack{\alpha\to\gamma^+\\ \beta\to\gamma^-}}\mathrm{BND}_{PR_{(\lambda_1,\lambda_2,\alpha,\beta)}}(X)=\bigcap\limits_{0\leqslant\beta<\gamma<\alpha\leqslant 1}(\overline{PR}_{(\lambda_1,\lambda_2,\beta)}(X)-\underline{PR}_{(\lambda_1,\lambda_2,\alpha)}(X))$

$$=\underline{PR}_{(\lambda_1,\lambda_2,\gamma)}(X)-\overline{PR}_{(\lambda_1,\lambda_2,\gamma)}(X)$$

$$=\{x\in U\mid P(X\mid R_{(\lambda_1,\lambda_2)}(x))=\gamma\}\text{。}$$

证明　如果R是串行的直觉模糊关系，则$\forall u\in U$，$\bigvee\limits_{y\in V}R^l(x,y)=1$且$\bigwedge\limits_{y\in V}R^u(x,y)=0$。因为 U 是有限论域，则存在$y\in V$，使得$R^l(x,y)=1$且$R^u(x,y)=0$，从而$\forall x\in U$，$R_{(\lambda_1,\lambda_2)}(x)\neq\varnothing$，故

$$\underline{PR}_{(\lambda_1,\lambda_2,\alpha)}(X)=\{x\in U\mid P(X\mid R_{(\lambda_1,\lambda_2)}(x))\geqslant\alpha\}$$

$$\overline{PR}_{(\lambda_1,\lambda_2,\beta)}(X)=\{x\in U\mid P(X\mid R_{(\lambda_1,\lambda_2)}(x))>\beta\}$$

利用上述结果，后续的证明类似于定理 4.13。

注 4.12　一般地，$\lim\limits_{\alpha\to\gamma^+}\underline{PR}_{(\lambda_1,\lambda_2,\alpha)}(X)\neq\underline{PR}_{(\lambda_1,\lambda_2,\gamma)}(X)$及$\lim\limits_{\beta\to\gamma^-}\overline{PR}_{(\lambda_1,\lambda_2,\beta)}(X)\neq\overline{PR}_{(\lambda_1,\lambda_2,\gamma)}(X)$，其中$0<\gamma<1$。例如，设$U=\{x_1,x_2,x_3,x_4\}$，$V=\{y_1,y_2,y_3,y_4,y_5\}$，从 U 到 V 的直觉模糊关系 R 如表 4.8 所示。

表 4.8　注 4.12 中从 U 到 V 的直觉模糊关系 R

R	y_1	y_2	y_3	y_4	y_5
x_1	(0.2,0.6)	(0.1,0.6)	(1,0)	(0.5,0.2)	(0.3,0)
x_2	(0.7,0.2)	(0.5,0.4)	(0,1)	(0.4,0.4)	(1,0)
x_3	(1,0)	(0.1,0.6)	(0.8,0.1)	(0.3,0.5)	(0.2,0.7)
x_4	(0.6,0.3)	(1,0)	(0.1,0.5)	(0.8,0.2)	(0.1,0.6)

取$\lambda_1=0.4$，$\lambda_2=0.5$，则

$$P(X\mid R_{(\lambda_1,\lambda_2)}(x_1))=1,\quad P(X\mid R_{(\lambda_1,\lambda_2)}(x_2))=\frac{1}{4}$$

$$P(X\mid R_{(\lambda_1,\lambda_2)}(x_3))=\frac{1}{2},\quad P(X\mid R_{(\lambda_1,\lambda_2)}(x_4))=\frac{1}{3}$$

从而

$$\underline{PR}_{(\lambda_1,\lambda_2,\frac{1}{3})}(X)=\{x_1,x_3,x_4\},\quad \overline{PR}_{(\lambda_1,\lambda_2,\frac{1}{3})}(X)=\{x_1,x_3\}$$

由定理 4.9 知

$$\lim_{\alpha\to\frac{1}{3}^+}\underline{PR}_{(\lambda_1,\lambda_2,\alpha)}(X)=\{x_1,x_3\},\quad \lim_{\beta\to\frac{1}{3}^-}\overline{PR}_{(\lambda_1,\lambda_2,\beta)}(X)=\{x_1,x_3,x_4\}$$

故

$$\lim_{\alpha\to\frac{1}{3}^+}\underline{PR}_{(\lambda_1,\lambda_2,\alpha)}(X)\neq\underline{PR}_{\left(\lambda_1,\lambda_2,\frac{1}{3}\right)}(X),\quad \lim_{\beta\to\frac{1}{3}^-}\overline{PR}_{(\lambda_1,\lambda_2,\beta)}(X)\neq\overline{PR}_{\left(\lambda_1,\lambda_2,\frac{1}{3}\right)}(X)$$

定义 4.9　设 (U,V,R,P) 是双论域上的直觉模糊概率近似空间，$\forall\lambda_1,\lambda_2\in(0,1]$，$0\leqslant\beta<\alpha\leqslant 1$，$X\subseteq V$，$X$ 关于 (U,V,R,P) 和参数 λ_1、λ_2、α、β 的近似精度定义如下

$$\rho_{PR_{(\lambda_1,\lambda_2,\alpha,\beta)}}(X)=\begin{cases}\dfrac{\left|\underline{PR}_{(\lambda_1,\lambda_2,\alpha)}(X)\right|}{\left|\overline{PR}_{(\lambda_1,\lambda_2,\beta)}(X)\right|}, & \overline{PR}_{(\lambda_1,\lambda_2,\beta)}(X)\neq\varnothing\\ 1, & \overline{PR}_{(\lambda_1,\lambda_2,\beta)}(X)=\varnothing\end{cases}$$

其中，$|\cdot|$ 表示集合的势。

令 $\mu_{PR_{(\lambda_1,\lambda_2,\alpha,\beta)}}(X)=1-\rho_{PR_{(\lambda_1,\lambda_2,\alpha,\beta)}}(X)$，$\mu_{PR_{(\lambda_1,\lambda_2,\alpha,\beta)}}(X)$ 称为 X 关于 (U,V,R,P) 和参数 λ_1、λ_2、α、β 的近似粗糙度。

定理 4.15　$\rho_{PR_{(\lambda_1,\lambda_2,\alpha,\beta)}}(X)$ 和 $\mu_{PR_{(\lambda_1,\lambda_2,\alpha,\beta)}}(X)$ 具有下列性质。

（1）$\rho_{PR_{(\lambda_1,\lambda_2,\alpha,\beta)}}(X\cup Y)\left|\overline{PR}_{(\lambda_1,\lambda_2,\beta)}(X)\cup\overline{PR}_{(\lambda_1,\lambda_2,\beta)}(Y)\right|\geqslant\rho_{PR_{(\lambda_1,\lambda_2,\alpha,\beta)}}(X)\left|\overline{PR}_{(\lambda_1,\lambda_2,\beta)}(X)\right|$ $+\rho_{PR_{(\lambda_1,\lambda_2,\alpha,\beta)}}(Y)\left|\overline{PR}_{(\lambda_1,\lambda_2,\beta)}(Y)\right|-\rho_{PR_{(\lambda_1,\lambda_2,\alpha,\beta)}}(X\cap Y)\left|\overline{PR}_{(\lambda_1,\lambda_2,\beta)}(X)\cap\overline{PR}_{(\lambda_1,\lambda_2,\beta)}(Y)\right|$。

（2）$\mu_{PR_{(\lambda_1,\lambda_2,\alpha,\beta)}}(X\cup Y)\left|\overline{PR}_{(\lambda_1,\lambda_2,\beta)}(X)\cup\overline{PR}_{(\lambda_1,\lambda_2,\beta)}(Y)\right|\leqslant\mu_{PR_{(\lambda_1,\lambda_2,\alpha,\beta)}}(X)\left|\overline{PR}_{(\lambda_1,\lambda_2,\beta)}(X)\right|$ $+\mu_{PR_{(\lambda_1,\lambda_2,\alpha,\beta)}}(Y)\left|\overline{PR}_{(\lambda_1,\lambda_2,\beta)}(Y)\right|-\mu_{PR_{(\lambda_1,\lambda_2,\alpha,\beta)}}(X\cap Y)\left|\overline{PR}_{(\lambda_1,\lambda_2,\beta)}(X)\cap\overline{PR}_{(\lambda_1,\lambda_2,\beta)}(Y)\right|$。

证明　（1）根据近似精度的定义，有

$$\rho_{PR_{(\lambda_1,\lambda_2,\alpha,\beta)}}(X\cup Y)=\frac{\left|\underline{PR}_{(\lambda_1,\lambda_2,\alpha)}(X\cup Y)\right|}{\left|\overline{PR}_{(\lambda_1,\lambda_2,\beta)}(X\cup Y)\right|}\geqslant\frac{\left|\underline{PR}_{(\lambda_1,\lambda_2,\alpha)}(X)\cup\underline{PR}_{(\lambda_1,\lambda_2,\alpha)}(Y)\right|}{\left|\overline{PR}_{(\lambda_1,\lambda_2,\beta)}(X)\cup\overline{PR}_{(\lambda_1,\lambda_2,\beta)}(Y)\right|}$$

则

$$\rho_{PR_{(\lambda_1,\lambda_2,\alpha,\beta)}}(X\cup Y)\left|\overline{PR}_{(\lambda_1,\lambda_2,\beta)}(X)\cup\overline{PR}_{(\lambda_1,\lambda_2,\beta)}(Y)\right|\geqslant\left|\underline{PR}_{(\lambda_1,\lambda_2,\alpha)}(X)\cup\underline{PR}_{(\lambda_1,\lambda_2,\alpha)}(Y)\right|$$

类似可得

$$\rho_{PR_{(\lambda_1,\lambda_2,\alpha,\beta)}}(X\cap Y)\left|\overline{PR}_{(\lambda_1,\lambda_2,\beta)}(X)\cap\overline{PR}_{(\lambda_1,\lambda_2,\beta)}(Y)\right|\geqslant\left|\underline{PR}_{(\lambda_1,\lambda_2,\alpha)}(X)\cap\underline{PR}_{(\lambda_1,\lambda_2,\alpha)}(Y)\right|$$

则

$$\begin{aligned}&\rho_{PR_{(\lambda_1,\lambda_2,\alpha,\beta)}}(X\cup Y)\left|\overline{PR}_{(\lambda_1,\lambda_2,\beta)}(X)\cup\overline{PR}_{(\lambda_1,\lambda_2,\beta)}(Y)\right|\\&\quad+\rho_{PR_{(\lambda_1,\lambda_2,\alpha,\beta)}}(X\cap Y)\left|\overline{PR}_{(\lambda_1,\lambda_2,\beta)}(X)\cap\overline{PR}_{(\lambda_1,\lambda_2,\beta)}(Y)\right|\\&\geqslant\left|\underline{PR}_{(\lambda_1,\lambda_2,\alpha)}(X)\cup\underline{PR}_{(\lambda_1,\lambda_2,\alpha)}(Y)\right|+\left|\underline{PR}_{(\lambda_1,\lambda_2,\alpha)}(X)\cap\underline{PR}_{(\lambda_1,\lambda_2,\alpha)}(Y)\right|\\&=\left|\underline{PR}_{(\lambda_1,\lambda_2,\alpha)}(X)\right|+\left|\underline{PR}_{(\lambda_1,\lambda_2,\alpha)}(Y)\right|\\&=\rho_{PR_{(\lambda_1,\lambda_2,\alpha,\beta)}}(X)\left|\overline{PR}_{(\lambda_1,\lambda_2,\beta)}(X)\right|+\rho_{PR_{(\lambda_1,\lambda_2,\alpha,\beta)}}(Y)\left|\overline{PR}_{(\lambda_1,\lambda_2,\beta)}(Y)\right|\end{aligned}$$

故

$$\rho_{PR_{(\lambda_1,\lambda_2,\alpha,\beta)}}(X\cup Y)\left|\overline{PR}_{(\lambda_1,\lambda_2,\beta)}(X)\cup\overline{PR}_{(\lambda_1,\lambda_2,\beta)}(Y)\right|\geqslant\rho_{PR_{(\lambda_1,\lambda_2,\alpha,\beta)}}(X)\left|\overline{PR}_{(\lambda_1,\lambda_2,\beta)}(X)\right|+\rho_{PR_{(\lambda_1,\lambda_2,\alpha,\beta)}}(Y)\left|\overline{PR}_{(\lambda_1,\lambda_2,\beta)}(Y)\right|$$
$$-\rho_{PR_{(\lambda_1,\lambda_2,\alpha,\beta)}}(X\cap Y)\left|\overline{PR}_{(\lambda_1,\lambda_2,\beta)}(X)\cap\overline{PR}_{(\lambda_1,\lambda_2,\beta)}(Y)\right|$$

（2）类似结论（1）可证。

4.3.2 应用实例

下面利用例子阐述本节给出的粗糙集模型的具体应用。

设 U 和 V 分别表示患者和症状的集合，阈值 λ_1、λ_2、α、β 由决策者根据他们的要求事先给定。对于 V 的任意一个子集 X，X 表示具有症状 $\{y_i \mid y_i\in X\}$ 的一种疾病。给定一个患者 x，若他属于集合 $\underline{PR}_{(\lambda_1,\lambda_2,\alpha)}(X)$，则他一定感染了疾病 X，从而该患者需要立即治疗；若他属于集合 $\overline{PR}_{(\lambda_1,\lambda_2,\beta)}(X)-\underline{PR}_{(\lambda_1,\lambda_2,\alpha)}(X)$，即集合 $\mathrm{BND}_{PR_{(\lambda_1,\lambda_2,\alpha,\beta)}}(X)$，则他可能感染了疾病 X，也可能没有，需要采取第二种方案；若他属于集合 $\mathrm{NEG}_{PR_{(\lambda_1,\lambda_2,\alpha,\beta)}}(X)$，则他一定没有感染疾病 X 且因此不需要治疗。

下面给出一个具体的例子。

例 4.3 设 $U=\{x_1,x_2,x_3,x_4,x_5,x_6\}$ 是患者的集合，$V=\{y_1,y_2,y_3,y_4,y_5,y_6,y_7\}$ 是症状的集合。假设每个患者 $x_i\in U$ 关于症状 $y_j\in V$ 的隶属度和非隶属度（即 $R\in\mathrm{IFS}(U\times V)$）如表 4.9 所示。

表 4.9 患者关于症状的隶属度和非隶属度 R

R	y_1	y_2	y_3	y_4	y_5	y_6	y_7
x_1	(0.34, 0.10)	(0.12,0.43)	(0,0.36)	(0.5,0)	(0.61,0.23)	(0.74,0.16)	(0.35,0.5)
x_2	(0.43,0.20)	(0.32,0.12)	(0.46,0.05)	(0.3,0.4)	(0.52,0.33)	(0.9,0)	(0.15,0.7)
x_3	(0.21,0.34)	(0.86,0)	(0,0.23)	(0,0.2)	(0.42,0.43)	(0.47,0.16)	(0.51,0.3)
x_4	(0,0.71)	(0.51,0.1)	(0.26,0.51)	(0.51,0.11)	(0.12,0.53)	(0,0.26)	(0.15,0.58)
x_5	(0.36,0.41)	(0.51,0.41)	(0.37,0)	(0.45,0.23)	(0.15,0.23)	(0.61,0.26)	(0.95,0)
x_6	(0.49,0.1)	(0.41,0.21)	(0.34,0)	(0.55,0.33)	(0.85,0.13)	(0.51,0.36)	(0.75,0)

设 $X=\{y_1,y_2\}$ 表示某一种疾病，这意味着该疾病在临床上表现出两种症状。取 $\lambda_1=0.34$，$\lambda_2=0.14$，$\alpha=0.5$，$\beta=0.3$。根据定义 4.7 可得

$$R_{(0.34,0.14)}(x_1)=\{y_1,y_4\},\quad R_{(0.34,0.14)}(x_2)=\{y_2,y_3,y_6\},\quad R_{(0.34,0.14)}(x_3)=\{y_2\}$$

$$R_{(0.34,0.14)}(x_4)=\{y_2,y_4\},\quad R_{(0.34,0.14)}(x_5)=\{y_3,y_7\},\quad R_{(0.34,0.14)}(x_6)=\{y_1,y_3,y_5,y_7\}$$

进一步利用定义 4.7、定义 4.9 及 $P(X\mid R_{(\lambda_1,\lambda_2)}(x))=\dfrac{\left|X\cap R_{(\lambda_1,\lambda_2)}(x)\right|}{\left|R_{(\lambda_1,\lambda_2)}(x)\right|}$，可分别计算出 X 的下近似、上近似、否定区域以及精确度如下

$$\underline{PR}_{(0.34,0.14,0.5)}(X)=\{x_1,x_2,x_3\},\quad \overline{PR}_{(0.34,0.14,0.3)}(X)=\{x_1,x_2,x_3,x_4\}$$

$$\mathrm{NEG}_{PR_{(0.34,0.14,0.5,0.3)}}(X)=\{x_5,x_6\},\quad \rho_{PR_{(0.34,0.14,0.5,0.3)}}(X)=\frac{3}{4}$$

基于上面的讨论，可得到如下结论。

（1）患者 x_1、x_3、x_4 一定感染了疾病 X，需要立即治疗。

（2）根据这些症状不能确定患者 x_2 是否感染了此疾病 X，需采取第二种方案。

（3）患者 x_5、x_6 一定没有感染此疾病 X。

注 4.13　在贝叶斯决策理论框架下，参数 α、β 还可以利用如代价（或风险、损失）等概念解释和计算，其中

$$\alpha=\frac{\lambda_{\mathrm{PN}}-\lambda_{\mathrm{BN}}}{(\lambda_{\mathrm{PN}}-\lambda_{\mathrm{BN}})+(\lambda_{\mathrm{BP}}-\lambda_{\mathrm{PP}})}$$

$$\beta=\frac{\lambda_{\mathrm{PN}}-\lambda_{\mathrm{NN}}}{(\lambda_{\mathrm{PN}}-\lambda_{\mathrm{NN}})+(\lambda_{\mathrm{NP}}-\lambda_{\mathrm{PP}})}$$

其中，λ_{PP}、λ_{NP} 和 λ_{BP} 分别表示对象 x 属于 X 时，采取行动接受 a_{P}、拒绝 a_{N}、不承诺 a_{B} 的代价（或风险、损失），λ_{PN}、λ_{NN} 和 λ_{BN} 分别表示对象 x 不属于 X 时，采取行动接受 a_{P}、拒绝 a_{N}、不承诺 a_{B} 的代价（或风险、损失），且一般地，$0\leqslant\lambda_{\mathrm{PP}}\leqslant\lambda_{\mathrm{BP}}<\lambda_{\mathrm{NP}}$，$0\leqslant\lambda_{\mathrm{NN}}\leqslant\lambda_{\mathrm{BN}}<\lambda_{\mathrm{PN}}$，$(\lambda_{\mathrm{PN}}-\lambda_{\mathrm{BN}})(\lambda_{\mathrm{NP}}-\lambda_{\mathrm{BP}})>(\lambda_{\mathrm{BN}}-\lambda_{\mathrm{NN}})(\lambda_{\mathrm{BP}}-\lambda_{\mathrm{PP}})$，其属于决策粗糙集的范畴，本书将在第 6 章中介绍双论域上的决策粗糙集模型。

注 4.14　如果利用第 3 章中给出的 1-型直觉模糊粗糙集模型进行决策，则通过计算可得 X 的下近似、上近似、否定区域以及近似精度如下

$$\underline{R_{(0.34,0.14)}}(X)=\{x_3\},\quad \overline{R_{(0.34,0.14)}}(X)=\{x_1,x_2,x_3,x_4,x_6\}$$

$$\mathrm{NEG}_{R_{(0.34,0.14)}}(X)=\{x_5\},\quad \rho_{PR_{(0.34,0.14)}}(X)=\frac{1}{5}$$

易见

$$\underline{R_{(0.34,0.14)}}(X)\subseteq\underline{PR}_{(0.34,0.14,0.5)}(X),\quad \overline{PR}_{(0.34,0.14,0.3)}(X)\subseteq\overline{R_{(0.34,0.14)}}(X)$$

$$\rho_{PR_{(0.34,0.14,0.5,0.3)}}(X)>\rho_{PR_{(0.34,0.14)}}(X)$$

在临床诊断中，人们总希望能够诊断的患者尽可能多，不能确诊的患者尽可能少，且精度尽可能大，由上面得到的包含关系、大小关系可得：在规定的风险范围内，对于同样的阈值 $\lambda_i\ (i=1,2)$，本节给出的粗糙集模型较 1-型直觉模糊粗糙集模型优越。

参 考 文 献

雷英杰, 王宝树, 苗启广. 2005. 直觉模糊关系及其合成运算. 系统工程理论与实践, 25(2): 113-118.

杨海龙, 李生刚. 2009. 直觉模糊关系再研究. 系统工程理论与实践, 29(2): 114-120.

张文修, 吴伟志, 梁吉业, 等. 2001. 粗糙集理论与方法. 北京: 科学出版社.

Atanassov K. 1986. Intuitionistic fuzzy sets. Fuzzy Sets and Systems, 20(1): 87-96.

Banerjee M, Pal S K. 1986. Roughness of a fuzzy set. Information Sciences, 93: 235-246.

Beynon M. 2001. Reducts within the variable precision rough sets model: A further investigation. European Journal of Operational Research, 134(3): 592-605.

Burillo P, Bustinee H. 1995. Intuitionistic fuzzy relations. Mathware Soft Computing, 2: 5-38.

Deng X, Yao Y Y. 2012. An information-theoretic interpretation of thresholds in probabilistic rough sets. RSKT, New York: 369-378.

Dubois D, Prade H. 1990. Rough fuzzy sets and fuzzy rough sets. International Journal of General Systems, 17: 191-209.

Duntsch I, Gediga G. 1998. Uncertainty measures of rough set prediction. Artificial Intelligence, 106 (1): 109-137.

Duntsch I, Gediga G. 2001. Roughian: Rough information analysis. International Journal of Intelligent Systems, 16: 121-147.

Greco S, Matarazzo B, Slowinski R. 1999. Rough approximation of a preference relation by dominance relations. European Journal of Operational Research, 117(1): 63-83.

Greco S, Matarazzo B, Sowinski R. 2005. Rough membership and Bayesian confirmation measures for parameterized rough sets. Proceedings of RSFDGrC, Berlin: 314-324.

Huang K Y, Chang T H, Chang T C. 2011. Determination of the threshold value β of variable precision rough set by fuzzy algorithms. International Journal of Approximate Reasoning, 52(7): 1056-1072.

Huynh V N, Nakamori Y. 2005. A roughness measure for fuzzy sets. Information Sciences, 173: 255-275.

Inuiguchi M, Yoshioka Y, Kusunoki Y. 2009. Variable-precision dominance-based rough set approach and attribute reduction. International Journal of Approximate Reasoning, 50(8): 1199-1214.

Katzberg J D, Ziarko W. 1994. Variable precision rough sets with asymmetric bounds// Ziarko W. Rough Sets, Fuzzy Sets and Knowledge Discovery. London: Springer, 167-177.

Kryszkiewicz M. 2001. Comparative study of alternative type of knowledge reduction in inconsistent systems. International Journal of Intelligent Systems, 16: 105-120.

Leung Y, Fischer M, Wu W, et al. 2008. A rough set approach for the discovery of classification rules in interval-valued information systems. International Journal of Approximate Reasoning, 47(2): 233-246.

Li T J. 2008. Rough approximation operators on two universes of discourse and their fuzzy extensions. Fuzzy Sets and Systems, 159: 3033-3050.

Li T J, Leung Y, Zhang W X. 2008. Generalized fuzzy rough approximation operators based on fuzzy coverings. International Journal of Approximate Reasoning, 48(3): 836-856.

Li T J, Yang X P. 2014. An axiomatic characterization of probabilistic rough sets. International Journal of Approximate Reasoning, 55(1): 130-141.

Li T J, Zhang W X. 2008. Rough fuzzy approximations on two universes of discourse. Information Sciences, 178(3): 892-906.

Li T R, Ruan D, Geert W, et al. 2007. A rough sets based characteristic relation approach for dynamic attribute generalization in data mining. Knowledge-Based Systems, 20(5): 485-494.

Lingras P J, Yao Y Y. 1998. Data mining using extensions of the rough set model. Journal of the American Society for Information Science, 49(5): 415-422.

Liu C, Miao D, Zhang N. 2012. Graded rough set model based on two universes and its properties. Knowledge-Based Systems, 33: 65-72.

Liu D, Li T, Li H. 2012. A multiple-category classification approach with decision-theoretic rough sets. Fundamenta Informaticae, 115(2-3): 173-188.

Liu D, Li T, Liang D. 2012. Three-way government decision analysis with decision-theoretic rough sets. International Journal of Uncertainty, Fuzziness and Knowledge-Based Systems, 20(s1): 119-132.

Liu D, Li T, Ruan D. 2011. Probabilistic model criteria with decision-theoretic rough sets. Information Sciences, 181: 3709-3722.

Liu D, Yao Y Y, Li T. 2011. Three-way investment decisions with decision-theoretic rough sets. International Journal of Computational Intelligence Systems, 4(1): 66-74.

Liu G L. 2008. Axiomatic systems for rough sets and fuzzy rough sets. International Journal of Approximate Reasoning, 48(3): 857-867.

Liu G L. 2010. Rough set theory based on two universal sets and its applications. Knowledge-Based Systems, 23(2): 110-115.

Ma W M, Sun B Z. 2012. On relationship between probabilistic rough set and Bayesian risk decision over two universes. International Journal of General Systems, 41(3): 225-245.

Ma W M, Sun B Z. 2012. Probabilistic rough set over two universes and rough entropy. International Journal of Approximate Reasoning, 53(4): 608-619.

Parthalain N M, Shen Q. 2009. Exploring the boundary region of tolerance rough sets for feature selection. Pattern Recognition, 42(5): 655-667.

Pawlak Z. 1982. Rough sets. Information Science, 11(5): 341-356.

Pawlak Z. 1982. Rough sets. International Journal of Computer and Information Sciences, 11: 341- 356.

Pawlak Z. 1991. Rough Sets: Theoretical Aspects of Reasoning about Data. Dordrecht: Kluwer Academic Publisher.

Pawlak Z, Skowron A. 1994. Rough membership functions. Advances in the Dempster-Shafer Theory of Evidence, New York: 251-271.

Pawlak Z, Skowron A. 2007. Rudiments of rough sets. Information Sciences, 177(1): 3-27.

Pawlak Z, Wong S K M, Ziarko W. 1988. Rough sets: probabilistic versus deterministic approach. International Journal of Man-Machine Studies, 29: 81-95.

Pei D W, Xu Z B. 2004. Rough set models on two universes. International Journal of General Systems, 33(5): 569-581.

Pei Z, Pei D W, Li Z. 2011. Topology vs generalized rough sets. International Journal of Approximate Reasoning, 52(2): 231-239.

Polkowski L, Skowron A. 1996. Rough mereology: A new paradigm for approximate reasoning. International Journal of Approximate Reasoning, 15: 333-365.

Radzikowska A M, Kerre E E. 2002. A comparative study of fuzzy rough sets. Fuzzy Sets and Systems, 126: 137-155.

Salvatore G, Matarazzo B, Sowiski R. 2008. Parameterized rough set model using rough membership and Bayesian confirmation measures. International Journal of Approximate Reasoning, 49(2): 285-300.

Shafer G. 1987. Belief functions and possibility measures// Bezdek J C. Mathematics and Logic, Analysis of Fuzzy Information, Boca Raton: CRC Press: 51-84.

Shen Y H, Gao Z S, Wang S F. 2009. Algebraic method of the theory of rough sets over two universes. Proceedings of the Sixth International Conference on Fuzzy Systems and Knowledge Discovery, Tianjin: 16-20.

Shen Y H, Wang F X. 2011. Rough approximations of vague sets in fuzzy approximation space. International Journal of Approximate Reasoning, 52(2): 281-296.

Shen Y H, Wang F X. 2011. Variable precision rough set model over two universes and its properties. Soft Computing, 15(3): 557-567.

Shi Y, Yao L M, Xu J P. 2011. A probability maximization model based on rough approximation and its application to the inventory problem. International Journal of Approximate Reasoning, 52(2): 261-280.

Skowron A, Stepaniuk J. 1996. Tolerance approximation space. Fundamenta Informaticae, 27: 245-253.

Slezak D. 2005. Rough sets and Bayes factor// Peters J F, Skowron A. Transactions on Rough Sets. Berlin: Springer: 202-229.

Slezak D, Ziarko W. 2005. The investigation of the Bayesian rough set model. International Journal of Approximate Reasoning, 40: 81-91.

Slowinski R, Vanderpooten D. 2000. A generalized definition of rough approximations based on similarity. IEEE Transactions on Knowledge and Data Engineering, 12: 331-336.

Sun B Z, Gong Z T, Chen D G. 2008. Fuzzy rough set theory for the interval-valued fuzzy information systems. Information Sciences, 178(13): 2794-2815.

Sun B Z, Ma W M. 2011. Fuzzy rough set model on two different universes and its application. Applied Mathematical Modelling, 35: 1798-1809.

Tsumoto S. 1998. Automated extraction of medical expert system rules from clinical databases based on rough set theory. Information Sciences, 112: 67-84.

Wong S K M, Wang L S, Yao Y Y. 1992. Interval structure: A framework for representing uncertain information. Uncertainty in Artificial Intelligence:336-343.

Wong S K M, Wang L S, Yao Y Y. 1993. On modeling uncertainty with interval structure. Computer and Intelligence, 11: 406-426.

Wong S K M, Ziarko W. 1987. Comparison of the probabilistic approximate classification and the fuzzy set model. Fuzzy Sets and Systems, 21: 357-362.

Wu W Z, Leung Y, Mi J S. 2005. On characterizations of (I, T)-fuzzy rough approximation operators. Fuzzy Sets and Systems, 154: 76-102.

Wu W Z, Zhang W X. 2003. Generalized fuzzy rough sets. Information Sciences, 15: 263-282.

Yamaguchi D. 2009. Attribute dependency functions considering data efficiency. International Journal of Approximate Reasoning, 51(1): 89-98.

Yan R X, Zheng J G, Liu J L, et al. 2010. Research on the model of rough set over dual-universes. Knowledge-Based Systems, 23: 817-822.

Yang H L. 2011. A note on "rough set theory based on two universal sets and its applications". Knowledge-Based Systems, 24(3): 465-466.

Yang H L, Li S G, Guo Z L, et al. 2012. Transformation of bipolar fuzzy rough set models. Knowledge-Based Systems, 27: 60-68.

Yang H L, Li S G, Wang S Y, et al. 2012. Bipolar fuzzy rough set model on two different universes and its application. Knowledge-Based Systems, 35: 94-101.

Yao J T, Yao Y Y, Ziarko W. 2008. Probabilistic rough sets: Approximations, decision-makings, and applications. International Journal of Approximate Reasoning, 49(2): 253-254.

Yao Y Y. 1996. Two views of the theory of rough sets in finite universes. International Journal of Approximate Reasoning, 15(4): 291-318.

Yao Y Y. 1998. A comparative study of fuzzy sets and rough sets. Information Sciences, 109: 227- 242.

Yao Y Y. 1998. Constructive and algebraic methods of the theory of rough sets. Information Sciences, 109: 21-47.

Yao Y Y. 1998. Relational interpretations of neighborhood operators and rough set approximation operators. Information Sciences, 111(1-4): 239-259.

Yao Y Y. 2003. Information granulation and approximation in a decision-theoretical model of rough sets. Rough-neural Computing: Techniques for Computing with Words, Berlin: 491-516.

Yao Y Y. 2003. Probabilistic approaches to rough sets. Expert Systems, 20: 287-297.

Yao Y Y. 2008. Probabilistic rough set approximations. International Journal of Approximate Reasoning, 49(2): 255-271.

Yao Y Y. 2010. Three-way decisions with probabilistic rough sets. Information Sciences, 180: 341-353.

Yao Y Y. 2011. The superiority of three-way decisions in probabilistic rough set models. Information

Sciences, 181: 1080-1096.

Yao Y Y, Wong S K M, Lingras P. 1990. A decision-theoretic rough set model. Methodologies for Intelligent Systems, NewYork: 17-24.

Yao Y Y, Wong S K M, Wang L S. 1995. A non-numeric approach to uncertain reasoning. International Journal of General System, 23: 343-359.

Yao Y Y, Wong S K M. 1992. A decision theoretic framework for approximating concepts. International Journal of Man-Machine Studies, 37: 793-809.

Zhang H Y, Zhang W X, Wu W Z. 2009. On characterization of generalized interval-valued fuzzy rough sets on two universes of discourse. International Journal of Approximate Reasoning, 51(1): 56-70.

Zhang H, Zhou J, Miao D, et al. 2012. Bayesian rough set model: A further investigation. International Journal of Approximate Reasoning, 53(4): 541-557.

Zhang W X, Wu W Z. 2000. Rough set models based on random sets (I). Journal of Xi'an Jiaotong University, 12: 75-79.

Zhang W X, Wu W Z. 2000. Rough set models based on random sets (II). Journal of Xi'an Jiaotong University, 35(4): 425-429.

Zhu W. 2007. Generalized rough sets based on relations. Information Sciences, 177: 4997-5011.

Ziarko W. 1993. Variable precision rough set model. Journal of Computer and System Sciences, 46: 39-59.

Ziarko W. 2008. Probabilistic approach to rough sets. International Journal of Approximate Reasoning, 49(2): 272-284.

第5章 双论域上的多粒度粗糙集与多粒度概率粗糙集

在实际问题中，人们有时需要从多角度、多层次、多方面来研究问题、解决问题，将此思想应用于粗糙集，Qian 等于 2006 年首次提出了基于单论域上多个等价关系的多粒度粗糙集模型，众多研究者已从粒的角度、元素的角度对此模型进行了丰富的研究，相继提出了基于一般二元关系、模糊关系、邻域、覆盖等多粒度粗糙集模型。它们的共同点是，主要有两种基本模型：乐观多粒度粗糙集模型和悲观多粒度粗糙集模型。2015 年，Sun 和 Ma 研究了基于集值映射的双论域上的多粒度粗糙集模型，将多粒度粗糙集模型从单论域推广至双论域情形。本章从二元关系的角度出发，系统研究双论域上的多粒度粗糙集模型，并将概率思想运用于多粒度粗糙集，研究双论域上的多粒度概率粗糙集模型。

5.1 双论域上的多粒度粗糙集

本节将讨论基于双论域上一般二元关系的多粒度粗糙集。

5.1.1 双论域上的乐观多粒度粗糙集

定义 5.1 设 U、V 是两个非空有限论域，$R_1,R_2,\cdots,R_m$ 是从 U 到 V 的 m 个一般二元关系，称 $(U,V,\{R_i\}_{i=1,2,\cdots,m})$ 为双论域上的多粒度近似空间。

定义 5.2 设 $(U,V,\{R_i\}_{i=1,2,\cdots,m})$ 为双论域上的多粒度近似空间，$\forall X\subseteq V$，X 关于 $(U,V,\{R_i\}_{i=1,2,\cdots,m})$ 的乐观下近似和乐观上近似分别定义为

$$\underline{\sum_{i=1}^{m}R_i}^{\mathrm{O}}(X)=\{x\in U\mid R_1(x)\subseteq X\vee R_2(x)\subseteq X\vee\cdots\vee R_m(x)\subseteq X\}$$

$$\overline{\sum_{i=1}^{m}R_i}^{\mathrm{O}}(X)=\{x\in U\mid R_1(x)\cap X\neq\varnothing\wedge R_2(x)\cap X\neq\varnothing\wedge\cdots\wedge R_m(x)\cap X\neq\varnothing\}$$

其中，$\forall x\in U$，$R_i(x)=\{y\in V\mid (x,y)\in R_i\}$。称 $\left(\underline{\sum_{i=1}^{m}R_i}^{\mathrm{O}}(X),\overline{\sum_{i=1}^{m}R_i}^{\mathrm{O}}(X)\right)$ 为关于 $(U,V,\{R_i\}_{i=1,2,\cdots,m})$ 的乐观多粒度粗糙集。

定理 5.1 设 $(U,V,\{R_i\}_{i=1,2,\cdots,m})$ 是双论域上的多粒度近似空间，$\forall X\subseteq V$，有如下结论。

（1）$\underline{\sum_{i=1}^{m} R_i}^{\mathrm{O}}(X)=\bigcup_{i=1}^{m}\{x\in U \mid R_i(x)\subseteq X\}$。

（2）$\overline{\sum_{i=1}^{m} R_i}^{\mathrm{O}}(X)=\bigcap_{i=1}^{m}\{x\in U \mid R_i(x)\cap X\neq\varnothing\}$。

（3）$\overline{\sum_{i=1}^{m} R_i}^{\mathrm{O}}(X)=\left(\underline{\sum_{i=1}^{m} R_i}^{\mathrm{O}}(X^{\mathrm{c}})\right)^{\mathrm{c}}$，$\underline{\sum_{i=1}^{m} R_i}^{\mathrm{O}}(X)=\left(\overline{\sum_{i=1}^{m} R_i}^{\mathrm{O}}(X^{\mathrm{c}})\right)^{\mathrm{c}}$。

证明　结论（1）和结论（2）显然成立。

结论（3）只需证明前一部分，即

$$
\begin{aligned}
\left(\underline{\sum_{i=1}^{m} R_i}^{\mathrm{O}}(X^{\mathrm{c}})\right)^{\mathrm{c}} &=\left(\bigcup_{i=1}^{m}\{x\in U \mid R_i(x)\subseteq X^{\mathrm{c}}\}\right)^{\mathrm{c}}\\
&=\bigcap_{i=1}^{m}\{x\in U \mid R_i(x)\cap X=\varnothing\}^{\mathrm{c}}\\
&=\bigcap_{i=1}^{m}\{x\in U \mid R_i(x)\cap X\neq\varnothing\}\\
&=\overline{\sum_{i=1}^{m} R_i}^{\mathrm{O}}(X)
\end{aligned}
$$

注 5.1　（1）如果 $R_1,R_2,\cdots,R_m$ 是从 U 到 V 的 m 个串行的二元关系，则定义 5.1 中给出的粗糙集模型就退化为 Sun 和 Ma 于 2015 年提出的粗糙集模型。

（2）如果 $m=1$，则双论域上的乐观多粒度粗糙集就退化为第 2 章中定义 2.1 给出的粗糙集。

定理 5.2　设 $(U,V,\{R_i\}_{i=1,2,\cdots,m})$ 是双论域上的多粒度近似空间，$(U,V,\bigcup_{i=1}^{m}R_i)$ 为 m 个近似空间 $(U,V,R_i)(i=1,2,\cdots,m)$ 的并，则有如下结论。

（1）$\underline{\sum_{i=1}^{m} R_i}^{\mathrm{O}}(X)\supseteq\underline{\bigcup_{i=1}^{m}R_i}(X)$。

（2）$\overline{\sum_{i=1}^{m} R_i}^{\mathrm{O}}(X)\subseteq\overline{\bigcup_{i=1}^{m}R_i}(X)$。

其中，$\underline{\bigcup_{i=1}^{m}R_i}(X)=\left\{x\in U \mid \left(\bigcup_{i=1}^{m}R_i\right)(x)\subseteq X\right\}$，$\overline{\bigcup_{i=1}^{m}R_i}(X)=\left\{x\in U \mid \left(\bigcup_{i=1}^{m}R_i\right)(x)\cap X\neq\varnothing\right\}$。

证明　（1）$\forall x\in\underline{\bigcup_{i=1}^{m}R_i}(X)$，则 $\left(\bigcup_{i=1}^{m}R_i\right)(x)=\bigcup_{i=1}^{m}R_i(x)\subseteq X$，从而 $\forall i\in\{1,2,\cdots,m\}$，

$R_i(x)\subseteq X$，于是 $x\in \underline{\sum_{i=1}^{m}R_i}^{O}(X)$，故 $\underline{\sum_{i=1}^{m}R_i}^{O}(X)\supseteq \underline{\bigcup_{i=1}^{m}R_i}(X)$。

（2）$\forall x\in \overline{\sum_{i=1}^{m}R_i}^{O}(X)$，则 $\forall i\in\{1,2,\cdots,m\}$，$R_i(x)\cap X\neq\varnothing$，于是 $\left(\bigcup_{i=1}^{m}R_i\right)(x)\cap X=\left(\bigcup_{i=1}^{m}R_i(x)\right)\cap X\neq\varnothing$，从而 $x\in \overline{\bigcup_{i=1}^{m}R_i}(X)$，故 $\overline{\sum_{i=1}^{m}R_i}^{O}(X)\subseteq \overline{\bigcup_{i=1}^{m}R_i}(X)$。

下近似算子 $\underline{\sum_{i=1}^{m}R_i}^{O}$ 和上近似算子 $\overline{\sum_{i=1}^{m}R_i}^{O}$ 具有下列性质。

定理 5.3　设 $(U,V,\{R_i\}_{i=1,2,\cdots,m})$ 是双论域上的多粒度近似空间，$\left(U,V,\bigcap_{i=1}^{m}R_i\right)$ 为 m 个近似空间 $(U,V,R_i)(i=1,2,\cdots,m)$ 的交，则有如下结论。

（1）$\underline{\sum_{i=1}^{m}R_i}^{O}(X)\subseteq \underline{\bigcap_{i=1}^{m}R_i}(X)$。

（2）$\overline{\sum_{i=1}^{m}R_i}^{O}(X)\supseteq \overline{\bigcap_{i=1}^{m}R_i}(X)$。

其中，$\underline{\bigcap_{i=1}^{m}R_i}(X)=\left\{x\in U\mid\left(\bigcap_{i=1}^{m}R_i\right)(x)\subseteq X\right\}$，$\overline{\bigcap_{i=1}^{m}R_i}(X)=\left\{x\in U\mid\left(\bigcap_{i=1}^{m}R_i\right)(x)\cap X\neq\varnothing\right\}$。

证明　（1）$\forall x\in \underline{\sum_{i=1}^{m}R_i}^{O}(X)$，则 $\exists i\in\{1,2,\cdots,m\}$ 使得 $R_i(x)\subseteq X$，于是 $\left(\bigcap_{i=1}^{m}R_i\right)(x)=\bigcap_{i=1}^{m}R_i(x)\subseteq X$，从而 $x\in \underline{\bigcap_{i=1}^{m}R_i}(X)$，故 $\underline{\sum_{i=1}^{m}R_i}^{O}(X)\subseteq \underline{\bigcap_{i=1}^{m}R_i}(X)$。

（2）$\forall x\in \overline{\bigcap_{i=1}^{m}R_i}(X)$，则 $\left(\bigcap_{i=1}^{m}R_i\right)(x)\cap X=\left(\bigcap_{i=1}^{m}R_i(x)\right)\cap X\neq\varnothing$，于是 $\forall i\in\{1,2,\cdots,m\}$，$R_i(x)\cap X\neq\varnothing$，从而 $x\in \overline{\sum_{i=1}^{m}R_i}^{O}(X)$，故 $\overline{\sum_{i=1}^{m}R_i}^{O}(X)\supseteq \overline{\bigcap_{i=1}^{m}R_i}(X)$。

下近似算子 $\underline{\sum_{i=1}^{m}R_i}^{O}$ 和上近似算子 $\overline{\sum_{i=1}^{m}R_i}^{O}$ 具有下列性质。

定理 5.4　设 $(U,V,\{R_i\}_{i=1,2,\cdots,m})$ 是双论域上的多粒度近似空间，$\forall X,Y\subseteq V$，有如下结论。

（1）$\underline{\sum_{i=1}^{m}R_i}^{O}(V)=U$，$\overline{\sum_{i=1}^{m}R_i}^{O}(\varnothing)=\varnothing$。

（2）$\underline{\sum_{i=1}^{m} R_i}^{O}(X\cap Y)=\bigcup_{i=1}^{m}(\underline{R_i}(X)\cap\underline{R_i}(Y))$，$\overline{\sum_{i=1}^{m} R_i}^{O}(X\cup Y)=\bigcap_{i=1}^{m}(\overline{R_i}(X)\cup\overline{R_i}(Y))$。

（3）如果 $X\subseteq Y$，则 $\underline{\sum_{i=1}^{m} R_i}^{O}(X)\subseteq\underline{\sum_{i=1}^{m} R_i}^{O}(Y)$，$\overline{\sum_{i=1}^{m} R_i}^{O}(X)\subseteq\overline{\sum_{i=1}^{m} R_i}^{O}(Y)$。

（4）$\underline{\sum_{i=1}^{m} R_i}^{O}(X\cap Y)\subseteq\underline{\sum_{i=1}^{m} R_i}^{O}(X)\cap\underline{\sum_{i=1}^{m} R_i}^{O}(Y)$，

$\overline{\sum_{i=1}^{m} R_i}^{O}(X\cap Y)\subseteq\overline{\sum_{i=1}^{m} R_i}^{O}(X)\cap\overline{\sum_{i=1}^{m} R_i}^{O}(Y)$。

（5）$\underline{\sum_{i=1}^{m} R_i}^{O}(X\cup Y)\supseteq\underline{\sum_{i=1}^{m} R_i}^{O}(X)\cup\underline{\sum_{i=1}^{m} R_i}^{O}(Y)$，

$\overline{\sum_{i=1}^{m} R_i}^{O}(X\cup Y)\supseteq\overline{\sum_{i=1}^{m} R_i}^{O}(X)\cup\overline{\sum_{i=1}^{m} R_i}^{O}(Y)$。

证明　（1）由定义 5.2 显然可以得到。

（2）
$$\begin{aligned}\underline{\sum_{i=1}^{m} R_i}^{O}(X\cap Y)&=\bigcup_{i=1}^{m}\{x\in U\mid R_i(x)\subseteq X\cap Y\}\\&=\bigcup_{i=1}^{m}(\{x\in U\mid R_i(x)\subseteq X\}\cap\{x\in U\mid R_i(x)\subseteq Y\})\\&=\bigcup_{i=1}^{m}(\underline{R_i}(X)\cap\underline{R_i}(Y))\end{aligned}$$

$$\begin{aligned}\overline{\sum_{i=1}^{m} R_i}^{O}(X\cup Y)&=\bigcap_{i=1}^{m}\{x\in U\mid R_i(x)\cap(X\cup Y)\neq\varnothing\}\\&=\bigcap_{i=1}^{m}(\{x\in U\mid R_i(x)\cap X\neq\varnothing\}\cup\{x\in U\mid R_i(x)\cap Y\neq\varnothing\})\\&=\bigcap_{i=1}^{m}(\overline{R_i}(X)\cup\overline{R_i}(Y))\end{aligned}$$

（3）如果 $X\subseteq Y$，则

$$\begin{aligned}\underline{\sum_{i=1}^{m} R_i}^{O}(X)&=\bigcup_{i=1}^{m}\{x\in U\mid R_i(x)\subseteq X\}\\&\subseteq\bigcup_{i=1}^{m}\{x\in U\mid R_i(x)\subseteq Y\}\\&=\underline{\sum_{i=1}^{m} R_i}^{O}(Y)\end{aligned}$$

$$\overline{\sum_{i=1}^{m} R_i}^{\,\mathrm{O}}(X) = \bigcap_{i=1}^{m}\{x \in U \mid R_i(x) \cap X \neq \varnothing\}$$

$$\subseteq \bigcap_{i=1}^{m}\{x \in U \mid R_i(x) \cap Y \neq \varnothing\}$$

$$= \overline{\sum_{i=1}^{m} R_i}^{\,\mathrm{O}}(Y)$$

结论（4）和结论（5）由结论（3）可得。

注 5.2　一般地，$\underline{\sum_{i=1}^{m} R_i}^{\mathrm{O}}(\varnothing) \neq \varnothing$，$\overline{\sum_{i=1}^{m} R_i}^{\mathrm{O}}(V) \neq U$，$\underline{\sum_{i=1}^{m} R_i}^{\mathrm{O}}(X) \not\subseteq \overline{\sum_{i=1}^{m} R_i}^{\mathrm{O}}(X)$。这是因为，如果 $\forall x \in U$，存在 $i \in \{1,2,\cdots,m\}$，使得 $R_i(x) = \varnothing$，则 $\underline{\sum_{i=1}^{m} R_i}^{\mathrm{O}}(\varnothing) = U$，$\overline{\sum_{i=1}^{m} R_i}^{\mathrm{O}}(V) = \varnothing$。

5.1.2　双论域上的悲观多粒度粗糙集

定义 5.3　设 $(U,V,\{R_i\}_{i=1,2,\cdots,m})$ 是双论域上的多粒度近似空间，$\forall X \subseteq V$，X 关于 $(U,V,\{R_i\}_{i=1,2,\cdots,m})$ 的悲观下近似和悲观上近似分别定义为

$$\underline{\sum_{i=1}^{m} R_i}^{\,\mathrm{P}}(X) = \{x \in U \mid R_1(x) \subseteq X \wedge R_2(x) \subseteq X \wedge \cdots \wedge R_m(x) \subseteq X\}$$

$$\overline{\sum_{i=1}^{m} R_i}^{\,\mathrm{P}}(X) = \{x \in U \mid R_1(x) \cap X \neq \varnothing \vee R_2(x) \cap X \neq \varnothing \vee \cdots \vee R_m(x) \cap X \neq \varnothing\}$$

称 $\left(\underline{\sum_{i=1}^{m} R_i}^{\mathrm{P}}(X), \overline{\sum_{i=1}^{m} R_i}^{\mathrm{P}}(X)\right)$ 为悲观多粒度粗糙集。

定理 5.5　设 $(U,V,\{R_i\}_{i=1,2,\cdots,m})$ 是双论域上的多粒度近似空间，$\forall X \subseteq V$，有如下结论。

（1）$\underline{\sum_{i=1}^{m} R_i}^{\mathrm{P}}(X) = \bigcap_{i=1}^{m}\{x \in U \mid R_i(x) \subseteq X\}$。

（2）$\overline{\sum_{i=1}^{m} R_i}^{\mathrm{P}}(X) = \bigcup_{i=1}^{m}\{x \in U \mid R_i(x) \cap X \neq \varnothing\}$。

（3）$\overline{\sum_{i=1}^{m} R_i}^{\mathrm{P}}(X)=\left(\underline{\sum_{i=1}^{m} R_i}^{\mathrm{P}}(X^{\mathrm{c}})\right)^{\mathrm{c}}$，$\underline{\sum_{i=1}^{m} R_i}^{\mathrm{P}}(X)=\left(\overline{\sum_{i=1}^{m} R_i}^{\mathrm{P}}(X^{\mathrm{c}})\right)^{\mathrm{c}}$。

证明　结论（1）和结论（2）显然成立。

结论（3）只需证明前一部分，即

$$
\begin{aligned}
\left(\underline{\sum_{i=1}^{m} R_i}^{\mathrm{P}}(X^{\mathrm{c}})\right)^{\mathrm{c}} &= \left(\bigcap_{i=1}^{m}\{x\in U \mid R_i(x)\subseteq X^{\mathrm{c}}\}\right)^{\mathrm{c}} \\
&= \bigcup_{i=1}^{m}\{x\in U \mid R_i(x)\not\subseteq X^{\mathrm{c}}\} \\
&= \bigcup_{i=1}^{m}\{x\in U \mid R_i(x)\cap X\neq\varnothing\} \\
&= \overline{\sum_{i=1}^{m} R_i}^{\mathrm{P}}(X)
\end{aligned}
$$

注 5.3　如果 $m=1$，则双论域上的悲观多粒度粗糙集就退化为第 2 章定义 2.1 给出的粗糙集。

定理 5.6　设 $(U,V,\{R_i\}_{i=1,2,\cdots,m})$ 是双论域上的多粒度近似空间，$\left(U,V,\bigcup_{i=1}^{m}R_i\right)$ 为 m 个近似空间 $(U,V,R_i)(i=1,2,\cdots,m)$ 的并，则有如下结论。

（1）$\underline{\sum_{i=1}^{m} R_i}^{\mathrm{P}}(X)=\underline{\bigcup_{i=1}^{m} R_i}(X)$。

（2）$\overline{\sum_{i=1}^{m} R_i}^{\mathrm{P}}(X)=\overline{\bigcup_{i=1}^{m} R_i}(X)$。

证明　（1）

$$
\begin{aligned}
\underline{\sum_{i=1}^{m} R_i}^{\mathrm{P}}(X) &= \bigcap_{i=1}^{m}\{x\in U \mid R_i(x)\subseteq X\} \\
&= \left\{x\in U \;\middle|\; \bigcup_{i=1}^{m}R_i(x)\subseteq X\right\} \\
&= \left\{x\in U \;\middle|\; \left(\bigcup_{i=1}^{m}R_i\right)(x)\subseteq X\right\} \\
&= \underline{\bigcup_{i=1}^{m} R_i}(X)
\end{aligned}
$$

（2）$\overline{\sum_{i=1}^{m} R_i}^{\mathrm{P}}(X)=\bigcup_{i=1}^{m}\{x\in U \mid R_i(x)\cap X\neq\varnothing\}$

$$=\left\{x\in U \mid \left(\bigcup_{i=1}^{m}R_i(x)\right)\cap X\neq\varnothing\right\}$$

$$=\left\{x\in U \mid \left(\bigcup_{i=1}^{m}R_i\right)(x)\cap X\neq\varnothing\right\}$$

$$=\overline{\bigcup_{i=1}^{m}R_i}(X)$$

定理 5.7　设$(U,V,\{R_i\}_{i=1,2,\cdots,m})$是双论域上的多粒度近似空间，$\left(U,V,\bigcap_{i=1}^{m}R_i\right)$为 m 个近似空间$(U,V,R_i)(i=1,2,\cdots,m)$的交，则有如下结论。

（1）$\underline{\sum_{i=1}^{m}R_i}^{\mathrm{P}}(X)\subseteq\underline{\bigcap_{i=1}^{m}R_i}(X)$。

（2）$\overline{\sum_{i=1}^{m}R_i}^{\mathrm{P}}(X)\supseteq\overline{\bigcap_{i=1}^{m}R_i}(X)$。

证明　（1）$\forall x\in\underline{\sum_{i=1}^{m}R_i}^{\mathrm{P}}(X)$，由定理 5.6 的结论（1）知，$\left(\bigcup_{i=1}^{m}R_i\right)(x)\subseteq X$，则 $\left(\bigcap_{i=1}^{m}R_i\right)(x)\subseteq X$，从而$x\in\underline{\bigcap_{i=1}^{m}R_i}(X)$，故$\underline{\sum_{i=1}^{m}R_i}^{\mathrm{P}}(X)\subseteq\underline{\bigcap_{i=1}^{m}R_i}(X)$。

（2）$\forall x\in\overline{\bigcap_{i=1}^{m}R_i}(X)$，则$\left(\bigcap_{i=1}^{m}R_i\right)(x)\cap X\neq\varnothing$，$\left(\bigcup_{i=1}^{m}R_i\right)(x)\cap X\neq\varnothing$，从而$x\in\overline{\bigcup_{i=1}^{m}R_i}(X)$，由定理 5.6 的结论（2）知，$x\in\overline{\sum_{i=1}^{m}R_i}^{\mathrm{P}}(X)$，故$\overline{\sum_{i=1}^{m}R_i}^{\mathrm{P}}(X)\supseteq\overline{\bigcap_{i=1}^{m}R_i}(X)$。

下近似算子$\underline{\sum_{i=1}^{m}R_i}^{\mathrm{P}}$和上近似算子$\overline{\sum_{i=1}^{m}R_i}^{\mathrm{P}}$具有下列性质。

定理 5.8　设$(U,V,\{R_i\}_{i=1,2,\cdots,m})$是双论域上的多粒度近似空间，$\forall X,Y\subseteq V$，有如下结论。

（1）$\underline{\sum_{i=1}^{m}R_i}^{\mathrm{P}}(V)=U$，$\overline{\sum_{i=1}^{m}R_i}^{\mathrm{P}}(\varnothing)=\varnothing$。

（2）$\underline{\sum_{i=1}^{m}R_i}^{\mathrm{P}}(X\cap Y)=\bigcap_{i=1}^{m}(\underline{R_i}(X)\cap\underline{R_i}(Y))$，$\overline{\sum_{i=1}^{m}R_i}^{\mathrm{P}}(X\cup Y)=\bigcup_{i=1}^{m}(\overline{R_i}(X)\cup\overline{R_i}(Y))$。

（3）$\underline{\sum_{i=1}^{m}R_i}^{\mathrm{P}}(X\cap Y)=\underline{\sum_{i=1}^{m}R_i}^{\mathrm{P}}(X)\cap\underline{\sum_{i=1}^{m}R_i}^{\mathrm{P}}(Y)$，

$$\overline{\sum_{i=1}^{m} R_i}^{\mathrm{P}}(X \cup Y) = \overline{\sum_{i=1}^{m} R_i}^{\mathrm{P}}(X) \cup \overline{\sum_{i=1}^{m} R_i}^{\mathrm{P}}(Y)。$$

（4）如果 $X \subseteq Y$，则 $\underline{\sum_{i=1}^{m} R_i}^{\mathrm{P}}(X) \subseteq \underline{\sum_{i=1}^{m} R_i}^{\mathrm{P}}(Y)$，$\overline{\sum_{i=1}^{m} R_i}^{\mathrm{P}}(X) \subseteq \overline{\sum_{i=1}^{m} R_i}^{\mathrm{P}}(Y)$。

（5）$\underline{\sum_{i=1}^{m} R_i}^{\mathrm{P}}(X \cup Y) \supseteq \underline{\sum_{i=1}^{m} R_i}^{\mathrm{P}}(X) \cup \underline{\sum_{i=1}^{m} R_i}^{\mathrm{P}}(Y)$，

$$\overline{\sum_{i=1}^{m} R_i}^{\mathrm{P}}(X \cap Y) \subseteq \overline{\sum_{i=1}^{m} R_i}^{\mathrm{P}}(X) \cap \overline{\sum_{i=1}^{m} R_i}^{\mathrm{P}}(Y)。$$

证明　由定义 5.3 和定理 5.5 易证。

注 5.4　（1）一般地，$\underline{\sum_{i=1}^{m} R_i}^{\mathrm{P}}(\varnothing) \neq \varnothing$，$\overline{\sum_{i=1}^{m} R_i}^{\mathrm{P}}(V) \neq U$ 以及 $\underline{\sum_{i=1}^{m} R_i}^{\mathrm{P}}(X) \not\subseteq \overline{\sum_{i=1}^{m} R_i}^{\mathrm{P}}(X)$。这是因为，如果 $\exists x \in U$，$\forall i \in \{1,2,\cdots,m\}$，$R_i(x) = \varnothing$，则 $x \in \underline{\sum_{i=1}^{m} R_i}^{\mathrm{P}}(\varnothing)$ 及 $x \notin \overline{\sum_{i=1}^{m} R_i}^{\mathrm{P}}(V)$。

（2）如果 $\forall x \in U$，存在 $i \in \{1,2,\cdots,m\}$，使得 $R_i(x) \neq \varnothing$，则 $\underline{\sum_{i=1}^{m} R_i}^{\mathrm{P}}(\varnothing) = \varnothing$，$\overline{\sum_{i=1}^{m} R_i}^{\mathrm{P}}(V) = U$ 及 $\underline{\sum_{i=1}^{m} R_i}^{\mathrm{P}}(X) \subseteq \overline{\sum_{i=1}^{m} R_i}^{\mathrm{P}}(X)$。

定义 5.4　设 $(U,V,\{R_i\}_{i=1,2,\cdots,m})$ 是双论域上的多粒度近似空间，$\forall X \subseteq V$，R_i 关于 X 的特征函数定义为

$$\forall x \in U, \quad \chi_{(R_i,X)}(x) = \begin{cases} 1, & R_i(x) \subseteq X \\ 0, & \text{其他} \end{cases}$$

定义 5.5　设 $(U,V,\{R_i\}_{i=1,2,\cdots,m})$ 是双论域上的多粒度近似空间，$\forall X \subseteq V$，$\alpha \in (0,1]$，X 关于 $(U,V,\{R_i\}_{i=1,2,\cdots,m})$ 和参数 α 的 α 下近似和 α 上近似分别定义如下

$$\underline{\sum_{i=1}^{m} R_i}^{\alpha}(X) = \left\{ x \in U \,\middle|\, \frac{\sum_{i=1}^{m} \chi_{(R_i,X)}(x)}{m} \geqslant \alpha \right\}$$

$$\overline{\sum_{i=1}^{m} R_i}^{\alpha}(X) = \left\{ x \in U \,\middle|\, \frac{\sum_{i=1}^{m} (1 - \chi_{(R_i,X^{\mathrm{c}})}(x))}{m} > 1 - \alpha \right\}$$

称$\left(\underline{\sum_{i=1}^{m}R_i}^{\alpha}(X),\overline{\sum_{i=1}^{m}R_i}^{\alpha}(X)\right)$为双论域上的变精度多粒度粗糙集。

注 5.5　（1）如果$m=2$且$\alpha\in(0,0.5)$，则$\underline{\sum_{i=1}^{2}R_i}^{\alpha}(X)=\underline{\sum_{i=1}^{2}R_i}^{\mathrm{O}}(X)$，$\overline{\sum_{i=1}^{2}R_i}^{\alpha}(X)=\overline{\sum_{i=1}^{2}R_i}^{\mathrm{O}}(X)$，这意味着，此时$\alpha$变精度多粒度粗糙集退化为乐观多粒度粗糙集。

（2）如果$m=2$且$\alpha\in[0.5,1]$，则$\underline{\sum_{i=1}^{2}R_i}^{\alpha}(X)=\underline{\sum_{i=1}^{2}R_i}^{\mathrm{P}}(X)$且$\overline{\sum_{i=1}^{2}R_i}^{\alpha}(X)=\overline{\sum_{i=1}^{2}R_i}^{\mathrm{P}}(X)$，这意味着，此时$\alpha$变精度多粒度粗糙集退化为悲观多粒度粗糙集。

进一步，有下面更一般的结论。

定理 5.9　设$(U,V,\{R_i\}_{i=1,2,\cdots,m})$是双论域上的多粒度近似空间，$\forall X\subseteq V$，$\alpha\in(0,1]$，有如下结论。

（1）$\forall\alpha\in\left(0,\frac{1}{m}\right)$，$\underline{\sum_{i=1}^{m}R_i}^{\alpha}(X)=\underline{\sum_{i=1}^{m}R_i}^{\mathrm{O}}(X)$，$\overline{\sum_{i=1}^{m}R_i}^{\alpha}(X)=\overline{\sum_{i=1}^{m}R_i}^{\mathrm{O}}(X)$。

（2）当$\alpha=1$时，$\underline{\sum_{i=1}^{m}R_i}^{1}(X)=\underline{\sum_{i=1}^{m}R_i}^{\mathrm{P}}(X)$，$\overline{\sum_{i=1}^{m}R_i}^{1}(X)=\overline{\sum_{i=1}^{m}R_i}^{\mathrm{P}}(X)$。

证明　由定义 5.4 和定义 5.5 易证。

下面的定理 5.10 给出了双论域上的乐观多粒度粗糙集、悲观多粒度粗糙集和α变精度多粒度粗糙集之间的关系。

定理 5.10　设$(U,V,\{R_i\}_{i=1,2,\cdots,m})$是双论域上的多粒度近似空间，$\forall X\subseteq V$，$\alpha\in(0,1]$，有如下结论。

（1）$\underline{\sum_{i=1}^{m}R_i}^{\mathrm{P}}(X)\subseteq\underline{\sum_{i=1}^{m}R_i}^{\alpha}(X)\subseteq\underline{\sum_{i=1}^{m}R_i}^{\mathrm{O}}(X)$。

（2）$\overline{\sum_{i=1}^{m}R_i}^{\mathrm{O}}(X)\subseteq\overline{\sum_{i=1}^{m}R_i}^{\alpha}(X)\subseteq\overline{\sum_{i=1}^{m}R_i}^{\mathrm{P}}(X)$。

证明　（1）$\forall x\in\underline{\sum_{i=1}^{m}R_i}^{\mathrm{P}}(X)$，则$\forall i\in\{1,2,\cdots,m\}$，$R_i(x)\subseteq X$，于是$\chi_{(R_i,X)}(x)=1$，因此$\frac{\sum_{i=1}^{m}\chi_{(R_i,X)}(x)}{m}=1\geqslant\alpha$，则$x\in\underline{\sum_{i=1}^{m}R_i}^{\alpha}(X)$，从而$\underline{\sum_{i=1}^{m}R_i}^{\mathrm{P}}(X)\subseteq\underline{\sum_{i=1}^{m}R_i}^{\alpha}(X)$。

$\forall x \in \underline{\sum_{i=1}^{m} R_i}^{\alpha}(X)$，则 $\dfrac{\sum_{i=1}^{m}\chi_{(R_i,X)}(x)}{m} \geqslant \alpha$，于是至少存在一个 $i \in \{1,2,\cdots,m\}$，使得 $\chi_{(R_i,X)}(x)=1$，即 $R_i(x) \subseteq X$，因此 $x \in \underline{\sum_{i=1}^{m} R_i}^{\mathrm{O}}(X)$，从而 $\underline{\sum_{i=1}^{m} R_i}^{\alpha}(X) \subseteq \underline{\sum_{i=1}^{m} R_i}^{\mathrm{O}}(X)$。

（2）$\forall x \in \overline{\sum_{i=1}^{m} R_i}^{\mathrm{O}}(X)$，则 $\forall i \in \{1,2,\cdots,m\}$，$R_i(x) \cap X \neq \varnothing$，即 $R_i(x) \not\subseteq X^{\mathrm{c}}$，即 $\chi_{(R_i,X^{\mathrm{c}})}(x)=0$，从而 $\dfrac{\sum_{i=1}^{m}(1-\chi_{(R_i,X^{\mathrm{c}})}(x))}{m} > 1-\alpha$，则 $x \in \overline{\sum_{i=1}^{m} R_i}^{\alpha}(X)$。因此 $\overline{\sum_{i=1}^{m} R_i}^{\mathrm{O}}(X) \subseteq \overline{\sum_{i=1}^{m} R_i}^{\alpha}(X)$。

$\forall x \in \overline{\sum_{i=1}^{m} R_i}^{\alpha}(X)$，则 $\dfrac{\sum_{i=1}^{m}(1-\chi_{(R_i,X^{\mathrm{c}})}(x))}{m} > 1-\alpha$，于是至少存在一个 $i \in \{1,2,\cdots,m\}$，使得 $\chi_{(R_i,X^{\mathrm{c}})}(x)=0$，即 $R_i(x) \not\subseteq X^{\mathrm{c}}$，即 $R_i(x) \cap X \neq \varnothing$，则 $x \in \overline{\sum_{i=1}^{m} R_i}^{\mathrm{P}}(X)$。故 $\overline{\sum_{i=1}^{m} R_i}^{\alpha}(X) \subseteq \overline{\sum_{i=1}^{m} R_i}^{\mathrm{P}}(X)$。

α 变精度多粒度粗糙集近似算子具有下列性质。

定理 5.11　设 $(U,V,\{R_i\}_{i=1,2,\cdots,m})$ 是双论域上的多粒度近似空间，$\forall X,Y \subseteq V$，$\alpha \in (0,1]$，有如下结论。

（1）$\underline{\sum_{i=1}^{m} R_i}^{\alpha}(V)=U$，$\overline{\sum_{i=1}^{m} R_i}^{\alpha}(\varnothing)=\varnothing$。

（2）$\underline{\sum_{i=1}^{m} R_i}^{\alpha}(X \cap Y)=\underline{\sum_{i=1}^{m} R_i}^{\alpha}(X) \cap \underline{\sum_{i=1}^{m} R_i}^{\alpha}(Y)$，

$\overline{\sum_{i=1}^{m} R_i}^{\alpha}(X \cup Y)=\overline{\sum_{i=1}^{m} R_i}^{\alpha}(X) \cup \overline{\sum_{i=1}^{m} R_i}^{\alpha}(Y)$。

（3）如果 $X \subseteq Y$，则 $\overline{\sum_{i=1}^{m} R_i}^{\alpha}(X) \subseteq \overline{\sum_{i=1}^{m} R_i}^{\alpha}(Y)$，$\underline{\sum_{i=1}^{m} R_i}^{\alpha}(X) \subseteq \underline{\sum_{i=1}^{m} R_i}^{\alpha}(Y)$。

（4）$\underline{\sum_{i=1}^{m} R_i}^{\alpha}(X \cup Y) \supseteq \underline{\sum_{i=1}^{m} R_i}^{\alpha}(X) \cup \underline{\sum_{i=1}^{m} R_i}^{\alpha}(Y)$，

$\overline{\sum_{i=1}^{m} R_i}^{\alpha}(X \cap Y) \subseteq \overline{\sum_{i=1}^{m} R_i}^{\alpha}(X) \cap \overline{\sum_{i=1}^{m} R_i}^{\alpha}(Y)$。

（5）$\left(\underline{\sum_{i=1}^{m} R_i}^{\alpha}(X^{\mathrm{c}})\right)^{\mathrm{c}} = \overline{\sum_{i=1}^{m} R_i}^{\alpha}(X)$，$\left(\overline{\sum_{i=1}^{m} R_i}^{\alpha}(X^{\mathrm{c}})\right)^{\mathrm{c}} = \underline{\sum_{i=1}^{m} R_i}^{\alpha}(X)$。

证明　由定义 5.5 易证。

5.2　双论域上的多粒度概率粗糙集

5.2.1　双论域上的加权平均多粒度概率粗糙集

定义 5.6　设 U、V 是两个非空有限论域，$R_1, R_2, \cdots, R_m$ 是从 U 到 V 的 m 个二元关系，P 是定义在由 V 的子集构成的 σ 代数上的概率测度，$(U, V, \{R_i\}_{i=1,2,\cdots,m}, P)$ 称为双论域上的多粒度概率近似空间。$\forall 0 \leqslant \beta < \alpha \leqslant 1$，$X \subseteq V$，$X$ 关于 $(U, V, \{R_i\}_{i=1,2,\cdots,m}, P)$ 和参数 α、β 的加权平均多粒度概率下近似和上近似分别定义为

$$\underline{\sum_{i=1}^{m} PR_i}^{W,\alpha}(X) = \{x \in U \mid \omega_1 P(X \mid R_1(x)) + \cdots + \omega_m P(X \mid R_m(x)) \geqslant \alpha,\ R_i(x) \neq \varnothing, \forall i \in \{1, 2, \cdots, m\}\}$$

$$\overline{\sum_{i=1}^{m} PR_i}^{W,\beta}(X) = \{x \in U \mid \omega_1 P(X \mid R_1(x)) + \cdots + \omega_m P(X \mid R_m(x)) > \beta,\ R_i(x) \neq \varnothing, \forall i \in \{1, 2, \cdots, m\}\} \cup \{x \in U \mid \text{存在} i \in \{1, 2, \cdots, m\} \text{使得} R_i(x) = \varnothing\}$$

其中，$(\omega_1, \omega_2, \cdots, \omega_m)$ 为 $(P(X \mid R_1(x)), \cdots, P(X \mid R_m(x)))$ 的权重，满足 $\omega_i \geqslant 0$，$\sum_{i=1}^{m} \omega_i = 1$。

$\left(\underline{\sum_{i=1}^{m} PR_i}^{W,\alpha}(X), \overline{\sum_{i=1}^{m} PR_i}^{W,\beta}(X)\right)$ 称为双论域上的加权平均多粒度概率粗糙集。

进一步，X 的正域 $\mathrm{POS}^{W,\alpha}_{\sum_{i=1}^{m} PR_i}(X)$、负域 $\mathrm{NEG}^{W,\beta}_{\sum_{i=1}^{m} PR_i}(X)$ 和边界域 $\mathrm{BND}^{W,\alpha,\beta}_{\sum_{i=1}^{m} PR_i}(X)$ 分别定义如下

$$\mathrm{POS}^{W,\alpha}_{\sum_{i=1}^{m}PR_i}(X)=\underline{\sum_{i=1}^{m}PR_i}^{W,\alpha}(X)$$

$$=\left\{x\in U\mid\sum_{i=1}^{m}\omega_i P(X\mid R_i(x))\geqslant\alpha,R_i(x)\neq\varnothing,\forall i\in\{1,2,\cdots,m\}\right\}$$

$$\mathrm{NEG}^{W,\beta}_{\sum_{i=1}^{m}PR_i}(X)=U-\overline{\sum_{i=1}^{m}PR_i}^{W,\beta}(X)$$

$$=\left\{x\in U\mid\sum_{i=1}^{m}\omega_i P(X\mid R_i(x))\leqslant\beta,R_i(x)\neq\varnothing,\forall i\in\{1,2,\cdots,m\}\right\}$$

$$\mathrm{BND}^{W,\alpha,\beta}_{\sum_{i=1}^{m}PR_i}(X)=\overline{\sum_{i=1}^{m}PR_i}^{W,\beta}(X)-\underline{\sum_{i=1}^{m}PR_i}^{W,\alpha}(X)$$

$$=\left\{x\in U\mid\beta<\sum_{i=1}^{m}\omega_i P(X\mid R_i(x))<\alpha,R_i(x)\neq\varnothing,\forall i\in\{1,2,\cdots,m\}\right\}$$

$$\cup\{x\in U\mid 存在 i\in\{1,2,\cdots,m\}使得 R_i(x)=\varnothing\}$$

显然，$\mathrm{POS}^{W,\alpha}_{\sum_{i=1}^{m}PR_i}(X)$、$\mathrm{NEG}^{W,\beta}_{\sum_{i=1}^{m}PR_i}(X)$ 和 $\mathrm{BND}^{W,\alpha,\beta}_{\sum_{i=1}^{m}PR_i}(X)$ 两两不交且它们的并等于 U。

注 5.6　(1) 如果 $m=1$，则双论域上的加权平均多粒度概率粗糙集就退化为第 4 章定义 4.1 中给出的概率粗糙集。

(2)如果 $U=V$，$\omega_1=\omega_2=\cdots=\omega_m=\dfrac{1}{m}$ 且 $R_i(i=1,2,\cdots,m)$ 是 U 上的 m 个等价关系，则双论域上的加权平均多粒度概率粗糙集就退化为 Qian 提出的算术平均多粒度概率粗糙集。

由定义 5.6 知，下面的定理成立。

定理 5.12　设 $(U,V,\{R_i\}_{i=1,2,\cdots,m},P)$ 是双论域上的多粒度概率近似空间，$\forall X\subseteq V$，有

$$\overline{\sum_{i=1}^{m}PR_i}^{W,\beta}(X)=U-\left\{x\in U\mid\sum_{i=1}^{m}\omega_i P(X\mid R_i(x))\leqslant\beta,R_i(x)\neq\varnothing,\forall i\in\{1,2,\cdots,m\}\right\}$$

下面讨论下近似算子 $\underline{\sum_{i=1}^{m}PR_i}^{W,\alpha}(X)$ 和上近似算子 $\overline{\sum_{i=1}^{m}PR_i}^{W,\beta}(X)$ 的相关性质。

定理 5.13　设 $(U,V,\{R_i\}_{i=1,2,\cdots,m},P)$ 是双论域上的多粒度概率近似空间，$\forall 0\leqslant\beta<\alpha\leqslant 1$，$X,Y\subseteq V$，则有如下结论。

(1) $\underline{\sum_{i=1}^{m}PR_i}^{W,\alpha}(X)\subseteq\overline{\sum_{i=1}^{m}PR_i}^{W,\beta}(X)$。

（2）$\underline{\sum_{i=1}^{m} PR_i}^{W,\alpha}(\varnothing)=\varnothing$，$\overline{\sum_{i=1}^{m} PR_i}^{W,\beta}(V)=U$。

（3）如果 $X\subseteq Y$，则 $\underline{\sum_{i=1}^{m} PR_i}^{W,\alpha}(X)\subseteq\underline{\sum_{i=1}^{m} PR_i}^{W,\alpha}(Y)$ 且 $\overline{\sum_{i=1}^{m} PR_i}^{W,\beta}(X)\subseteq\overline{\sum_{i=1}^{m} PR_i}^{W,\beta}(Y)$。

（4）$\underline{\sum_{i=1}^{m} PR_i}^{W,\alpha}(X)=\left(\overline{\sum_{i=1}^{m} PR_i}^{W,1-\alpha}(X^{\mathrm{c}})\right)^{\mathrm{c}}\ (\alpha>0.5)$；

$\overline{\sum_{i=1}^{m} PR_i}^{W,\beta}(X)=\left(\underline{\sum_{i=1}^{m} PR_i}^{W,1-\beta}(X^{\mathrm{c}})\right)^{\mathrm{c}}\ (\beta<0.5)$。

（5）如果 $0<\alpha_1\leqslant\alpha_2\leqslant 1$ 且 $0\leqslant\beta_1\leqslant\beta_2<1$，则 $\underline{\sum_{i=1}^{m} PR_i}^{W,\alpha_2}(X)\subseteq\underline{\sum_{i=1}^{m} PR_i}^{W,\alpha_1}(X)$，$\overline{\sum_{i=1}^{m} PR_i}^{W,\beta_2}(X)\subseteq\overline{\sum_{i=1}^{m} PR_i}^{W,\beta_1}(X)$。

证明　仅证明结论（1）和结论（4）。

对于结论（1），由定义 5.1，有

$$
\begin{aligned}
\underline{\sum_{i=1}^{m} PR_i}^{W,\alpha}(X)&=\left\{x\in U\mid\sum_{i=1}^{m}\omega_i P(X\mid R_i(x))\geqslant\alpha, R_i(x)\neq\varnothing,\forall i\in\{1,2,\cdots,m\}\right\}\\
&\subseteq\left\{x\in U\mid\sum_{i=1}^{m}\omega_i P(X\mid R_i(x))>\beta, R_i(x)\neq\varnothing,\forall i\in\{1,2,\cdots,m\}\right\}\\
&\quad\bigcup\{x\in U\mid\exists i\in\{1,2,\cdots,m\},\text{使得}R_i(x)=\varnothing\}\\
&=\overline{\sum_{i=1}^{m} PR_i}^{W,\beta}(X)
\end{aligned}
$$

结论（4）只需证明前一部分，即

$$
\begin{aligned}
\left(\overline{\sum_{i=1}^{m} PR_i}^{W,1-\alpha}(X^{\mathrm{c}})\right)^{\mathrm{c}}&=U-\left(\left\{x\in U\mid\sum_{i=1}^{m}\omega_i P(X^{\mathrm{c}}\mid R_i(x))>1-\alpha, R_i(x)\neq\varnothing,\forall i\in\{1,2,\cdots,m\}\right\}\right.\\
&\quad\left.\bigcup\{x\in U\mid\exists i\in\{1,2,\cdots,m\},\text{使得}R_i(x)=\varnothing\}\right)\\
&=\left(U-\left\{x\in U\mid\sum_{i=1}^{m}\omega_i P(X\mid R_i(x))<\alpha, R_i(x)\neq\varnothing,\forall i\in\{1,2,\cdots,m\}\right\}\right)\\
&\quad\bigcap\{x\in U\mid R_i(x)\neq\varnothing,\forall i\in\{1,2,\cdots,m\}\}
\end{aligned}
$$

$$=\left\{x\in U\mid\sum_{i=1}^{m}\omega_i P(X\mid R_i(x))\geqslant\alpha, R_i(x)\neq\varnothing,\forall i\in\{1,2,\cdots,m\}\right\}$$

$$=\underline{\sum_{i=1}^{m}PR_i}^{W,\alpha}(X)$$

定理 5.14　设$(U,V,\{R_i\}_{i=1,2,\cdots,m},P)$是双论域上的多粒度概率近似空间，$\forall 0\leqslant\beta<\alpha\leqslant 1$，$X\subseteq V$，则有如下结论。

（1）$\lim\limits_{\alpha\to\gamma^-}\underline{\sum_{i=1}^{m}PR_i}^{W,\alpha}(X)=\bigcap\limits_{0<\alpha<\gamma}\underline{\sum_{i=1}^{m}PR_i}^{W,\alpha}(X)=\underline{\sum_{i=1}^{m}PR_i}^{W,\gamma}(X)$。

（2）$\lim\limits_{\beta\to\gamma^+}\overline{\sum_{i=1}^{m}PR_i}^{W,\beta}(X)=\bigcup\limits_{1>\beta>\gamma}\overline{\sum_{i=1}^{m}PR_i}^{W,\beta}(X)=\overline{\sum_{i=1}^{m}PR_i}^{W,\gamma}(X)$。

（3）$\lim\limits_{\alpha\to\gamma^+}\underline{\sum_{i=1}^{m}PR_i}^{W,\alpha}(X)=\bigcup\limits_{1\geqslant\alpha>\gamma}\underline{\sum_{i=1}^{m}PR_i}^{W,\alpha}(X)\subseteq\overline{\sum_{i=1}^{m}PR_i}^{W,\gamma}(X)$。

（4）$\lim\limits_{\beta\to\gamma^-}\overline{\sum_{i=1}^{m}PR_i}^{W,\beta}(X)=\bigcap\limits_{0\leqslant\beta<\gamma}\overline{\sum_{i=1}^{m}PR_i}^{W,\beta}(X)\supseteq\underline{\sum_{i=1}^{m}PR_i}^{W,\gamma}(X)$。

证明　（1）根据定理 5.13 的结论（5），有$\lim\limits_{\alpha\to\gamma^-}\underline{\sum_{i=1}^{m}PR_i}^{W,\alpha}(X)=\bigcap\limits_{0<\alpha<\gamma}\underline{\sum_{i=1}^{m}PR_i}^{W,\alpha}(X)$，且如果$\alpha<\gamma$，则$\underline{\sum_{i=1}^{m}PR_i}^{W,\alpha}(X)\supseteq\underline{\sum_{i=1}^{m}PR_i}^{W,\gamma}(X)$。因此$\lim\limits_{\alpha\to\gamma^-}\underline{\sum_{i=1}^{m}PR_i}^{W,\alpha}(X)=\bigcap\limits_{0<\alpha<\gamma}\underline{\sum_{i=1}^{m}PR_i}^{W,\alpha}(X)\supseteq\underline{\sum_{i=1}^{m}PR_i}^{W,\gamma}(X)$。

反过来，$\forall x\in\bigcap\limits_{0<\alpha<\gamma}\underline{\sum_{i=1}^{m}PR_i}^{W,\alpha}(X)$，有$\forall 0<\alpha<\gamma$，$\sum_{i=1}^{m}\omega_i P(X\mid R_i(x))\geqslant\alpha$，则$\sum_{i=1}^{m}\omega_i P(X\mid R_i(x))\geqslant\gamma$，这意味着$x\in\underline{\sum_{i=1}^{m}PR_i}^{W,\gamma}(X)$。否则，如果$\sum_{i=1}^{m}\omega_i P(X\mid R_i(x))<\gamma$，取$\alpha=\dfrac{\sum_{i=1}^{m}\omega_i P(X\mid R_i(x))+\gamma}{2}$，则$0<\alpha<\gamma$且$\sum_{i=1}^{m}\omega_i P(X\mid R_i(x))<\alpha$，矛盾。

所以，$\lim\limits_{\alpha\to\gamma^-}\underline{\sum_{i=1}^{m}PR_i}^{W,\alpha}(X)=\bigcap\limits_{0<\alpha<\gamma}\underline{\sum_{i=1}^{m}PR_i}^{W,\alpha}(X)=\underline{\sum_{i=1}^{m}PR_i}^{W,\gamma}(X)$。

（2）类似于结论（1）。

（3）根据定理 5.13 的结论（5），有 $\lim\limits_{\alpha\to\gamma^+}\underline{\sum_{i=1}^{m}PR_i}^{W,\alpha}(X)=\bigcup\limits_{1\geqslant\alpha>\gamma}\underline{\sum_{i=1}^{m}PR_i}^{W,\alpha}(X)$。根据定理 5.13 的结论（1），如果 $\alpha>\gamma$，则 $\underline{\sum_{i=1}^{m}PR_i}^{W,\alpha}(X)\subseteq\overline{\sum_{i=1}^{m}PR_i}^{W,\gamma}(X)$，这意味着 $\bigcup\limits_{1\geqslant\alpha>\gamma}\underline{\sum_{i=1}^{m}PR_i}^{W,\alpha}(X)\subseteq\overline{\sum_{i=1}^{m}PR_i}^{W,\gamma}(X)$。因此 $\lim\limits_{\alpha\to\gamma^+}\underline{\sum_{i=1}^{m}PR_i}^{W,\alpha}(X)=\bigcup\limits_{1\geqslant\alpha>\gamma}\underline{\sum_{i=1}^{m}PR_i}^{W,\alpha}(X)\subseteq\overline{\sum_{i=1}^{m}PR_i}^{W,\gamma}(X)$。

（4）类似于结论（3）。

定理 5.15　设 $(U,V,\{R_i\}_{i=1,2,\cdots,m},P)$ 是双论域上的多粒度概率近似空间，$\forall 0\leqslant\beta<\alpha\leqslant 1$，$X\subseteq V$，如果 $R_i\ (i=1,2,\cdots,m)$ 是串行的，即 $\forall x\in U$，$\bigvee\limits_{y\in V}R_i(x,y)=1$，则有如下结论。

（1）$\lim\limits_{\alpha\to\gamma^+}\underline{\sum_{i=1}^{m}PR_i}^{W,\alpha}(X)=\bigcup\limits_{1\geqslant\alpha>\gamma}\underline{\sum_{i=1}^{m}PR_i}^{W,\alpha}(X)=\overline{\sum_{i=1}^{m}PR_i}^{W,\gamma}(X)$。

（2）$\lim\limits_{\beta\to\gamma^-}\overline{\sum_{i=1}^{m}PR_i}^{W,\beta}(X)=\bigcap\limits_{0\leqslant\beta<\gamma}\overline{\sum_{i=1}^{m}PR_i}^{W,\beta}(X)=\underline{\sum_{i=1}^{m}PR_i}^{W,\gamma}(X)$。

证明　（1）如果 $R_i\ (i=1,2,\cdots,m)$ 是串行的，因为 U 是有限的，则 $\forall x\in U$，有 $R_i(x)\neq\varnothing$，于是 $\underline{\sum_{i=1}^{m}PR_i}^{W,\alpha}(X)=\left\{x\in U\mid\sum_{i=1}^{m}\omega_iP(X\mid R_i(x))\geqslant\alpha\right\}$。

由定理 5.13 的结论（3）知，下面只需证明 $\bigcup\limits_{1\geqslant\alpha>\gamma}\underline{\sum_{i=1}^{m}PR_i}^{W,\alpha}(X)\supseteq\overline{\sum_{i=1}^{m}PR_i}^{W,\gamma}(X)$。

假设存在 $x_0\in\overline{\sum_{i=1}^{m}PR_i}^{W,\gamma}(X)-\bigcup\limits_{1\geqslant\alpha>\gamma}\underline{\sum_{i=1}^{m}PR_i}^{W,\alpha}(X)$，则 $\forall\gamma<\alpha\leqslant 1$，$\sum_{i=1}^{m}\omega_iP(X\mid R_i(x_0))<\alpha$，这意味着 $\sum_{i=1}^{m}\omega_iP(X\mid R_i(x_0))\leqslant\gamma$，即 $x_0\notin\overline{\sum_{i=1}^{m}PR_i}^{W,\gamma}(X)$，矛盾。

所以 $\lim\limits_{\alpha\to\gamma^+}\underline{\sum_{i=1}^{m}PR_i}^{W,\alpha}(X)=\bigcup\limits_{1\geqslant\alpha>\gamma}\underline{\sum_{i=1}^{m}PR_i}^{W,\alpha}(X)=\overline{\sum_{i=1}^{m}PR_i}^{W,\gamma}(X)$。

（2）类似于结论（1）。

5.2.2　双论域上的乐观多粒度概率粗糙集

定义 5.7　设$(U,V,\{R_i\}_{i=1,2,\cdots,m},P)$是双论域上的多粒度概率近似空间，$\forall 0\leqslant\beta<\alpha\leqslant 1$，$X\subseteq V$，$X$ 关于$(U,V,\{R_i\}_{i=1,2,\cdots,m},P)$和参数$\alpha$、$\beta$的乐观多粒度概率下近似和上近似分别定义为

$$\underline{\sum_{i=1}^{m}PR_i}^{O,\alpha}(X)=\{x\in U\mid P(X\mid R_1(x))\geqslant\alpha\vee P(X\mid R_2(x))\geqslant\alpha\vee\cdots\vee P(X\mid R_m(x))\geqslant\alpha,$$
$$\forall i\in\{1,2,\cdots,m\},R_i(x)\neq\varnothing\}$$

$$\overline{\sum_{i=1}^{m}PR_i}^{O,\beta}(X)=\{x\in U\mid P(X\mid R_1(x))>\beta\wedge P(X\mid R_2(x))>\beta\wedge\cdots\wedge P(X\mid R_m(x))>\beta$$
$$\forall i\in\{1,2,\cdots,m\},R_i(x)\neq\varnothing\}\cup\{x\in U\mid\exists i\in\{1,2,\cdots,m\}\text{，使得 }R_i(x)=\varnothing\}$$

$\left(\underline{\sum_{i=1}^{m}PR_i}^{O,\alpha}(X),\overline{\sum_{i=1}^{m}PR_i}^{O,\beta}(X)\right)$称为双论域上的乐观多粒度概率粗糙集。

由定义 5.7 知，下面的定理成立。

定理 5.16　设$(U,V,\{R_i\}_{i=1,2,\cdots,m},P)$是双论域上的多粒度概率近似空间，$\forall 0\leqslant\beta<\alpha\leqslant 1$，$X\subseteq V$，则有如下结论。

（1）$\underline{\sum_{i=1}^{m}PR_i}^{O,\alpha}(X)=\{x\in U\mid \max_{i=1,2,\cdots,m}\{P(X\mid R_i(x))\}\geqslant\alpha$，其中$\forall i\in\{1,2,\cdots,m\}$，$R_i(x)\neq\varnothing\}$。

（2）$\overline{\sum_{i=1}^{m}PR_i}^{O,\beta}(X)=\{x\in U\mid \min_{i=1,2,\cdots,m}\{P(X\mid R_i(x))\}>\beta$，其中$\forall i\in\{1,2,\cdots,m\}$，$R_i(x)\neq\varnothing\}\cup\{x\in U\mid\exists i\in\{1,2,\cdots,m\},R_i(x)=\varnothing\}$。

一般地，$\forall X\subseteq V$，$\underline{\sum_{i=1}^{m}PR_i}^{O,\alpha}(X)\not\subseteq\overline{\sum_{i=1}^{m}PR_i}^{O,\beta}(X)$，基于此，$X$的正域$\mathrm{POS}^{O,\alpha}_{\sum_{i=1}^{m}PR_i}(X)$、负域$\mathrm{NEG}^{O,\beta}_{\sum_{i=1}^{m}PR_i}(X)$和边界域$\mathrm{BND}^{O,\alpha,\beta}_{\sum_{i=1}^{m}PR_i}(X)$分别定义如下

$$\mathrm{POS}^{O,\alpha}_{\sum_{i=1}^{m}PR_i}(X)=\underline{\sum_{i=1}^{m}PR_i}^{O,\alpha}(X)$$

$$\mathrm{NEG}^{O,\beta}_{\sum_{i=1}^{m}PR_i}(X)=\overline{\sum_{i=1}^{m}PR_i}^{O,\beta}(X)-\underline{\sum_{i=1}^{m}PR_i}^{O,\alpha}(X)$$

$$\mathrm{BND}^{\mathrm{O},\alpha,\beta}_{\sum_{i=1}^{m}PR_i}(X)=\left(\mathrm{POS}^{\mathrm{O},\alpha}_{\sum_{i=1}^{m}PR_i}(X)\bigcup\mathrm{NEG}^{\mathrm{O},\beta}_{\sum_{i=1}^{m}PR_i}(X)\right)^{\mathrm{c}}$$

注 5.7　如果$U=V$，$R_i(i=1,2,\cdots,m)$是U上的m个等价关系（此时，$\forall x\in U$，$R_i(x)=[x]_{R_i}\neq\varnothing$），$P(X\mid R_i(x))=\dfrac{|X\cap R_i(x)|}{|R_i(x)|}$，$\alpha=1$且$\beta=0$，则

$$\begin{aligned}\underline{\sum_{i=1}^{m}PR_i}^{\mathrm{O},\alpha}(X)&=\{x\in U\mid P(X\mid R_1(x))\geqslant 1\vee P(X\mid R_2(x))\geqslant 1\vee\cdots\vee P(X\mid R_m(x))\geqslant 1\}\\&=\{x\in U\mid R_1(x)\subseteq X\vee R_2(x)\subseteq X\vee\cdots\vee R_m(x)\subseteq X\}\\&=\{x\in U\mid [x]_{R_1}\subseteq X\vee[x]_{R_2}\subseteq X\vee\cdots\vee[x]_{R_m}\subseteq X\}\end{aligned}$$

$$\begin{aligned}\overline{\sum_{i=1}^{m}PR_i}^{\mathrm{O},\beta}(X)&=\{x\in U\mid P(X\mid R_1(x))>0\wedge P(X\mid R_2(x))>0\wedge\cdots\wedge P(X\mid R_m(x))>0\}\\&=\{x\in U\mid R_1(x)\cap X\neq\varnothing\wedge R_2(x)\cap X\neq\varnothing\wedge\cdots\wedge R_m(x)\cap X\neq\varnothing\}\\&=\{x\in U\mid [x]_{R_1}\cap X\neq\varnothing\wedge[x]_{R_2}\cap X\neq\varnothing\wedge\cdots\wedge[x]_{R_m}\cap X\neq\varnothing\}\end{aligned}$$

这意味着此时双论域上的乐观多粒度概率粗糙集就退化为 Qian 提出的乐观多粒度粗糙集。

定理 5.17　设$(U,V,\{R_i\}_{i=1,2,\cdots,m},P)$是双论域上的多粒度概率近似空间，$\forall 0\leqslant\beta<\alpha\leqslant 1$，$X\subseteq V$，则有如下结论。

（1）$\underline{\sum_{i=1}^{m}PR_i}^{\mathrm{O},\alpha}(X)\subseteq\bigcup_{i=1}^{m}\underline{PR_i}^{\alpha}(X)$。

（2）$\overline{\sum_{i=1}^{m}PR_i}^{\mathrm{O},\beta}(X)\subseteq\bigcup_{i=1}^{m}\overline{PR_i}^{\beta}(X)$。

其中

$$\underline{PR_i}^{\alpha}(X)=\{x\in U\mid P(X\mid R_i(x))\geqslant\alpha,R_i(x)\neq\varnothing\}$$

$$\overline{PR_i}^{\beta}(X)=\{x\in U\mid P(X\mid R_i(x))>\beta,R_i(x)\neq\varnothing\}\bigcup\{x\in U\mid R_i(x)=\varnothing\}$$

证明　（1）$\forall x\in\underline{\sum_{i=1}^{m}PR_i}^{\mathrm{O},\alpha}(X)$，则存在$j\in\{1,2,\cdots,m\}$，使得$P(X\mid R_j(x))\geqslant\alpha$且$R_j(x)\neq\varnothing$，这意味着$x\in\underline{PR_j}^{\alpha}(X)\subseteq\bigcup_{i=1}^{m}\underline{PR_i}^{\alpha}(X)$。

所以$\underline{\sum_{i=1}^{m}PR_i}^{\mathrm{O},\alpha}(X)\subseteq\bigcup_{i=1}^{m}\underline{PR_i}^{\alpha}(X)$。

（2）$\forall x \in \overline{\sum_{i=1}^{m} PR_i}^{O,\beta}(X)$，则存在 $j \in \{1,2,\cdots,m\}$，使得 $R_j(x)=\varnothing$，或 $\forall j \in \{1,2,\cdots,m\}$，$P(X \mid R_j(x)) > \beta$ 且 $R_j(x) \neq \varnothing$。

①如果存在 $j \in \{1,2,\cdots,m\}$，使得 $R_j(x)=\varnothing$，则 $x \in \overline{PR_j}^{\beta}(X) \subseteq \bigcup_{i=1}^{m} \overline{PR_i}^{\beta}(X)$。

②如果 $\forall j \in \{1,2,\cdots,m\}$，$P(X \mid R_j(x)) > \beta$ 且 $R_j(x) \neq \varnothing$，则 $x \in \overline{PR_j}^{\beta}(X) \subseteq \bigcup_{i=1}^{m} \overline{PR_i}^{\beta}(X)$。

故 $\overline{\sum_{i=1}^{m} PR_i}^{O,\beta}(X) \subseteq \bigcup_{i=1}^{m} \overline{PR_i}^{\beta}(X)$。

下近似算子 $\underline{\sum_{i=1}^{m} PR_i}^{O,\alpha}$ 和上近似算子 $\overline{\sum_{i=1}^{m} PR_i}^{O,\beta}$ 具有下列性质。

定理 5.18 设 $(U,V,\{R_i\}_{i=1,2,\cdots,m},P)$ 是双论域上的多粒度概率近似空间，$\forall 0 \leqslant \beta < \alpha \leqslant 1$，$X,Y \subseteq V$，则有如下结论。

（1）$\underline{\sum_{i=1}^{m} PR_i}^{O,\alpha}(\varnothing)=\varnothing$，$\overline{\sum_{i=1}^{m} PR_i}^{O,\beta}(V)=U$。

（2）若 $X \subseteq Y$，则 $\underline{\sum_{i=1}^{m} PR_i}^{O,\alpha}(X) \subseteq \underline{\sum_{i=1}^{m} PR_i}^{O,\alpha}(Y)$ 且 $\overline{\sum_{i=1}^{m} PR_i}^{O,\beta}(X) \subseteq \overline{\sum_{i=1}^{m} PR_i}^{O,\beta}(Y)$。

（3）如果 $\forall 0 < \alpha_1 < \alpha_2 \leqslant 1$，且 $\forall 0 \leqslant \beta_1 < \beta_2 < 1$，则 $\underline{\sum_{i=1}^{m} PR_i}^{O,\alpha_2}(X) \subseteq \underline{\sum_{i=1}^{m} PR_i}^{O,\alpha_1}(X)$ 且 $\overline{\sum_{i=1}^{m} PR_i}^{O,\beta_2}(X) \subseteq \overline{\sum_{i=1}^{m} PR_i}^{O,\beta_1}(X)$。

（4）$\underline{\sum_{i=1}^{m} PR_i}^{O,\alpha}(X) = \left(\overline{\sum_{i=1}^{m} PR_i}^{O,1-\alpha}(X^{c})\right)^{c}(\alpha>0.5)$，$\overline{\sum_{i=1}^{m} PR_i}^{O,\beta}(X) = \left(\underline{\sum_{i=1}^{m} PR_i}^{O,1-\beta}(X^{c})\right)^{c}$ $(\beta < 0.5)$。

证明 仅证明结论（4）的后一部分，$\forall \beta < 0.5$

$$
\begin{aligned}
\overline{\sum_{i=1}^{m} PR_i}^{O,\beta}(X^{c}) = & \{x \in U \mid P(X^{c} \mid R_1(x)) > \beta \wedge P(X^{c} \mid R_2(x)) > \beta \wedge \cdots \wedge P(X^{c} \mid R_m(x)) > \beta, \\
& \forall i \in \{1,2,\cdots,m\}, R_i(x) \neq \varnothing\} \cup \{x \in U \mid \text{存在} i \in \{1,2,\cdots,m\} \text{使得} R_i(x)=\varnothing\} \\
= & \{x \in U \mid P(X^{c} \mid R_1(x)) < 1-\beta \wedge P(X^{c} \mid R_2(x)) < 1-\beta \wedge \cdots \wedge P(X^{c} \mid R_m(x)) \\
& < 1-\beta, \forall i \in \{1,2,\cdots,m\}, R_i(x) \neq \varnothing\} \cup \{x \in U \mid \text{存在} i \in \{1,2,\cdots,m\} \text{使得} \\
& R_i(x)=\varnothing\}
\end{aligned}
$$

所以

$$\left(\overline{\sum_{i=1}^{m} PR_i}^{\mathrm{O},\beta}(X^{\mathrm{c}})\right)^{\mathrm{c}} = \{x \in U \mid P(X \mid R_1(x)) \geqslant 1-\beta \vee P(X \mid R_2(x)) \geqslant 1-\beta \vee \cdots \vee P(X \mid R_m(x)) \geqslant 1-\beta, \forall i \in \{1,2,\cdots,m\}, R_i(x) \neq \varnothing\}$$

$$= \underline{\sum_{i=1}^{m} PR_i}^{\mathrm{O},1-\beta}(X)$$

故 $\overline{\sum_{i=1}^{m} PR_i}^{\mathrm{O},\beta}(X) = \left(\underline{\sum_{i=1}^{m} PR_i}^{O,1-\beta}(X^{\mathrm{c}})\right)^{\mathrm{c}}$。

定理 5.19　设 $(U,V,\{R_i\}_{i=1,2,\cdots,m},P)$ 是双论域上的多粒度概率近似空间，$\forall 0 \leqslant \beta < \alpha \leqslant 1$，$X \subseteq V$，则有如下结论。

（1）$\lim\limits_{\alpha \to \gamma^-} \underline{\sum_{i=1}^{m} PR_i}^{\mathrm{O},\alpha}(X) = \bigcap\limits_{0<\alpha<\gamma} \underline{\sum_{i=1}^{m} PR_i}^{\mathrm{O},\alpha}(X) = \underline{\sum_{i=1}^{m} PR_i}^{\mathrm{O},\gamma}(X)$。

（2）$\lim\limits_{\beta \to \gamma^+} \overline{\sum_{i=1}^{m} PR_i}^{\mathrm{O},\beta}(X) = \bigcup\limits_{\gamma<\beta<1} \overline{\sum_{i=1}^{m} PR_i}^{\mathrm{O},\beta}(X) = \overline{\sum_{i=1}^{m} PR_i}^{\mathrm{O},\gamma}(X)$。

（3）$\lim\limits_{\alpha \to \gamma^+} \underline{\sum_{i=1}^{m} PR_i}^{\mathrm{O},\alpha}(X) = \bigcup\limits_{\gamma<\alpha\leqslant 1} \underline{\sum_{i=1}^{m} PR_i}^{\mathrm{O},\alpha}(X)$。

（4）$\lim\limits_{\beta \to \gamma^-} \overline{\sum_{i=1}^{m} PR_i}^{\mathrm{O},\beta}(X) = \bigcap\limits_{0\leqslant\beta<\gamma} \overline{\sum_{i=1}^{m} PR_i}^{\mathrm{O},\beta}(X)$。

证明　（1）由定理 5.18 的结论（3），有 $\lim\limits_{\alpha \to \gamma^-} \underline{\sum_{i=1}^{m} PR_i}^{\mathrm{O},\alpha}(X) = \bigcap\limits_{0<\alpha<\gamma} \underline{\sum_{i=1}^{m} PR_i}^{\mathrm{O},\alpha}(X)$，且如果 $\alpha < \gamma$，则 $\underline{\sum_{i=1}^{m} PR_i}^{\mathrm{O},\alpha}(X) \supseteq \underline{\sum_{i=1}^{m} PR_i}^{\mathrm{O},\gamma}(X)$，因此

$$\lim_{\alpha \to \gamma^-} \underline{\sum_{i=1}^{m} PR_i}^{\mathrm{O},\alpha}(X) = \bigcap_{0<\alpha<\gamma} \underline{\sum_{i=1}^{m} PR_i}^{\mathrm{O},\alpha}(X) \supseteq \underline{\sum_{i=1}^{m} PR_i}^{\mathrm{O},\gamma}(X)$$

反过来，$\forall x \in \bigcap\limits_{0<\alpha<\gamma} \underline{\sum_{i=1}^{m} PR_i}^{\mathrm{O},\alpha}(X)$，则 $\forall i \in \{1,2,\cdots,m\}$，$R_i(x) \neq \varnothing$ 且 $\forall 0 < \alpha < \gamma$ 存在 $j \in \{1,2,\cdots,m\}$，$P(X \mid R_j(x)) \geqslant \alpha$，则 $x \in \underline{\sum_{i=1}^{m} PR_i}^{\mathrm{O},\gamma}(X)$。否则，如果 $x \notin \underline{\sum_{i=1}^{m} PR_i}^{\mathrm{O},\gamma}(X)$，则存在 $j \in \{1,2,\cdots,m\}$，使得 $R_j(x) = \varnothing$ 或 $\forall i \in \{1,2,\cdots,m\}$，$R_i(x) \neq \varnothing$ 且 $P(X \mid R_i(x)) < \gamma$。

①如果存在 $j\in\{1,2,\cdots,m\}$ 使得 $R_j(x)=\varnothing$，则矛盾。

②如果 $\forall i\in\{1,2,\cdots,m\}$，$R_i(x)\neq\varnothing$ 且 $P(X\mid R_i(x))<\gamma$。取 $\alpha=\dfrac{P(X\mid R_i(x))+\gamma}{2}$，则 $\alpha<\gamma$ 且 $P(X\mid R_i(x))<\alpha$，这与前面所述矛盾。

所以 $\lim\limits_{\alpha\to\gamma^-}\underline{\sum\limits_{i=1}^{m}PR_i}^{O,\alpha}(X)=\bigcap\limits_{0<\alpha<\gamma}\underline{\sum\limits_{i=1}^{m}PR_i}^{O,\alpha}(X)=\underline{\sum\limits_{i=1}^{m}PR_i}^{O,\gamma}(X)$。

（2）由定理 5.18 的结论（3）有 $\lim\limits_{\beta\to\gamma^+}\overline{\sum\limits_{i=1}^{m}PR_i}^{O,\beta}(X)=\bigcup\limits_{\gamma<\beta<1}\overline{\sum\limits_{i=1}^{m}PR_i}^{O,\beta}(X)$，且如果 $\beta>\gamma$，则 $\overline{\sum\limits_{i=1}^{m}PR_i}^{O,\beta}(X)\subseteq\overline{\sum\limits_{i=1}^{m}PR_i}^{O,\gamma}(X)$，从而 $\lim\limits_{\beta\to\gamma^+}\overline{\sum\limits_{i=1}^{m}PR_i}^{O,\beta}(X)=\bigcup\limits_{\gamma<\beta<1}\overline{\sum\limits_{i=1}^{m}PR_i}^{O,\beta}(X)\subseteq\overline{\sum\limits_{i=1}^{m}PR_i}^{O,\gamma}(X)$。

反过来，$\forall x\in\overline{\sum\limits_{i=1}^{m}PR_i}^{O,\gamma}(X)$，则存在 $j\in\{1,2,\cdots,m\}$ 使得 $R_j(x)=\varnothing$，或 $\forall i\in\{1,2,\cdots,m\}$，$R_i(x)\neq\varnothing$ 且 $P(X\mid R_i(x))>\gamma$。

①如果存在 $j\in\{1,2,\cdots,m\}$ 使得 $R_j(x)=\varnothing$，则 $x\in\bigcup\limits_{\gamma<\beta<1}\overline{\sum\limits_{i=1}^{m}PR_i}^{O,\beta}(X)$。

②如果 $\forall i\in\{1,2,\cdots,m\},R_i(x)\neq\varnothing$ 且 $P(X|R_i(x))>\gamma$。取 $\beta=\dfrac{\wedge_{i\in\{1,2,\cdots,m\}}P(X\mid R_i(x))+\gamma}{2}$，则 $\gamma<\beta<1$ 且 $P(X\mid R_i(x))>\beta(\forall i\in\{1,2,\cdots,m\})$。这意味着 $x\in\bigcup\limits_{\gamma<\beta<1}\overline{\sum\limits_{i=1}^{m}PR_i}^{O,\beta}(X)$。

所以 $\lim\limits_{\beta\to\gamma^+}\overline{\sum\limits_{i=1}^{m}PR_i}^{O,\beta}(X)=\bigcup\limits_{\gamma<\beta<1}\overline{\sum\limits_{i=1}^{m}PR_i}^{O,\beta}(X)=\overline{\sum\limits_{i=1}^{m}PR_i}^{O,\gamma}(X)$。

结论（3）和结论（4）根据定理 5.18 的结论（3）显然成立。

5.2.3 双论域上的悲观多粒度概率粗糙集

定义 5.8 设 $(U,V,\{R_i\}_{i=1,2,\cdots,m},P)$ 是双论域上的多粒度概率近似空间，$\forall 0\leqslant\beta<\alpha\leqslant 1$，$X\subseteq V$，$X$ 关于 $(U,V,\{R_i\}_{i=1,2,\cdots,m},P)$ 和参数 α、β 的悲观多粒度概率下近似和上近似分别定义为

$$\underline{\sum_{i=1}^{m}PR_i}^{P,\alpha}(X)=\{x\in U\mid P(X\mid R_1(x))\geqslant\alpha\wedge P(X\mid R_2(x))\geqslant\alpha\wedge\cdots\wedge P(X\mid R_m(x))\geqslant\alpha,\ \forall i\in\{1,2,\cdots,m\},R_i(x)\neq\varnothing\}$$

$$\overline{\sum_{i=1}^{m} PR_i}^{\mathrm{P},\beta}(X)=\{x\in U \mid P(X\mid R_1(x))>\beta \vee P(X\mid R_2(x))>\beta \vee\cdots\vee P(X\mid R_m(x))>\beta,$$

$$\forall i\in\{1,2,\cdots,m\}, R_i(x)\neq\varnothing\}\bigcup\{x\in U \mid \exists i\in\{1,2,\cdots,m\}, R_i(x)=\varnothing\}$$

$\left(\underline{\sum_{i=1}^{m} PR_i}^{\mathrm{P},\alpha}(X), \overline{\sum_{i=1}^{m} PR_i}^{\mathrm{P},\beta}(X)\right)$称为双论域上的悲观多粒度概率粗糙集。

由定义 5.8 知，下面的定理成立。

定理 5.20　设$(U,V,\{R_i\}_{i=1,2,\cdots,m},P)$是双论域上的多粒度概率近似空间，$\forall 0\leqslant\beta<\alpha\leqslant 1$，$X\subseteq V$，则有如下结论。

（1）$\underline{\sum_{i=1}^{m} PR_i}^{\mathrm{P},\alpha}(X)=\{x\in U \mid \min_{i\in\{1,2,\cdots,m\}}\{P(X\mid R_i(X))\}\geqslant\alpha$，其中$\forall i\in\{1,2,\cdots,m\}$，$R_i(x)\neq\varnothing\}$。

（2）$\overline{\sum_{i=1}^{m} PR_i}^{\mathrm{P},\beta}(X)=\{x\in U \mid \max_{i\in\{1,2,\cdots,m\}}\{P(X\mid R_i(X))\}>\beta$，其中$\forall i\in\{1,2,\cdots,m\}$，$R_i(x)\neq\varnothing\}\bigcup\{x\in U \mid \exists i\in\{1,2,\cdots,m\}, R_i(x)=\varnothing\}$。

显然$\underline{\sum_{i=1}^{m} PR_i}^{\mathrm{P},\alpha}(X)\subseteq\overline{\sum_{i=1}^{m} PR_i}^{\mathrm{P},\beta}(X)$，基于此，$X$ 的正域$\mathrm{POS}^{\mathrm{P},\alpha}_{\sum_{i=1}^{m}PR_i}(X)$、负域$\mathrm{NEG}^{\mathrm{P},\beta}_{\sum_{i=1}^{m}PR_i}(X)$和边界域$\mathrm{BND}^{\mathrm{P},\alpha,\beta}_{\sum_{i=1}^{m}PR_i}(X)$分别定义为

$$\mathrm{POS}^{\mathrm{P},\alpha}_{\sum_{i=1}^{m}PR_i}(X)=\underline{\sum_{i=1}^{m} PR_i}^{\mathrm{P},\alpha}(X)$$

$$\mathrm{NEG}^{\mathrm{P},\beta}_{\sum_{i=1}^{m}PR_i}(X)=U-\overline{\sum_{i=1}^{m} PR_i}^{\mathrm{P},\beta}(X)$$

$$\mathrm{BND}^{\mathrm{P},\alpha,\beta}_{\sum_{i=1}^{m}PR_i}(X)=\overline{\sum_{i=1}^{m} PR_i}^{\mathrm{P},\beta}(X)-\underline{\sum_{i=1}^{m} PR_i}^{\mathrm{P},\alpha}(X)$$

注 5.8　如果$U=V$，$R_i(i=1,2,\cdots,m)$是 U 上的 m 个等价关系（此时，$\forall x\in U$，$R_i(x)=[x]_{R_i}\neq\varnothing$），$P(X\mid R_i(x))=\dfrac{|X\cap R_i(x)|}{|R_i(x)|}$，$\alpha=1$且$\beta=0$，则

$$\underline{\sum_{i=1}^{m} PR_i}^{\mathrm{P},\alpha}(X) = \{x \in U \mid P(X \mid R_1(x)) \geqslant 1\} \wedge P(X \mid R_2(x)) \geqslant 1 \wedge \cdots \wedge P(X \mid R_m(x)) \geqslant 1\}$$

$$= \{x \in U \mid R_1(x) \subseteq X \wedge R_2(x) \subseteq X \wedge \cdots \wedge R_m(x) \subseteq X\}$$

$$= \{x \in U \mid [x]_{R_1} \subseteq X \wedge [x]_{R_2} \subseteq X \wedge \cdots \wedge [x]_{R_m} \subseteq X\}$$

$$\overline{\sum_{i=1}^{m} PR_i}^{\mathrm{P},\beta}(X) = \{x \in U \mid P(X \mid R_1(x)) > 0 \vee P(X \mid R_2(x)) > 0 \vee \cdots \vee P(X \mid R_m(x)) > 0\}$$

$$= \{x \in U \mid R_1(x) \cap X \neq \varnothing \vee R_2(x) \cap X \neq \varnothing \vee \cdots \vee R_m(x) \cap X \neq \varnothing\}$$

$$= \{x \in U \mid [x]_{R_1} \cap X \neq \varnothing \vee [x]_{R_2} \cap X \neq \varnothing \vee \cdots \vee [x]_{R_m} \cap X \neq \varnothing\}$$

这意味着，此时双论域上的悲观多粒度概率粗糙集就退化为 Qian 提出的悲观多粒度粗糙集。

定理 5.21　设 $(U,V,\{R_i\}_{i=1,2,\cdots,m},P)$ 是双论域上的多粒度概率近似空间，$\forall 0 \leqslant \beta < \alpha \leqslant 1$，$X \subseteq V$，则有如下结论。

（1）$\underline{\sum_{i=1}^{m} PR_i}^{\mathrm{P},\alpha}(X) = \bigcap_{i=1}^{m} \underline{PR_i}^{\alpha}(X)$。

（2）$\overline{\sum_{i=1}^{m} PR_i}^{\mathrm{P},\beta}(X) = \bigcup_{i=1}^{m} \overline{PR_i}^{\beta}(X)$。

其中

$$\underline{PR_i}^{\alpha}(X) = \{x \in U \mid P(X \mid R_i(x)) \geqslant \alpha, R_i(x) \neq \varnothing\}$$

$$\overline{PR_i}^{\beta}(X) = \{x \in U \mid P(X \mid R_i(x)) > \beta, \quad R_i(x) \neq \varnothing\} \cup \{x \in U \mid R_i(x) = \varnothing\}$$

证明　（1）如果 $x \in \underline{\sum_{i=1}^{m} PR_i}^{\mathrm{P},\alpha}(X)$，则 $\forall i \in \{1,2,\cdots,m\}$，$R_i(x) \neq \varnothing$ 且 $P(X \mid R_i(x)) \geqslant \alpha$，这意味着 $x \in \underline{PR_i}^{\alpha}(X)(\forall i \in \{1,2,\cdots,m\})$。因此 $\underline{\sum_{i=1}^{m} PR_i}^{\mathrm{P},\alpha}(X) \subseteq \bigcap_{i=1}^{m} \underline{PR_i}^{\alpha}(X)$。

反过来，如果 $x \in \bigcap_{i=1}^{m} \underline{PR_i}^{\alpha}(X)$，则 $\forall i \in \{1,2,\cdots,m\}$，$R_i(x) \neq \varnothing$ 且 $P(X \mid R_i(x)) \geqslant \alpha$。由定义 5.8 知，$x \in \underline{\sum_{i=1}^{m} PR_i}^{\mathrm{P},\alpha}(X)$。

故 $\underline{\sum_{i=1}^{m} PR_i}^{\mathrm{P},\alpha}(X) = \bigcap_{i=1}^{m} \underline{PR_i}^{\alpha}(X)$。

（2）如果 $x\in\bigcup_{i=1}^{m}\overline{PR_i}^{\beta}(X)$，则存在 $i\in\{1,2,\cdots,m\}$， $R_i(x)\neq\varnothing$ 且 $P(X\mid R_i(x))>\beta$，或 $R_i(x)=\varnothing$，从而 $x\in\overline{\sum_{i=1}^{m}PR_i}^{\mathrm{P},\beta}(X)$。因此 $\overline{\sum_{i=1}^{m}PR_i}^{\mathrm{P},\beta}(X)\supseteq\bigcup_{i=1}^{m}\overline{PR_i}^{\beta}(X)$。

反过来，如果 $x\in\overline{\sum_{i=1}^{m}PR_i}^{\mathrm{P},\beta}(X)$，则 $\forall i\in\{1,2,\cdots,m\}$，$R_i(x)\neq\varnothing$ 且存在 $j\in\{1,2,\cdots,m\}$ 使得 $P(X\mid R_j(x))>\beta$ 或存在 $j\in\{1,2,\cdots,m\}$ 使得 $R_j(x)=\varnothing$。这意味着 $x\in\bigcup_{i=1}^{m}\overline{PR_i}^{\beta}(X)$。从而 $\overline{\sum_{i=1}^{m}PR_i}^{\mathrm{P},\beta}(X)\subseteq\bigcup_{i=1}^{m}\overline{PR_i}^{\beta}(X)$。

故 $\overline{\sum_{i=1}^{m}PR_i}^{\mathrm{P},\beta}(X)=\bigcup_{i=1}^{m}\overline{PR_i}^{\beta}(X)$。

例 5.1　设 $(U,V,\{R_i\}_{i=1,2,\cdots,m},P)$ 是双论域上的多粒度概率近似空间，其中 $U=\{x_1,x_2,x_3,x_4\}$，$V=\{y_1,y_2,y_3\}$，从 U 到 V 的两个二元关系 R_1 和 R_2 如表 5.1 和表 5.2 所示。

表 5.1　例 5.1 中从 U 到 V 的二元关系 R_1

R_1	y_1	y_2	y_3
x_1	0	0	0
x_2	1	1	0
x_3	1	0	0
x_4	0	1	0

表 5.2　例 5.1 中从 U 到 V 的二元关系 R_2

R_2	y_1	y_2	y_3
x_1	1	0	1
x_2	1	0	0
x_3	1	0	0
x_4	0	0	1

取 $\alpha=0.6$， $\beta=0.15$， $X=\{y_1\}$，设 $P(X\mid R_i(x))=\dfrac{|X\cap R_i(x)|}{|R_i(x)|}$，则通过计算可得

$$\underline{PR_1}^{\alpha}(X)=\{x_3\},\quad \overline{PR_1}^{\beta}(X)=\{x_1,x_2,x_3\},\quad \underline{PR_2}^{\alpha}(X)=\{x_2\}$$

$$\overline{PR_2}^{\beta}(X)=\{x_1,x_2,x_4\},\quad \underline{PR_1+PR_2}^{\mathrm{P},\alpha}(X)=\varnothing,\quad \overline{PR_1+PR_2}^{\mathrm{P},\beta}(X)=U$$

从而

$$\underline{PR_1+PR_2}^{\mathrm{P},\alpha}(X)=\underline{PR_1}^{\alpha}(X)\cap\underline{PR_2}^{\alpha}(X)$$

$$\overline{PR_1+PR_2}^{\mathrm{P},\beta}(X)=\overline{PR_1}^{\beta}(X)\cup\overline{PR_2}^{\beta}(X)$$

下面给出下近似算子 $\underline{\sum_{i=1}^{m}PR_i}^{\mathrm{P},\alpha}$ 和上近似算子 $\overline{\sum_{i=1}^{m}PR_i}^{\mathrm{P},\beta}$ 的一些基本性质。

定理 5.22　设 $(U,V,\{R_i\}_{i=1,2,\cdots,m},P)$ 是双论域上的多粒度概率近似空间，$\forall 0\leqslant\beta<\alpha\leqslant 1$，$X,Y\subseteq V$，则有如下结论。

（1）$\underline{\sum_{i=1}^{m}PR_i}^{\mathrm{P},\alpha}(X)\subseteq\overline{\sum_{i=1}^{m}PR_i}^{\mathrm{P},\beta}(X)$。

（2）$\underline{\sum_{i=1}^{m}PR_i}^{\mathrm{P},\alpha}(\varnothing)=\varnothing$，$\overline{\sum_{i=1}^{m}PR_i}^{\mathrm{P},\beta}(V)=U$。

（3）如果 $X\subseteq Y$，则 $\underline{\sum_{i=1}^{m}PR_i}^{\mathrm{P},\alpha}(X)\subseteq\underline{\sum_{i=1}^{m}PR_i}^{\mathrm{P},\alpha}(Y)$ 且 $\overline{\sum_{i=1}^{m}PR_i}^{\mathrm{P},\beta}(X)\subseteq\overline{\sum_{i=1}^{m}PR_i}^{\mathrm{P},\beta}(Y)$。

（4）$\underline{\sum_{i=1}^{m}PR_i}^{\mathrm{P},\alpha}(X)=\left(\overline{\sum_{i=1}^{m}PR_i}^{\mathrm{P},\beta}(X^{\mathrm{c}})\right)^{\mathrm{c}}(\alpha>0.5)$，$\overline{\sum_{i=1}^{m}PR_i}^{\mathrm{P},\beta}(X)=\left(\underline{\sum_{i=1}^{m}PR_i}^{\mathrm{P},\alpha}(X^{\mathrm{c}})\right)^{\mathrm{c}}$ $(\beta<0.5)$。

（5）如果 $0<\alpha_1\leqslant\alpha_2\leqslant 1$ 且 $0\leqslant\beta_1\leqslant\beta_2<1$，则 $\underline{\sum_{i=1}^{m}PR_i}^{\mathrm{P},\alpha_2}(X)\subseteq\underline{\sum_{i=1}^{m}PR_i}^{\mathrm{P},\alpha_1}(X)$ 且 $\overline{\sum_{i=1}^{m}PR_i}^{\mathrm{P},\beta_2}(X)\subseteq\overline{\sum_{i=1}^{m}PR_i}^{\mathrm{P},\beta_1}(X)$。

证明　由定义 5.8 易证。

定理 5.23　设 $(U,V,\{R_i\}_{i=1,2,\cdots,m},P)$ 是双论域上的多粒度概率近似空间，$\forall 0\leqslant\beta<\alpha\leqslant 1$，$X\subseteq V$，则有如下结论。

（1）$\lim\limits_{\alpha\to\gamma^-}\underline{\sum_{i=1}^{m}PR_i}^{\mathrm{P},\alpha}(X)=\bigcap\limits_{0<\alpha<\gamma}\underline{\sum_{i=1}^{m}PR_i}^{\mathrm{P},\alpha}(X)=\underline{\sum_{i=1}^{m}PR_i}^{\mathrm{P},\gamma}(X)$。

（2）$\lim\limits_{\beta\to\gamma^+}\overline{\sum_{i=1}^{m}PR_i}^{\mathrm{P},\beta}(X)=\bigcup\limits_{\gamma<\beta<1}\overline{\sum_{i=1}^{m}PR_i}^{\mathrm{P},\beta}(X)=\overline{\sum_{i=1}^{m}PR_i}^{\mathrm{P},\gamma}(X)$。

（3）$\lim\limits_{\alpha\to\gamma^+}\underline{\sum_{i=1}^{m}PR_i}^{\mathrm{P},\alpha}(X)=\bigcup\limits_{\gamma<\alpha\leqslant 1}\underline{\sum_{i=1}^{m}PR_i}^{\mathrm{P},\alpha}(X)\subseteq\overline{\sum_{i=1}^{m}PR_i}^{\mathrm{P},\gamma}(X)$。

（4）$\lim\limits_{\beta\to\gamma^-}\overline{\sum_{i=1}^{m}PR_i}^{\mathrm{P},\beta}(X)=\bigcap\limits_{0\leqslant\beta<\gamma}\overline{\sum_{i=1}^{m}PR_i}^{\mathrm{P},\beta}(X)\supseteq\underline{\sum_{i=1}^{m}PR_i}^{\mathrm{P},\gamma}(X)$。

证明　结论（1）、结论（3）和结论（4）的证明类似于定理 5.19。

对于结论(2)，由定理 5.21 知，$\lim\limits_{\beta\to\gamma^+}\overline{\sum_{i=1}^{m}PR_i}^{P,\beta}(X)=\bigcup\limits_{\gamma<\beta<1}\overline{\sum_{i=1}^{m}PR_i}^{P,\beta}(X)$ 且如果 $\beta>\gamma$，则 $\overline{\sum_{i=1}^{m}PR_i}^{P,\beta}(X)\subseteq\overline{\sum_{i=1}^{m}PR_i}^{P,\gamma}(X)$。因此 $\lim\limits_{\beta\to\gamma^+}\overline{\sum_{i=1}^{m}PR_i}^{P,\beta}(X)=\bigcup\limits_{\gamma<\beta<1}\overline{\sum_{i=1}^{m}PR_i}^{P,\beta}(X)\subseteq\overline{\sum_{i=1}^{m}PR_i}^{P,\gamma}(X)$。

反过来，$\forall x\in\overline{\sum_{i=1}^{m}PR_i}^{P,\gamma}(X)$，则存在 $j\in\{1,2,\cdots,m\}$ 使得 $R_j(x)=\varnothing$ 或 $\forall i\in\{1,2,\cdots,m\}$，$R_i(x)\neq\varnothing$ 且存在 $j\in\{1,2,\cdots,m\}$ 使得 $P(X\mid R_j(x))>\gamma$。

①如果存在 $j\in\{1,2,\cdots,m\}$ 使得 $R_j(x)=\varnothing$，则显然 $x\in\bigcup\limits_{\gamma<\beta<1}\overline{\sum_{i=1}^{m}PR_i}^{P,\beta}(X)$。

②如果 $\forall i\in\{1,2,\cdots,m\}$，$R_i(x)\neq\varnothing$ 且存在 $j\in\{1,2,\cdots,m\}$ 使得 $P(X\mid R_j(x))>\gamma$。取 $t=\dfrac{P(X\mid R_j(x))+\gamma}{2}$，则 $\gamma<t<1$ 且 $P(X\mid R_j(x))>t$。这意味着 $x\in\overline{\sum_{i=1}^{m}PR_i}^{P,t}(X)\subseteq\bigcup\limits_{\gamma<\beta<1}\overline{\sum_{i=1}^{m}PR_i}^{P,\beta}(X)$。

从而 $\overline{\sum_{i=1}^{m}PR_i}^{P,\gamma}(X)\subseteq\bigcup\limits_{\gamma<\beta<1}\overline{\sum_{i=1}^{m}PR_i}^{P,\beta}(X)$。

故 $\lim\limits_{\beta\to\gamma^+}\overline{\sum_{i=1}^{m}PR_i}^{P,\beta}(X)=\bigcup\limits_{\gamma<\beta<1}\overline{\sum_{i=1}^{m}PR_i}^{P,\beta}(X)=\overline{\sum_{i=1}^{m}PR_i}^{P,\gamma}(X)$。

定理 5.24　设 $(U,V,\{R_i\}_{i=1,2,\cdots,m},P)$ 是双论域上的多粒度概率近似空间，$\forall 0\leqslant\beta<\alpha\leqslant 1$，$X\subseteq V$，如果 $R_i\ (i=1,2,\cdots,m)$ 是 m 个串行的二元关系，则有如下结论。

（1）$\lim\limits_{\alpha\to\gamma^+}\underline{\sum_{i=1}^{m}PR_i}^{P,\alpha}(X)=\bigcup\limits_{\gamma<\alpha\leqslant 1}\underline{\sum_{i=1}^{m}PR_i}^{P,\alpha}(X)=\overline{\sum_{i=1}^{m}PR_i}^{P,\gamma}(X)$。

（2）$\lim\limits_{\beta\to\gamma^-}\overline{\sum_{i=1}^{m}PR_i}^{P,\beta}(X)=\bigcap\limits_{0\leqslant\beta<\gamma}\overline{\sum_{i=1}^{m}PR_i}^{P,\beta}(X)=\underline{\sum_{i=1}^{m}PR_i}^{P,\gamma}(X)$。

证明　类似于定理 5.15。

下面的定理揭示了本节所给出的三个多粒度概率粗糙集之间的关系。

定理 5.25　设 $(U,V,\{R_i\}_{i=1,2,\cdots,m},P)$ 是双论域上的多粒度概率近似空间，$\forall 0\leqslant\beta<\alpha\leqslant 1$，$X\subseteq V$，则有如下结论。

（1）$\underline{\sum_{i=1}^{m} PR_i}^{\mathrm{P},\alpha}(X) \subseteq \underline{\sum_{i=1}^{m} PR_i}^{W,\alpha}(X) \subseteq \underline{\sum_{i=1}^{m} PR_i}^{\mathrm{O},\alpha}(X)$。

（2）$\overline{\sum_{i=1}^{m} PR_i}^{\mathrm{P},\beta}(X) \supseteq \overline{\sum_{i=1}^{m} PR_i}^{W,\beta}(X) \supseteq \overline{\sum_{i=1}^{m} PR_i}^{\mathrm{O},\beta}(X)$。

证明　（1）$\forall x \in \underline{\sum_{i=1}^{m} PR_i}^{\mathrm{P},\alpha}(X)$，则有 $\forall i \in \{1,2,\cdots,m\}$，$R_i(x) \neq \varnothing$ 且 $\min_{i\in\{1,2,\cdots,m\}}\{P(X \mid R_i(X))\} \geqslant \alpha$，则 $\sum_{i=1}^{m} \omega_i P(X \mid R_i(X)) \geqslant \alpha$，根据定义 5.1，$x \in \underline{\sum_{i=1}^{m} PR_i}^{W,\alpha}(X)$。从而 $\underline{\sum_{i=1}^{m} PR_i}^{\mathrm{P},\alpha}(X) \subseteq \underline{\sum_{i=1}^{m} PR_i}^{W,\alpha}(X)$。

$\forall x \in \underline{\sum_{i=1}^{m} PR_i}^{W,\alpha}(X)$，则有 $\forall i \in \{1,2,\cdots,m\}$，$R_i(x) \neq \varnothing$ 且 $\sum_{i=1}^{m} \omega_i P(X \mid R_i(X)) \geqslant \alpha$，则 $\max_{i\in\{1,2,\cdots,m\}}\{P(X \mid R_i(X))\} \geqslant \alpha$，于是 $x \in \underline{\sum_{i=1}^{m} PR_i}^{\mathrm{O},\alpha}(X)$。从而 $\underline{\sum_{i=1}^{m} PR_i}^{W,\alpha}(X) \subseteq \underline{\sum_{i=1}^{m} PR_i}^{\mathrm{O},\alpha}(X)$。

故 $\underline{\sum_{i=1}^{m} PR_i}^{\mathrm{P},\alpha}(X) \subseteq \underline{\sum_{i=1}^{m} PR_i}^{W,\alpha}(X) \subseteq \underline{\sum_{i=1}^{m} PR_i}^{\mathrm{O},\alpha}(X)$。

（2）$\forall x \in \overline{\sum_{i=1}^{m} PR_i}^{\mathrm{O},\beta}(X)$，则 $\forall i \in \{1,2,\cdots,m\}$，$R_i(x) \neq \varnothing$ 且 $\min_{i\in\{1,2,\cdots,m\}}\{P(X \mid R_i(X))\} > \beta$ 或存在 $j \in \{1,2,\cdots,m\}$ 使得 $R_j(x) = \varnothing$。

①如果 $\forall i \in \{1,2,\cdots,m\}$，$R_i(x) \neq \varnothing$ 且 $\min_{i\in\{1,2,\cdots,m\}}\{P(X \mid R_i(X))\} > \beta$，则 $\sum_{i=1}^{m} \omega_i P(X \mid R_i(X)) > \beta$，于是 $x \in \overline{\sum_{i=1}^{m} PR_i}^{W,\beta}(X)$。

②如果存在 $j \in \{1,2,\cdots,m\}$ 使得 $R_j(x) = \varnothing$，由定义 5.1 知，$x \in \overline{\sum_{i=1}^{m} PR_i}^{W,\beta}(X)$。从而 $\overline{\sum_{i=1}^{m} PR_i}^{\mathrm{O},\beta}(X) \subseteq \overline{\sum_{i=1}^{m} PR_i}^{W,\beta}(X)$。类似可以证明 $\overline{\sum_{i=1}^{m} PR_i}^{W,\beta}(X) \subseteq \overline{\sum_{i=1}^{m} PR_i}^{\mathrm{P},\beta}(X)$。

故

$$\overline{\sum_{i=1}^{m} PR_i}^{P,\beta}(X) \supseteq \overline{\sum_{i=1}^{m} PR_i}^{W,\beta}(X) \supseteq \overline{\sum_{i=1}^{m} PR_i}^{O,\beta}(X)$$

参 考 文 献

Abu-Donia G M. 2012. Multi knowledge based rough approximations and applications. Knowledge-Based Systems, 26(1): 20-29.

Azam N, Yao J T. 2015. Analyzing uncertainties of probabilistic rough set regions with game-theoretic rough sets. International Journal of Approximate Reasoning, 55(1): 142-155.

Dai J, Wang W, Xu Q, et al. 2012. Uncertainty measurement for interval-valued decision systems based on extended conditional entropy. Knowledge-Based Systems, 27: 443-450.

Dai J, Xu Q. 2012. Attribute selection based on information gain ratio in fuzzy rough set theory with application to tumor classification. Applied Soft Computing, 13(1): 211-221.

Dubois D, Prade H. 1990. Rough fuzzy sets and fuzzy rough sets. International Journal of General Systems, 17: 191-209.

Dubois D, Prade H. 1992. Putting rough sets and fuzzy sets together, intelligent decision support// Slowinski R. Handbook of Applications and Advances of the Rough Sets Theory. Dordrecht: Kluwer Academic Publishers, 203-232.

Gong Z, Tao L. 2014. Rough set theory for the incomplete interval valued fuzzy information systems. Journal of Intelligent and Fuzzy Systems, 26(2): 889-900.

Greco S, Matarazzo B, Slowinski R. 2001. Rough sets theory for multi criteria decision analysis. European Journal of Operational Research, 129: 11-47.

Greco S, Matarazzo B, Slowinski R. 2002. Rough sets methodology for sorting problems in presence of multiple attributes and criteria. European Journal of Operational Research, 138: 247-259.

Jensen R, Shen Q. 2007. Fuzzy-rough sets assisted attribute selection. IEEE Transactions on Fuzzy Systems, 15(1): 73-89.

Jeon G, Kim D, Jeong J. 2006. Rough sets attributes reduction based expert system in interlaced video sequences. IEEE Transactions on Consumer Electronics, 52(4): 1348-1355.

Jia X Y, Tang Z M, Liao W H, et al. 2014. On an optimization representation of decision-theoretic rough set model. International Journal of Approximate Reasoning, 55(1): 156-166.

Kryszkiewicz M. 1998. Rough set approach to incomplete information systems. Information Sciences, 112(1-4): 39-49.

Kryszkiewicz M. 1999. Rules in incomplete information systems. Information Sciences, 113(3/4): 271-292.

Li T J, Yang X P. 2014. An axiomatic characterization of probabilistic rough sets. International Journal of Approximate Reasoning, 55(1): 130-141.

Li T J, Zhang W X. 2008. Rough fuzzy approximations on two universes of discourse. Information Sciences, 178(3): 892-906.

Liang D, Liu D, Pedrycz W, et al. 2013. Triangular fuzzy decision-theoretic rough sets. International Journal of Approximate Reasoning, 54(8): 1087-1106.

Liang J, Li D. 2005. Uncertainty and Knowledge Acquisition of Information Systems. Beijing: Science Press.

Liang J, Shi Z. 2004. The information entropy rough entropy knowledge granulation in rough set theory. International Journal of Uncertainty, Fuzziness and Knowledge-Based Systems, 12(1): 37-46.

Liang J, Shi Z, Li D. 2006. Information entropy, rough entropy and knowledge granulation in incomplete information systems. International Journal of General Systems, 35(6): 641-654.

Liang J, Wang F, Dang C, et al. 2012. An efficient rough feature selection algorithm with a multi-granulation view. International Journal of Approximate Reasoning, 53(7): 1080-1093.

Liang J, Wang J, Qian Y. 2009. A new measure of uncertainty based on knowledge granulation for rough sets. Information Sciences, 179: 458-470.

Lin G P, Liang J Y, Qian Y H. 2013. Multigranulation rough sets: From partition to covering. Information Sciences, 241(20): 101-118.

Lin G, Qian Y, Liang J. 2012. NMGRS: Neighborhood-based multigranulation rough sets. International Journal of Approximate Reasoning, 53(7): 1080-1093.

Liu C H, Miao D Q, Qian J. 2014. On multi-granulation covering rough sets. International Journal of Approximate Reasoning, 55(6): 1404-1418.

Liu D, Li T R, Miao D Q, et al. 2013. Three-way Decision and Granular Computing. Beijing: Science Press.

Liu D, Li T, Ruan D. 2011. Probabilistic model criteria with decision-theoretic rough sets. Information Sciences, 181: 3709-3722.

Liu G L. 2010. Rough set theory based on two universal sets and its applications. Knowledge-Based Systems, 23(2): 110-115.

Ma W, Sun B. 2012. On relationship between probabilistic rough set and Bayesian risk decision over two universes. International Journal of General Systems, 41(3): 225-245.

Ma W, Sun B. 2012. Probabilistic rough set over two universes and rough entropy. International Journal of Approximate Reasoning, 53: 608-619.

Pawlak Z. 1982. Rough sets. Information Sciences, 11(5): 341-356.

Pawlak Z. 1982. Rough sets. International Journal of Computer and Information Sciences, 11: 341-356.

Pawlak Z. 1991. Rough Sets: Theoretical Aspects of Reasoning about Data. Dordrecht: Kluwer Academic Publisher.

Pawlak Z. 1998. An Inquiry into anatomy of conflicts. Information Sciences, 109: 65-68.

Pawlak Z. 2005. Some remarks on conflict analysis. European Journal of Operational Research, 166:

649-654.

Pawlak Z, Skowron A. 1994. Rough Membership Functions, Advances in the Dempster-Shafer Theory of Evidence. New York: John Wiley & Sons.

Pei D W, Xu Z B. 2004. Rough set models on two universes. International Journal of General System, 33(5): 569-581.

Qian Y H, Liang J Y, Wei W. 2010. Pessimistic rough decision. Second International Workshop on Rough Sets Theory, Zhoushan: 440-449.

Qian Y H, Zhang H, Sang Y L, et al. 2014. Multigranulation decision-theoretic rough sets. International Journal of Approximate Reasoning, 55(1): 225-237.

Qian Y, Liang J, Dang C. 2010. Incomplete multigranulation rough set. IEEE Transactions on Systems, Man and Cybernetics, Part A, 20: 420-431.

Qian Y, Liang J, Pedrycz W, et al. 2010. Positive approximation: An accelerator for attribute reduction in rough set theory. Artificial Intelligence, 174(9-10): 597-618.

Qian Y, Liang J, Yao Y, et al. 2010. MGRS: A multigranulation rough set. Information Sciences, 180: 949-970.

Qian Y, Liang J. 2006. Rough set method based on multigranulations. The 5th IEEE International Conference on Cognitive Informatics, Beijing: 297-304.

Shannon C. 1948. The mathematical theory of communication. The Bell System Technical Journal, 12(3-4): 373-423.

She Y, He X. 2012. On the structure of the multigranulation rough set model. Knowledge-Based Systems, 36: 81-92.

Skowron A, Stepaniuk T. 1996. Tolerance approximation spaces. Fundamenta Informaticae, 27(2/3) 245-253.

Slezak D, Ziarko W. 2005. The investigation of the Bayesian rough set model. International Journal of Approximate Reasoning, 40(1-2): 81-91.

Slowinski R, Vanderpooten D. 1997. Similarity relation as a basis for rough approximations. Advances in Machine Intelligence and Soft Computing, 4: 17-33.

Straszecka E. 2007. Combining uncertainty and imprecision in models of medical diagnosis. Information Sciences, 176(20): 3026-3059.

Sun B, Ma W. 2013. Uncertainty measure for general relation based rough fuzzy set. Kybernetes, 42(6): 979-992.

Sun B, Ma W. 2014. Rough approximation of a fuzzy concept on a hybrid attribute information system and its uncertainty measure. Information Sciences, 284: 60-80.

Sun B, Ma W. 2015. Multigranulation rough set theory over two universes. Journal of Intelligent and Fuzzy Systems, 28(3): 1251-1269.

Sun B, Ma W, Liu Q. 2013. An approach to decision making based on intuitionistic fuzzy rough sets over two universes. Journal of the Operational Research Society, 64(7): 1079-1089.

Sun B Z, Ma W M, Zhao H Y. 2014. Decision-theoretic rough fuzzy set model and application. Information Sciences, 283: 180-196.

Tseng T, Huang C. 2007. Rough set-based approach to feature selection in customer relationship management. Omega, 35(4): 365-383.

Tsumoto S. 1998. Automated extraction of medical expert system rules from clinical databases based on rough set theory. Information Sciences, 112: 67-84.

Tsumoto S. 2004. Mining diagnostic rules from clinical databases using rough sets and medical diagnostic model. Information Sciences, 162(2): 65-80.

Wong S K M, Wang L S, Yao Y Y. 1995. On modeling uncertainty with interval structures. Computational Intelligence, 11(2): 406-426.

Wong S, Ziarko W. 1987. Comparison of the probabilistic approximate classification and the fuzzy set model. Fuzzy Sets and Systems, 21: 357-362.

Wu W, Leung Y. 2011. Theory and applications of granular labeled partitions in multi-scale decision tables. Information Sciences, 181(18): 3878-3897.

Xu W, Sun W X, Zhang X Y, et al. 2012. Multiple granulation rough set approach to ordered information systems. International Journal of General Systems, 41(5): 475-501.

Xu W, Wang Q, Luo S. 2014. Multi-granulation fuzzy rough sets. Journal of Intelligent and Fuzzy Systems, 26(3): 1323-1340.

Xu W, Wang Q, Zhang X. 2011. Multi-granulation fuzzy rough sets in a fuzzy tolerance approximation space. International Journal of Fuzzy Systems, 13: 246-259.

Yan R X, Zheng J G, Liu J L, et al. 2010. Research on the model of rough set over dual-universes. Knowledge-Based Systems, 23: 817-822.

Yang H L, Li S G, Guo Z L, et al. 2012. Transformation of bipolar fuzzy rough set models. Knowledge-Based Systems, 27: 60-68.

Yang H L, Li S G, Wang S Y, et al. 2012. Bipolar fuzzy rough set model on two different universes and its application. Knowledge-Based Systems, 35: 94-101.

Yang H L, Liao X W, Wang S Y, et al. 2013. Fuzzy probabilistic rough set model on two universes and its applications. International Journal of Approximate Reasoning, 54(9): 1410-1420.

Yang X B, Qi Y S, Song X N, et al. 2013. Test cost sensitive multigranulation rough set: Model and minimal cost selection. Information Sciences, 250: 184-199.

Yang X, Qian Y, Yang J. 2012. Hierarchical structures on multigranulation spaces. Journal of Computer Science and Technology, 27: 1169-1183.

Yang X, Qian Y, Yang J. 2013. On characterizing hierarchies of granulation structures via distances. Fundamenta Informaticae, 123: 365-380.

Yang X, Song X, Chen Z, et al. 2012. On multigranulation rough sets in incomplete information system.

International Journal of Machine Learning and Cybernetics, 3: 223-232.

Yang X, Song X, Dou H, et al. 2011. Multi-granulation rough set: From crisp to fuzzy case. Annals of Fuzzy Mathematics and Informatics, 1: 55-70.

Yang X, Zhang Y, Yang J. 2012. Local and global measurements of MGRS rules. International Journal of Computational Intelligence Systems, 5(6): 1010-1024.

Yao Y Y. 1997. Combination of rough and fuzzy sets based on A-level sets// Lin T Y, Cercone N. Rough Sets and Data Mining: Analysis for Imprecise Data, Dordrecht: Kluwer Academic Publishers, 301-321.

Yao Y Y. 2008. Probabilistic rough set approximations. International Journal of Approximate Reasoning, 49(2): 255-271.

Yao Y Y. 2010. Three-way decision with probabilistic rough set. Information Sciences, 180: 341-353.

Yao Y Y, Wong S K M. 1992. A decision theoretic framework for approximating concepts. International Journal of Man-Machine Studies, 37: 793-809.

Yao Y Y, Wong S K M, Wang L S. 1995. A non-numeric approach to uncertain reasoning. International Journal of General Systems, 23: 343-359.

Yu H, Liu Z G, Wang G Y. 2014. An automatic method to determine the number of clusters using decision-theoretic rough set. International Journal of Approximate Reasoning, 55(1): 101-115.

Zadeh L. 1996. Fuzzy logic equals computing with words. IEEE Transactions on Fuzzy Systems, 4(2): 103-111.

Zaras K. 2004. Rough approximation of a preference relation by a multi-attribute dominance for deterministic stochastic and fuzzy decision problems. European Journal of Operational Research, 159: 196-206.

Zhang W, Wu W, Liang J, et al. 2001. Rough Set Theory and Methodology. Beijing: Science Press.

Zhu D, Premkumar G, Zhang X, et al. 2001. Data mining for network intrusion detection: A comparison of alternative methods. Decision Sciences, 32(4): 635-660.

Ziarko W. 1993. Variable precision rough sets model. Journal of Computer and System Science, 46(1): 39-59.

第 6 章　双论域上的多粒度决策粗糙集

概率粗糙集是基于一对阈值α、β提出的，参数α、β的选取至关重要。Yao 基于贝叶斯决策理论，利用风险、代价等指标为参数α、β提供了非常合理的语义解释，提出了决策粗糙集的概念。本章基于贝叶斯决策理论，首先在完备信息和不完备信息两种情形下讨论多粒度决策粗糙集，然后建立双论域上的多粒度决策粗糙集模型。

6.1　完备信息下的多粒度决策粗糙集

设 $I=(U,\mathrm{AT},V,f)$ 是一个完备信息系统，$A_1,A_2,\cdots,A_m\subseteq \mathrm{AT}$，$\mathrm{IND}(A_1),\mathrm{IND}(A_2),\cdots,\mathrm{IND}(A_m)$ 分别表示由 $A_1,A_2,\cdots,A_m$ 确定的 U 上的 m 个等价关系，通常称为 m 个粒结构。$\forall x\in U$, $[x]_{A_k}$ 表示对第 k 个粒结构而言，x 的等价类，令 $\Omega_k=\{X,X^{\mathrm{c}}\}(X\subseteq U)$ 是对于第 $k(k=1,2,\cdots,m)$ 个粒结构而言的状态集，分别表示对象 x 属于 X 和不属于 X。$A=\{a_{\mathrm{P}},a_{\mathrm{N}},a_{\mathrm{B}}\}$ 是行动集，其中 a_{P}、a_{N}、a_{B} 分别表示对某一对象 x 所做的接受、拒绝和不承诺三种行动，即 $x\in\mathrm{POS}(X)$、$x\in\mathrm{NEG}(X)$ 和 $x\in\mathrm{BND}(X)$。设 λ_{PP}^k、λ_{NP}^k 和 λ_{BP}^k 分别表示对象 x 属于 X 时，对于第 k 个粒结构而言，采取行动 a_{P}、a_{N}、a_{B} 的代价（或损失）；λ_{PN}^k、λ_{NN}^k 和 λ_{BN}^k 分别表示对象 x 不属于 X 时，对于第 k 个粒结构而言，采取行动 a_{P}、a_{N}、a_{B} 的代价（或损失）。对于第 k 个粒结构，利用贝叶斯决策过程，采取 a_{P}、a_{N}、a_{B} 三种行动下的期望损失可分别表示为

$$R(a_{\mathrm{P}}\mid[x]_{A_k})=\lambda_{\mathrm{PP}}^kP(X\mid[x]_{A_k})+\lambda_{\mathrm{PN}}^kP(X^{\mathrm{c}}\mid[x]_{A_k})$$
$$R(a_{\mathrm{N}}\mid[x]_{A_k})=\lambda_{\mathrm{NP}}^kP(X\mid[x]_{A_k})+\lambda_{\mathrm{NN}}^kP(X^{\mathrm{c}}\mid[x]_{A_k})$$
$$R(a_{\mathrm{B}}\mid[x]_{A_k})=\lambda_{\mathrm{BP}}^kP(X\mid[x]_{A_k})+\lambda_{\mathrm{BN}}^kP(X^{\mathrm{c}}\mid[x]_{A_k})$$

6.1.1　完备信息下的加权平均多粒度决策粗糙集

对于 m 个粒结构，采取 a_{P}、a_{N}、a_{B} 三种行动下的期望全局损失分别利用加权平均思想可计算如下

$$R(a_{\mathrm{P}}\mid([x]_{A_1},\cdots,[x]_{A_m}))=\sum_{k=1}^m\omega_k\lambda_{\mathrm{PP}}^kP(X\mid[x]_{A_k})+\sum_{k=1}^m\omega_k\lambda_{\mathrm{PN}}^kP(X^{\mathrm{c}}\mid[x]_{A_k})$$
$$R(a_{\mathrm{N}}\mid([x]_{A_1},\cdots,[x]_{A_m}))=\sum_{k=1}^m\omega_k\lambda_{\mathrm{NP}}^kP(X\mid[x]_{A_k})+\sum_{k=1}^m\omega_k\lambda_{\mathrm{NN}}^kP(X^{\mathrm{c}}\mid[x]_{A_k})$$

$$R(a_{\mathrm{B}} \mid ([x]_{A_1},\cdots,[x]_{A_m})) = \sum_{k=1}^{m} \omega_k \lambda_{\mathrm{BP}}^k P(X \mid [x]_{A_k}) + \sum_{k=1}^{m} \omega_k \lambda_{\mathrm{BN}}^k P(X^{\mathrm{c}} \mid [x]_{A_k})$$

其中，ω_k 是第 k 个粒结构的权重，满足 $\sum_{k=1}^{m} \omega_k = 1$，$\omega_k \in [0,1]$。

假设 $\lambda_{\cdot\cdot}^k$ 与 k 无关，即

$$\lambda_{\mathrm{PP}}^1 = \cdots = \lambda_{\mathrm{PP}}^m = \lambda_{\mathrm{PP}}, \quad \lambda_{\mathrm{NP}}^1 = \cdots = \lambda_{\mathrm{NP}}^m = \lambda_{\mathrm{NP}}, \quad \lambda_{\mathrm{BP}}^1 = \cdots = \lambda_{\mathrm{BP}}^m = \lambda_{\mathrm{BP}}$$

$$\lambda_{\mathrm{PN}}^1 = \cdots = \lambda_{\mathrm{PN}}^m = \lambda_{\mathrm{PN}}, \quad \lambda_{\mathrm{NN}}^1 = \cdots = \lambda_{\mathrm{NN}}^m = \lambda_{\mathrm{NN}}, \quad \lambda_{\mathrm{BN}}^1 = \cdots = \lambda_{\mathrm{BN}}^m = \lambda_{\mathrm{BN}}$$

由于 $P(X \mid [x]_{A_k}) + P(X^{\mathrm{c}} \mid [x]_{A_k}) = 1$，所以有

$$R(a_{\mathrm{P}} \mid ([x]_{A_1},\cdots,[x]_{A_m})) = \lambda_{\mathrm{PP}} \sum_{k=1}^{m} \omega_k P(X \mid [x]_{A_k}) + \lambda_{\mathrm{PN}} \left(1 - \sum_{k=1}^{m} \omega_k P(X \mid [x]_{A_k})\right)$$

$$R(a_{\mathrm{N}} \mid ([x]_{A_1},\cdots,[x]_{A_m})) = \lambda_{\mathrm{NP}} \sum_{k=1}^{m} \omega_k P(X \mid [x]_{A_k}) + \lambda_{\mathrm{NN}} \left(1 - \sum_{k=1}^{m} \omega_k P(X \mid [x]_{A_k})\right)$$

$$R(a_{\mathrm{B}} \mid ([x]_{A_1},\cdots,[x]_{A_m})) = \lambda_{\mathrm{BP}} \sum_{k=1}^{m} \omega_k P(X \mid [x]_{A_k}) + \lambda_{\mathrm{BN}} \left(1 - \sum_{k=1}^{m} \omega_k P(X \mid [x]_{A_k})\right)$$

根据贝叶斯决策规则，需要选择期望全局损失最小的行动集作为最佳行动方案，于是可得到如下三条决策规则。

（WP1）若 $R(a_{\mathrm{P}} \mid ([x]_{A_1},\cdots,[x]_{A_m})) \leqslant R(a_{\mathrm{B}} \mid ([x]_{A_1},\cdots,[x]_{A_m}))$ 且 $R(a_{\mathrm{P}} \mid ([x]_{A_1},\cdots,[x]_{A_m})) \leqslant R(a_{\mathrm{N}} \mid ([x]_{A_1},\cdots,[x]_{A_m}))$，则 $x \in \mathrm{POS}^{W}_{\sum_{k=1}^{m} PA_k}(X)$。

（WN1）若 $R(a_{\mathrm{N}} \mid ([x]_{A_1},\cdots,[x]_{A_m})) \leqslant R(a_{\mathrm{P}} \mid ([x]_{A_1},\cdots,[x]_{A_m}))$ 且 $R(a_{\mathrm{N}} \mid ([x]_{A_1},\cdots,[x]_{A_m})) \leqslant R(a_{\mathrm{B}} \mid ([x]_{A_1},\cdots,[x]_{A_m}))$，则 $x \in \mathrm{NEG}^{W}_{\sum_{k=1}^{m} PA_k}(X)$。

（WB1）若 $R(a_{\mathrm{B}} \mid ([x]_{A_1},\cdots,[x]_{A_m})) \leqslant R(a_{\mathrm{P}} \mid ([x]_{A_1},\cdots,[x]_{A_m}))$ 且 $R(a_{\mathrm{B}} \mid ([x]_{A_1},\cdots,[x]_{A_m})) \leqslant R(a_{\mathrm{N}} \mid ([x]_{A_1},\cdots,[x]_{A_m}))$，则 $x \in \mathrm{BND}^{W}_{\sum_{k=1}^{m} PA_k}(X)$。

考虑到接受正确事物的损失不大于延迟接受正确事物的损失，且这两者都小于拒绝正确事物的损失；拒绝错误事物的损失不大于延迟拒绝错误事物的损失，且这两者都小于接受错误事物的损失。因此一个合理的假设为

$$0 \leqslant \lambda_{\mathrm{PP}} \leqslant \lambda_{\mathrm{BP}} < \lambda_{\mathrm{NP}}, \quad 0 \leqslant \lambda_{\mathrm{NN}} \leqslant \lambda_{\mathrm{BN}} < \lambda_{\mathrm{PN}}$$

据此，三条决策规则（WP1）、（WN1）、（WB1）可简化如下。

（WP2）若 $\sum_{k=1}^{m}\omega_k P(X|[x]_{A_k})\geqslant\alpha$ 且 $\sum_{k=1}^{m}\omega_k P(X|[x]_{A_k})\geqslant\gamma$，则 $x\in \mathrm{POS}^{W}_{\sum_{k=1}^{m}PA_k}(X)$。

（WN2）若 $\sum_{k=1}^{m}\omega_k P(X|[x]_{A_k})\leqslant\gamma$ 且 $\sum_{k=1}^{m}\omega_k P(X|[x]_{A_k})\leqslant\beta$，则 $x\in \mathrm{NEG}^{W}_{\sum_{k=1}^{m}PA_k}(X)$。

（WB2）若 $\sum_{k=1}^{m}\omega_k P(X|[x]_{A_k})\leqslant\alpha$ 且 $\sum_{k=1}^{m}\omega_k P(X|[x]_{A_k})\geqslant\beta$，则 $x\in \mathrm{BND}^{W}_{\sum_{k=1}^{m}PA_k}(X)$。

其中

$$\alpha=\frac{\lambda_{\mathrm{PN}}-\lambda_{\mathrm{BN}}}{(\lambda_{\mathrm{PN}}-\lambda_{\mathrm{BN}})+(\lambda_{\mathrm{BP}}-\lambda_{\mathrm{PP}})}$$

$$\gamma=\frac{\lambda_{\mathrm{PN}}-\lambda_{\mathrm{NN}}}{(\lambda_{\mathrm{PN}}-\lambda_{\mathrm{NN}})+(\lambda_{\mathrm{NP}}-\lambda_{\mathrm{PP}})}$$

$$\beta=\frac{\lambda_{\mathrm{BN}}-\lambda_{\mathrm{NN}}}{(\lambda_{\mathrm{BN}}-\lambda_{\mathrm{NN}})+(\lambda_{\mathrm{NP}}-\lambda_{\mathrm{BP}})}$$

如果 $(\lambda_{\mathrm{PN}}-\lambda_{\mathrm{BN}})(\lambda_{\mathrm{NP}}-\lambda_{\mathrm{BP}})>(\lambda_{\mathrm{BN}}-\lambda_{\mathrm{NN}})(\lambda_{\mathrm{BP}}-\lambda_{\mathrm{PP}})$，则有 $0\leqslant\beta<\gamma<\alpha\leqslant 1$，从而决策规则（WP2）、（WN2）和（WB2）可重写如下。

（WP3）如果 $\sum_{k=1}^{m}\omega_k P(X|[x]_{A_k})\geqslant\alpha$，则 $x\in \mathrm{POS}^{W}_{\sum_{k=1}^{m}PA_k}(X)$。

（WN3）如果 $\sum_{k=1}^{m}\omega_k P(X|[x]_{A_k})\leqslant\beta$，则 $x\in \mathrm{NEG}^{W}_{\sum_{k=1}^{m}PA_k}(X)$。

（WB3）如果 $\beta<\sum_{k=1}^{m}\omega_k P(X|[x]_{A_k})<\alpha$，则 $x\in \mathrm{BND}^{W}_{\sum_{k=1}^{m}PA_k}(X)$。

进一步，X 的加权平均多粒度正域、负域和边界域分别定义如下

$$\mathrm{POS}^{W}_{\sum_{k=1}^{m}PA_k}(X)=\left\{x\in U\,\middle|\,\sum_{k=1}^{m}\omega_k P(X|[x]_{A_k})\geqslant\alpha\right\}$$

$$\mathrm{NEG}^{W}_{\sum_{k=1}^{m}PA_k}(X)=\left\{x\in U\,\middle|\,\sum_{k=1}^{m}\omega_k P(X|[x]_{A_k})\leqslant\beta\right\}$$

$$\mathrm{BND}^{W}_{\sum_{k=1}^{m}PA_k}(X)=\left\{x\in U\,\middle|\,\beta<\sum_{k=1}^{m}\omega_k P(X|[x]_{A_k})<\alpha\right\}$$

由上面两两互不相交的正域、负域和边界域可得到 X 的下近似和上近似分别如下

$$\underline{\sum_{k=1}^{m} PA_k}^{W,\alpha}(X)=\left\{x\in U \mid \sum_{k=1}^{m}\omega_k P(X\mid[x]_{A_k})\geqslant\alpha\right\}$$

$$\overline{\sum_{k=1}^{m} PA_k}^{W,\beta}(X)=\left\{x\in U \mid \sum_{k=1}^{m}\omega_k P(X\mid[x]_{A_k})>\beta\right\}$$

于是有下面的定义。

定义 6.1　设 $I=(U,\mathrm{AT},V,f)$ 是一个完备信息系统，$A_1,A_2,\cdots,A_m\subseteq \mathrm{AT}$，$P:2^U\to[0,1]$ 是定义在由 U 的子集构成的 σ 代数上的概率测度。沿用前面的记号 α,β，$\forall X\subseteq U$，X 的下近似和上近似分别定义如下

$$\underline{\sum_{k=1}^{m} PA_k}^{W,\alpha}(X)=\left\{x\in U \mid \sum_{k=1}^{m}\omega_k P(X\mid[x]_{A_k})\geqslant\alpha\right\}$$

$$\overline{\sum_{k=1}^{m} PA_k}^{W,\beta}(X)=\left\{x\in U \mid \sum_{k=1}^{m}\omega_k P(X\mid[x]_{A_k})>\beta\right\}$$

其中，ω_k 是 $P(X\mid[x]_{A_k})$ 的权重，$\omega_k\in[0,1]$ 且 $\sum_{k=1}^{m}\omega_k=1$。$\left(\underline{\sum_{k=1}^{m} PA_k}^{W,\alpha}(X),\overline{\sum_{k=1}^{m} PA_k}^{W,\beta}(X)\right)$ 称为完备信息下的加权平均多粒度决策粗糙集。

注 6.1　如果 $\omega_1=\omega_2=\cdots=\omega_m=\dfrac{1}{m}$，则定义 6.1 给出的完备信息下的加权平均多粒度决策粗糙集就退化为 Qian 提出的平均多粒度决策粗糙集。

下近似算子 $\underline{\sum_{k=1}^{m} PA_k}^{W,\alpha}$ 和上近似算子 $\overline{\sum_{k=1}^{m} PA_k}^{W,\beta}$ 具有下列性质。

定理 6.1　设 $I=(U,\mathrm{AT},V,f)$ 是一个完备信息系统，$A_1,A_2,\cdots,A_m\subseteq \mathrm{AT}$，$P:2^U\to[0,1]$ 是定义在由 U 的子集构成的 σ 代数上的概率测度。$\forall X,Y\subseteq U$，有如下结论。

（1）$\underline{\sum_{k=1}^{m} PA_k}^{W,\alpha}(X)\subseteq\overline{\sum_{k=1}^{m} PA_k}^{W,\beta}(X)$。

（2）$\underline{\sum_{k=1}^{m} PA_k}^{W,\alpha}(\varnothing)=\overline{\sum_{k=1}^{m} PA_k}^{W,\beta}(\varnothing)=\varnothing$。

（3）如果 $X\subseteq Y$，则 $\underline{\sum_{k=1}^{m} PA_k}^{W,\alpha}(X)\subseteq\underline{\sum_{k=1}^{m} PA_k}^{W,\alpha}(Y)$ 且 $\overline{\sum_{k=1}^{m} PA_k}^{W,\beta}(X)\subseteq\overline{\sum_{k=1}^{m} PA_k}^{W,\beta}(Y)$。

（4）$\underline{\sum_{k=1}^{m} PA_k}^{W,\alpha}(X)=\left(\overline{\sum_{k=1}^{m} PA_k}^{W,1-\alpha}(X^c)\right)^c (\alpha>0.5)$，$\overline{\sum_{k=1}^{m} PA_k}^{W,\beta}(X)=\left(\underline{\sum_{k=1}^{m} PA_k}^{W,1-\beta}(X)^c\right)^c$ $(\beta<0.5)$。

（5）如果 $0<\alpha_1 \leqslant \alpha_2 \leqslant 1$ 且 $0 \leqslant \beta_1 \leqslant \beta_2 <1$，则 $\underline{\sum_{k=1}^{m} PA_k}^{W,\alpha_2}(X) \subseteq \underline{\sum_{k=1}^{m} PA_k}^{W,\alpha_1}(X)$ 且 $\overline{\sum_{k=1}^{m} PA_k}^{W,\beta_2}(X) \subseteq \overline{\sum_{k=1}^{m} PA_k}^{W,\beta_1}(X)$。

证明　由定义 6.1 易证。

6.1.2　完备信息下的乐观多粒度决策粗糙集

对于风险爱好者，他们面对风险的态度是乐观的，从而对于 m 个粒结构，采取 a_P、a_N、a_B 三种行动下的期望全局损失可分别利用取小方法计算如下

$$R(a_P \mid ([x]_{A_1},\cdots,[x]_{A_m})) = \mathop{\wedge}_{k=1}^{m} \lambda_{PP}^{k} P(X \mid [x]_{A_k}) + \mathop{\wedge}_{k=1}^{m} \lambda_{PN}^{k} P(X^c \mid [x]_{A_k})$$

$$R(a_N \mid ([x]_{A_1},\cdots,[x]_{A_m})) = \mathop{\wedge}_{k=1}^{m} \lambda_{NP}^{k} P(X \mid [x]_{A_k}) + \mathop{\wedge}_{k=1}^{m} \lambda_{NN}^{k} P(X^c \mid [x]_{A_k})$$

$$R(a_B \mid ([x]_{A_1},\cdots,[x]_{A_m})) = \mathop{\wedge}_{k=1}^{m} \lambda_{BP}^{k} P(X \mid [x]_{A_k}) + \mathop{\wedge}_{k=1}^{m} \lambda_{BN}^{k} P(X^c \mid [x]_{A_k})$$

其中，“$\wedge$”表示“取小”。

假设 $\lambda_{\cdot\cdot}^{k}$ 与 k 无关，即

$$\lambda_{PP}^{1} = \cdots = \lambda_{PP}^{m} = \lambda_{PP},\quad \lambda_{NP}^{1} = \cdots = \lambda_{NP}^{m} = \lambda_{NP},\quad \lambda_{BP}^{1} = \cdots = \lambda_{BP}^{m} = \lambda_{BP}$$

$$\lambda_{PN}^{1} = \cdots = \lambda_{PN}^{m} = \lambda_{PN},\quad \lambda_{NN}^{1} = \cdots = \lambda_{NN}^{m} = \lambda_{NN},\quad \lambda_{BN}^{1} = \cdots = \lambda_{BN}^{m} = \lambda_{BN}$$

结合 $P(X \mid [x]_{A_k}) + P(X^c \mid [x]_{A_k}) = 1$，则有

$$R(a_P \mid ([x]_{A_1},\cdots,[x]_{A_m})) = \lambda_{PP} \mathop{\wedge}_{k=1}^{m} P(X \mid [x]_{A_k}) + \lambda_{PN}(1 - \mathop{\vee}_{k=1}^{m} P(X \mid [x]_{A_k}))$$

$$R(a_N \mid ([x]_{A_1},\cdots,[x]_{A_m})) = \lambda_{NP} \mathop{\wedge}_{k=1}^{m} P(X \mid [x]_{A_k}) + \lambda_{NN}(1 - \mathop{\vee}_{k=1}^{m} P(X \mid [x]_{A_k}))$$

$$R(a_B \mid ([x]_{A_1},\cdots,[x]_{A_m})) = \lambda_{BP} \mathop{\wedge}_{k=1}^{m} P(X \mid [x]_{A_k}) + \lambda_{BN}(1 - \mathop{\vee}_{k=1}^{m} P(X \mid [x]_{A_k}))$$

其中，“$\vee$”表示“取大”。

（1）如果 $\mathop{\wedge}_{k=1}^{m} P(X \mid [x]_{A_k}) = 0$ 且 $\mathop{\vee}_{k=1}^{m} P(X \mid [x]_{A_k}) = 1$，则

$$R(a_{\mathrm{P}} \mid ([x]_{A_1},\cdots,[x]_{A_m})) = R(a_{\mathrm{N}} \mid ([x]_{A_1},\cdots,[x]_{A_m})) = R(a_{\mathrm{B}} \mid ([x]_{A_1},\cdots,[x]_{A_m}))$$

此时任选一个行动均可。

（2）如果 $\overset{m}{\underset{k=1}{\wedge}} P(X \mid [x]_{A_k}) \neq 0$ 或 $\overset{m}{\underset{k=1}{\vee}} P(X \mid [x]_{A_k}) \neq 1$。根据贝叶斯决策准则，需要选择期望全局损失最小的行动集作为最佳行动方案，于是可得到如下三条决策规则。

（OP1）若 $R(a_{\mathrm{P}} \mid ([x]_{A_1},\cdots,[x]_{A_m})) \leqslant R(a_{\mathrm{B}} \mid ([x]_{A_1},\cdots,[x]_{A_m}))$ 且 $R(a_{\mathrm{P}} \mid ([x]_{A_1},\cdots,[x]_{A_m})) \leqslant R(a_{\mathrm{N}} \mid ([x]_{A_1},\cdots,[x]_{A_m}))$，则 $x \in \mathrm{POS}^{\mathrm{O}}_{\sum_{k=1}^{m} PA_k}(X)$。

（ON1）若 $R(a_{\mathrm{N}} \mid ([x]_{A_1},\cdots,[x]_{A_m})) \leqslant R(a_{\mathrm{P}} \mid ([x]_{A_1},\cdots,[x]_{A_m}))$ 且 $R(a_{\mathrm{N}} \mid ([x]_{A_1},\cdots,[x]_{A_m})) \leqslant R(a_{\mathrm{B}} \mid ([x]_{A_1},\cdots,[x]_{A_m}))$，则 $x \in \mathrm{NEG}^{\mathrm{O}}_{\sum_{k=1}^{m} PA_k}(X)$。

（OB1）若 $R(a_{\mathrm{B}} \mid ([x]_{A_1},\cdots,[x]_{A_m})) \leqslant R(a_{\mathrm{P}} \mid ([x]_{A_1},\cdots,[x]_{A_m}))$ 且 $R(a_{\mathrm{B}} \mid ([x]_{A_1},\cdots,[x]_{A_m})) \leqslant R(a_{\mathrm{N}} \mid ([x]_{A_1},\cdots,[x]_{A_m}))$，则 $x \in \mathrm{BND}^{\mathrm{O}}_{\sum_{k=1}^{m} PA_k}(X)$。

与 6.1.1 节的讨论类似，假设 $0 \leqslant \lambda_{\mathrm{PP}} \leqslant \lambda_{\mathrm{BP}} < \lambda_{\mathrm{NP}}$，$0 \leqslant \lambda_{\mathrm{NN}} \leqslant \lambda_{\mathrm{BN}} < \lambda_{\mathrm{PN}}$。另外，注意到 $\dfrac{b}{a} \geqslant \dfrac{d}{c} \Leftrightarrow \dfrac{b}{a+b} \geqslant \dfrac{d}{c+d}\ (\forall a,b,c,d > 0)$，则有如下结论。

（1）对于规则（OP1），有

$$R(a_{\mathrm{P}} \mid ([x]_{A_1},\cdots,[x]_{A_m})) \leqslant R(a_{\mathrm{B}} \mid ([x]_{A_1},\cdots,[x]_{A_m}))$$

$$\Leftrightarrow \frac{\overset{m}{\underset{k=1}{\wedge}} P(X \mid [x]_{A_k})}{1 + \overset{m}{\underset{k=1}{\wedge}} P(X \mid [x]_{A_k}) - \overset{m}{\underset{k=1}{\vee}} P(X \mid [x]_{A_k})} \geqslant \frac{\lambda_{\mathrm{PN}} - \lambda_{\mathrm{BN}}}{(\lambda_{\mathrm{PN}} - \lambda_{\mathrm{BN}}) + (\lambda_{\mathrm{BP}} - \lambda_{\mathrm{PP}})}$$

且

$$R(a_{\mathrm{P}} \mid ([x]_{A_1},\cdots,[x]_{A_m})) \leqslant R(a_{\mathrm{N}} \mid ([x]_{A_1},\cdots,[x]_{A_m}))$$

$$\Leftrightarrow \frac{\overset{m}{\underset{k=1}{\wedge}} P(X \mid [x]_{A_k})}{1 + \overset{m}{\underset{k=1}{\wedge}} P(X \mid [x]_{A_k}) - \overset{m}{\underset{k=1}{\vee}} P(X \mid [x]_{A_k})} \geqslant \frac{\lambda_{\mathrm{PN}} - \lambda_{\mathrm{NN}}}{(\lambda_{\mathrm{PN}} - \lambda_{\mathrm{NN}}) + (\lambda_{\mathrm{NP}} - \lambda_{\mathrm{PP}})}$$

（2）对于规则（ON1），有

$$R(a_{\mathrm{N}} \mid ([x]_{A_1},\cdots,[x]_{A_m})) \leqslant R(a_{\mathrm{P}} \mid ([x]_{A_1},\cdots,[x]_{A_m}))$$

$$\Leftrightarrow \frac{\overset{m}{\underset{k=1}{\wedge}} P(X \mid [x]_{A_k})}{1 + \overset{m}{\underset{k=1}{\wedge}} P(X \mid [x]_{A_k}) - \overset{m}{\underset{k=1}{\vee}} P(X \mid [x]_{A_k})} \leqslant \frac{\lambda_{\mathrm{PN}} - \lambda_{\mathrm{NN}}}{(\lambda_{\mathrm{PN}} - \lambda_{\mathrm{NN}}) + (\lambda_{\mathrm{NP}} - \lambda_{\mathrm{PP}})}$$

且

$$R(a_{\mathrm{N}}\mid([x]_{A_1},\cdots,[x]_{A_m}))\leqslant R(a_{\mathrm{B}}\mid([x]_{A_1},\cdots,[x]_{A_m}))$$

$$\Leftrightarrow\frac{\bigwedge_{k=1}^{m}P(X\mid[x]_{A_k})}{1+\bigwedge_{k=1}^{m}P(X\mid[x]_{A_k})-\bigvee_{k=1}^{m}P(X\mid[x]_{A_k})}\leqslant\frac{\lambda_{\mathrm{BN}}-\lambda_{\mathrm{NN}}}{(\lambda_{\mathrm{BN}}-\lambda_{\mathrm{NN}})+(\lambda_{\mathrm{NP}}-\lambda_{\mathrm{BP}})}$$

（3）对于规则（OB1），有

$$R(a_{\mathrm{B}}\mid([x]_{A_1},\cdots,[x]_{A_m}))\leqslant R(a_{\mathrm{P}}\mid([x]_{A_1},\cdots,[x]_{A_m}))$$

$$\Leftrightarrow\frac{\bigwedge_{k=1}^{m}P(X\mid[x]_{A_k})}{1+\bigwedge_{k=1}^{m}P(X\mid[x]_{A_k})-\bigvee_{k=1}^{m}P(X\mid[x]_{A_k})}\leqslant\frac{\lambda_{\mathrm{PN}}-\lambda_{\mathrm{BN}}}{(\lambda_{\mathrm{PN}}-\lambda_{\mathrm{BN}})+(\lambda_{\mathrm{BP}}-\lambda_{\mathrm{PP}})}$$

且

$$R(a_{\mathrm{B}}\mid([x]_{A_1},\cdots,[x]_{A_m}))\leqslant R(a_{\mathrm{N}}\mid([x]_{A_1},\cdots,[x]_{A_m}))$$

$$\Leftrightarrow\frac{\bigwedge_{k=1}^{m}P(X\mid[x]_{A_k})}{1+\bigwedge_{k=1}^{m}P(X\mid[x]_{A_k})-\bigvee_{k=1}^{m}P(X\mid[x]_{A_k})}\geqslant\frac{\lambda_{\mathrm{BN}}-\lambda_{\mathrm{NN}}}{(\lambda_{\mathrm{BN}}-\lambda_{\mathrm{NN}})+(\lambda_{\mathrm{NP}}-\lambda_{\mathrm{BP}})}$$

因此，决策规则（OP1）、（ON1）、（OB1）可简化如下。

（OP2）如果$\frac{\bigwedge_{k=1}^{m}P(X\mid[x]_{A_k})}{1+\bigwedge_{k=1}^{m}P(X\mid[x]_{A_k})-\bigvee_{k=1}^{m}P(X\mid[x]_{A_k})}\geqslant\alpha$且

$$\frac{\bigwedge_{k=1}^{m}P(X\mid[x]_{A_k})}{1+\bigwedge_{k=1}^{m}P(X\mid[x]_{A_k})-\bigvee_{k=1}^{m}P(X\mid[x]_{A_k})}\geqslant\gamma$$

则$x\in\mathrm{POS}^{\mathrm{O}}_{\sum_{k=1}^{m}PA_k}(X)$。

（ON2）如果$\frac{\bigwedge_{k=1}^{m}P(X\mid[x]_{A_k})}{1+\bigwedge_{k=1}^{m}P(X\mid[x]_{A_k})-\bigvee_{k=1}^{m}P(X\mid[x]_{A_k})}\leqslant\gamma$ 且

$$\frac{\bigwedge_{k=1}^{m}P(X\mid[x]_{A_k})}{1+\bigwedge_{k=1}^{m}P(X\mid[x]_{A_k})-\bigvee_{k=1}^{m}P(X\mid[x]_{A_k})}\leqslant\beta$$

则$x\in\mathrm{NEG}^{\mathrm{O}}_{\sum_{k=1}^{m}PA_k}(X)$。

（OB2）如果$\dfrac{\overset{m}{\underset{k=1}{\wedge}} P(X|[x]_{A_k})}{1+\overset{m}{\underset{k=1}{\wedge}} P(X|[x]_{A_k})-\overset{m}{\underset{k=1}{\vee}} P(X|[x]_{A_k})} \leqslant \alpha$ 且

$$\frac{\overset{m}{\underset{k=1}{\wedge}} P(X|[x]_{A_k})}{1+\overset{m}{\underset{k=1}{\wedge}} P(X|[x]_{A_k})-\overset{m}{\underset{k=1}{\vee}} P(X|[x]_{A_k})} \geqslant \beta$$

则 $x \in \mathrm{BND}^{\mathrm{O}}_{\sum_{k=1}^{m} PA_k}(X)$。

其中

$$\alpha=\frac{\lambda_{\mathrm{PN}}-\lambda_{\mathrm{BN}}}{(\lambda_{\mathrm{PN}}-\lambda_{\mathrm{BN}})+(\lambda_{\mathrm{BP}}-\lambda_{\mathrm{PP}})}$$

$$\gamma=\frac{\lambda_{\mathrm{PN}}-\lambda_{\mathrm{NN}}}{(\lambda_{\mathrm{PN}}-\lambda_{\mathrm{NN}})+(\lambda_{\mathrm{NP}}-\lambda_{\mathrm{PP}})}$$

$$\beta=\frac{\lambda_{\mathrm{BN}}-\lambda_{\mathrm{NN}}}{(\lambda_{\mathrm{BN}}-\lambda_{\mathrm{NN}})+(\lambda_{\mathrm{NP}}-\lambda_{\mathrm{BP}})}$$

如果 $(\lambda_{\mathrm{PN}}-\lambda_{\mathrm{BN}})(\lambda_{\mathrm{NP}}-\lambda_{\mathrm{BP}})>(\lambda_{\mathrm{BN}}-\lambda_{\mathrm{NN}})(\lambda_{\mathrm{BP}}-\lambda_{\mathrm{PP}})$，则有 $0 \leqslant \beta<\gamma<\alpha \leqslant 1$，从而决策规则（OP2）、（ON2）、（OB2）可重新表示如下。

（OP3）如果$\dfrac{\overset{m}{\underset{k=1}{\wedge}} P(X|[x]_{A_k})}{1+\overset{m}{\underset{k=1}{\wedge}} P(X|[x]_{A_k})-\overset{m}{\underset{k=1}{\vee}} P(X|[x]_{A_k})} \geqslant \alpha$，则 $x \in \mathrm{POS}^{\mathrm{O}}_{\sum_{k=1}^{m} PA_k}(X)$。

（ON3）如果$\dfrac{\overset{m}{\underset{k=1}{\wedge}} P(X|[x]_{A_k})}{1+\overset{m}{\underset{k=1}{\wedge}} P(X|[x]_{A_k})-\overset{m}{\underset{k=1}{\vee}} P(X|[x]_{A_k})} \leqslant \beta$，则 $x \in \mathrm{NEG}^{\mathrm{O}}_{\sum_{k=1}^{m} PA_k}(X)$。

（OB3）如果 $\beta<\dfrac{\overset{m}{\underset{k=1}{\wedge}} P(X|[x]_{A_k})}{1+\overset{m}{\underset{k=1}{\wedge}} P(X|[x]_{A_k})-\overset{m}{\underset{k=1}{\vee}} P(X|[x]_{A_k})}<\alpha$，则 $x \in \mathrm{BND}^{\mathrm{O}}_{\sum_{k=1}^{m} PA_k}(X)$。

进一步，X 的乐观多粒度正域、负域和边界域分别定义如下

$$\mathrm{POS}^{\mathrm{O}}_{\sum_{k=1}^{m} PA_k}(X)=\left\{x \in U \,\middle|\, \frac{\overset{m}{\underset{k=1}{\wedge}} P(X|[x]_{A_k})}{1+\overset{m}{\underset{k=1}{\wedge}} P(X|[x]_{A_k})-\overset{m}{\underset{k=1}{\vee}} P(X|[x]_{A_k})} \geqslant \alpha\right\}$$

$$\mathrm{NEG}^{\mathrm{O}}_{\sum_{k=1}^{m} PA_k}(X)=\left\{x \in U \,\middle|\, \frac{\overset{m}{\underset{k=1}{\wedge}} P(X|[x]_{A_k})}{1+\overset{m}{\underset{k=1}{\wedge}} P(X|[x]_{A_k})-\overset{m}{\underset{k=1}{\vee}} P(X|[x]_{A_k})} \leqslant \beta\right\}$$

$$\mathrm{BND}^{\mathrm{O}}_{\sum_{k=1}^{m}PA_k}(X)=\left\{x\in U\left|\beta<\frac{\bigwedge_{k=1}^{m}P(X|[x]_{A_k})}{1+\bigwedge_{k=1}^{m}P(X|[x]_{A_k})-\bigvee_{k=1}^{m}P(X|[x]_{A_k})}<\alpha\right.\right\}$$

利用正域、负域和边界域可得X的下近似和上近似如下

$$\underline{\sum_{k=1}^{m}PA_k}^{\mathrm{O},\alpha}(X)=\left\{x\in U\left|\frac{\bigwedge_{k=1}^{m}P(X|[x]_{A_k})}{1+\bigwedge_{k=1}^{m}P(X|[x]_{A_k})-\bigvee_{k=1}^{m}P(X|[x]_{A_k})}\geqslant\alpha\right.\right\}$$

$$\overline{\sum_{k=1}^{m}PA_k}^{\mathrm{O},\beta}(X)=\left\{x\in U\left|\frac{\bigwedge_{k=1}^{m}P(X|[x]_{A_k})}{1+\bigwedge_{k=1}^{m}P(X|[x]_{A_k})-\bigvee_{k=1}^{m}P(X|[x]_{A_k})}>\beta\right.\right\}$$

于是有下面的定义。

定义 6.2　设$I=(U,\mathrm{AT},V,f)$是一个完备信息系统，$A_1,A_2,\cdots,A_m\subseteq\mathrm{AT}$，$P:2^U\to[0,1]$是定义在由$U$的子集构成的$\sigma$代数上的概率测度。沿用前面的记号$\alpha,\beta$，$\forall X\subseteq U$，$X$的下近似和上近似分别定义如下

$$\underline{\sum_{k=1}^{m}PA_k}^{\mathrm{O},\alpha}(X)=\left\{x\in U\left|\frac{\bigwedge_{k=1}^{m}P(X|[x]_{A_k})}{1+\bigwedge_{k=1}^{m}P(X|[x]_{A_k})-\bigvee_{k=1}^{m}P(X|[x]_{A_k})}\geqslant\alpha\right.\right\}$$

$$\overline{\sum_{k=1}^{m}PA_k}^{\mathrm{O},\beta}(X)=\left\{x\in U\left|\frac{\bigwedge_{k=1}^{m}P(X|[x]_{A_k})}{1+\bigwedge_{k=1}^{m}P(X|[x]_{A_k})-\bigvee_{k=1}^{m}P(X|[x]_{A_k})}>\beta\right.\right\}$$

$\left(\underline{\sum_{k=1}^{m}PA_k}^{\mathrm{O},\alpha}(X),\overline{\sum_{k=1}^{m}PA_k}^{\mathrm{O},\beta}(X)\right)$称为完备信息下的乐观多粒度决策粗糙集。

注 6.2　如果$\alpha=1$，$\beta=0$，且$P(X|[x]_{A_k})=\dfrac{|X\cap[x]_{A_k}|}{|[x]_{A_k}|}$，则

$$\begin{aligned}\underline{\sum_{k=1}^{m}PA_k}^{\mathrm{O},1}(X)&=\left\{x\in U\left|\frac{\bigwedge_{k=1}^{m}P(X|[x]_{A_k})}{1+\bigwedge_{k=1}^{m}P(X|[x]_{A_k})-\bigvee_{k=1}^{m}P(X|[x]_{A_k})}\geqslant 1\right.\right\}\\&=\{x\in U\,|\,\bigvee_{k=1}^{m}P(X|[x]_{A_k})\geqslant 1\}\\&=\{x\in U\,|\,P(X|[x]_{A_1})=1\text{或}P(X|[x]_{A_2})=1\cdots\text{或}P(X|[x]_{A_m})=1\}\\&=\{x\in U\,|\,[x]_{A_1}\subseteq X\text{或}[x]_{A_2}\subseteq X\cdots\text{或}[x]_{A_m}\subseteq X\}\end{aligned}$$

$$\overline{\sum_{k=1}^{m} PA_k}^{O,0}(X)=\left\{x\in U \left| \frac{\overset{m}{\underset{k=1}{\wedge}} P(X|[x]_{A_k})}{1+\overset{m}{\underset{k=1}{\wedge}} P(X|[x]_{A_k})-\overset{m}{\underset{k=1}{\vee}} P(X|[x]_{A_k})}>0 \right.\right\}$$

$$=\{x\in U \mid \overset{m}{\underset{k=1}{\wedge}} P(X|[x]_{A_k})>0\}$$

$$=\{x\in U \mid P(X|[x]_{A_1})>0 \text{且} P(X|[x]_{A_2})>0\cdots \text{且} P(X|[x]_{A_m})>0\}$$

$$=\{x\in U \mid [x]_{A_1}\cap X\neq\varnothing \text{且} [x]_{A_2}\cap X\neq\varnothing\cdots \text{且} [x]_{A_m}\cap X\neq\varnothing\}$$

这意味着此时,完备信息下的多粒度粗糙集就退化为钱宇华提出的乐观多粒度粗糙集。

注 6.3　如果 $m=1$，则完备信息下的乐观多粒度粗糙集就退化为 Yao 提出的决策粗糙集。

下近似算子 $\underline{\sum_{k=1}^{m} PA_k}^{O,\alpha}$ 和上近似算子 $\overline{\sum_{k=1}^{m} PA_k}^{O,\beta}$ 具有下列性质。

定理 6.2　设 $I=(U,\mathrm{AT},V,f)$ 是一个完备信息系统，$A_1,A_2,\cdots,A_m\subseteq \mathrm{AT}$，$P:2^U\to[0,1]$ 是定义在由 U 的子集构成的 σ 代数上的概率测度。$\forall X,Y\subseteq U$，有如下结论。

（1）$\underline{\sum_{k=1}^{m} PA_k}^{O,\alpha}(X)\subseteq\overline{\sum_{k=1}^{m} PA_k}^{O,\beta}(X)$。

（2）$\underline{\sum_{k=1}^{m} PA_k}^{O,\alpha}(\varnothing)=\overline{\sum_{k=1}^{m} PA_k}^{O,\beta}(\varnothing)=\varnothing$，$\underline{\sum_{k=1}^{m} PA_k}^{O,\alpha}(U)=\overline{\sum_{k=1}^{m} PA_k}^{O,\beta}(U)=U$。

（3）$\underline{\sum_{k=1}^{m} PA_k}^{O,\alpha}(X)=\left(\overline{\sum_{k=1}^{m} PA_k}^{O,1-\alpha}(X^{\mathrm{c}})\right)^{\mathrm{c}}(\alpha>0.5)$，$\overline{\sum_{k=1}^{m} PA_k}^{O,\beta}(X)=\left(\underline{\sum_{k=1}^{m} PA_k}^{O,1-\beta}(X^{\mathrm{c}})\right)^{\mathrm{c}}$ $(\beta<0.5)$。

（4）如果 $0<\alpha_1\leqslant\alpha_2\leqslant1$ 且 $0\leqslant\beta_1\leqslant\beta_2<1$，则 $\underline{\sum_{k=1}^{m} PA_k}^{O,\alpha_2}(X)\subseteq\underline{\sum_{k=1}^{m} PA_k}^{O,\alpha_1}(X)$ 且 $\overline{\sum_{k=1}^{m} PA_k}^{O,\beta_2}(X)\subseteq\overline{\sum_{k=1}^{m} PA_k}^{O,\beta_1}(X)$。

证明　仅证明结论（3），其余的由定义 6.2 易证。

$\forall 0.5<\alpha\leqslant1$，有

$$\left(\overline{\sum_{k=1}^{m} PA_k}^{O,1-\alpha}(X^{\mathrm{c}})\right)^{\mathrm{c}}=U-\left\{x\in U \left| \frac{\overset{m}{\underset{k=1}{\wedge}} P(X^{\mathrm{c}}|[x]_{A_k})}{1+\overset{m}{\underset{k=1}{\wedge}} P(X^{\mathrm{c}}|[x]_{A_k})-\overset{m}{\underset{k=1}{\vee}} P(X^{\mathrm{c}}|[x]_{A_k})}>1-\alpha \right.\right\}$$

$$=\left\{x\in U\left|\frac{1-\overset{m}{\underset{k=1}{\vee}}P(X\,|\,[x]_{A_k})}{1-\overset{m}{\underset{k=1}{\vee}}P(X\,|\,[x]_{A_k})+\overset{m}{\underset{k=1}{\wedge}}P(X\,|\,[x]_{A_k})}\leqslant 1-\alpha\right.\right\}$$

$$=\left\{x\in U\left|\frac{\overset{m}{\underset{k=1}{\wedge}}P(X\,|\,[x]_{A_k})}{1+\overset{m}{\underset{k=1}{\wedge}}P(X\,|\,[x]_{A_k})-\overset{m}{\underset{k=1}{\vee}}P(X\,|\,[x]_{A_k})}\geqslant \alpha\right.\right\}$$

$$=\underline{\sum_{k=1}^{m}PA_k}^{\mathrm{O},\alpha}(X)$$

$\forall 0\leqslant\beta<0.5$，有

$$\left(\underline{\sum_{k=1}^{m}PA_k}^{\mathrm{O},1-\beta}(X^{\mathrm{c}})\right)^{\mathrm{c}}=\left(\left(\overline{\sum_{k=1}^{m}PA_k}^{\mathrm{O},\beta}((X^{\mathrm{c}})^{\mathrm{c}})\right)^{\mathrm{c}}\right)^{\mathrm{c}}=\overline{\sum_{k=1}^{m}PA_k}^{\mathrm{O},\beta}(X)$$

6.1.3 完备信息下的悲观多粒度决策粗糙集

对于风险厌恶者，他们面对风险的态度是悲观的，从而对于 m 个粒结构，采取 a_{P}、a_{N}、a_{B} 三种行动下的期望全局损失可分别利用取大方法计算如下

$$R(a_{\mathrm{P}}\,|\,([x]_{A_1},\cdots,[x]_{A_m}))=\overset{m}{\underset{k=1}{\vee}}\lambda_{\mathrm{PP}}^{k}P(X\,|\,[x]_{A_k})+\overset{m}{\underset{k=1}{\vee}}\lambda_{\mathrm{PN}}^{k}P(X^{\mathrm{c}}\,|\,[x]_{A_k})$$

$$R(a_{\mathrm{N}}\,|\,([x]_{A_1},\cdots,[x]_{A_m}))=\overset{m}{\underset{k=1}{\vee}}\lambda_{\mathrm{NP}}^{k}P(X\,|\,[x]_{A_k})+\overset{m}{\underset{k=1}{\vee}}\lambda_{\mathrm{NN}}^{k}P(X^{\mathrm{c}}\,|\,[x]_{A_k})$$

$$R(a_{\mathrm{B}}\,|\,([x]_{A_1},\cdots,[x]_{A_m}))=\overset{m}{\underset{k=1}{\vee}}\lambda_{\mathrm{BP}}^{k}P(X\,|\,[x]_{A_k})+\overset{m}{\underset{k=1}{\vee}}\lambda_{\mathrm{BN}}^{k}P(X^{\mathrm{c}}\,|\,[x]_{A_k})$$

其中，“$\vee$”表示“取大”。

假设 $\lambda_{\cdot\cdot}^{k}$ 与 k 无关，即

$$\lambda_{\mathrm{PP}}^{1}=\cdots=\lambda_{\mathrm{PP}}^{m}=\lambda_{\mathrm{PP}},\quad \lambda_{\mathrm{NP}}^{1}=\cdots=\lambda_{\mathrm{NP}}^{m}=\lambda_{\mathrm{NP}},\quad \lambda_{\mathrm{BP}}^{1}=\cdots=\lambda_{\mathrm{BP}}^{m}=\lambda_{\mathrm{BP}}$$

$$\lambda_{\mathrm{PN}}^{1}=\cdots=\lambda_{\mathrm{PN}}^{m}=\lambda_{\mathrm{PN}},\quad \lambda_{\mathrm{NN}}^{1}=\cdots=\lambda_{\mathrm{NN}}^{m}=\lambda_{\mathrm{NN}},\quad \lambda_{\mathrm{BN}}^{1}=\cdots=\lambda_{\mathrm{BN}}^{m}=\lambda_{\mathrm{BN}}$$

再结合 $P(X\,|\,[x]_{A_k})+P(X^{\mathrm{c}}\,|\,[x]_{A_k})=1$，则有

$$R(a_{\mathrm{P}}\,|\,([x]_{A_1},\cdots,[x]_{A_m}))=\lambda_{\mathrm{PP}}\overset{m}{\underset{k=1}{\vee}}P(X\,|\,[x]_{A_k})+\lambda_{\mathrm{PN}}(1-\overset{m}{\underset{k=1}{\wedge}}P(X\,|\,[x]_{A_k}))$$

$$R(a_{\mathrm{N}}\,|\,([x]_{A_1},\cdots,[x]_{A_m}))=\lambda_{\mathrm{NP}}\overset{m}{\underset{k=1}{\vee}}P(X\,|\,[x]_{A_k})+\lambda_{\mathrm{NN}}(1-\overset{m}{\underset{k=1}{\wedge}}P(X\,|\,[x]_{A_k}))$$

$$R(a_{\mathrm{B}}\,|\,([x]_{A_1},\cdots,[x]_{A_m}))=\lambda_{\mathrm{BP}}\overset{m}{\underset{k=1}{\vee}}P(X\,|\,[x]_{A_k})+\lambda_{\mathrm{BN}}(1-\overset{m}{\underset{k=1}{\wedge}}P(X\,|\,[x]_{A_k}))$$

根据贝叶斯决策规则，需要选择期望全局损失最小的行动集作为最佳行动方案，于是可得到如下三条决策规则。

（PP1）若 $R(a_{\mathrm{P}} \mid ([x]_{A_1},\cdots,[x]_{A_m})) \leqslant R(a_{\mathrm{B}} \mid ([x]_{A_1},\cdots,[x]_{A_m}))$ 且 $R(a_{\mathrm{P}} \mid ([x]_{A_1},\cdots,[x]_{A_m})) \leqslant R(a_{\mathrm{N}} \mid ([x]_{A_1},\cdots,[x]_{A_m}))$，则 $x \in \mathrm{POS}^{\mathrm{P}}_{\sum_{k=1}^{m} PA_k}(X)$。

（PN1）若 $R(a_{\mathrm{N}} \mid ([x]_{A_1},\cdots,[x]_{A_m})) \leqslant R(a_{\mathrm{P}} \mid ([x]_{A_1},\cdots,[x]_{A_m}))$ 且 $R(a_{\mathrm{N}} \mid ([x]_{A_1},\cdots,[x]_{A_m})) \leqslant R(a_{\mathrm{B}} \mid ([x]_{A_1},\cdots,[x]_{A_m}))$，则 $x \in \mathrm{NEG}^{\mathrm{P}}_{\sum_{k=1}^{m} PA_k}(X)$。

（PB1）若 $R(a_{\mathrm{B}} \mid ([x]_{A_1},\cdots,[x]_{A_m})) \leqslant R(a_{\mathrm{P}} \mid ([x]_{A_1},\cdots,[x]_{A_m}))$ 且 $R(a_{\mathrm{B}} \mid ([x]_{A_1},\cdots,[x]_{A_m})) \leqslant R(a_{\mathrm{N}} \mid ([x]_{A_1},\cdots,[x]_{A_m}))$，则 $x \in \mathrm{BND}^{\mathrm{P}}_{\sum_{k=1}^{m} PA_k}(X)$。

与 6.1.1 节类似，假设 $0 \leqslant \lambda_{\mathrm{PP}} \leqslant \lambda_{\mathrm{BP}} < \lambda_{\mathrm{NP}}$，$0 \leqslant \lambda_{\mathrm{NN}} \leqslant \lambda_{\mathrm{BN}} < \lambda_{\mathrm{PN}}$。注意到 $\dfrac{b}{a} \geqslant \dfrac{d}{c} \Leftrightarrow \dfrac{b}{a+b} \geqslant \dfrac{d}{c+d} (\forall a,b,c,d>0)$，则有如下结论。

（1）对于规则（PP1），有

$$R(a_{\mathrm{P}} \mid ([x]_{A_1},\cdots,[x]_{A_m})) \leqslant R(a_{\mathrm{B}} \mid ([x]_{A_1},\cdots,[x]_{A_m}))$$

$$\Leftrightarrow \frac{\bigvee_{k=1}^{m} P(X \mid [x]_{A_k})}{1 + \bigvee_{k=1}^{m} P(X \mid [x]_{A_k}) - \bigwedge_{k=1}^{m} P(X \mid [x]_{A_k})} \geqslant \frac{\lambda_{\mathrm{PN}} - \lambda_{\mathrm{BN}}}{(\lambda_{\mathrm{PN}} - \lambda_{\mathrm{BN}}) + (\lambda_{\mathrm{BP}} - \lambda_{\mathrm{PP}})}$$

且

$$R(a_{\mathrm{P}} \mid ([x]_{A_1},\cdots,[x]_{A_m})) \leqslant R(a_{\mathrm{N}} \mid ([x]_{A_1},\cdots,[x]_{A_m}))$$

$$\Leftrightarrow \frac{\bigvee_{k=1}^{m} P(X \mid [x]_{A_k})}{1 + \bigvee_{k=1}^{m} P(X \mid [x]_{A_k}) - \bigwedge_{k=1}^{m} P(X \mid [x]_{A_k})} \geqslant \frac{\lambda_{\mathrm{PN}} - \lambda_{\mathrm{NN}}}{(\lambda_{\mathrm{PN}} - \lambda_{\mathrm{NN}}) + (\lambda_{\mathrm{NP}} - \lambda_{\mathrm{PP}})}$$

（2）对于规则（PN1），有

$$R(a_{\mathrm{N}} \mid ([x]_{A_1},\cdots,[x]_{A_m})) \leqslant R(a_{\mathrm{P}} \mid ([x]_{A_1},\cdots,[x]_{A_m}))$$

$$\Leftrightarrow \frac{\bigvee_{k=1}^{m} P(X \mid [x]_{A_k})}{1 + \bigvee_{k=1}^{m} P(X \mid [x]_{A_k}) - \bigwedge_{k=1}^{m} P(X \mid [x]_{A_k})} \leqslant \frac{\lambda_{\mathrm{PN}} - \lambda_{\mathrm{NN}}}{(\lambda_{\mathrm{PN}} - \lambda_{\mathrm{NN}}) + (\lambda_{\mathrm{NP}} - \lambda_{\mathrm{PP}})}$$

且

$$R(a_{\mathrm{N}} \mid ([x]_{A_1},\cdots,[x]_{A_m})) \leqslant R(a_{\mathrm{B}} \mid ([x]_{A_1},\cdots,[x]_{A_m}))$$

$$\Leftrightarrow \frac{\bigvee_{k=1}^{m} P(X|[x]_{A_k})}{1+\bigvee_{k=1}^{m} P(X|[x]_{A_k})-\bigwedge_{k=1}^{m} P(X|[x]_{A_k})} \leqslant \frac{\lambda_{\mathrm{BN}}-\lambda_{\mathrm{NN}}}{(\lambda_{\mathrm{BN}}-\lambda_{\mathrm{NN}})+(\lambda_{\mathrm{NP}}-\lambda_{\mathrm{BP}})}$$

（3）对于规则（PB1），有

$$R(a_{\mathrm{B}}|([x]_{A_1},\cdots,[x]_{A_m})) \leqslant R(a_{\mathrm{P}}|([x]_{A_1},\cdots,[x]_{A_m}))$$

$$\Leftrightarrow \frac{\bigvee_{k=1}^{m} P(X|[x]_{A_k})}{1+\bigvee_{k=1}^{m} P(X|[x]_{A_k})-\bigwedge_{k=1}^{m} P(X|[x]_{A_k})} \leqslant \frac{\lambda_{\mathrm{PN}}-\lambda_{\mathrm{BN}}}{(\lambda_{\mathrm{PN}}-\lambda_{\mathrm{BN}})+(\lambda_{\mathrm{BP}}-\lambda_{\mathrm{PP}})}$$

且

$$R(a_{\mathrm{B}}|([x]_{A_1},\cdots,[x]_{A_m})) \leqslant R(a_{\mathrm{N}}|([x]_{A_1},\cdots,[x]_{A_m}))$$

$$\Leftrightarrow \frac{\bigvee_{k=1}^{m} P(X|[x]_{A_k})}{1+\bigvee_{k=1}^{m} P(X|[x]_{A_k})-\bigwedge_{k=1}^{m} P(X|[x]_{A_k})} \geqslant \frac{\lambda_{\mathrm{BN}}-\lambda_{\mathrm{NN}}}{(\lambda_{\mathrm{BN}}-\lambda_{\mathrm{NN}})+(\lambda_{\mathrm{NP}}-\lambda_{\mathrm{BP}})}$$

因此，决策规则（PP1）、（PN1）、（PB1）可简化如下。

（PP2）如果 $\frac{\bigvee_{k=1}^{m} P(X|[x]_{A_k})}{1+\bigvee_{k=1}^{m} P(X|[x]_{A_k})-\bigwedge_{k=1}^{m} P(X|[x]_{A_k})} \geqslant \alpha$，且

$$\frac{\bigvee_{k=1}^{m} P(X|[x]_{A_k})}{1+\bigvee_{k=1}^{m} P(X|[x]_{A_k})-\bigwedge_{k=1}^{m} P(X|[x]_{A_k})} \geqslant \gamma$$

则 $x \in \mathrm{POS}^{\mathrm{P}}_{\sum_{k=1}^{m} PA_k}(X)$。

（PN2）如果 $\frac{\bigvee_{k=1}^{m} P(X|[x]_{A_k})}{1+\bigvee_{k=1}^{m} P(X|[x]_{A_k})-\bigwedge_{k=1}^{m} P(X|[x]_{A_k})} \leqslant \gamma$，且

$$\frac{\bigvee_{k=1}^{m} P(X|[x]_{A_k})}{1+\bigvee_{k=1}^{m} P(X|[x]_{A_k})-\bigwedge_{k=1}^{m} P(X|[x]_{A_k})} \leqslant \beta$$

则 $x \in \mathrm{NEG}^{\mathrm{P}}_{\sum_{k=1}^{m} PA_k}(X)$。

（PB2）如果 $\dfrac{\overset{m}{\underset{k=1}{\vee}} P(X|[x]_{A_k})}{1+\overset{m}{\underset{k=1}{\vee}} P(X|[x]_{A_k})-\overset{m}{\underset{k=1}{\wedge}} P(X|[x]_{A_k})} \leqslant \alpha$，且

$$\frac{\overset{m}{\underset{k=1}{\vee}} P(X|[x]_{A_k})}{1+\overset{m}{\underset{k=1}{\vee}} P(X|[x]_{A_k})-\overset{m}{\underset{k=1}{\wedge}} P(X|[x]_{A_k})} \geqslant \beta$$

则 $x \in \mathrm{BND}^{\mathrm{P}}_{\sum_{k=1}^{m} PA_k}(X)$。

其中

$$\alpha = \frac{\lambda_{\mathrm{PN}}-\lambda_{\mathrm{BN}}}{(\lambda_{\mathrm{PN}}-\lambda_{\mathrm{BN}})+(\lambda_{\mathrm{BP}}-\lambda_{\mathrm{PP}})}$$

$$\gamma = \frac{\lambda_{\mathrm{PN}}-\lambda_{\mathrm{NN}}}{(\lambda_{\mathrm{PN}}-\lambda_{\mathrm{NN}})+(\lambda_{\mathrm{NP}}-\lambda_{\mathrm{PP}})}$$

$$\beta = \frac{\lambda_{\mathrm{BN}}-\lambda_{\mathrm{NN}}}{(\lambda_{\mathrm{BN}}-\lambda_{\mathrm{NN}})+(\lambda_{\mathrm{NP}}-\lambda_{\mathrm{BP}})}$$

如果 $(\lambda_{\mathrm{PN}}-\lambda_{\mathrm{BN}})(\lambda_{\mathrm{NP}}-\lambda_{\mathrm{BP}}) > (\lambda_{\mathrm{BN}}-\lambda_{\mathrm{NN}})(\lambda_{\mathrm{BP}}-\lambda_{\mathrm{PP}})$，则有 $0 \leqslant \beta < \gamma < \alpha \leqslant 1$，从而决策规则（PP2）、（PN2）、（PB2）可重新表示如下。

（PP3）如果 $\dfrac{\overset{m}{\underset{k=1}{\vee}} P(X|[x]_{A_k})}{1+\overset{m}{\underset{k=1}{\vee}} P(X|[x]_{A_k})-\overset{m}{\underset{k=1}{\wedge}} P(X|[x]_{A_k})} \geqslant \alpha$，则 $x \in \mathrm{POS}^{\mathrm{P}}_{\sum_{k=1}^{m} PA_k}(X)$。

（PN3）如果 $\dfrac{\overset{m}{\underset{k=1}{\vee}} P(X|[x]_{A_k})}{1+\overset{m}{\underset{k=1}{\vee}} P(X|[x]_{A_k})-\overset{m}{\underset{k=1}{\wedge}} P(X|[x]_{A_k})} \leqslant \beta$，则 $x \in \mathrm{NEG}^{\mathrm{P}}_{\sum_{k=1}^{m} PA_k}(X)$。

（PB3）如果 $\beta < \dfrac{\overset{m}{\underset{k=1}{\vee}} P(X|[x]_{A_k})}{1+\overset{m}{\underset{k=1}{\vee}} P(X|[x]_{A_k})-\overset{m}{\underset{k=1}{\wedge}} P(X|[x]_{A_k})} < \alpha$，则 $x \in \mathrm{BND}^{\mathrm{P}}_{\sum_{k=1}^{m} PA_k}(X)$。

进一步，X 的悲观多粒度正域、负域和边界域分别定义如下

$$\mathrm{POS}^{\mathrm{P}}_{\sum_{k=1}^{m} PA_k}(X) = \left\{ x \in U \,\middle|\, \frac{\overset{m}{\underset{k=1}{\vee}} P(X|[x]_{A_k})}{1+\overset{m}{\underset{k=1}{\vee}} P(X|[x]_{A_k})-\overset{m}{\underset{k=1}{\wedge}} P(X|[x]_{A_k})} \geqslant \alpha \right\}$$

$$\mathrm{NEG}^{\mathrm{P}}_{\sum_{k=1}^{m} PA_k}(X) = \left\{ x \in U \,\middle|\, \frac{\overset{m}{\underset{k=1}{\vee}} P(X|[x]_{A_k})}{1+\overset{m}{\underset{k=1}{\vee}} P(X|[x]_{A_k})-\overset{m}{\underset{k=1}{\wedge}} P(X|[x]_{A_k})} \leqslant \beta \right\}$$

$$\mathrm{BND}^{\mathrm{P}}_{\sum_{k=1}^{m} PA_k}(X)=\left\{x\in U \left| \beta<\frac{\overset{m}{\underset{k=1}{\vee}} P(X|[x]_{A_k})}{1+\overset{m}{\underset{k=1}{\vee}} P(X|[x]_{A_k})-\overset{m}{\underset{k=1}{\wedge}} P(X|[x]_{A_k})}<\alpha \right.\right\}$$

利用正域、负域和边界域可得X的下近似和上近似如下

$$\underline{\sum_{k=1}^{m} PA_k}^{\mathrm{P},\alpha}(X)=\left\{x\in U \left| \frac{\overset{m}{\underset{k=1}{\vee}} P(X|[x]_{A_k})}{1+\overset{m}{\underset{k=1}{\vee}} P(X|[x]_{A_k})-\overset{m}{\underset{k=1}{\wedge}} P(X|[x]_{A_k})}\geqslant\alpha \right.\right\}$$

$$\overline{\sum_{k=1}^{m} PA_k}^{\mathrm{P},\beta}(X)=\left\{x\in U \left| \frac{\overset{m}{\underset{k=1}{\vee}} P(X|[x]_{A_k})}{1+\overset{m}{\underset{k=1}{\vee}} P(X|[x]_{A_k})-\overset{m}{\underset{k=1}{\wedge}} P(X|[x]_{A_k})}>\beta \right.\right\}$$

基于此，有下面的定义。

定义 6.3　设$I=(U,\mathrm{AT},V,f)$是一个完备信息系统，$A_1,A_2,\cdots,A_m\subseteq \mathrm{AT}$，$P:2^U\to[0,1]$是定义在由$U$的子集构成的$\sigma$代数上的概率测度。沿用前面的记号$\alpha,\beta$，$\forall X\subseteq U$，$X$的下近似和上近似分别定义如下

$$\underline{\sum_{k=1}^{m} PA_k}^{\mathrm{P},\alpha}(X)=\left\{x\in U \left| \frac{\overset{m}{\underset{k=1}{\vee}} P(X|[x]_{A_k})}{1+\overset{m}{\underset{k=1}{\vee}} P(X|[x]_{A_k})-\overset{m}{\underset{k=1}{\wedge}} P(X|[x]_{A_k})}\geqslant\alpha \right.\right\}$$

$$\overline{\sum_{k=1}^{m} PA_k}^{\mathrm{P},\beta}(X)=\left\{x\in U \left| \frac{\overset{m}{\underset{k=1}{\vee}} P(X|[x]_{A_k})}{1+\overset{m}{\underset{k=1}{\vee}} P(X|[x]_{A_k})-\overset{m}{\underset{k=1}{\wedge}} P(X|[x]_{A_k})}>\beta \right.\right\}$$

$\left(\underline{\sum_{k=1}^{m} PA_k}^{\mathrm{P},\alpha}(X),\overline{\sum_{k=1}^{m} PA_k}^{\mathrm{P},\beta}(X)\right)$称为完备信息下的悲观多粒度决策粗糙集。

注 6.4　如果$\alpha=1$，$\beta=0$且$P(X|[x]_{A_k})=\dfrac{|X\cap[x]_{A_k}|}{|[x]_{A_k}|}$，则

$$\begin{aligned}\underline{\sum_{k=1}^{m} PA_k}^{\mathrm{P},1}(X)&=\left\{x\in U \left| \frac{\overset{m}{\underset{k=1}{\vee}} P(X|[x]_{A_k})}{1+\overset{m}{\underset{k=1}{\vee}} P(X|[x]_{A_k})-\overset{m}{\underset{k=1}{\wedge}} P(X|[x]_{A_k})}\geqslant 1 \right.\right\}\\&=\{x\in U \mid \overset{m}{\underset{k=1}{\wedge}} P(X|[x]_{A_k})\geqslant 1\}\\&=\{x\in U \mid P(X|[x]_{A_k})=1\text{且}P(X|[x]_{A_k})=1\cdots\text{且}P(X|[x]_{A_k})=1\}\\&=\{x\in U \mid [x]_{A_1}\subseteq X\text{且}[x]_{A_2}\subseteq X\cdots\text{且}[x]_{A_m}\subseteq X\}\end{aligned}$$

$$\overline{\sum_{k=1}^{m}PA_k}^{\mathrm{P},0}(X)=\left\{x\in U\left|\frac{\overset{m}{\underset{k=1}{\vee}}P(X|[x]_{A_k})}{1+\overset{m}{\underset{k=1}{\vee}}P(X|[x]_{A_k})-\overset{m}{\underset{k=1}{\wedge}}P(X|[x]_{A_k})}>0\right.\right\}$$

$$=\{x\in U\,|\,\overset{m}{\underset{k=1}{\vee}}P(X|[x]_{A_k})>0\}$$

$$=\{x\in U\,|\,P(X|[x]_{A_k})>0\text{或}P(X|[x]_{A_k})>0\cdots\text{或}P(X|[x]_{A_k})>0\}$$

$$=\{x\in U\,|\,[x]_{A_1}\cap X\neq\varnothing\text{或}[x]_{A_2}\cap X\neq\varnothing\cdots\text{或}[x]_{A_m}\cap X\neq\varnothing\}$$

这意味着此时，完备信息下的悲观多粒度决策粗糙集就退化为 Qian 提出的悲观多粒度粗糙集。

注 6.5　如果 $m=1$，则完备信息下的悲观多粒度粗糙集就退化为 Yao 提出的决策粗糙集。

下近似算子 $\underline{\sum_{k=1}^{m}PA_k}^{\mathrm{P},\alpha}$ 和上近似算子 $\overline{\sum_{k=1}^{m}PA_k}^{\mathrm{P},\beta}$ 具有下列性质。

定理 6.3　设 $I=(U,\mathrm{AT},V,f)$ 是一个完备信息系统，$A_1,A_2,\cdots,A_m\subseteq\mathrm{AT}$，$P:2^U\to[0,1]$ 是定义在由 U 的子集构成的 σ 代数上的概率测度。$\forall X,Y\subseteq U$，有如下结论。

（1）$\underline{\sum_{k=1}^{m}PA_k}^{\mathrm{P},\alpha}(X)\subseteq\overline{\sum_{k=1}^{m}PA_k}^{\mathrm{P},\beta}(X)$。

（2）$\underline{\sum_{k=1}^{m}PA_k}^{\mathrm{P},\alpha}(\varnothing)=\overline{\sum_{k=1}^{m}PA_k}^{\mathrm{P},\beta}(\varnothing)=\varnothing$，$\underline{\sum_{k=1}^{m}PA_k}^{\mathrm{P},\alpha}(U)=\overline{\sum_{k=1}^{m}PA_k}^{\mathrm{P},\beta}(U)=U$。

（3）$\underline{\sum_{k=1}^{m}PA_k}^{\mathrm{P},\alpha}(X)=\left(\overline{\sum_{k=1}^{m}PA_k}^{\mathrm{P},1-\alpha}(X^{\mathrm{c}})\right)^{\mathrm{c}}(\alpha>0.5)$，

$\overline{\sum_{k=1}^{m}PA_k}^{\mathrm{P},\beta}(X)=\left(\underline{\sum_{k=1}^{m}PA_k}^{\mathrm{P},1-\beta}(X^{\mathrm{c}})\right)^{\mathrm{c}}(\beta<0.5)$。

（4）如果 $0<\alpha_1\leqslant\alpha_2\leqslant1$ 且 $0\leqslant\beta_1\leqslant\beta_2<1$，则 $\underline{\sum_{k=1}^{m}PA_k}^{\mathrm{P},\alpha_2}(X)\subseteq\underline{\sum_{k=1}^{m}PA_k}^{\mathrm{P},\alpha_1}(X)$ 且 $\overline{\sum_{k=1}^{m}PA_k}^{\mathrm{P},\beta_2}(X)\subseteq\overline{\sum_{k=1}^{m}PA_k}^{\mathrm{P},\beta_1}(X)$。

证明　仅证明结论（3），其余的由定义 6.3 易证。

$\forall 0.5<\alpha\leqslant1$，有

$$\left(\overline{\sum_{k=1}^{m} PA_k}^{\mathrm{P},1-\alpha}(X^{\mathrm{c}})\right)^{\mathrm{c}} = U - \left\{ x \in U \,\middle|\, \frac{\bigvee_{k=1}^{m} P(X^{\mathrm{c}} \mid [x]_{A_k})}{1 + \bigvee_{k=1}^{m} P(X^{\mathrm{c}} \mid [x]_{A_k}) - \bigwedge_{k=1}^{m} P(X^{\mathrm{c}} \mid [x]_{A_k})} > 1-\alpha \right\}$$

$$= \left\{ x \in U \,\middle|\, \frac{1 - \bigwedge_{k=1}^{m} P(X \mid [x]_{A_k})}{1 - \bigwedge_{k=1}^{m} P(X \mid [x]_{A_k}) + \bigvee_{k=1}^{m} P(X \mid [x]_{A_k})} \leqslant 1-\alpha \right\}$$

$$= \left\{ x \in U \,\middle|\, \frac{\bigvee_{k=1}^{m} P(X \mid [x]_{A_k})}{1 + \bigvee_{k=1}^{m} P(X \mid [x]_{A_k}) - \bigwedge_{k=1}^{m} P(X \mid [x]_{A_k})} \geqslant \alpha \right\}$$

$$= \underline{\sum_{k=1}^{m} PA_k}^{\mathrm{P},\alpha}(X)$$

由 $\underline{\sum_{k=1}^{m} PA_k}^{\mathrm{P},\alpha}(X) = \left(\overline{\sum_{k=1}^{m} PA_k}^{\mathrm{P},1-\alpha}(X^{\mathrm{c}})\right)^{\mathrm{c}}$ $(\alpha > 0.5)$ 知，$\forall 0 \leqslant \beta < 0.5$，有

$$\left(\underline{\sum_{k=1}^{m} PA_k}^{\mathrm{P},1-\beta}(X^{\mathrm{c}})\right)^{\mathrm{c}} = \left(\left(\overline{\sum_{k=1}^{m} PA_k}^{\mathrm{P},\beta}((X^{\mathrm{c}})^{\mathrm{c}})\right)^{\mathrm{c}}\right)^{\mathrm{c}} = \overline{\sum_{k=1}^{m} PA_k}^{\mathrm{P},\beta}(X)$$

6.2 不完备信息下的多粒度决策粗糙集

设 $I=(U,\mathrm{AT},V,f)$ 是一个不完备信息系统，$A_1,A_2,\cdots,A_m \subseteq \mathrm{AT}$，$R_{A_1},R_{A_2},\cdots,R_{A_m}$ 分别表示由 $A_1,A_2,\cdots,A_m$ 确定的 U 上的 m 个容差关系（自反的、对称的二元关系），即 $\forall k=1,2,\cdots,m$

$$R_{A_k} = \{(x,y) \in U \times U \mid f(x,a)=f(y,a) \vee f(x,a)=* \vee f(y,a)=*, a \in A_k\}$$

通常称为 m 个粒结构。$\forall x \in U$，$R_{A_k}(x)$ 表示对第 k 个粒结构而言，x 所在的类，令 $\Omega_k=\{X,X^{\mathrm{c}}\}(X \subseteq V)$ 是对于第 k 个粒结构而言的状态集 $(k=1,2,\cdots,m)$，分别表示对象 x 属于 X 和不属于 X。$A=\{a_{\mathrm{P}},a_{\mathrm{N}},a_{\mathrm{B}}\}$ 是行动集，其中 a_{P}、a_{N}、a_{B} 分别表示对某一对象 x 所做的接受、拒绝和不承诺三种行动，即 $x \in \mathrm{POS}(X)$、$x \in \mathrm{NEG}(X)$ 和 $x \in \mathrm{BND}(X)$。设 $\lambda_{\mathrm{PP}}^{k}$、$\lambda_{\mathrm{NP}}^{k}$ 和 $\lambda_{\mathrm{BP}}^{k}$ 分别表示对象 x 属于 X 时，对于第 k 个粒结构而言，采取行动 a_{P}、a_{N}、a_{B} 的代价（或损失），$\lambda_{\mathrm{PN}}^{k}$、$\lambda_{\mathrm{NN}}^{k}$ 和 $\lambda_{\mathrm{BN}}^{k}$ 分别表示对象 x 不属于 X 时，对于第 k 个粒结构而言，采取行动 a_{P}、a_{N}、a_{B} 的代价（或损失）。对于第 k 个粒结构，利用贝叶斯决策过程，采取 a_{P}、a_{N}、a_{P} 三种行动下的期望损失可分别表示为

$$R(a_{\mathrm{P}} \mid R_{A_k}(x)) = \lambda_{\mathrm{PP}}^k P(X \mid R_{A_k}(x)) + \lambda_{\mathrm{PN}}^k P(X^{\mathrm{c}} \mid R_{A_k}(x))$$

$$R(a_{\mathrm{N}} \mid R_{A_k}(x)) = \lambda_{\mathrm{NP}}^k P(X \mid R_{A_k}(x)) + \lambda_{\mathrm{NN}}^k P(X^{\mathrm{c}} \mid R_{A_k}(x))$$

$$R(a_{\mathrm{B}} \mid R_{A_k}(x)) = \lambda_{\mathrm{BP}}^k P(X \mid R_{A_k}(x)) + \lambda_{\mathrm{BN}}^k P(X^{\mathrm{c}} \mid R_{A_k}(x))$$

6.2.1　不完备信息下的加权平均多粒度决策粗糙集

对于 m 个粒结构，采取 a_{P}、a_{N}、a_{B} 三种行动下的期望全局损失分别利用加权平均思想可计算如下

$$R(a_{\mathrm{P}} \mid (R_{A_1}(x),\cdots,R_{A_m}(x))) = \sum_{k=1}^m \omega_k \lambda_{\mathrm{PP}}^k P(X \mid R_{A_k}(x)) + \sum_{k=1}^m \omega_k \lambda_{\mathrm{PN}}^k P(X^{\mathrm{c}} \mid R_{A_k}(x))$$

$$R(a_{\mathrm{N}} \mid (R_{A_1}(x),\cdots,R_{A_m}(x))) = \sum_{k=1}^m \omega_k \lambda_{\mathrm{NP}}^k P(X \mid R_{A_k}(x)) + \sum_{k=1}^m \omega_k \lambda_{\mathrm{NN}}^k P(X^{\mathrm{c}} \mid R_{A_k}(x))$$

$$R(a_{\mathrm{B}} \mid (R_{A_1}(x),\cdots,R_{A_m}(x))) = \sum_{k=1}^m \omega_k \lambda_{\mathrm{BP}}^k P(X \mid R_{A_k}(x)) + \sum_{k=1}^m \omega_k \lambda_{\mathrm{BN}}^k P(X^{\mathrm{c}} \mid R_{A_k}(x))$$

其中，ω_k 是第 k 个粒结构的权重，满足 $\sum_{k=1}^m \omega_k = 1$，$\omega_k \in [0,1]$。

假设 $\lambda_{\bullet\bullet}^k$ 与 k 无关，即

$$\lambda_{\mathrm{PP}}^1 = \cdots = \lambda_{\mathrm{PP}}^m = \lambda_{\mathrm{PP}},\quad \lambda_{\mathrm{NP}}^1 = \cdots = \lambda_{\mathrm{NP}}^m = \lambda_{\mathrm{NP}},\quad \lambda_{\mathrm{BP}}^1 = \cdots = \lambda_{\mathrm{BP}}^m = \lambda_{\mathrm{BP}}$$
$$\lambda_{\mathrm{PN}}^1 = \cdots = \lambda_{\mathrm{PN}}^m = \lambda_{\mathrm{PN}},\quad \lambda_{\mathrm{NN}}^1 = \cdots = \lambda_{\mathrm{NN}}^m = \lambda_{\mathrm{NN}},\quad \lambda_{\mathrm{BN}}^1 = \cdots = \lambda_{\mathrm{BN}}^m = \lambda_{\mathrm{BN}}$$

由于 $P(X \mid R_{A_k}(x)) + P(X^{\mathrm{c}} \mid R_{A_k}(x)) = 1$，所以有

$$R(a_{\mathrm{P}} \mid (R_{A_1}(x),\cdots,R_{A_m}(x))) = \lambda_{\mathrm{PP}} \sum_{k=1}^m \omega_k P(X \mid R_{A_k}(x)) + \lambda_{\mathrm{PN}} \left(1 - \sum_{k=1}^m \omega_k P(X \mid R_{A_k}(x))\right)$$

$$R(a_{\mathrm{N}} \mid (R_{A_1}(x),\cdots,R_{A_m}(x))) = \lambda_{\mathrm{NP}} \sum_{k=1}^m \omega_k P(X \mid R_{A_k}(x)) + \lambda_{\mathrm{NN}} \left(1 - \sum_{k=1}^m \omega_k P(X \mid R_{A_k}(x))\right)$$

$$R(a_{\mathrm{B}} \mid (R_{A_1}(x),\cdots,R_{A_m}(x))) = \lambda_{\mathrm{BP}} \sum_{k=1}^m \omega_k P(X \mid R_{A_k}(x)) + \lambda_{\mathrm{BN}} \left(1 - \sum_{k=1}^m \omega_k P(X \mid R_{A_k}(x))\right)$$

根据贝叶斯决策规则，需要选择期望全局损失最小的行动集作为最佳行动方案，于是可得到如下三条决策规则。

（WP1）若 $R(a_{\mathrm{P}} \mid (R_{A_1}(x),\cdots,R_{A_m}(x))) \leqslant R(a_{\mathrm{B}} \mid (R_{A_1}(x),\cdots,R_{A_m}(x)))$ 且 $R(a_{\mathrm{P}} \mid (R_{A_1}(x),\cdots, R_{A_m}(x))) \leqslant R(a_{\mathrm{N}} \mid (R_{A_1}(x),\cdots,R_{A_m}(x)))$，则 $x \in \mathrm{POS}^{\mathrm{WI}}_{\sum_{k=1}^m PA_k}(X)$。

（WN1）若 $R(a_{\mathrm{N}} \mid (R_{A_1}(x),\cdots,R_{A_m}(x))) \leqslant R(a_{\mathrm{P}} \mid (R_{A_1}(x),\cdots,R_{A_m}(x)))$ 且 $R(a_{\mathrm{N}} \mid (R_{A_1}(x),\cdots,R_{A_m}(x))) \leqslant R(a_{\mathrm{B}} \mid (R_{A_1}(x),\cdots,R_{A_m}(x)))$，则 $x \in \mathrm{NEG}^{\mathrm{WI}}_{\sum_{k=1}^{m} PA_k}(X)$。

（WB1）若 $R(a_{\mathrm{B}} \mid (R_{A_1}(x),\cdots,R_{A_m}(x))) \leqslant R(a_{\mathrm{P}} \mid (R_{A_1}(x),\cdots,R_{A_m}(x)))$ 且 $R(a_{\mathrm{B}} \mid (R_{A_1}(x),\cdots,R_{A_m}(x))) \leqslant R(a_{\mathrm{N}} \mid (R_{A_1}(x),\cdots,R_{A_m}(x)))$，则 $x \in \mathrm{BND}^{\mathrm{WI}}_{\sum_{k=1}^{m} PA_k}(X)$。

考虑到接受正确事物的损失不大于延迟接受正确事物的损失，且这两者都小于拒绝正确事物的损失；拒绝错误事物的损失不大于延迟拒绝错误事物的损失，且这两者都小于接受错误事物的损失。因此一个合理的假设为

$$0 \leqslant \lambda_{\mathrm{PP}} \leqslant \lambda_{\mathrm{BP}} < \lambda_{\mathrm{NP}}, \quad 0 \leqslant \lambda_{\mathrm{NN}} \leqslant \lambda_{\mathrm{BN}} < \lambda_{\mathrm{PN}}$$

据此，三条决策规则（WIP1）、（WIN1）、（WIB1）可简化如下。

（WIP2）若 $\sum_{k=1}^{m} \omega_k P(X \mid R_{A_k}(x)) \geqslant \alpha$ 且 $\sum_{k=1}^{m} \omega_k P(X \mid R_{A_k}(x)) \geqslant \gamma$，则 $x \in \mathrm{POS}^{\mathrm{WI}}_{\sum_{k=1}^{m} PA_k}(X)$。

（WIN2）若 $\sum_{k=1}^{m} \omega_k P(X \mid R_{A_k}(x)) \leqslant \gamma$ 且 $\sum_{k=1}^{m} \omega_k P(X \mid R_{A_k}(x)) \leqslant \beta$，则 $x \in \mathrm{NEG}^{\mathrm{WI}}_{\sum_{k=1}^{m} PA_k}(X)$。

（WIB2）若 $\sum_{k=1}^{m} \omega_k P(X \mid R_{A_k}(x)) \leqslant \alpha$ 且 $\sum_{k=1}^{m} \omega_k P(X \mid R_{A_k}(x)) \geqslant \beta$，则 $x \in \mathrm{BND}^{\mathrm{WI}}_{\sum_{k=1}^{m} PA_k}(X)$。

其中

$$\alpha = \frac{\lambda_{\mathrm{PN}} - \lambda_{\mathrm{BN}}}{(\lambda_{\mathrm{PN}} - \lambda_{\mathrm{BN}}) + (\lambda_{\mathrm{BP}} - \lambda_{\mathrm{PP}})}$$

$$\gamma = \frac{\lambda_{\mathrm{PN}} - \lambda_{\mathrm{NN}}}{(\lambda_{\mathrm{PN}} - \lambda_{\mathrm{NN}}) + (\lambda_{\mathrm{NP}} - \lambda_{\mathrm{PP}})}$$

$$\beta = \frac{\lambda_{\mathrm{BN}} - \lambda_{\mathrm{NN}}}{(\lambda_{\mathrm{BN}} - \lambda_{\mathrm{NN}}) + (\lambda_{\mathrm{NP}} - \lambda_{\mathrm{BP}})}$$

如果 $(\lambda_{\mathrm{PN}} - \lambda_{\mathrm{BN}})(\lambda_{\mathrm{NP}} - \lambda_{\mathrm{BP}}) > (\lambda_{\mathrm{BN}} - \lambda_{\mathrm{NN}})(\lambda_{\mathrm{BP}} - \lambda_{\mathrm{PP}})$，则有 $0 \leqslant \beta < \gamma < \alpha \leqslant 1$，从而决策规则（WIP2）、（WIN2）和（WIB2）可重写如下。

（WIP3）如果 $\sum_{k=1}^{m} \omega_k P(X \mid R_{A_k}(x)) \geqslant \alpha$，则 $x \in \mathrm{POS}^{\mathrm{WI}}_{\sum_{k=1}^{m} PA_k}(X)$。

（WIN3）如果 $\sum_{k=1}^{m} \omega_k P(X \mid R_{A_k}(x)) \leqslant \beta$，则 $x \in \mathrm{NEG}^{\mathrm{WI}}_{\sum_{k=1}^{m} PA_k}(X)$。

（WIB3）如果 $\beta < \sum_{k=1}^{m} \omega_k P(X \mid R_{A_k}(x)) < \alpha$，则 $x \in \mathrm{BND}^{\mathrm{WI}}_{\sum_{k=1}^{m} PA_k}(X)$。

进一步，X的加权平均多粒度正域、负域和边界域分别定义如下

$$\mathrm{POS}^{\mathrm{WI}}_{\sum_{k=1}^{m}PA_k}(X)=\left\{x\in U \mid \sum_{k=1}^{m}\omega_k P(X\mid R_{A_k}(x))\geqslant\alpha\right\}$$

$$\mathrm{NEG}^{\mathrm{WI}}_{\sum_{k=1}^{m}PA_k}(X)=\left\{x\in U \mid \sum_{k=1}^{m}\omega_k P(X\mid R_{A_k}(x))\leqslant\beta\right\}$$

$$\mathrm{BND}^{\mathrm{WI}}_{\sum_{k=1}^{m}PA_k}(X)=\left\{x\in U \mid \beta<\sum_{k=1}^{m}\omega_k P(X\mid R_{A_k}(x))<\alpha\right\}$$

利用正域、负域和边界域可得X的下近似和上近似如下

$$\underline{\sum_{k=1}^{m}PA_k}^{\mathrm{WI},\alpha}(X)=\left\{x\in U \mid \sum_{k=1}^{m}\omega_k P(X\mid R_{A_k}(x))\geqslant\alpha\right\}$$

$$\overline{\sum_{k=1}^{m}PA_k}^{\mathrm{WI},\beta}(X)=\left\{x\in U \mid \sum_{k=1}^{m}\omega_k P(X\mid R_{A_k}(x))>\beta\right\}$$

于是，有下面的定义。

定义 6.4　设$I=(U,\mathrm{AT},V,f)$是一个不完备信息系统，$A_1,A_2,\cdots,A_m\subseteq\mathrm{AT}$，$P:2^U\to[0,1]$是定义在由 U 的子集构成的σ代数上的概率测度。沿用前面的记号α,β，$\forall X\subseteq U$，X的下近似和上近似分别定义如下

$$\underline{\sum_{k=1}^{m}PA_k}^{\mathrm{WI},\alpha}(X)=\left\{x\in U \mid \sum_{k=1}^{m}\omega_k P(X\mid R_{A_k}(x))\geqslant\alpha\right\}$$

$$\overline{\sum_{k=1}^{m}PA_k}^{\mathrm{WI},\beta}(X)=\left\{x\in U \mid \sum_{k=1}^{m}\omega_k P(X\mid R_{A_k}(x))>\beta\right\}$$

其中，ω_k是$P(X\mid R_{A_k}(x))$的权重，$\omega_k\in[0,1]$且$\sum_{k=1}^{m}\omega_k=1$。$\left(\underline{\sum_{k=1}^{m}PA_k}^{\mathrm{WI},\alpha}(X),\overline{\sum_{k=1}^{m}PA_k}^{\mathrm{WI},\beta}(X)\right)$称为不完备信息下的加权平均多粒度决策粗糙集。

注 6.6　如果$\omega_1=\omega_2=\cdots=\omega_m=\dfrac{1}{m}$且$I=(U,\mathrm{AT},V,f)$是一个完备信息系统，则定义 6.4 给出的不完备信息下的加权平均多粒度决策粗糙集就退化为 Qian 提出的平均多粒度决策粗糙集。

下近似算子$\underline{\sum_{k=1}^{m}PA_k}^{\mathrm{WI},\alpha}$和上近似算子$\overline{\sum_{k=1}^{m}PA_k}^{\mathrm{WI},\beta}$具有下列性质。

定理 6.4　设$I=(U,\mathrm{AT},V,f)$是一个不完备信息系统，$A_1,A_2,\cdots,A_m\subseteq\mathrm{AT}$，$P:2^U\to[0,1]$是定义在由$U$的子集构成的$\sigma$代数上的概率测度。$\forall X,Y\subseteq U$，有如下结论。

（1）$\underline{\sum_{k=1}^{m}PA_k}^{\mathrm{WI},\alpha}(X)\subseteq\overline{\sum_{k=1}^{m}PA_k}^{\mathrm{WI},\beta}(X)$。

（2）$\underline{\sum_{k=1}^{m}PA_k}^{\mathrm{WI},\alpha}(\varnothing)=\overline{\sum_{k=1}^{m}PA_k}^{\mathrm{WI},\beta}(\varnothing)=\varnothing$。

（3）如果$X\subseteq Y$，则$\underline{\sum_{k=1}^{m}PA_k}^{\mathrm{WI},\alpha}(X)\subseteq\underline{\sum_{k=1}^{m}PA_k}^{\mathrm{WI},\alpha}(Y)$且$\overline{\sum_{k=1}^{m}PA_k}^{\mathrm{WI},\beta}(X)\subseteq\overline{\sum_{k=1}^{m}PA_k}^{\mathrm{WI},\beta}(Y)$。

（4）$\underline{\sum_{k=1}^{m}PA_k}^{\mathrm{WI},\alpha}(X)=\left(\overline{\sum_{k=1}^{m}PA_k}^{\mathrm{WI},1-\alpha}(X^{\mathrm{c}})\right)^{\mathrm{c}}(\alpha>0.5)$，

$\overline{\sum_{k=1}^{m}PA_k}^{\mathrm{WI},\beta}(X)=\left(\underline{\sum_{k=1}^{m}PA_k}^{\mathrm{WI},1-\beta}(X)^{\mathrm{c}}\right)^{\mathrm{c}}(\beta<0.5)$。

（5）如果$0<\alpha_1\leqslant\alpha_2\leqslant1$且$0\leqslant\beta_1\leqslant\beta_2<1$，则$\underline{\sum_{k=1}^{m}PA_k}^{\mathrm{WI},\alpha_2}(X)\subseteq\underline{\sum_{k=1}^{m}PA_k}^{\mathrm{WI},\alpha_1}(X)$且$\overline{\sum_{k=1}^{m}PA_k}^{\mathrm{WI},\beta_2}(X)\subseteq\overline{\sum_{k=1}^{m}PA_k}^{\mathrm{WI},\beta_1}(X)$。

证明　由定义 6.4 易证。

6.2.2 不完备信息下的乐观多粒度决策粗糙集

对于风险爱好者，他们面对风险的态度是乐观的，从而对于m个粒结构，采取a_{P}、a_{N}、a_{B}三种行动下的期望全局损失可分别利用取小方法计算如下

$$R(a_{\mathrm{P}}\mid(R_{A_1}(x),\cdots,R_{A_m}(x)))=\mathop{\wedge}_{k=1}^{m}\lambda_{\mathrm{PP}}^{k}P(X\mid R_{A_k}(x))+\mathop{\wedge}_{k=1}^{m}\lambda_{\mathrm{PN}}^{k}P(X^{\mathrm{c}}\mid R_{A_k}(x))$$

$$R(a_{\mathrm{N}}\mid(R_{A_1}(x),\cdots,R_{A_m}(x)))=\mathop{\wedge}_{k=1}^{m}\lambda_{\mathrm{NP}}^{k}P(X\mid R_{A_k}(x))+\mathop{\wedge}_{k=1}^{m}\lambda_{\mathrm{NN}}^{k}P(X^{\mathrm{c}}\mid R_{A_k}(x))$$

$$R(a_{\mathrm{B}}\mid(R_{A_1}(x),\cdots,R_{A_m}(x)))=\mathop{\wedge}_{k=1}^{m}\lambda_{\mathrm{BP}}^{k}P(X\mid R_{A_k}(x))+\mathop{\wedge}_{k=1}^{m}\lambda_{\mathrm{BN}}^{k}P(X^{\mathrm{c}}\mid R_{A_k}(x))$$

其中，“$\wedge$”表示“取小”。

假设$\lambda_{\cdot\cdot}^{k}$与k无关，即

$$\lambda_{\mathrm{PP}}^{1}=\cdots=\lambda_{\mathrm{PP}}^{m}=\lambda_{\mathrm{PP}},\quad\lambda_{\mathrm{NP}}^{1}=\cdots=\lambda_{\mathrm{NP}}^{m}=\lambda_{\mathrm{NP}},\quad\lambda_{\mathrm{BP}}^{1}=\cdots=\lambda_{\mathrm{BP}}^{m}=\lambda_{\mathrm{BP}}$$

$$\lambda_{\text{PN}}^1=\cdots=\lambda_{\text{PN}}^m=\lambda_{\text{PN}},\quad \lambda_{\text{NN}}^1=\cdots=\lambda_{\text{NN}}^m=\lambda_{\text{NN}},\quad \lambda_{\text{BN}}^1=\cdots=\lambda_{\text{BN}}^m=\lambda_{\text{BN}}$$

结合 $P(X\,|\,R_{A_k}(x))+P(X^{\text{c}}\,|\,R_{A_k}(x))=1$，则有

$$R(a_{\text{P}}\,|\,(R_{A_1}(x),\cdots,R_{A_m}(x)))=\lambda_{\text{PP}}\bigwedge_{k=1}^{m}P(X\,|\,R_{A_k}(x))+\lambda_{\text{PN}}(1-\bigvee_{k=1}^{m}P(X\,|\,R_{A_k}(x)))$$

$$R(a_{\text{N}}\,|\,(R_{A_1}(x),\cdots,R_{A_m}(x)))=\lambda_{\text{NP}}\bigwedge_{k=1}^{m}P(X\,|\,R_{A_k}(x))+\lambda_{\text{NN}}(1-\bigvee_{k=1}^{m}P(X\,|\,R_{A_k}(x)))$$

$$R(a_{\text{B}}\,|\,(R_{A_1}(x),\cdots,R_{A_m}(x)))=\lambda_{\text{BP}}\bigwedge_{k=1}^{m}P(X\,|\,R_{A_k}(x))+\lambda_{\text{BN}}(1-\bigvee_{k=1}^{m}P(X\,|\,R_{A_k}(x)))$$

（1）如果 $\bigwedge_{k=1}^{m}P(X\,|\,R_{A_k}(x))=0$ 且 $\bigvee_{k=1}^{m}P(X\,|\,R_{A_k}(x))=1$，则

$$R(a_{\text{P}}\,|\,(R_{A_1}(x),\cdots,R_{A_m}(x)))=R(a_{\text{N}}\,|\,(R_{A_1}(x),\cdots,R_{A_m}(x)))=R(a_{\text{B}}\,|\,(R_{A_1}(x),\cdots,R_{A_m}(x)))$$

此时任选一个行动均可。

（2）如果 $\bigwedge_{k=1}^{m}P(X\,|\,R_{A_k}(x))\neq 0$ 或 $\bigvee_{k=1}^{m}P(X\,|\,R_{A_k}(x))\neq 1$。根据贝叶斯决策准则，需要选择期望全局损失最小的行动集作为最佳行动方案，于是可得到如下三条决策规则。

（OIP1）若 $R(a_{\text{P}}\,|\,(R_{A_1}(x),\cdots,R_{A_m}(x)))\leqslant R(a_{\text{B}}\,|\,(R_{A_1}(x),\cdots,R_{A_m}(x)))$ 且 $R(a_{\text{P}}\,|\,(R_{A_1}(x),\cdots,R_{A_m}(x)))\leqslant R(a_{\text{N}}\,|\,(R_{A_1}(x),\cdots,R_{A_m}(x)))$，则 $x\in\text{POS}^{\text{OI}}_{\sum_{k=1}^{m}PA_k}(X)$。

（OIN1）若 $R(a_{\text{N}}\,|\,(R_{A_1}(x),\cdots,R_{A_m}(x)))\leqslant R(a_{\text{P}}\,|\,(R_{A_1}(x),\cdots,R_{A_m}(x)))$ 且 $R(a_{\text{N}}\,|\,(R_{A_1}(x),\cdots,R_{A_m}(x)))\leqslant R(a_{\text{B}}\,|\,(R_{A_1}(x),\cdots,R_{A_m}(x)))$，则 $x\in\text{NEG}^{\text{OI}}_{\sum_{k=1}^{m}PA_k}(X)$。

（OIB1）若 $R(a_{\text{B}}\,|\,(R_{A_1}(x),\cdots,R_{A_m}(x)))\leqslant R(a_{\text{P}}\,|\,(R_{A_1}(x),\cdots,R_{A_m}(x)))$ 且 $R(a_{\text{B}}\,|\,(R_{A_1}(x),\cdots,R_{A_m}(x)))\leqslant R(a_{\text{N}}\,|\,(R_{A_1}(x),\cdots,R_{A_m}(x)))$，则 $x\in\text{BND}^{\text{OI}}_{\sum_{k=1}^{m}PA_k}(X)$。

与 6.1.1 节的讨论类似，假设 $0\leqslant\lambda_{\text{PP}}\leqslant\lambda_{\text{BP}}<\lambda_{\text{NP}}$，$0\leqslant\lambda_{\text{NN}}\leqslant\lambda_{\text{BN}}<\lambda_{\text{PN}}$。另外，注意到 $\dfrac{b}{a}\geqslant\dfrac{d}{c}\Leftrightarrow\dfrac{b}{a+b}\geqslant\dfrac{d}{c+d}\ (\forall a,b,c,d>0)$，则有如下结论。

（1）对于规则（OIP1），有

$$R(a_{\text{P}}\,|\,(R_{A_1}(x),\cdots,R_{A_m}(x)))\leqslant R(a_{\text{B}}\,|\,(R_{A_1}(x),\cdots,R_{A_m}(x)))$$

$$\Leftrightarrow\frac{\bigwedge_{k=1}^{m}P(X\,|\,R_{A_k}(x))}{1+\bigwedge_{k=1}^{m}P(X\,|\,R_{A_k}(x))-\bigvee_{k=1}^{m}P(X\,|\,R_{A_k}(x))}\geqslant\frac{\lambda_{\text{PN}}-\lambda_{\text{BN}}}{(\lambda_{\text{PN}}-\lambda_{\text{BN}})+(\lambda_{\text{BP}}-\lambda_{\text{PP}})}$$

且

$$R(a_{\text{P}}\,|\,(R_{A_1}(x),\cdots,R_{A_m}(x)))\leqslant R(a_{\text{N}}\,|\,(R_{A_1}(x),\cdots,R_{A_m}(x)))$$

$$\Leftrightarrow \frac{\overset{m}{\underset{k=1}{\wedge}} P(X \mid R_{A_k}(x))}{1+\overset{m}{\underset{k=1}{\wedge}} P(X \mid R_{A_k}(x))-\overset{m}{\underset{k=1}{\vee}} P(X \mid R_{A_k}(x))} \geqslant \frac{\lambda_{\mathrm{PN}}-\lambda_{\mathrm{NN}}}{(\lambda_{\mathrm{PN}}-\lambda_{\mathrm{NN}})+(\lambda_{\mathrm{NP}}-\lambda_{\mathrm{PP}})}$$

（2）对于规则（OIN1），有

$$R(a_{\mathrm{N}} \mid (R_{A_1}(x),\cdots,R_{A_m}(x))) \leqslant R(a_{\mathrm{P}} \mid (R_{A_1}(x),\cdots,R_{A_m}(x)))$$

$$\Leftrightarrow \frac{\overset{m}{\underset{k=1}{\wedge}} P(X \mid R_{A_k}(x))}{1+\overset{m}{\underset{k=1}{\wedge}} P(X \mid R_{A_k}(x))-\overset{m}{\underset{k=1}{\vee}} P(X \mid R_{A_k}(x))} \leqslant \frac{\lambda_{\mathrm{PN}}-\lambda_{\mathrm{NN}}}{(\lambda_{\mathrm{PN}}-\lambda_{\mathrm{NN}})+(\lambda_{\mathrm{NP}}-\lambda_{\mathrm{PP}})}$$

且

$$R(a_{\mathrm{N}} \mid (R_{A_1}(x),\cdots,R_{A_m}(x))) \leqslant R(a_{\mathrm{B}} \mid (R_{A_1}(x),\cdots,R_{A_m}(x)))$$

$$\Leftrightarrow \frac{\overset{m}{\underset{k=1}{\wedge}} P(X \mid R_{A_k}(x))}{1+\overset{m}{\underset{k=1}{\wedge}} P(X \mid R_{A_k}(x))-\overset{m}{\underset{k=1}{\vee}} P(X \mid R_{A_k}(x))} \leqslant \frac{\lambda_{\mathrm{BN}}-\lambda_{\mathrm{NN}}}{(\lambda_{\mathrm{BN}}-\lambda_{\mathrm{NN}})+(\lambda_{\mathrm{NP}}-\lambda_{\mathrm{BP}})}$$

（3）对于规则（OIB1），有

$$R(a_{\mathrm{B}} \mid (R_{A_1}(x),\cdots,R_{A_m}(x))) \leqslant R(a_{\mathrm{P}} \mid (R_{A_1}(x),\cdots,R_{A_m}(x)))$$

$$\Leftrightarrow \frac{\overset{m}{\underset{k=1}{\wedge}} P(X \mid R_{A_k}(x))}{1+\overset{m}{\underset{k=1}{\wedge}} P(X \mid R_{A_k}(x))-\overset{m}{\underset{k=1}{\vee}} P(X \mid R_{A_k}(x))} \leqslant \frac{\lambda_{\mathrm{PN}}-\lambda_{\mathrm{BN}}}{(\lambda_{\mathrm{PN}}-\lambda_{\mathrm{BN}})+(\lambda_{\mathrm{BP}}-\lambda_{\mathrm{PP}})}$$

且

$$R(a_{\mathrm{B}} \mid (R_{A_1}(x),\cdots,R_{A_m}(x))) \leqslant R(a_{\mathrm{N}} \mid (R_{A_1}(x),\cdots,R_{A_m}(x)))$$

$$\Leftrightarrow \frac{\overset{m}{\underset{k=1}{\wedge}} P(X \mid R_{A_k}(x))}{1+\overset{m}{\underset{k=1}{\wedge}} P(X \mid R_{A_k}(x))-\overset{m}{\underset{k=1}{\vee}} P(X \mid R_{A_k}(x))} \geqslant \frac{\lambda_{\mathrm{BN}}-\lambda_{\mathrm{NN}}}{(\lambda_{\mathrm{BN}}-\lambda_{\mathrm{NN}})+(\lambda_{\mathrm{NP}}-\lambda_{\mathrm{BP}})}$$

因此，决策规则（OIP1）、（OIN1）、（OIB1）可简化如下。

（OIP2）如果 $\dfrac{\overset{m}{\underset{k=1}{\wedge}} P(X \mid R_{A_k}(x))}{1+\overset{m}{\underset{k=1}{\wedge}} P(X \mid R_{A_k}(x))-\overset{m}{\underset{k=1}{\vee}} P(X \mid R_{A_k}(x))} \geqslant \alpha$ 且

$$\frac{\overset{m}{\underset{k=1}{\wedge}} P(X \mid R_{A_k}(x))}{1+\overset{m}{\underset{k=1}{\wedge}} P(X \mid R_{A_k}(x))-\overset{m}{\underset{k=1}{\vee}} P(X \mid R_{A_k}(x))} \geqslant \gamma$$

则 $x\in \mathrm{POS}^{\mathrm{OI}}_{\sum_{k=1}^{m}PA_k}(X)$。

（OIN2）如果 $\dfrac{\overset{m}{\underset{k=1}{\wedge}} P(X\,|\,R_{A_k}(x))}{1+\overset{m}{\underset{k=1}{\wedge}} P(X\,|\,R_{A_k}(x))-\overset{m}{\underset{k=1}{\vee}} P(X\,|\,R_{A_k}(x))}\leqslant \gamma$ 且

$$\frac{\overset{m}{\underset{k=1}{\wedge}} P(X\,|\,R_{A_k}(x))}{1+\overset{m}{\underset{k=1}{\wedge}} P(X\,|\,R_{A_k}(x))-\overset{m}{\underset{k=1}{\vee}} P(X\,|\,R_{A_k}(x))}\leqslant \beta$$

则 $x\in \mathrm{NEG}^{\mathrm{OI}}_{\sum_{k=1}^{m}PA_k}(X)$。

（OIB2）如果 $\dfrac{\overset{m}{\underset{k=1}{\wedge}} P(X\,|\,R_{A_k}(x))}{1+\overset{m}{\underset{k=1}{\wedge}} P(X\,|\,R_{A_k}(x))-\overset{m}{\underset{k=1}{\vee}} P(X\,|\,R_{A_k}(x))}\leqslant \alpha$ 且

$$\frac{\overset{m}{\underset{k=1}{\wedge}} P(X\,|\,R_{A_k}(x))}{1+\overset{m}{\underset{k=1}{\wedge}} P(X\,|\,R_{A_k}(x))-\overset{m}{\underset{k=1}{\vee}} P(X\,|\,R_{A_k}(x))}\geqslant \beta$$

则 $x\in \mathrm{BND}^{\mathrm{OI}}_{\sum_{k=1}^{m}PA_k}(X)$。

其中

$$\alpha=\frac{\lambda_{\mathrm{PN}}-\lambda_{\mathrm{NN}}}{(\lambda_{\mathrm{PN}}-\lambda_{\mathrm{NN}})+(\lambda_{\mathrm{BP}}-\lambda_{\mathrm{PP}})}$$

$$\gamma=\frac{\lambda_{\mathrm{PN}}-\lambda_{\mathrm{NN}}}{(\lambda_{\mathrm{PN}}-\lambda_{\mathrm{NN}})+(\lambda_{\mathrm{NP}}-\lambda_{\mathrm{PP}})}$$

$$\beta=\frac{\lambda_{\mathrm{BN}}-\lambda_{\mathrm{NN}}}{(\lambda_{\mathrm{BN}}-\lambda_{\mathrm{NN}})+(\lambda_{\mathrm{NP}}-\lambda_{\mathrm{BP}})}$$

如果 $(\lambda_{\mathrm{PN}}-\lambda_{\mathrm{BN}})(\lambda_{\mathrm{NP}}-\lambda_{\mathrm{BP}})>(\lambda_{\mathrm{BN}}-\lambda_{\mathrm{NN}})(\lambda_{\mathrm{BP}}-\lambda_{\mathrm{PP}})$，则有 $0\leqslant\beta<\gamma<\alpha\leqslant 1$，从而决策规则（OIP2）、（OIN2）、（OIB2）可重新表示如下。

（OIP3）如果 $\dfrac{\overset{m}{\underset{k=1}{\wedge}} P(X\,|\,R_{A_k}(x))}{1+\overset{m}{\underset{k=1}{\wedge}} P(X\,|\,R_{A_k}(x))-\overset{m}{\underset{k=1}{\vee}} P(X\,|\,R_{A_k}(x))}\geqslant \alpha$，则 $x\in \mathrm{POS}^{\mathrm{OI}}_{\sum_{k=1}^{m}PA_k}(X)$。

（OIN3）如果 $\dfrac{\overset{m}{\underset{k=1}{\wedge}} P(X\,|\,R_{A_k}(x))}{1+\overset{m}{\underset{k=1}{\wedge}} P(X\,|\,R_{A_k}(x))-\overset{m}{\underset{k=1}{\vee}} P(X\,|\,R_{A_k}(x))}\leqslant \beta$，则 $x\in \mathrm{NEG}^{\mathrm{OI}}_{\sum_{k=1}^{m}PA_k}(X)$。

（OIB3）如果 $\beta < \dfrac{\overset{m}{\underset{k=1}{\wedge}} P(X \mid R_{A_k}(x))}{1 + \overset{m}{\underset{k=1}{\wedge}} P(X \mid R_{A_k}(x)) - \overset{m}{\underset{k=1}{\vee}} P(X \mid R_{A_k}(x))} < \alpha$，则 $x \in \mathrm{BND}^{\mathrm{OI}}_{\sum_{k=1}^{m} PA_k}(X)$。

进一步，X 的乐观多粒度正域、负域和边界域分别定义如下

$$\mathrm{POS}^{\mathrm{OI}}_{\sum_{k=1}^{m} PA_k}(X) = \left\{ x \in U \,\middle|\, \frac{\overset{m}{\underset{k=1}{\wedge}} P(X \mid R_{A_k}(x))}{1 + \overset{m}{\underset{k=1}{\wedge}} P(X \mid R_{A_k}(x)) - \overset{m}{\underset{k=1}{\vee}} P(X \mid R_{A_k}(x))} \geqslant \alpha \right\}$$

$$\mathrm{NEG}^{\mathrm{OI}}_{\sum_{k=1}^{m} PA_k}(X) = \left\{ x \in U \,\middle|\, \frac{\overset{m}{\underset{k=1}{\wedge}} P(X \mid R_{A_k}(x))}{1 + \overset{m}{\underset{k=1}{\wedge}} P(X \mid R_{A_k}(x)) - \overset{m}{\underset{k=1}{\vee}} P(X \mid R_{A_k}(x))} \leqslant \beta \right\}$$

$$\mathrm{BND}^{\mathrm{OI}}_{\sum_{k=1}^{m} PA_k}(X) = \left\{ x \in U \,\middle|\, \beta < \frac{\overset{m}{\underset{k=1}{\wedge}} P(X \mid R_{A_k}(x))}{1 + \overset{m}{\underset{k=1}{\wedge}} P(X \mid R_{A_k}(x)) - \overset{m}{\underset{k=1}{\vee}} P(X \mid R_{A_k}(x))} < \alpha \right\}$$

利用正域、负域和边界域可得 X 的下近似和上近似如下

$$\underline{\sum_{k=1}^{m} PA_k}^{\mathrm{OI},\alpha}(X) = \left\{ x \in U \,\middle|\, \frac{\overset{m}{\underset{k=1}{\wedge}} P(X \mid R_{A_k}(x))}{1 + \overset{m}{\underset{k=1}{\wedge}} P(X \mid R_{A_k}(x)) - \overset{m}{\underset{k=1}{\vee}} P(X \mid R_{A_k}(x))} \geqslant \alpha \right\}$$

$$\overline{\sum_{k=1}^{m} PA_k}^{\mathrm{OI},\beta}(X) = \left\{ x \in U \,\middle|\, \frac{\overset{m}{\underset{k=1}{\wedge}} P(X \mid R_{A_k}(x))}{1 + \overset{m}{\underset{k=1}{\wedge}} P(X \mid R_{A_k}(x)) - \overset{m}{\underset{k=1}{\vee}} P(X \mid R_{A_k}(x))} > \beta \right\}$$

于是有下面的定义。

定义 6.5　设 $I = (U, \mathrm{AT}, V, f)$ 是一个不完备信息系统，$A_1, A_2, \cdots, A_m \subseteq \mathrm{AT}$，$P: 2^U \to [0,1]$ 是定义在由 U 的子集构成的 σ 代数上的概率测度。沿用前面的记号 α, β，$\forall X \subseteq U$，X 的下近似和上近似分别定义如下

$$\underline{\sum_{k=1}^{m} PA_k}^{\mathrm{OI},\alpha}(X) = \left\{ x \in U \,\middle|\, \frac{\overset{m}{\underset{k=1}{\wedge}} P(X \mid R_{A_k}(x))}{1 + \overset{m}{\underset{k=1}{\wedge}} P(X \mid R_{A_k}(x)) - \overset{m}{\underset{k=1}{\vee}} P(X \mid R_{A_k}(x))} \geqslant \alpha \right\}$$

$$\overline{\sum_{k=1}^{m} PA_k}^{\mathrm{OI},\beta}(X) = \left\{ x \in U \,\middle|\, \frac{\overset{m}{\underset{k=1}{\wedge}} P(X \mid R_{A_k}(x))}{1 + \overset{m}{\underset{k=1}{\wedge}} P(X \mid R_{A_k}(x)) - \overset{m}{\underset{k=1}{\vee}} P(X \mid R_{A_k}(x))} > \beta \right\}$$

$\left(\underline{\sum_{k=1}^{m} PA_k}^{\mathrm{OI},\alpha}(X), \overline{\sum_{k=1}^{m} PA_k}^{\mathrm{OI},\beta}(X)\right)$ 称为不完备信息下的乐观多粒度决策粗糙集。

注 6.7　如果 $\alpha=1$，$\beta=0$，且 $P(X \mid R_{A_k}(x))=\dfrac{|X \cap R_{A_k}(x)|}{|R_{A_k}(x)|}$，则

$$\begin{aligned}
\underline{\sum_{k=1}^{m} PA_k}^{\mathrm{OI},1}(X) &= \left\{ x\in U \left| \frac{\overset{m}{\underset{k=1}{\wedge}} P(X \mid R_{A_k}(x))}{1+\overset{m}{\underset{k=1}{\wedge}} P(X \mid R_{A_k}(x)) - \overset{m}{\underset{k=1}{\vee}} P(X \mid R_{A_k}(x))} \geqslant 1 \right. \right\} \\
&= \{x\in U \mid \overset{m}{\underset{k=1}{\vee}} P(X \mid R_{A_k}(x)) \geqslant 1\} \\
&= \{x\in U \mid P(X \mid R_{A_k}(x))=1 \text{或} P(X \mid R_{A_k}(x))=1 \cdots \text{或} P(X \mid R_{A_k}(x))=1\} \\
&= \{x\in U \mid R_{A_k}(x) \subseteq X \text{或} R_{A_k}(x) \subseteq X \cdots \text{或} R_{A_k}(x) \subseteq X\}
\end{aligned}$$

$$\begin{aligned}
\overline{\sum_{k=1}^{m} PA_k}^{\mathrm{OI},0}(X) &= \left\{ x\in U \left| \frac{\overset{m}{\underset{k=1}{\wedge}} P(X \mid R_{A_k}(x))}{1+\overset{m}{\underset{k=1}{\wedge}} P(X \mid R_{A_k}(x)) - \overset{m}{\underset{k=1}{\vee}} P(X \mid R_{A_k}(x))} > 0 \right. \right\} \\
&= \{x\in U \mid \overset{m}{\underset{k=1}{\wedge}} P(X \mid R_{A_k}(x)) > 0\} \\
&= \{x\in U \mid P(X \mid R_{A_k}(x))>0 \text{且} P(X \mid R_{A_k}(x))>0 \cdots \text{且} P(X \mid R_{A_k}(x))>0\} \\
&= \{x\in U \mid R_{A_k}(x)\cap X \neq \varnothing \text{且} R_{A_k}(x)\cap X \neq \varnothing \cdots \text{且} R_{A_k}(x)\cap X \neq \varnothing\}
\end{aligned}$$

这意味着此时，定义 6.5 给出的不完备信息下的多粒度粗糙集就退化为 Qian 提出的乐观多粒度粗糙集。

注 6.8　如果 $m=1$ 且 $I=(U,\mathrm{AT},V,f)$ 是一个完备信息系统，则定义 6.5 给出的不完备信息下的乐观多粒度粗糙集就退化为 Yao 提出的决策粗糙集。

下近似算子 $\underline{\sum_{k=1}^{m} PA_k}^{\mathrm{OI},\alpha}$ 和上近似算子 $\overline{\sum_{k=1}^{m} PA_k}^{\mathrm{OI},\beta}$ 具有下列性质。

定理 6.5　设 $I=(U,\mathrm{AT},V,f)$ 是一个不完备信息系统，$A_1,A_2,\cdots,A_m \subseteq \mathrm{AT}$，$P:2^U \to [0,1]$ 是定义在由 U 的子集构成的 σ 代数上的概率测度。$\forall X,Y \subseteq U$，有如下结论。

（1）$\underline{\sum_{k=1}^{m} PA_k}^{\mathrm{OI},\alpha}(X) \subseteq \overline{\sum_{k=1}^{m} PA_k}^{\mathrm{OI},\beta}(X)$。

（2）$\underline{\sum_{k=1}^{m} PA_k}^{\mathrm{OI},\alpha}(\varnothing) = \overline{\sum_{k=1}^{m} PA_k}^{\mathrm{OI},\beta}(\varnothing)=\varnothing$，$\underline{\sum_{k=1}^{m} PA_k}^{\mathrm{OI},\alpha}(U) = \overline{\sum_{k=1}^{m} PA_k}^{\mathrm{OI},\beta}(U)=U$。

（3）$\underline{\sum_{k=1}^{m} PA_k}^{\mathrm{OI},\alpha}(X) = \left(\overline{\sum_{k=1}^{m} PA_k}^{\mathrm{OI},1-\alpha}(X^{\mathrm{c}})\right)^{\mathrm{c}}\ (\alpha > 0.5)$，

$\overline{\sum_{k=1}^{m} PA_k}^{\mathrm{OI},\beta}(X) = \left(\underline{\sum_{k=1}^{m} PA_k}^{\mathrm{OI},1-\beta}(X^{\mathrm{c}})\right)^{\mathrm{c}}\ (\beta < 0.5)$。

（4）如果 $0 < \alpha_1 \leqslant \alpha_2 \leqslant 1$ 且 $0 \leqslant \beta_1 \leqslant \beta_2 < 1$，则 $\underline{\sum_{k=1}^{m} PA_k}^{\mathrm{OI},\alpha_2}(X) \subseteq \underline{\sum_{k=1}^{m} PA_k}^{\mathrm{OI},\alpha_1}(X)$ 且 $\overline{\sum_{k=1}^{m} PA_k}^{\mathrm{OI},\beta_2}(X) \subseteq \overline{\sum_{k=1}^{m} PA_k}^{\mathrm{OI},\beta_1}(X)$。

证明　仅证明结论（3），其余的由定义 6.5 易证。

$\forall 0.5 < \alpha \leqslant 1$，有

$$\left(\overline{\sum_{k=1}^{m} PA_k}^{\mathrm{OI},1-\alpha}(X^{\mathrm{c}})\right)^{\mathrm{c}} = U - \left\{ x \in U \,\middle|\, \frac{\bigwedge_{k=1}^{m} P(X^{\mathrm{c}} \mid R_{A_k}(x))}{1 + \bigwedge_{k=1}^{m} P(X^{\mathrm{c}} \mid R_{A_k}(x)) - \bigvee_{k=1}^{m} P(X^{\mathrm{c}} \mid R_{A_k}(x))} > 1 - \alpha \right\}$$

$$= \left\{ x \in U \,\middle|\, \frac{1 - \bigvee_{k=1}^{m} P(X \mid R_{A_k}(x))}{1 - \bigvee_{k=1}^{m} P(X \mid R_{A_k}(x)) + \bigwedge_{k=1}^{m} P(X \mid R_{A_k}(x))} \leqslant 1 - \alpha \right\}$$

$$= \left\{ x \in U \,\middle|\, \frac{\bigwedge_{k=1}^{m} P(X \mid R_{A_k}(x))}{1 + \bigwedge_{k=1}^{m} P(X \mid R_{A_k}(x)) - \bigvee_{k=1}^{m} P(X \mid R_{A_k}(x))} \geqslant \alpha \right\}$$

$$= \underline{\sum_{k=1}^{m} PA_k}^{\mathrm{OI},\alpha}(X)$$

$\forall 0 \leqslant \beta < 0.5$，有

$$\left(\underline{\sum_{k=1}^{m} PA_k}^{\mathrm{OI},1-\beta}(X^{\mathrm{c}})\right)^{\mathrm{c}} = \left(\left(\overline{\sum_{k=1}^{m} PA_k}^{\mathrm{OI},\beta}(X^{\mathrm{c}})^{\mathrm{c}}\right)^{\mathrm{c}}\right)^{\mathrm{c}} = \overline{\sum_{k=1}^{m} PA_k}^{\mathrm{OI},\beta}(X)$$

6.2.3　不完备信息下的悲观多粒度决策粗糙集

对于风险厌恶者，他们面对风险的态度是悲观的，从而对于 m 个粒结构，采取 a_{P}、a_{N}、a_{B} 三种行动下的期望全局损失可分别利用取大方法计算如下

$$R(a_{\mathrm{P}}\mid(R_{A_1}(x),\cdots,R_{A_m}(x)))=\mathop{\vee}_{k=1}^{m}\lambda_{\mathrm{PP}}^{k}P(X\mid R_{A_k}(x))+\mathop{\vee}_{k=1}^{m}\lambda_{\mathrm{PN}}^{k}P(X^{\mathrm{c}}\mid R_{A_k}(x))$$

$$R(a_{\mathrm{N}}\mid(R_{A_1}(x),\cdots,R_{A_m}(x)))=\mathop{\vee}_{k=1}^{m}\lambda_{\mathrm{NP}}^{k}P(X\mid R_{A_k}(x))+\mathop{\vee}_{k=1}^{m}\lambda_{\mathrm{NN}}^{k}P(X^{\mathrm{c}}\mid R_{A_k}(x))$$

$$R(a_{\mathrm{B}}\mid(R_{A_1}(x),\cdots,R_{A_m}(x)))=\mathop{\vee}_{k=1}^{m}\lambda_{\mathrm{BP}}^{k}P(X\mid R_{A_k}(x))+\mathop{\vee}_{k=1}^{m}\lambda_{\mathrm{BN}}^{k}P(X^{\mathrm{c}}\mid R_{A_k}(x))$$

其中，“$\vee$”表示“取大”。

假设 $\lambda_{\cdot\cdot}^{k}$ 与 k 无关，即

$$\lambda_{\mathrm{PP}}^{1}=\cdots=\lambda_{\mathrm{PP}}^{m}=\lambda_{\mathrm{PP}},\quad \lambda_{\mathrm{NP}}^{1}=\cdots=\lambda_{\mathrm{NP}}^{m}=\lambda_{\mathrm{NP}},\quad \lambda_{\mathrm{BP}}^{1}=\cdots=\lambda_{\mathrm{BP}}^{m}=\lambda_{\mathrm{BP}}$$

$$\lambda_{\mathrm{PN}}^{1}=\cdots=\lambda_{\mathrm{PN}}^{m}=\lambda_{\mathrm{PN}},\quad \lambda_{\mathrm{NN}}^{1}=\cdots=\lambda_{\mathrm{NN}}^{m}=\lambda_{\mathrm{NN}},\quad \lambda_{\mathrm{BN}}^{1}=\cdots=\lambda_{\mathrm{BN}}^{m}=\lambda_{\mathrm{BN}}$$

再结合 $P(X\mid R_{A_k}(x))+P(X^{\mathrm{c}}\mid R_{A_k}(x))=1$，则有

$$R(a_{\mathrm{P}}\mid(R_{A_1}(x),\cdots,R_{A_m}(x)))=\lambda_{\mathrm{PP}}\mathop{\vee}_{k=1}^{m}P(X\mid R_{A_k}(x))+\lambda_{\mathrm{PN}}(1-\mathop{\wedge}_{k=1}^{m}P(X\mid R_{A_k}(x)))$$

$$R(a_{\mathrm{N}}\mid(R_{A_1}(x),\cdots,R_{A_m}(x)))=\lambda_{\mathrm{NP}}\mathop{\vee}_{k=1}^{m}P(X\mid R_{A_k}(x))+\lambda_{\mathrm{NN}}(1-\mathop{\wedge}_{k=1}^{m}P(X\mid R_{A_k}(x)))$$

$$R(a_{\mathrm{B}}\mid(R_{A_1}(x),\cdots,R_{A_m}(x)))=\lambda_{\mathrm{BP}}\mathop{\vee}_{k=1}^{m}P(X\mid R_{A_k}(x))+\lambda_{\mathrm{BN}}(1-\mathop{\wedge}_{k=1}^{m}P(X\mid R_{A_k}(x)))$$

根据贝叶斯决策规则，需要选择期望全局损失最小的行动集作为最佳行动方案，于是可得到如下三条决策规则。

（PIP1）若 $R(a_{\mathrm{P}}\mid(R_{A_1}(x),\cdots,R_{A_m}(x)))\leqslant R(a_{\mathrm{B}}\mid(R_{A_1}(x),\cdots,R_{A_m}(x)))$ 且 $R(a_{\mathrm{P}}\mid(R_{A_1}(x),\cdots,R_{A_m}(x)))\leqslant R(a_{\mathrm{N}}\mid(R_{A_1}(x),\cdots,R_{A_m}(x)))$，则 $x\in\mathrm{POS}^{\mathrm{PI}}_{\sum_{k=1}^{m}PA_k}(X)$。

（PIN1）若 $R(a_{\mathrm{N}}\mid(R_{A_1}(x),\cdots,R_{A_m}(x)))\leqslant R(a_{\mathrm{P}}\mid(R_{A_1}(x),\cdots,R_{A_m}(x)))$ 且 $R(a_{\mathrm{N}}\mid(R_{A_1}(x),\cdots,R_{A_m}(x)))\leqslant R(a_{\mathrm{B}}\mid(R_{A_1}(x),\cdots,R_{A_m}(x)))$，则 $x\in\mathrm{NEG}^{\mathrm{PI}}_{\sum_{k=1}^{m}PA_k}(X)$。

（PIB1）若 $R(a_{\mathrm{B}}\mid(R_{A_1}(x),\cdots,R_{A_m}(x)))\leqslant R(a_{\mathrm{P}}\mid(R_{A_1}(x),\cdots,R_{A_m}(x)))$ 且 $R(a_{\mathrm{B}}\mid(R_{A_1}(x),\cdots,R_{A_m}(x)))\leqslant R(a_{\mathrm{N}}\mid(R_{A_1}(x),\cdots,R_{A_m}(x)))$，则 $x\in\mathrm{BND}^{\mathrm{PI}}_{\sum_{k=1}^{m}PA_k}(X)$。

与 6.1.1 节类似，假设 $0\leqslant\lambda_{\mathrm{PP}}\leqslant\lambda_{\mathrm{BP}}<\lambda_{\mathrm{NP}}$，$0\leqslant\lambda_{\mathrm{NN}}\leqslant\lambda_{\mathrm{BN}}<\lambda_{\mathrm{PN}}$，注意到 $\dfrac{b}{a}\geqslant\dfrac{d}{c}\Leftrightarrow\dfrac{b}{a+b}\geqslant\dfrac{d}{c+d}\ (\forall a,b,c,d>0)$，则有如下结论。

（1）对于规则（PIP1），有

$$R(a_{\mathrm{P}}\mid(R_{A_1}(x),\cdots,R_{A_m}(x)))\leqslant R(a_{\mathrm{B}}\mid(R_{A_1}(x),\cdots,R_{A_m}(x)))$$

$$\Leftrightarrow \frac{\overset{m}{\underset{k=1}{\vee}} P(X \mid R_{A_k}(x))}{1+\overset{m}{\underset{k=1}{\vee}} P(X \mid R_{A_k}(x))-\overset{m}{\underset{k=1}{\wedge}} P(X \mid R_{A_k}(x))} \geqslant \frac{\lambda_{\mathrm{PN}}-\lambda_{\mathrm{BN}}}{(\lambda_{\mathrm{PN}}-\lambda_{\mathrm{BN}})+(\lambda_{\mathrm{BP}}-\lambda_{\mathrm{PP}})}$$

且

$$R(a_{\mathrm{P}} \mid (R_{A_1}(x),\cdots,R_{A_m}(x))) \leqslant R(a_{\mathrm{N}} \mid (R_{A_1}(x),\cdots,R_{A_m}(x)))$$

$$\Leftrightarrow \frac{\overset{m}{\underset{k=1}{\vee}} P(X \mid R_{A_k}(x))}{1+\overset{m}{\underset{k=1}{\vee}} P(X \mid R_{A_k}(x))-\overset{m}{\underset{k=1}{\wedge}} P(X \mid R_{A_k}(x))} \geqslant \frac{\lambda_{\mathrm{PN}}-\lambda_{\mathrm{NN}}}{(\lambda_{\mathrm{PN}}-\lambda_{\mathrm{NN}})+(\lambda_{\mathrm{NP}}-\lambda_{\mathrm{PP}})}$$

（2）对于规则（PIN1），有

$$R(a_{\mathrm{N}} \mid (R_{A_1}(x),\cdots,R_{A_m}(x))) \leqslant R(a_{\mathrm{P}} \mid (R_{A_1}(x),\cdots,R_{A_m}(x)))$$

$$\Leftrightarrow \frac{\overset{m}{\underset{k=1}{\vee}} P(X \mid R_{A_k}(x))}{1+\overset{m}{\underset{k=1}{\vee}} P(X \mid R_{A_k}(x))-\overset{m}{\underset{k=1}{\wedge}} P(X \mid R_{A_k}(x))} \leqslant \frac{\lambda_{\mathrm{PN}}-\lambda_{\mathrm{NN}}}{(\lambda_{\mathrm{PN}}-\lambda_{\mathrm{NN}})+(\lambda_{\mathrm{NP}}-\lambda_{\mathrm{PP}})}$$

且

$$R(a_{\mathrm{N}} \mid (R_{A_1}(x),\cdots,R_{A_m}(x))) \leqslant R(a_{\mathrm{B}} \mid (R_{A_1}(x),\cdots,R_{A_m}(x)))$$

$$\Leftrightarrow \frac{\overset{m}{\underset{k=1}{\vee}} P(X \mid R_{A_k}(x))}{1+\overset{m}{\underset{k=1}{\vee}} P(X \mid R_{A_k}(x))-\overset{m}{\underset{k=1}{\wedge}} P(X \mid R_{A_k}(x))} \leqslant \frac{\lambda_{\mathrm{BN}}-\lambda_{\mathrm{NN}}}{(\lambda_{\mathrm{BN}}-\lambda_{\mathrm{NN}})+(\lambda_{\mathrm{NP}}-\lambda_{\mathrm{BP}})}$$

（3）对于规则（PIB1），有

$$R(a_{\mathrm{B}} \mid (R_{A_1}(x),\cdots,R_{A_m}(x))) \leqslant R(a_{\mathrm{P}} \mid (R_{A_1}(x),\cdots,R_{A_m}(x)))$$

$$\Leftrightarrow \frac{\overset{m}{\underset{k=1}{\vee}} P(X \mid R_{A_k}(x))}{1+\overset{m}{\underset{k=1}{\vee}} P(X \mid R_{A_k}(x))-\overset{m}{\underset{k=1}{\wedge}} P(X \mid R_{A_k}(x))} \leqslant \frac{\lambda_{\mathrm{PN}}-\lambda_{\mathrm{BN}}}{(\lambda_{\mathrm{PN}}-\lambda_{\mathrm{BN}})+(\lambda_{\mathrm{BP}}-\lambda_{\mathrm{PP}})}$$

且

$$R(a_{\mathrm{B}} \mid (R_{A_1}(x),\cdots,R_{A_m}(x))) \leqslant R(a_{\mathrm{N}} \mid (R_{A_1}(x),\cdots,R_{A_m}(x)))$$

$$\Leftrightarrow \frac{\overset{m}{\underset{k=1}{\vee}} P(X \mid R_{A_k}(x))}{1+\overset{m}{\underset{k=1}{\vee}} P(X \mid R_{A_k}(x))-\overset{m}{\underset{k=1}{\wedge}} P(X \mid R_{A_k}(x))} \geqslant \frac{\lambda_{\mathrm{BN}}-\lambda_{\mathrm{NN}}}{(\lambda_{\mathrm{BN}}-\lambda_{\mathrm{NN}})+(\lambda_{\mathrm{NP}}-\lambda_{\mathrm{BP}})}$$

因此，决策规则（PIP1）、（PIN1）、（PIB1）可简化如下。

（PIP2）如果 $\dfrac{\overset{m}{\underset{k=1}{\vee}} P(X \mid R_{A_k}(x))}{1+\overset{m}{\underset{k=1}{\vee}} P(X \mid R_{A_k}(x))-\overset{m}{\underset{k=1}{\wedge}} P(X \mid R_{A_k}(x))} \geqslant \alpha$，且

$$\frac{\overset{m}{\underset{k=1}{\vee}} P(X \mid R_{A_k}(x))}{1+\overset{m}{\underset{k=1}{\vee}} P(X \mid R_{A_k}(x))-\overset{m}{\underset{k=1}{\wedge}} P(X \mid R_{A_k}(x))} \geqslant \gamma$$

则 $x \in \mathrm{POS}^{\mathrm{PI}}_{\sum_{k=1}^{m} PA_k}(X)$。

（PIN2）如果 $\dfrac{\overset{m}{\underset{k=1}{\vee}} P(X \mid R_{A_k}(x))}{1+\overset{m}{\underset{k=1}{\vee}} P(X \mid R_{A_k}(x))-\overset{m}{\underset{k=1}{\wedge}} P(X \mid R_{A_k}(x))} \leqslant \gamma$，且

$$\frac{\overset{m}{\underset{k=1}{\vee}} P(X \mid R_{A_k}(x))}{1+\overset{m}{\underset{k=1}{\vee}} P(X \mid R_{A_k}(x))-\overset{m}{\underset{k=1}{\wedge}} P(X \mid R_{A_k}(x))} \leqslant \beta$$

则 $x \in \mathrm{NEG}^{\mathrm{PI}}_{\sum_{k=1}^{m} PA_k}(X)$。

（PIB2）如果 $\dfrac{\overset{m}{\underset{k=1}{\vee}} P(X \mid R_{A_k}(x))}{1+\overset{m}{\underset{k=1}{\vee}} P(X \mid R_{A_k}(x))-\overset{m}{\underset{k=1}{\wedge}} P(X \mid R_{A_k}(x))} \leqslant \alpha$，且

$$\frac{\overset{m}{\underset{k=1}{\vee}} P(X \mid R_{A_k}(x))}{1+\overset{m}{\underset{k=1}{\vee}} P(X \mid R_{A_k}(x))-\overset{m}{\underset{k=1}{\wedge}} P(X \mid R_{A_k}(x))} \geqslant \beta$$

则 $x \in \mathrm{BND}^{\mathrm{PI}}_{\sum_{k=1}^{m} PA_k}(X)$。

其中

$$\alpha=\frac{\lambda_{\mathrm{PN}}-\lambda_{\mathrm{BN}}}{(\lambda_{\mathrm{PN}}-\lambda_{\mathrm{BN}})+(\lambda_{\mathrm{BP}}-\lambda_{\mathrm{PP}})}$$

$$\gamma=\frac{\lambda_{\mathrm{PN}}-\lambda_{\mathrm{NN}}}{(\lambda_{\mathrm{PN}}-\lambda_{\mathrm{NN}})+(\lambda_{\mathrm{NP}}-\lambda_{\mathrm{PP}})}$$

$$\beta=\frac{\lambda_{\mathrm{BN}}-\lambda_{\mathrm{NN}}}{(\lambda_{\mathrm{BN}}-\lambda_{\mathrm{NN}})+(\lambda_{\mathrm{NP}}-\lambda_{\mathrm{BP}})}$$

如果 $(\lambda_{\mathrm{PN}}-\lambda_{\mathrm{BN}})(\lambda_{\mathrm{NP}}-\lambda_{\mathrm{BP}})>(\lambda_{\mathrm{BN}}-\lambda_{\mathrm{NN}})(\lambda_{\mathrm{BP}}-\lambda_{\mathrm{PP}})$，则有 $0 \leqslant \beta<\gamma<\alpha \leqslant 1$，从而决策规则（PIP2）、（PIN2）、（PIB2）可重新表示如下。

（PIP3）如果$\dfrac{\overset{m}{\underset{k=1}{\vee}} P(X \mid R_{A_k}(x))}{1+\overset{m}{\underset{k=1}{\vee}} P(X \mid R_{A_k}(x)) - \overset{m}{\underset{k=1}{\wedge}} P(X \mid R_{A_k}(x))} \geqslant \alpha$，则$x \in \mathrm{POS}^{\mathrm{PI}}_{\sum_{k=1}^{m} PA_k}(X)$。

（PIN3）如果$\dfrac{\overset{m}{\underset{k=1}{\vee}} P(X \mid R_{A_k}(x))}{1+\overset{m}{\underset{k=1}{\vee}} P(X \mid R_{A_k}(x)) - \overset{m}{\underset{k=1}{\wedge}} P(X \mid R_{A_k}(x))} \leqslant \beta$，则$x \in \mathrm{NEG}^{\mathrm{PI}}_{\sum_{k=1}^{m} PA_k}(X)$。

（PIB3）如果$\beta < \dfrac{\overset{m}{\underset{k=1}{\vee}} P(X \mid R_{A_k}(x))}{1+\overset{m}{\underset{k=1}{\vee}} P(X \mid R_{A_k}(x)) - \overset{m}{\underset{k=1}{\wedge}} P(X \mid R_{A_k}(x))} < \alpha$，则$x \in \mathrm{BND}^{\mathrm{PI}}_{\sum_{k=1}^{m} PA_k}(X)$。

进一步，X的悲观多粒度正域、负域和边界域分别定义如下

$$\mathrm{POS}^{\mathrm{PI}}_{\sum_{k=1}^{m} PA_k}(X) = \left\{ x \in U \left| \frac{\overset{m}{\underset{k=1}{\vee}} P(X \mid R_{A_k}(x))}{1+\overset{m}{\underset{k=1}{\vee}} P(X \mid R_{A_k}(x)) - \overset{m}{\underset{k=1}{\wedge}} P(X \mid R_{A_k}(x))} \geqslant \alpha \right. \right\}$$

$$\mathrm{NEG}^{\mathrm{PI}}_{\sum_{k=1}^{m} PA_k}(X) = \left\{ x \in U \left| \frac{\overset{m}{\underset{k=1}{\vee}} P(X \mid R_{A_k}(x))}{1+\overset{m}{\underset{k=1}{\vee}} P(X \mid R_{A_k}(x)) - \overset{m}{\underset{k=1}{\wedge}} P(X \mid R_{A_k}(x))} \leqslant \beta \right. \right\}$$

$$\mathrm{BND}^{\mathrm{PI}}_{\sum_{k=1}^{m} PA_k}(X) = \left\{ x \in U \left| \beta < \frac{\overset{m}{\underset{k=1}{\vee}} P(X \mid R_{A_k}(x))}{1+\overset{m}{\underset{k=1}{\vee}} P(X \mid R_{A_k}(x)) - \overset{m}{\underset{k=1}{\wedge}} P(X \mid R_{A_k}(x))} < \alpha \right. \right\}$$

利用正域、负域和边界域可得X的下近似和上近似如下

$$\underline{\sum_{k=1}^{m} PA_k}^{\mathrm{PI},\alpha}(X) = \left\{ x \in U \left| \frac{\overset{m}{\underset{k=1}{\vee}} P(X \mid R_{A_k}(x))}{1+\overset{m}{\underset{k=1}{\vee}} P(X \mid R_{A_k}(x)) - \overset{m}{\underset{k=1}{\wedge}} P(X \mid R_{A_k}(x))} \geqslant \alpha \right. \right\}$$

$$\overline{\sum_{k=1}^{m} PA_k}^{\mathrm{PI},\beta}(X) = \left\{ x \in U \left| \frac{\overset{m}{\underset{k=1}{\vee}} P(X \mid R_{A_k}(x))}{1+\overset{m}{\underset{k=1}{\vee}} P(X \mid R_{A_k}(x)) - \overset{m}{\underset{k=1}{\wedge}} P(X \mid R_{A_k}(x))} > \beta \right. \right\}$$

基于此，有下面的定义。

定义 6.6　设$I=(U,\mathrm{AT},V,f)$是一个不完备信息系统，$A_1,A_2,\cdots,A_m \subseteq \mathrm{AT}$，$P:2^U \to [0,1]$是定义在由 U 的子集构成的σ代数上的概率测度。沿用前面的记号α,β，$\forall X \subseteq U$，X的下近似和上近似分别定义如下

$$\underline{\sum_{k=1}^{m} PA_k}^{\mathrm{PI},\alpha}(X)=\left\{x\in U\left|\frac{\overset{m}{\underset{k=1}{\vee}} P(X\mid R_{A_k}(x))}{1+\overset{m}{\underset{k=1}{\vee}} P(X\mid R_{A_k}(x))-\overset{m}{\underset{k=1}{\wedge}} P(X\mid R_{A_k}(x))}\geqslant\alpha\right.\right\}$$

$$\overline{\sum_{k=1}^{m} PA_k}^{\mathrm{PI},\beta}(X)=\left\{x\in U\left|\frac{\overset{m}{\underset{k=1}{\vee}} P(X\mid R_{A_k}(x))}{1+\overset{m}{\underset{k=1}{\vee}} P(X\mid R_{A_k}(x))-\overset{m}{\underset{k=1}{\wedge}} P(X\mid R_{A_k}(x))}>\beta\right.\right\}$$

$\left(\underline{\sum_{k=1}^{m} PA_k}^{\mathrm{PI},\alpha}(X),\overline{\sum_{k=1}^{m} PA_k}^{\mathrm{PI},\beta}(X)\right)$称为不完备信息下的悲观多粒度决策粗糙集。

注 6.9　如果$\alpha=1$，$\beta=0$且$P(X\mid R_{A_k}(x))=\dfrac{|X\cap R_{A_k}(x)|}{|R_{A_k}(x)|}$，则

$$\begin{aligned}\underline{\sum_{k=1}^{m} PA_k}^{\mathrm{PI},1}(X)&=\left\{x\in U\left|\frac{\overset{m}{\underset{k=1}{\vee}} P(X\mid R_{A_k}(x))}{1+\overset{m}{\underset{k=1}{\vee}} P(X\mid R_{A_k}(x))-\overset{m}{\underset{k=1}{\wedge}} P(X\mid R_{A_k}(x))}\geqslant 1\right.\right\}\\&=\{x\in U\mid \overset{m}{\underset{k=1}{\wedge}} P(X\mid R_{A_k}(x))\geqslant 1\}\\&=\{x\in U\mid P(X\mid R_{A_k}(x))=1\text{且}P(X\mid R_{A_k}(x))=1\cdots\text{且}P(X\mid R_{A_k}(x))=1\}\\&=\{x\in U\mid R_{A_k}(x)\subseteq X\text{且}R_{A_k}(x)\subseteq X\cdots\text{且}R_{A_k}(x)\subseteq X\}\end{aligned}$$

$$\begin{aligned}\overline{\sum_{k=1}^{m} PA_k}^{\mathrm{PI},0}(X)&=\left\{x\in U\left|\frac{\overset{m}{\underset{k=1}{\vee}} P(X\mid R_{A_k}(x))}{1+\overset{m}{\underset{k=1}{\vee}} P(X\mid R_{A_k}(x))-\overset{m}{\underset{k=1}{\wedge}} P(X\mid R_{A_k}(x))}>0\right.\right\}\\&=\{x\in U\mid \overset{m}{\underset{k=1}{\vee}} P(X\mid R_{A_k}(x))>0\}\\&=\{x\in U\mid P(X\mid R_{A_k}(x))>0\text{或}P(X\mid R_{A_k}(x))>0\cdots\text{或}P(X\mid R_{A_k}(x))>0\}\\&=\{x\in U\mid R_{A_k}(x)\cap X\neq\varnothing\text{或}R_{A_k}(x)\cap X\neq\varnothing\cdots\text{或}R_{A_k}(x)\cap X\neq\varnothing\}\end{aligned}$$

这意味着此时，不完备信息下的悲观多粒度决策粗糙集就退化为不完备信息下的悲观多粒度粗糙集。

注 6.10　如果$m=1$，则不完备信息下的悲观多粒度粗糙集就退化为不完备信息下的决策粗糙集。

下近似算子$\underline{\sum_{k=1}^{m} PA_k}^{\mathrm{PI},\alpha}$和上近似算子$\overline{\sum_{k=1}^{m} PA_k}^{\mathrm{PI},\beta}$具有下列性质。

定理 6.6　设 $I=(U,\mathrm{AT},V,f)$ 是一个不完备信息系统，$A_1,A_2,\cdots,A_m\subseteq\mathrm{AT}$，$P:2^U\to[0,1]$ 是定义在由 U 的子集构成的 σ 代数上的概率测度。$\forall X,Y\subseteq U$，有如下结论。

（1）$\underline{\sum_{k=1}^{m}PA_k}^{\mathrm{PI},\alpha}(X)\subseteq\overline{\sum_{k=1}^{m}PA_k}^{\mathrm{PI},\beta}(X)$。

（2）$\underline{\sum_{k=1}^{m}PA_k}^{\mathrm{PI},\alpha}(\varnothing)=\overline{\sum_{k=1}^{m}PA_k}^{\mathrm{PI},\beta}(\varnothing)=\varnothing$，$\underline{\sum_{k=1}^{m}PA_k}^{\mathrm{PI},\alpha}(U)=\overline{\sum_{k=1}^{m}PA_k}^{\mathrm{PI},\beta}(U)=U$。

（3）$\underline{\sum_{k=1}^{m}PA_k}^{\mathrm{PI},\alpha}(X)=\left(\overline{\sum_{k=1}^{m}PA_k}^{\mathrm{PI},1-\alpha}(X^{\mathrm{c}})\right)^{\mathrm{c}}(\alpha>0.5)$，$\overline{\sum_{k=1}^{m}PA_k}^{\mathrm{PI},\beta}(X)=\left(\underline{\sum_{k=1}^{m}PA_k}^{\mathrm{PI},1-\beta}(X^{\mathrm{c}})\right)^{\mathrm{c}}$ $(\beta<0.5)$。

（4）如果 $0<\alpha_1\leqslant\alpha_2\leqslant1$ 且 $0\leqslant\beta_1\leqslant\beta_2<1$，则 $\underline{\sum_{k=1}^{m}PA_k}^{\mathrm{PI},\alpha_2}(X)\subseteq\underline{\sum_{k=1}^{m}PA_k}^{\mathrm{PI},\alpha_1}(X)$ 且 $\overline{\sum_{k=1}^{m}PA_k}^{\mathrm{PI},\beta_2}(X)\subseteq\overline{\sum_{k=1}^{m}PA_k}^{\mathrm{PI},\beta_1}(X)$。

证明　仅证明结论（3），其余的由定义 6.3 易证。

$\forall 0.5<\alpha\leqslant1$，有

$$
\begin{aligned}
\left(\overline{\sum_{k=1}^{m}PA_k}^{\mathrm{PI},1-\alpha}(X^{\mathrm{c}})\right)^{\mathrm{c}}&=U-\left\{x\in U\left|\frac{\bigvee_{k=1}^{m}P(X^{\mathrm{c}}\mid R_{A_k}(x))}{1+\bigvee_{k=1}^{m}P(X^{\mathrm{c}}\mid R_{A_k}(x))-\bigwedge_{k=1}^{m}P(X^{\mathrm{c}}\mid R_{A_k}(x))}>1-\alpha\right.\right\}\\
&=\left\{x\in U\left|\frac{1-\bigwedge_{k=1}^{m}P(X\mid R_{A_k}(x))}{1-\bigwedge_{k=1}^{m}P(X\mid R_{A_k}(x))+\bigvee_{k=1}^{m}P(X\mid R_{A_k}(x))}\leqslant1-\alpha\right.\right\}\\
&=\left\{x\in U\left|\frac{\bigvee_{k=1}^{m}P(X\mid R_{A_k}(x))}{1+\bigvee_{k=1}^{m}P(X\mid R_{A_k}(x))-\bigwedge_{k=1}^{m}P(X\mid R_{A_k}(x))}\geqslant\alpha\right.\right\}\\
&=\underline{\sum_{k=1}^{m}PA_k}^{\mathrm{PI},\alpha}(X)
\end{aligned}
$$

由 $\underline{\sum_{k=1}^{m}PA_k}^{\mathrm{PI},\alpha}(X)=\left(\overline{\sum_{k=1}^{m}PA_k}^{\mathrm{PI},1-\alpha}(X^{\mathrm{c}})\right)^{\mathrm{c}}(\alpha>0.5)$ 知，$\forall 0\leqslant\beta<0.5$，有

$$\left(\underline{\sum_{k=1}^{m} PA_k}^{\mathrm{PI},1-\beta}(X^{\mathrm{c}})\right)^{\mathrm{c}} = \left(\left(\overline{\sum_{k=1}^{m} PA_k}^{\mathrm{PI},\beta}(X^{\mathrm{c}})^{\mathrm{c}}\right)^{\mathrm{c}}\right)^{\mathrm{c}} = \overline{\sum_{k=1}^{m} PA_k}^{\mathrm{PI},\beta}(X)$$

下面给出一个例子阐述本节给出的粗糙集模型的应用。

例 6.1　设有一个关于汽车的信息表（见表 6.1），$U=\{x_1,x_2,x_3,x_4,x_5,x_6,x_7,x_8,x_9,x_{10}\}$ 是汽车的集合，$\mathrm{AT}=\{a_1,a_2,a_3,a_4\}$ 是属性的集合，其中 a_1 表示“Prize”，a_2 表示“Size”，a_3 表示“Engine”，a_4 表示“Max-speed”，$D=\{d\}$ 是决策属性的集合，d 表示“对汽车的总体评价”。

令 $A_1=\{a_1,a_4\}$，$A_2=\{a_2,a_3\}$，根据表 6.1，分别可得由 A_1 和 A_2 诱导的容差关系 R_{A_1} 和 R_{A_2}（分别见表 6.2 和表 6.3）。

表 6.1　关于汽车的信息表

U	a_1	a_2	a_3	a_4	d
x_1	Low	Compact	Gasoline	Low	Poor
x_2	Low	Full	Diesel	High	Good
x_3	High	Full	Diesel	Medium	Poor
x_4	High	*	Diesel	Medium	Poor
x_5	Low	Full	Gasoline	High	Good
x_6	*	Full	Gasoline	Low	Poor
x_7	High	Compact	Diesel	Low	Poor
x_8	Low	Full	*	Medium	Good
x_9	High	Compact	Gasoline	High	Good
x_{10}	*	Compact	Gasoline	Medium	Poor

表 6.2　容差关系 R_{A_1}

R_{A_1}	x_1	x_2	x_3	x_4	x_5	x_6	x_7	x_8	x_9	x_{10}
x_1	1	0	0	0	0	1	0	0	0	0
x_2	0	1	0	0	1	0	0	0	0	0
x_3	0	0	1	1	0	0	0	0	0	1
x_4	0	0	1	1	0	0	0	0	0	1
x_5	0	1	0	0	1	0	0	0	0	0
x_6	1	0	0	0	0	1	1	0	0	0
x_7	0	0	0	0	0	1	1	0	0	0
x_8	0	0	0	0	0	0	0	1	0	1
x_9	0	0	0	0	0	0	0	0	1	0
x_{10}	0	0	1	1	0	0	0	1	0	1

表 6.3　容差关系 R_{A_2}

R_{A_2}	x_1	x_2	x_3	x_4	x_5	x_6	x_7	x_8	x_9	x_{10}
x_1	1	0	0	0	0	0	0	0	1	1
x_2	0	1	1	1	0	0	0	1	0	0
x_3	0	1	1	1	0	0	0	1	0	0
x_4	0	1	1	1	0	0	1	1	0	0
x_5	0	0	0	0	1	1	0	1	0	0
x_6	1	0	0	0	1	1	0	1	0	0
x_7	0	0	0	1	0	0	1	0	0	0
x_8	0	1	1	1	1	1	0	1	0	0
x_9	1	0	0	0	0	0	0	0	1	1
x_{10}	1	0	0	0	0	0	0	0	1	1

根据表 6.1，易见 $U/\mathrm{IND}(d)=\{D_1,D_2\}$，其中 $D_1=\{x_2,x_5,x_8,x_9\}$，$D_2=\{x_1,x_3,x_4,x_6,x_7,x_{10}\}$。根据顾客的要求可以选取本节给出的三种粗糙集模型中的一种进行决策，不失一般性，下面选取第二种模型阐述模型的应用过程。

取 $\lambda_{\mathrm{PP}}=0$，$\lambda_{\mathrm{NP}}=0.6$，$\lambda_{\mathrm{BP}}=0.2$，$\lambda_{\mathrm{PN}}=0.6$，$\lambda_{\mathrm{NN}}=0$，$\lambda_{\mathrm{BN}}=0.2$，则

$$\alpha=\frac{\lambda_{\mathrm{PN}}-\lambda_{\mathrm{BN}}}{(\lambda_{\mathrm{PN}}-\lambda_{\mathrm{BN}})+(\lambda_{\mathrm{BP}}-\lambda_{\mathrm{PP}})}=\frac{2}{3}$$

$$\beta=\frac{\lambda_{\mathrm{BN}}-\lambda_{\mathrm{NN}}}{(\lambda_{\mathrm{BN}}-\lambda_{\mathrm{NN}})+(\lambda_{\mathrm{NP}}-\lambda_{\mathrm{BP}})}=\frac{1}{3}$$

根据定义 6.6 及 $P(X\mid R_{A_k}(x))=\dfrac{|X\cap R_{A_k}(x)|}{|R_{A_k}(x)|}$，通过计算可得

$$\underline{\sum_{k=1}^{2}PA_k}^{\mathrm{PI},\frac{2}{3}}(D_1)=\{x_5\},\quad \overline{\sum_{k=1}^{2}PA_k}^{\mathrm{PI},\frac{1}{3}}(D_1)=\{x_2,x_5,x_6,x_8,x_9\}$$

$$\underline{\sum_{k=1}^{2}PA_k}^{\mathrm{PI},\frac{2}{3}}(D_2)=\{x_1,x_4,x_7,x_{10}\},\quad \overline{\sum_{k=1}^{2}PA_k}^{\mathrm{PI},\frac{1}{3}}(D_2)=\{x_1,x_3,x_4,x_6,x_7,x_8,x_9,x_{10}\}$$

根据 Yao 提出的三支决策理论可以得到下面的决策规则。

（1）若 $x\in\underline{\sum_{k=1}^{2}PA_k}^{\mathrm{PI},\frac{2}{3}}(D_1)$ 或 $x\in U-\overline{\sum_{k=1}^{2}PA_k}^{\mathrm{PI},\frac{1}{3}}(D_2)$，则认为汽车 x 是 Good。

（2）若 $x\in\underline{\sum_{k=1}^{2}PA_k}^{\mathrm{PI},\frac{2}{3}}(D_2)$ 或 $x\in U-\overline{\sum_{k=1}^{2}PA_k}^{\mathrm{PI},\frac{1}{3}}(D_1)$，则认为汽车 x 是 Poor。

（3）其他，进行延迟决策。

则可得如下结论。

（1）汽车 x_2、x_5 是 Good。

（2）汽车 x_1、x_3、x_4、x_7、x_{10} 是 Poor。

（3）对汽车 x_6、x_8、x_9 进行延迟决策。

6.3　双论域上基于串行二元关系的多粒度决策粗糙集

设 U、V 是两个非空有限论域，其中 U 为对象集，V 为属性集。$R_1,R_2,\cdots,R_m$ 是从 U 到 V 的 m 个串行的二元关系，即对于每一个 R_i $(i\in\{1,2,\cdots,m\})$，满足对于任意一个 $x\in U$，存在 $y\in V$，使得 $(x,y)\in R_i$。$R_1,R_2,\cdots,R_m$ 通常称为 m 个粒结构。$\forall x\in U$，$R_k(x)=\{y\in V\,|\,(x,y)\in R_k\}$，令 $\Omega_k=\{X,X^{\mathrm{c}}\}$ $(X\subseteq V)$ 是对于第 k 个粒结构而言的状态集 $(k=1,2,\cdots,m)$，分别表示 U 中的对象 x 具有 X 中属性和不具有 X 中属性。$A=\{a_{\mathrm{P}}、a_{\mathrm{N}}、a_{\mathrm{B}}\}$ 是行动集，其中 a_{P}、a_{N}、a_{B} 分别表示对某一对象 x 所做的接受、拒绝和不承诺三种动作，即 $x\in\mathrm{POS}(X)$、$x\in\mathrm{NEG}(X)$ 和 $x\in\mathrm{BND}(X)$。设 λ_{PP}^k、λ_{NP}^k 和 λ_{BP}^k 分别表示对象 x 具有 X 中属性时，对于第 k 个粒结构而言，采取行动 a_{P}、a_{N}、a_{B} 的代价（或损失）；λ_{PN}^k、λ_{NN}^k 和 λ_{BN}^k 分别表示对象 x 不具有 X 中属性时，对于第 k 个粒结构而言，采取行动 a_{P}、a_{N}、a_{B} 的代价（或损失）。对于第 k 个粒结构，利用贝叶斯决策过程，采取 a_{P}、a_{N}、a_{B} 三种行动下的期望损失可分别表示为

$$R(a_{\mathrm{P}}\,|\,R_k(x))=\lambda_{\mathrm{PP}}^kP(X\,|\,R_k(x))+\lambda_{\mathrm{PN}}^kP(X^{\mathrm{c}}\,|\,R_k(x))$$

$$R(a_{\mathrm{N}}\,|\,R_k(x))=\lambda_{\mathrm{NP}}^kP(X\,|\,R_k(x))+\lambda_{\mathrm{NN}}^kP(X^{\mathrm{c}}\,|\,R_k(x))$$

$$R(a_{\mathrm{B}}\,|\,R_k(x))=\lambda_{\mathrm{BP}}^kP(X\,|\,R_k(x))+\lambda_{\mathrm{BN}}^kP(X^{\mathrm{c}}\,|\,R_k(x))$$

6.3.1　双论域上的加权平均多粒度决策粗糙集

对于 m 个粒结构，采取 a_{P}、a_{N}、a_{B} 三种行动下的期望全局损失利用加权平均思想可计算如下

$$R(a_{\mathrm{P}}\,|\,(R_1(x),\cdots,R_m(x)))=\sum_{k=1}^{m}\omega_k\lambda_{\mathrm{PP}}^kP(X\,|\,R_k(x))+\sum_{k=1}^{m}\omega_k\lambda_{\mathrm{PN}}^kP(X^{\mathrm{c}}\,|\,R_k(x))$$

$$R(a_{\mathrm{N}}\,|\,(R_1(x),\cdots,R_m(x)))=\sum_{k=1}^{m}\omega_k\lambda_{\mathrm{NP}}^kP(X\,|\,R_k(x))+\sum_{k=1}^{m}\omega_k\lambda_{\mathrm{NN}}^kP(X^{\mathrm{c}}\,|\,R_k(x))$$

$$R(a_{\mathrm{B}}\,|\,(R_1(x),\cdots,R_m(x)))=\sum_{k=1}^{m}\omega_k\lambda_{\mathrm{BP}}^kP(X\,|\,R_k(x))+\sum_{k=1}^{m}\omega_k\lambda_{\mathrm{BN}}^kP(X^{\mathrm{c}}\,|\,R_k(x))$$

其中，ω_k 是第 k 个粒结构的权重，满足 $\sum_{k=1}^{m}\omega_k=1$，$\omega_k\in[0,1]$。

假设 $\lambda_{\cdot\cdot}^{k}$ 与 k 无关，即

$$\lambda_{\mathrm{PP}}^{1}=\cdots=\lambda_{\mathrm{PP}}^{m}=\lambda_{\mathrm{PP}},\quad \lambda_{\mathrm{NP}}^{1}=\cdots=\lambda_{\mathrm{NP}}^{m}=\lambda_{\mathrm{NP}},\quad \lambda_{\mathrm{BP}}^{1}=\cdots=\lambda_{\mathrm{BP}}^{m}=\lambda_{\mathrm{BP}}$$

$$\lambda_{\mathrm{PN}}^{1}=\cdots=\lambda_{\mathrm{PN}}^{m}=\lambda_{\mathrm{PN}},\quad \lambda_{\mathrm{NN}}^{1}=\cdots=\lambda_{\mathrm{NN}}^{m}=\lambda_{\mathrm{NN}},\quad \lambda_{\mathrm{BN}}^{1}=\cdots=\lambda_{\mathrm{BN}}^{m}=\lambda_{\mathrm{BN}}$$

由于 $P(X\mid R_k(x))+P(X^{\mathrm{c}}\mid R_k(x))=1$，所以有

$$R(a_{\mathrm{P}}\mid(R_1(x),\cdots,R_m(x)))=\lambda_{\mathrm{PP}}\sum_{k=1}^{m}\omega_k P(X\mid R_k(x))+\lambda_{\mathrm{PN}}\left(1-\sum_{k=1}^{m}\omega_k P(X\mid R_k(x))\right)$$

$$R(a_{\mathrm{N}}\mid(R_1(x),\cdots,R_m(x)))=\lambda_{\mathrm{NP}}\sum_{k=1}^{m}\omega_k P(X\mid R_k(x))+\lambda_{\mathrm{NN}}\left(1-\sum_{k=1}^{m}\omega_k P(X\mid R_k(x))\right)$$

$$R(a_{\mathrm{B}}\mid(R_1(x),\cdots,R_m(x)))=\lambda_{\mathrm{BP}}\sum_{k=1}^{m}\omega_k P(X\mid R_k(x))+\lambda_{\mathrm{BN}}\left(1-\sum_{k=1}^{m}\omega_k P(X\mid R_k(x))\right)$$

根据贝叶斯决策规则，需要选择期望全局损失最小的行动集作为最佳行动方案，于是可得到如下三条决策规则。

（WP1）若 $R(a_{\mathrm{P}}\mid(R_1(x),\cdots,R_m(x)))\leqslant R(a_{\mathrm{B}}\mid(R_1(x),\cdots,R_m(x)))$ 且 $R(a_{\mathrm{P}}\mid(R_1(x),\cdots,R_m(x)))\leqslant R(a_{\mathrm{N}}\mid(R_1(x),\cdots,R_m(x)))$，则 $x\in\mathrm{POS}_{\sum_{k=1}^{m}PR_k}^{W}(X)$。

（WN1）若 $R(a_{\mathrm{N}}\mid(R_1(x),\cdots,R_m(x)))\leqslant R(a_{\mathrm{P}}\mid(R_1(x),\cdots,R_m(x)))$ 且 $R(a_{\mathrm{N}}\mid(R_1(x),\cdots,R_m(x)))\leqslant R(a_{\mathrm{B}}\mid(R_1(x),\cdots,R_m(x)))$，则 $x\in\mathrm{NEG}_{\sum_{k=1}^{m}PR_k}^{W}(X)$。

（WB1）若 $R(a_{\mathrm{B}}\mid(R_1(x),\cdots,R_m(x)))\leqslant R(a_{\mathrm{P}}\mid(R_1(x),\cdots,R_m(x)))$ 且 $R(a_{\mathrm{B}}\mid R_1(x),\cdots,R_m(x)))\leqslant R(a_{\mathrm{N}}\mid(R_1(x),\cdots,R_m(x)))$，则 $x\in\mathrm{BND}_{\sum_{k=1}^{m}PR_k}^{W}(X)$。

考虑到接受正确事物的损失不大于延迟接受正确事物的损失，且这两者都小于拒绝正确事物的损失；拒绝错误事物的损失不大于延迟拒绝错误事物的损失，且这两者都小于接受错误事物的损失。因此，一个合理的假设为

$$0\leqslant\lambda_{\mathrm{PP}}\leqslant\lambda_{\mathrm{BP}}<\lambda_{\mathrm{NP}},\quad 0\leqslant\lambda_{\mathrm{NN}}\leqslant\lambda_{\mathrm{BN}}<\lambda_{\mathrm{PN}}$$

据此，三条决策规则（WP1）、（WN1）、（WB1）可简化如下。

（WP2）若 $\sum_{k=1}^{m}\omega_k P(X\mid R_k(x))\geqslant\alpha$ 且 $\sum_{k=1}^{m}\omega_k P(X\mid R_k(x))\geqslant\gamma$，则 $x\in\mathrm{POS}_{\sum_{k=1}^{m}PR_k}^{W}(X)$。

（WN2）若 $\sum_{k=1}^{m}\omega_k P(X\mid R_k(x))\leqslant\gamma$ 且 $\sum_{k=1}^{m}\omega_k P(X\mid R_k(x))\leqslant\beta$，则 $x\in\mathrm{NEG}_{\sum_{k=1}^{m}PR_k}^{W}(X)$。

（WB2）若$\sum_{k=1}^{m}\omega_k P(X\mid R_k(x))\leqslant\alpha$且$\sum_{k=1}^{m}\omega_k P(X\mid R_k(x))\geqslant\beta$，则$x\in \mathrm{BND}^{W}_{\sum_{k=1}^{m}PR_k}(X)$。

其中

$$\alpha=\frac{\lambda_{\mathrm{PN}}-\lambda_{\mathrm{BN}}}{(\lambda_{\mathrm{PN}}-\lambda_{\mathrm{BN}})+(\lambda_{\mathrm{BP}}-\lambda_{\mathrm{PP}})}$$

$$\gamma=\frac{\lambda_{\mathrm{PN}}-\lambda_{\mathrm{NN}}}{(\lambda_{\mathrm{PN}}-\lambda_{\mathrm{NN}})+(\lambda_{\mathrm{NP}}-\lambda_{\mathrm{PP}})}$$

$$\beta=\frac{\lambda_{\mathrm{BN}}-\lambda_{\mathrm{NN}}}{(\lambda_{\mathrm{BN}}-\lambda_{\mathrm{NN}})+(\lambda_{\mathrm{NP}}-\lambda_{\mathrm{BP}})}$$

如果$(\lambda_{\mathrm{PN}}-\lambda_{\mathrm{BN}})(\lambda_{\mathrm{NP}}-\lambda_{\mathrm{BP}})>(\lambda_{\mathrm{BN}}-\lambda_{\mathrm{NN}})(\lambda_{\mathrm{BP}}-\lambda_{\mathrm{PP}})$，则有$0\leqslant\beta<\gamma<\alpha\leqslant 1$，从而决策规则（WP2）、（WN2）和（WB2）可重写如下。

（WP3）如果$\sum_{k=1}^{m}\omega_k P(X\mid R_k(x))\geqslant\alpha$，则$x\in \mathrm{POS}^{W}_{\sum_{k=1}^{m}PR_k}(X)$。

（WN2）如果$\sum_{k=1}^{m}\omega_k P(X\mid R_k(x))\leqslant\beta$，则$x\in \mathrm{NEG}^{W}_{\sum_{k=1}^{m}PR_k}(X)$。

（WB3）如果$\beta<\sum_{k=1}^{m}\omega_k P(X\mid R_k(x))<\alpha$，则$x\in \mathrm{BND}^{W}_{\sum_{k=1}^{m}PR_k}(X)$。

进一步，X的加权平均多粒度正域、负域和边界域分别定义如下

$$\mathrm{POS}^{W}_{\sum_{k=1}^{m}PR_k}(X)=\left\{x\in U\mid \sum_{k=1}^{m}\omega_k P(X\mid R_k(x))\geqslant\alpha\right\}$$

$$\mathrm{NEG}^{W}_{\sum_{k=1}^{m}PR_k}(X)=\left\{x\in U\mid \sum_{k=1}^{m}\omega_k P(X\mid R_k(x))\leqslant\beta\right\}$$

$$\mathrm{BND}^{W}_{\sum_{k=1}^{m}PR_k}(X)=\left\{x\in U\mid \beta<\sum_{k=1}^{m}\omega_k P(X\mid R_k(x))<\alpha\right\}$$

由上面两两互不相交的正域、负域和边界域可得X的下近似、上近似如下

$$\underline{\sum_{k=1}^{m}PR_k}^{W,\alpha}(X)=\left\{x\in U\mid \sum_{k=1}^{m}\omega_k P(X\mid R_k(x))\geqslant\alpha\right\}$$

$$\overline{\sum_{k=1}^{m}PR_k}^{W,\beta}(X)=\left\{x\in U\mid \sum_{k=1}^{m}\omega_k P(X\mid R_k(x))>\beta\right\}$$

于是，有下面的定义。

定义 6.7 设 U、V 是两个非空有限论域，$R_1,R_2,\cdots,R_m$ 是从 U 到 V 的 m 个串行的二元关系，$P:2^U\to[0,1]$ 是定义在由 V 的子集构成的σ代数上的概率测度。沿用前面的记号α,β，$\forall X\subseteq V$，X的下近似和上近似分别定义如下

$$\underline{\sum_{k=1}^{m}PR_k}^{W,\alpha}(X)=\left\{x\in U\mid\sum_{k=1}^{m}\omega_kP(X\mid R_k(x))\geqslant\alpha\right\}$$

$$\overline{\sum_{k=1}^{m}PR_k}^{W,\beta}(X)=\left\{x\in U\mid\sum_{k=1}^{m}\omega_kP(X\mid R_k(x))>\beta\right\}$$

其中，ω_k 是 $P(X\mid R_k(x))$ 的权重，$\omega_k\in[0,1]$ 且 $\sum_{k=1}^{m}\omega_k=1$。$\left(\underline{\sum_{k=1}^{m}PR_k}^{W,\alpha}(X),\overline{\sum_{k=1}^{m}PR_k}^{W,\beta}(X)\right)$ 称为双论域上的加权平均多粒度决策粗糙集。

注 6.11 如果$U=V$，$m=1$，且 R 是 U 上的等价关系，则双论域上的多粒度决策粗糙集就退化为 Yao 提出的决策粗糙集。

下近似算子$\underline{\sum_{k=1}^{m}PR_k}^{W,\alpha}$ 和上近似算子$\overline{\sum_{k=1}^{m}PR_k}^{W,\beta}$ 具有下列性质。

定理 6.7 设 U、V 是两个非空有限论域，$R_1,R_2,\cdots,R_m$ 是从 U 到 V 的 m 个串行的二元关系，$P:2^U\to[0,1]$ 是定义在由V的子集构成的σ代数上的概率测度。$\forall X,Y\subseteq V$，有如下结论。

（1）$\underline{\sum_{k=1}^{m}PR_k}^{W,\alpha}(X)\subseteq\overline{\sum_{k=1}^{m}PR_k}^{W,\beta}(X)$。

（2）$\underline{\sum_{k=1}^{m}PR_k}^{W,\alpha}(\varnothing)=\overline{\sum_{k=1}^{m}PR_k}^{W,\beta}(\varnothing)=\varnothing$。

（3）如果 $X\subseteq Y$，则$\underline{\sum_{k=1}^{m}PR_k}^{W,\alpha}(X)\subseteq\underline{\sum_{k=1}^{m}PR_k}^{W,\alpha}(Y)$ 且 $\overline{\sum_{k=1}^{m}PR_k}^{W,\beta}(X)\subseteq\overline{\sum_{k=1}^{m}PR_k}^{W,\beta}(Y)$。

（4）$\underline{\sum_{k=1}^{m}PR_k}^{W,\alpha}(X)=\left(\overline{\sum_{k=1}^{m}PR_k}^{W,1-\alpha}(X^{c})\right)^{c}(\alpha>0.5)$，$\overline{\sum_{k=1}^{m}PR_k}^{W,\beta}(X)=\left(\underline{\sum_{k=1}^{m}PR_k}^{W,1-\beta}(X)^{c}\right)^{c}$ $(\beta<0.5)$。

（5）如果 $0<\alpha_1\leqslant\alpha_2\leqslant 1$ 且 $0\leqslant\beta_1\leqslant\beta_2<1$，则 $\underline{\sum_{k=1}^{m}PR_k}^{W,\alpha_2}(X)\subseteq\underline{\sum_{k=1}^{m}PR_k}^{W,\alpha_1}(X)$ 且 $\overline{\sum_{k=1}^{m}PR_k}^{W,\beta_2}(X)\subseteq\overline{\sum_{k=1}^{m}PR_k}^{W,\beta_1}(X)$。

证明　由定义 6.7 易证。

6.3.2　双论域上的乐观多粒度决策粗糙集

对于风险爱好者，他们面对风险的态度是乐观的，从而对于 m 个粒结构，采取 a_{P}、a_{N}、a_{B} 三种行动下的期望全局损失可利用取小方法计算如下

$$R(a_{\mathrm{P}}\mid(R_1(x),\cdots,R_m(x)))=\mathop{\wedge}_{k=1}^{m}\lambda_{\mathrm{PP}}^{k}P(X\mid R_k(x))+\mathop{\wedge}_{k=1}^{m}\lambda_{\mathrm{PN}}^{k}P(X^{\mathrm{c}}\mid R_k(x))$$

$$R(a_{\mathrm{N}}\mid(R_1(x),\cdots,R_m(x)))=\mathop{\wedge}_{k=1}^{m}\lambda_{\mathrm{NP}}^{k}P(X\mid R_k(x))+\mathop{\wedge}_{k=1}^{m}\lambda_{\mathrm{NN}}^{k}P(X^{\mathrm{c}}\mid R_k(x))$$

$$R(a_{\mathrm{B}}\mid(R_1(x),\cdots,R_m(x)))=\mathop{\wedge}_{k=1}^{m}\lambda_{\mathrm{BP}}^{k}P(X\mid R_k(x))+\mathop{\wedge}_{k=1}^{m}\lambda_{\mathrm{BN}}^{k}P(X^{\mathrm{c}}\mid R_k(x))$$

其中，“$\wedge$”表示“取小”。

假设 $\lambda_{\bullet\bullet}^{k}$ 与 k 无关，即

$$\lambda_{\mathrm{PP}}^{1}=\cdots=\lambda_{\mathrm{PP}}^{m}=\lambda_{\mathrm{PP}},\quad \lambda_{\mathrm{NP}}^{1}=\cdots=\lambda_{\mathrm{NP}}^{m}=\lambda_{\mathrm{NP}},\quad \lambda_{\mathrm{BP}}^{1}=\cdots=\lambda_{\mathrm{BP}}^{m}=\lambda_{\mathrm{BP}}$$

$$\lambda_{\mathrm{PN}}^{1}=\cdots=\lambda_{\mathrm{PN}}^{m}=\lambda_{\mathrm{PN}},\quad \lambda_{\mathrm{NN}}^{1}=\cdots=\lambda_{\mathrm{NN}}^{m}=\lambda_{\mathrm{NN}},\quad \lambda_{\mathrm{BN}}^{1}=\cdots=\lambda_{\mathrm{BN}}^{m}=\lambda_{\mathrm{BN}}$$

结合 $P(X\mid R_k(x))+P(X^{\mathrm{c}}\mid R_k(x))=1$，则有

$$R(a_{\mathrm{P}}\mid(R_1(x),\cdots,R_m(x)))=\lambda_{\mathrm{PP}}\mathop{\wedge}_{k=1}^{m}P(X\mid R_k(x))+\lambda_{\mathrm{PN}}(1-\mathop{\vee}_{k=1}^{m}P(X\mid R_k(x)))$$

$$R(a_{\mathrm{N}}\mid(R_1(x),\cdots,R_m(x)))=\lambda_{\mathrm{NP}}\mathop{\wedge}_{k=1}^{m}P(X\mid R_k(x))+\lambda_{\mathrm{NN}}(1-\mathop{\vee}_{k=1}^{m}P(X\mid R_k(x)))$$

$$R(a_{\mathrm{B}}\mid(R_1(x),\cdots,R_m(x)))=\lambda_{\mathrm{BP}}\mathop{\wedge}_{k=1}^{m}P(X\mid R_k(x))+\lambda_{\mathrm{BN}}(1-\mathop{\vee}_{k=1}^{m}P(X\mid R_k(x)))$$

其中，“$\vee$”表示“取大”。

（1）如果 $\mathop{\wedge}_{k=1}^{m}P(X\mid R_k(x))=0$ 且 $\mathop{\vee}_{k=1}^{m}P(X\mid R_k(x))=1$，则

$$R(a_{\mathrm{P}}\mid(R_1(x),\cdots,R_m(x)))=R(a_{\mathrm{N}}\mid(R_1(x),\cdots,R_m(x)))=R(a_{\mathrm{B}}\mid(R_1(x),\cdots,R_m(x)))$$

此时任意一个行动即可。

（2）如果 $\mathop{\wedge}_{k=1}^{m}P(X\mid R_k(x))\neq 0$ 或 $\mathop{\vee}_{k=1}^{m}P(X\mid R_k(x))\neq 1$，根据贝叶斯决策准则，需要选

择期望全局损失最小的行动集作为最佳行动方案，于是可得到如下三条决策规则。

（OP1）若$R(a_{\rm P}|(R_1(x),\cdots,R_m(x)))\leqslant R(a_{\rm B}|(R_1(x),\cdots,R_m(x)))$且$R(a_{\rm P}|(R_1(x),\cdots,R_m(x)))\leqslant R(a_{\rm N}|(R_1(x),\cdots,R_m(x)))$，则$x\in {\rm POS}^{\rm O}_{\sum_{k=1}^{m}PR_k}(X)$。

（ON1）若$R(a_{\rm N}|(R_1(x),\cdots,R_m(x)))\leqslant R(a_{\rm P}|(R_1(x),\cdots,R_m(x)))$且$R(a_{\rm N}|(R_1(x),\cdots,R_m(x)))\leqslant R(a_{\rm B}|(R_1(x),\cdots,R_m(x)))$，则$x\in {\rm NEG}^{\rm O}_{\sum_{k=1}^{m}PR_k}(X)$。

（OB1）若$R(a_{\rm B}|(R_1(x),\cdots,R_m(x)))\leqslant R(a_{\rm P}|(R_1(x),\cdots,R_m(x)))$且$R(a_{\rm B}|(R_1(x),\cdots,R_m(x)))\leqslant R(a_{\rm N}|(R_1(x),\cdots,R_m(x)))$，则$x\in {\rm BND}^{\rm O}_{\sum_{k=1}^{m}PR_k}(X)$。

与 6.3.1 节的讨论类似，假设$0\leqslant\lambda_{\rm PP}\leqslant\lambda_{\rm BP}<\lambda_{\rm NP}$，$0\leqslant\lambda_{\rm NN}\leqslant\lambda_{\rm BN}<\lambda_{\rm PN}$。注意到$\frac{b}{a}\geqslant\frac{d}{c}\Leftrightarrow\frac{b}{a+b}\geqslant\frac{d}{c+d}\ (\forall a,b,c,d>0)$，则有如下结论。

（1）对于规则（OP1），有

$$R(a_{\rm P}|(R_1(x),\cdots,R_m(x)))\leqslant R(a_{\rm B}|(R_1(x),\cdots,R_m(x)))$$

$$\Leftrightarrow\frac{\overset{m}{\underset{k=1}{\wedge}}P(X|R_k(x))}{1+\overset{m}{\underset{k=1}{\wedge}}P(X|R_k(x))-\overset{m}{\underset{k=1}{\vee}}P(X|R_k(x))}\geqslant\frac{\lambda_{\rm PN}-\lambda_{\rm BN}}{(\lambda_{\rm PN}-\lambda_{\rm BN})+(\lambda_{\rm BP}-\lambda_{\rm PP})}$$

且

$$R(a_{\rm P}|(R_1(x),\cdots,R_m(x)))\leqslant R(a_{\rm N}|(R_1(x),\cdots,R_m(x)))$$

$$\Leftrightarrow\frac{\overset{m}{\underset{k=1}{\wedge}}P(X|R_k(x))}{1+\overset{m}{\underset{k=1}{\wedge}}P(X|R_k(x))-\overset{m}{\underset{k=1}{\vee}}P(X|R_k(x))}\geqslant\frac{\lambda_{\rm PN}-\lambda_{\rm NN}}{(\lambda_{\rm PN}-\lambda_{\rm NN})+(\lambda_{\rm NP}-\lambda_{\rm PP})}$$

（2）对于规则（ON1），有

$$R(a_{\rm N}|(R_1(x),\cdots,R_m(x)))\leqslant R(a_{\rm P}|(R_1(x),\cdots,R_m(x)))$$

$$\Leftrightarrow\frac{\overset{m}{\underset{k=1}{\wedge}}P(X|R_k(x))}{1+\overset{m}{\underset{k=1}{\wedge}}P(X|R_k(x))-\overset{m}{\underset{k=1}{\vee}}P(X|R_k(x))}\leqslant\frac{\lambda_{\rm PN}-\lambda_{\rm NN}}{(\lambda_{\rm PN}-\lambda_{\rm NN})+(\lambda_{\rm NP}-\lambda_{\rm PP})}$$

且

$$R(a_{\rm N}|(R_1(x),\cdots,R_m(x)))\leqslant R(a_{\rm B}|(R_1(x),\cdots,R_m(x)))$$

$$\Leftrightarrow\frac{\overset{m}{\underset{k=1}{\wedge}}P(X|R_k(x))}{1+\overset{m}{\underset{k=1}{\wedge}}P(X|R_k(x))-\overset{m}{\underset{k=1}{\vee}}P(X|R_k(x))}\leqslant\frac{\lambda_{\rm BN}-\lambda_{\rm NN}}{(\lambda_{\rm BN}-\lambda_{\rm NN})+(\lambda_{\rm NP}-\lambda_{\rm BP})}$$

（3）对于规则（OB1），有

$$R(a_{\mathrm{B}}\mid(R_1(x),\cdots,R_m(x)))\leqslant R(a_{\mathrm{P}}\mid(R_1(x),\cdots,R_m(x)))$$

$$\Leftrightarrow\frac{\bigwedge_{k=1}^{m}P(X\mid R_k(x))}{1+\bigwedge_{k=1}^{m}P(X\mid R_k(x))-\bigvee_{k=1}^{m}P(X\mid R_k(x))}\leqslant\frac{\lambda_{\mathrm{PN}}-\lambda_{\mathrm{BN}}}{(\lambda_{\mathrm{PN}}-\lambda_{\mathrm{BN}})+(\lambda_{\mathrm{BP}}-\lambda_{\mathrm{PP}})}$$

且

$$R(a_{\mathrm{B}}\mid(R_1(x),\cdots,R_m(x)))\leqslant R(a_{\mathrm{N}}\mid(R_1(x),\cdots,R_m(x)))$$

$$\Leftrightarrow\frac{\bigwedge_{k=1}^{m}P(X\mid R_k(x))}{1+\bigwedge_{k=1}^{m}P(X\mid R_k(x))-\bigvee_{k=1}^{m}P(X\mid R_k(x))}\geqslant\frac{\lambda_{\mathrm{BN}}-\lambda_{\mathrm{NN}}}{(\lambda_{\mathrm{BN}}-\lambda_{\mathrm{NN}})+(\lambda_{\mathrm{NP}}-\lambda_{\mathrm{BP}})}$$

因此，决策规则（OP1）、（ON1）、（OB1）可简化如下。

（OP2）如果 $\frac{\bigwedge_{k=1}^{m}P(X\mid R_k(x))}{1+\bigwedge_{k=1}^{m}P(X\mid R_k(x))-\bigvee_{k=1}^{m}P(X\mid R_k(x))}\geqslant\alpha$ 且

$$\frac{\bigwedge_{k=1}^{m}P(X\mid R_k(x))}{1+\bigwedge_{k=1}^{m}P(X\mid R_k(x))-\bigvee_{k=1}^{m}P(X\mid R_k(x))}\geqslant\gamma$$

则 $x\in\mathrm{POS}^{\mathrm{O}}_{\sum_{k=1}^{m}PR_k}(X)$。

（ON2）如果 $\frac{\bigwedge_{k=1}^{m}P(X\mid R_k(x))}{1+\bigwedge_{k=1}^{m}P(X\mid R_k(x))-\bigvee_{k=1}^{m}P(X\mid R_k(x))}\leqslant\gamma$ 且

$$\frac{\bigwedge_{k=1}^{m}P(X\mid R_k(x))}{1+\bigwedge_{k=1}^{m}P(X\mid R_k(x))-\bigvee_{k=1}^{m}P(X\mid R_k(x))}\leqslant\beta$$

则 $x\in\mathrm{NEG}^{\mathrm{O}}_{\sum_{k=1}^{m}PR_k}(X)$。

（OB2）如果 $\frac{\bigwedge_{k=1}^{m}P(X\mid R_k(x))}{1+\bigwedge_{k=1}^{m}P(X\mid R_k(x))-\bigvee_{k=1}^{m}P(X\mid R_k(x))}\leqslant\alpha$ 且

$$\frac{\overset{m}{\underset{k=1}{\wedge}} P(X \mid R_k(x))}{1+\overset{m}{\underset{k=1}{\wedge}} P(X \mid R_k(x))-\overset{m}{\underset{k=1}{\vee}} P(X \mid R_k(x))} \geqslant \beta$$

则 $x \in \mathrm{BND}^{\mathrm{O}}_{\sum_{k=1}^{m} PR_k}(X)$。

其中

$$\alpha=\frac{\lambda_{\mathrm{PN}}-\lambda_{\mathrm{NN}}}{(\lambda_{\mathrm{PN}}-\lambda_{\mathrm{NN}})+(\lambda_{\mathrm{BP}}-\lambda_{\mathrm{PP}})}$$

$$\gamma=\frac{\lambda_{\mathrm{PN}}-\lambda_{\mathrm{NN}}}{(\lambda_{\mathrm{PN}}-\lambda_{\mathrm{NN}})+(\lambda_{\mathrm{NP}}-\lambda_{\mathrm{PP}})}$$

$$\beta=\frac{\lambda_{\mathrm{BN}}-\lambda_{\mathrm{NN}}}{(\lambda_{\mathrm{BN}}-\lambda_{\mathrm{NN}})+(\lambda_{\mathrm{NP}}-\lambda_{\mathrm{BP}})}$$

如果 $(\lambda_{\mathrm{PN}}-\lambda_{\mathrm{BN}})(\lambda_{\mathrm{NP}}-\lambda_{\mathrm{BP}})>(\lambda_{\mathrm{BN}}-\lambda_{\mathrm{NN}})(\lambda_{\mathrm{BP}}-\lambda_{\mathrm{PP}})$，则有 $0 \leqslant \beta<\gamma<\alpha \leqslant 1$，从而决策规则（OP2）、（ON2）、（OB2）可重新表示如下。

（OP3）如果 $\dfrac{\overset{m}{\underset{k=1}{\wedge}} P(X \mid R_k(x))}{1+\overset{m}{\underset{k=1}{\wedge}} P(X \mid R_k(x))-\overset{m}{\underset{k=1}{\vee}} P(X \mid R_k(x))} \geqslant \alpha$，则 $x \in \mathrm{POS}^{\mathrm{O}}_{\sum_{k=1}^{m} PR_k}(X)$。

（ON3）如果 $\dfrac{\overset{m}{\underset{k=1}{\wedge}} P(X \mid R_k(x))}{1+\overset{m}{\underset{k=1}{\wedge}} P(X \mid R_k(x))-\overset{m}{\underset{k=1}{\vee}} P(X \mid R_k(x))} \leqslant \beta$，则 $x \in \mathrm{NEG}^{\mathrm{O}}_{\sum_{k=1}^{m} PR_k}(X)$。

（OB3）如果 $\beta<\dfrac{\overset{m}{\underset{k=1}{\wedge}} P(X \mid R_k(x))}{1+\overset{m}{\underset{k=1}{\wedge}} P(X \mid R_k(x))-\overset{m}{\underset{k=1}{\vee}} P(X \mid R_k(x))}<\alpha$，则 $x \in \mathrm{BND}^{\mathrm{O}}_{\sum_{k=1}^{m} PR_k}(X)$。

进一步，X 的乐观多粒度正域、负域和边界域分别定义如下

$$\mathrm{POS}^{\mathrm{O}}_{\sum_{k=1}^{m} PR_k}(X)=\left\{x \in U \,\middle|\, \frac{\overset{m}{\underset{k=1}{\wedge}} P(X \mid R_k(x))}{1+\overset{m}{\underset{k=1}{\wedge}} P(X \mid R_k(x))-\overset{m}{\underset{k=1}{\vee}} P(X \mid R_k(x))} \geqslant \alpha\right\}$$

$$\mathrm{NEG}^{\mathrm{O}}_{\sum_{k=1}^{m} PR_k}(X)=\left\{x \in U \,\middle|\, \frac{\overset{m}{\underset{k=1}{\wedge}} P(X \mid R_k(x))}{1+\overset{m}{\underset{k=1}{\wedge}} P(X \mid R_k(x))-\overset{m}{\underset{k=1}{\vee}} P(X \mid R_k(x))} \leqslant \beta\right\}$$

$$\mathrm{BND}^{\mathrm{O}}_{\sum_{k=1}^{m} PR_k}(X)=\left\{x \in U \,\middle|\, \beta<\frac{\overset{m}{\underset{k=1}{\wedge}} P(X \mid R_k(x))}{1+\overset{m}{\underset{k=1}{\wedge}} P(X \mid R_k(x))-\overset{m}{\underset{k=1}{\vee}} P(X \mid R_k(x))}<\alpha\right\}$$

利用正域、负域和边界域可得X的下近似和上近似如下

$$\underline{\sum_{k=1}^{m} PR_k}^{\mathrm{O},\alpha}(X)=\left\{x\in U\left|\frac{\overset{m}{\underset{k=1}{\wedge}}P(X\mid R_k(x))}{1+\overset{m}{\underset{k=1}{\wedge}}P(X\mid R_k(x))-\overset{m}{\underset{k=1}{\vee}}P(X\mid R_k(x))}\geqslant\alpha\right.\right\}$$

$$\overline{\sum_{k=1}^{m} PR_k}^{\mathrm{O},\beta}(X)=\left\{x\in U\left|\frac{\overset{m}{\underset{k=1}{\wedge}}P(X\mid R_k(x))}{1+\overset{m}{\underset{k=1}{\wedge}}P(X\mid R_k(x))-\overset{m}{\underset{k=1}{\vee}}P(X\mid R_k(x))}>\beta\right.\right\}$$

于是有下面的定义。

定义 6.8　设U、V是两个非空有限论域，$R_1,R_2,\cdots,R_m$是从U到V的m个串行的二元关系，$P:2^U\to[0,1]$是定义在由V的子集构成的σ代数上的概率测度。沿用前面的记号α,β，$\forall X\subseteq V$，X的下近似和上近似分别定义如下

$$\underline{\sum_{k=1}^{m} PR_k}^{\mathrm{O},\alpha}(X)=\left\{x\in U\left|\frac{\overset{m}{\underset{k=1}{\wedge}}P(X\mid R_k(x))}{1+\overset{m}{\underset{k=1}{\wedge}}P(X\mid R_k(x))-\overset{m}{\underset{k=1}{\vee}}P(X\mid R_k(x))}\geqslant\alpha\right.\right\}$$

$$\overline{\sum_{k=1}^{m} PR_k}^{\mathrm{O},\beta}(X)=\left\{x\in U\left|\frac{\overset{m}{\underset{k=1}{\wedge}}P(X\mid R_k(x))}{1+\overset{m}{\underset{k=1}{\wedge}}P(X\mid R_k(x))-\overset{m}{\underset{k=1}{\vee}}P(X\mid R_k(x))}>\beta\right.\right\}$$

$\left(\underline{\sum_{k=1}^{m} PR_k}^{\mathrm{O},\alpha}(X),\overline{\sum_{k=1}^{m} PR_k}^{\mathrm{O},\beta}(X)\right)$称为双论域上的乐观多粒度决策粗糙集。

注 6.12　如果$U=V$，$\alpha=1$，$\beta=0$，$P(X\mid R_k(x))=\dfrac{|X\cap R_k(x)|}{|R_k(x)|}$且$R_1,R_2,\cdots,R_m$是$U$上的$m$个等价关系，注意到此时，$R_k(x)=[x]_{R_k}$，则

$$\begin{aligned}\underline{\sum_{k=1}^{m} PR_k}^{\mathrm{O},1}(X)&=\left\{x\in U\left|\frac{\overset{m}{\underset{k=1}{\wedge}}P(X\mid R_k(x))}{1+\overset{m}{\underset{k=1}{\wedge}}P(X\mid R_k(x))-\overset{m}{\underset{k=1}{\vee}}P(X\mid R_k(x))}\geqslant 1\right.\right\}\\&=\{x\in U\mid \overset{m}{\underset{k=1}{\vee}}P(X\mid[x]_{R_k})\geqslant 1\}\\&=\{x\in U\mid P(X\mid[x]_{R_1})=1\text{或}P(X\mid[x]_{R_2})=1\cdots\text{或}P(X\mid[x]_{R_m})=1\}\\&=\{x\in U\mid[x]_{R_1}\subseteq X\text{或}[x]_{R_2}\subseteq X\cdots\text{或}[x]_{R_m}\subseteq X\}\end{aligned}$$

$$\overline{\sum_{k=1}^{m} PR_k}^{O,0}(X)=\left\{x\in U\left|\frac{\overset{m}{\underset{k=1}{\wedge}}P(X\,|\,R_k(x))}{1+\overset{m}{\underset{k=1}{\wedge}}P(X\,|\,R_k(x))-\overset{m}{\underset{k=1}{\vee}}P(X\,|\,R_k(x))}>0\right.\right\}$$

$$=\{x\in U\,|\,\overset{m}{\underset{k=1}{\wedge}}P(X\,|\,[x]_{R_k})>0\}$$

$$=\{x\in U\,|\,P(X\,|\,[x]_{R_1})>0 \text{且} P(X\,|\,[x]_{R_2})>0\cdots \text{且} P(X\,|\,[x]_{R_m})>0\}$$

$$=\{x\in U\,|\,[x]_{R_1}\cap X\neq\varnothing \text{且} [x]_{R_2}\cap X\neq\varnothing\cdots \text{且} [x]_{R_m}\cap X\neq\varnothing\}$$

这意味着此时，双论域上的多粒度粗糙集就退化为 Qian 提出的乐观多粒度粗糙集。

注 6.13　如果$U=V$，$m=1$且R是U上的等价关系，则双论域上的乐观多粒度粗糙集就退化为 Yao 提出的决策粗糙集。

下近似算子$\underline{\sum_{k=1}^{m} PR_k}^{O,\alpha}$和上近似算子$\overline{\sum_{k=1}^{m} PR_k}^{O,\beta}$具有下列性质。

定理 6.8　设U、V是两个非空有限论域，$R_1,R_2,\cdots,R_m$是从U到V的m个串行的二元关系，$P:2^U\to[0,1]$是定义在由V的子集构成的σ代数上的概率测度。$\forall X,Y\subseteq V$，有如下结论。

（1）$\underline{\sum_{k=1}^{m} PR_k}^{O,\alpha}(X)\subseteq\overline{\sum_{k=1}^{m} PR_k}^{O,\beta}(X)$。

（2）$\underline{\sum_{k=1}^{m} PR_k}^{O,\alpha}(\varnothing)=\overline{\sum_{k=1}^{m} PR_k}^{O,\beta}(\varnothing)=\varnothing$，$\underline{\sum_{k=1}^{m} PR_k}^{O,\alpha}(V)=\overline{\sum_{k=1}^{m} PR_k}^{O,\beta}(V)=U$。

（3）$\underline{\sum_{k=1}^{m} PR_k}^{O,\alpha}(X)=\left(\overline{\sum_{k=1}^{m} PR_k}^{O,1-\alpha}(X^{c})\right)^{c}(\alpha>0.5)$，

$\overline{\sum_{k=1}^{m} PR_k}^{O,\beta}(X)=\left(\underline{\sum_{k=1}^{m} PR_k}^{O,1-\beta}(X^{c})\right)^{c}(\beta<0.5)$。

（4）如果$0<\alpha_1\leqslant\alpha_2\leqslant1$且$0\leqslant\beta_1\leqslant\beta_2<1$，则$\underline{\sum_{k=1}^{m} PR_k}^{O,\alpha_2}(X)\subseteq\underline{\sum_{k=1}^{m} PR_k}^{O,\alpha_1}(X)$且

$\overline{\sum_{k=1}^{m} PR_k}^{O,\beta_2}(X)\subseteq\overline{\sum_{k=1}^{m} PR_k}^{O,\beta_1}(X)$。

证明　仅证明结论（3），其余的由定义 6.8 易证。

$\forall 0.5<\alpha\leqslant1$，有

$$\left(\overline{\sum_{k=1}^{m} PR_k}^{O,1-\alpha}(X^c)\right)^c = U - \left\{ x \in U \left| \frac{\bigwedge_{k=1}^{m} P(X^c \mid R_k(x))}{1 + \bigwedge_{k=1}^{m} P(X^c \mid R_k(x)) - \bigvee_{k=1}^{m} P(X^c \mid R_k(x))} > 1-\alpha \right. \right\}$$

$$= \left\{ x \in U \left| \frac{1 - \bigvee_{k=1}^{m} P(X \mid R_k(x))}{1 - \bigvee_{k=1}^{m} P(X \mid R_k(x)) + \bigwedge_{k=1}^{m} P(X \mid R_k(x))} \leqslant 1-\alpha \right. \right\}$$

$$= \left\{ x \in U \left| \frac{\bigwedge_{k=1}^{m} P(X \mid R_k(x))}{1 + \bigwedge_{k=1}^{m} P(X \mid R_k(x)) - \bigvee_{k=1}^{m} P(X \mid R_k(x))} \geqslant \alpha \right. \right\}$$

$$= \underline{\sum_{k=1}^{m} PR_k}^{O,\alpha}(X)$$

$\forall 0 \leqslant \beta < 0.5$，有

$$\left(\underline{\sum_{k=1}^{m} PR_k}^{O,1-\beta}(X^c)\right)^c = \left(\left(\overline{\sum_{k=1}^{m} PR_k}^{O,\beta}(X^c)^c\right)^c\right)^c = \overline{\sum_{k=1}^{m} PR_k}^{O,\beta}(X)$$

6.3.3　双论域上的悲观多粒度决策粗糙集

对于风险厌恶者，他们面对风险的态度是悲观的，从而对于 m 个粒结构，采取 a_P、a_N、a_B 三种行动下的期望全局损失可利用取大方法计算如下

$$R(a_P \mid (R_1(x), \cdots, R_m(x))) = \bigvee_{k=1}^{m} \lambda_{PP}^{k} P(X \mid R_k(x)) + \bigvee_{k=1}^{m} \lambda_{PN}^{k} P(X^c \mid R_k(x))$$

$$R(a_N \mid (R_1(x), \cdots, R_m(x))) = \bigvee_{k=1}^{m} \lambda_{NP}^{k} P(X \mid R_k(x)) + \bigvee_{k=1}^{m} \lambda_{NN}^{k} P(X^c \mid R_k(x))$$

$$R(a_B \mid (R_1(x), \cdots, R_m(x))) = \bigvee_{k=1}^{m} \lambda_{BP}^{k} P(X \mid R_k(x)) + \bigvee_{k=1}^{m} \lambda_{BN}^{k} P(X^c \mid R_k(x))$$

其中，“$\vee$”表示“取大”。

假设 $\lambda_{\cdot\cdot}^{k}$ 与 k 无关，即

$$\lambda_{PP}^{1} = \cdots = \lambda_{PP}^{m} = \lambda_{PP}, \quad \lambda_{NP}^{1} = \cdots = \lambda_{NP}^{m} = \lambda_{NP}, \quad \lambda_{BP}^{1} = \cdots = \lambda_{BP}^{m} = \lambda_{BP}$$

$$\lambda_{PN}^{1} = \cdots = \lambda_{PN}^{m} = \lambda_{PN}, \quad \lambda_{NN}^{1} = \cdots = \lambda_{NN}^{m} = \lambda_{NN}, \quad \lambda_{BN}^{1} = \cdots = \lambda_{BN}^{m} = \lambda_{BN}$$

再结合 $P(X \mid R_k(x)) + P(X^c \mid R_k(x)) = 1$，则有

$$R(a_P \mid (R_1(x), \cdots, R_m(x))) = \lambda_{PP} \bigvee_{k=1}^{m} P(X \mid R_k(x)) + \lambda_{PN}(1 - \bigwedge_{k=1}^{m} P(X \mid R_k(x)))$$

$$R(a_{\mathrm{N}} \mid (R_1(x),\cdots,R_m(x))) = \lambda_{\mathrm{NP}} \mathop{\vee}\limits_{k=1}^{m} P(X \mid R_k(x)) + \lambda_{\mathrm{NN}}(1 - \mathop{\wedge}\limits_{k=1}^{m} P(X \mid R_k(x)))$$

$$R(a_{\mathrm{B}} \mid (R_1(x),\cdots,R_m(x))) = \lambda_{\mathrm{BP}} \mathop{\vee}\limits_{k=1}^{m} P(X \mid R_k(x)) + \lambda_{\mathrm{BN}}(1 - \mathop{\wedge}\limits_{k=1}^{m} P(X \mid R_k(x)))$$

根据贝叶斯决策规则，需要选择期望全局损失最小的行动集作为最佳行动方案，于是可得到如下三条决策规则。

（PP1）若 $R(a_{\mathrm{P}}|(R_1(x),\cdots,R_m(x)))\leqslant R(a_{\mathrm{B}}|(R_1(x),\cdots,R_m(x)))$ 且 $R(a_{\mathrm{P}}|(R_1(x),\cdots,R_m(x)))\leqslant R(a_{\mathrm{N}} \mid (R_1(x),\cdots,R_m(x)))$，则 $x \in \mathrm{POS}^{\mathrm{P}}_{\sum_{k=1}^{m} PR_k}(X)$。

（PN1）若 $R(a_{\mathrm{N}}|(R_1(x),\cdots,R_m(x)))\leqslant R(a_{\mathrm{P}}|(R_1(x),\cdots,R_m(x)))$ 且 $R(a_{\mathrm{N}}|(R_1(x),\cdots,R_m(x)))\leqslant R(a_{\mathrm{B}} \mid (R_1(x),\cdots,R_m(x)))$，则 $x \in \mathrm{NEG}^{\mathrm{P}}_{\sum_{k=1}^{m} PR_k}(X)$。

（PB1）若 $R(a_{\mathrm{B}}|(R_1(x),\cdots,R_m(x)))\leqslant R(a_{\mathrm{P}}|(R_1(x),\cdots,R_m(x)))$ 且 $R(a_{\mathrm{B}}|(R_1(x),\cdots,R_m(x)))\leqslant R(a_{\mathrm{N}} \mid (R_1(x),\cdots,R_m(x)))$，则 $x \in \mathrm{BND}^{\mathrm{P}}_{\sum_{k=1}^{m} PR_k}(X)$。

与 6.1.1 节类似，假设 $0 \leqslant \lambda_{\mathrm{PP}} \leqslant \lambda_{\mathrm{BP}} < \lambda_{\mathrm{NP}}$， $0 \leqslant \lambda_{\mathrm{NN}} \leqslant \lambda_{\mathrm{BN}} < \lambda_{\mathrm{PN}}$，注意到 $\dfrac{b}{a} \geqslant \dfrac{d}{c}$ $\Leftrightarrow \dfrac{b}{a+b} \geqslant \dfrac{d}{c+d} (\forall a,b,c,d > 0)$，则有如下结论。

（1）对于规则（PP1），有

$$R(a_{\mathrm{P}} \mid (R_1(x),\cdots,R_m(x))) \leqslant R(a_{\mathrm{B}} \mid (R_1(x),\cdots,R_m(x)))$$

$$\Leftrightarrow \frac{\mathop{\vee}\limits_{k=1}^{m} P(X \mid R_k(x))}{1 + \mathop{\vee}\limits_{k=1}^{m} P(X \mid R_k(x)) - \mathop{\wedge}\limits_{k=1}^{m} P(X \mid R_k(x))} \geqslant \frac{\lambda_{\mathrm{PN}} - \lambda_{\mathrm{BN}}}{(\lambda_{\mathrm{PN}} - \lambda_{\mathrm{BN}}) + (\lambda_{\mathrm{BP}} - \lambda_{\mathrm{PP}})}$$

且

$$R(a_{\mathrm{P}} \mid (R_1(x),\cdots,R_m(x))) \leqslant R(a_{\mathrm{N}} \mid (R_1(x),\cdots,R_m(x)))$$

$$\Leftrightarrow \frac{\mathop{\vee}\limits_{k=1}^{m} P(X \mid R_k(x))}{1 + \mathop{\vee}\limits_{k=1}^{m} P(X \mid R_k(x)) - \mathop{\wedge}\limits_{k=1}^{m} P(X \mid R_k(x))} \geqslant \frac{\lambda_{\mathrm{PN}} - \lambda_{\mathrm{NN}}}{(\lambda_{\mathrm{PN}} - \lambda_{\mathrm{NN}}) + (\lambda_{\mathrm{NP}} - \lambda_{\mathrm{PP}})}$$

（2）对于规则（PN1），有

$$R(a_{\mathrm{N}} \mid (R_1(x),\cdots,R_m(x))) \leqslant R(a_{\mathrm{P}} \mid (R_1(x),\cdots,R_m(x)))$$

$$\Leftrightarrow \frac{\mathop{\vee}\limits_{k=1}^{m} P(X \mid R_k(x))}{1 + \mathop{\vee}\limits_{k=1}^{m} P(X \mid R_k(x)) - \mathop{\wedge}\limits_{k=1}^{m} P(X \mid R_k(x))} \leqslant \frac{\lambda_{\mathrm{PN}} - \lambda_{\mathrm{NN}}}{(\lambda_{\mathrm{PN}} - \lambda_{\mathrm{NN}}) + (\lambda_{\mathrm{NP}} - \lambda_{\mathrm{PP}})}$$

且

$$R(a_{\rm N}\mid(R_1(x),\cdots,R_m(x)))\leqslant R(a_{\rm B}\mid(R_1(x),\cdots,R_m(x)))$$

$$\Leftrightarrow\frac{\overset{m}{\underset{k=1}{\vee}}P(X\mid R_k(x))}{1+\overset{m}{\underset{k=1}{\vee}}P(X\mid R_k(x))-\overset{m}{\underset{k=1}{\wedge}}P(X\mid R_k(x))}\leqslant\frac{\lambda_{\rm BN}-\lambda_{\rm NN}}{(\lambda_{\rm BN}-\lambda_{\rm NN})+(\lambda_{\rm NP}-\lambda_{\rm BP})}$$

（3）对于规则（PB1），有

$$R(a_{\rm B}\mid(R_1(x),\cdots,R_m(x)))\leqslant R(a_{\rm P}\mid(R_1(x),\cdots,R_m(x)))$$

$$\Leftrightarrow\frac{\overset{m}{\underset{k=1}{\vee}}P(X\mid R_k(x))}{1+\overset{m}{\underset{k=1}{\vee}}P(X\mid R_k(x))-\overset{m}{\underset{k=1}{\wedge}}P(X\mid R_k(x))}\leqslant\frac{\lambda_{\rm PN}-\lambda_{\rm BN}}{(\lambda_{\rm PN}-\lambda_{\rm BN})+(\lambda_{\rm BP}-\lambda_{\rm PP})}$$

且

$$R(a_{\rm B}\mid(R_1(x),\cdots,R_m(x)))\leqslant R(a_{\rm N}\mid(R_1(x),\cdots,R_m(x)))$$

$$\Leftrightarrow\frac{\overset{m}{\underset{k=1}{\vee}}P(X\mid R_k(x))}{1+\overset{m}{\underset{k=1}{\vee}}P(X\mid R_k(x))-\overset{m}{\underset{k=1}{\wedge}}P(X\mid R_k(x))}\geqslant\frac{\lambda_{\rm BN}-\lambda_{\rm NN}}{(\lambda_{\rm BN}-\lambda_{\rm NN})+(\lambda_{\rm NP}-\lambda_{\rm BP})}$$

因此，决策规则（PP1）、（PN1）、（PB1）可简化如下。

（PP2）如果 $\dfrac{\overset{m}{\underset{k=1}{\vee}}P(X\mid R_k(x))}{1+\overset{m}{\underset{k=1}{\vee}}P(X\mid R_k(x))-\overset{m}{\underset{k=1}{\wedge}}P(X\mid R_k(x))}\geqslant\alpha$ 且

$$\frac{\overset{m}{\underset{k=1}{\vee}}P(X\mid R_k(x))}{1+\overset{m}{\underset{k=1}{\vee}}P(X\mid R_k(x))-\overset{m}{\underset{k=1}{\wedge}}P(X\mid R_k(x))}\geqslant\gamma$$

则 $x\in{\rm POS}^{\rm P}_{\sum_{k=1}^{m}PR_k}(X)$。

（PN2）如果 $\dfrac{\overset{m}{\underset{k=1}{\vee}}P(X\mid R_k(x))}{1+\overset{m}{\underset{k=1}{\vee}}P(X\mid R_k(x))-\overset{m}{\underset{k=1}{\wedge}}P(X\mid R_k(x))}\leqslant\gamma$ 且

$$\frac{\overset{m}{\underset{k=1}{\vee}}P(X\mid R_k(x))}{1+\overset{m}{\underset{k=1}{\vee}}P(X\mid R_k(x))-\overset{m}{\underset{k=1}{\wedge}}P(X\mid R_k(x))}\leqslant\beta$$

则 $x \in \mathrm{NEG}^{\mathrm{P}}_{\sum_{k=1}^{m} PR_k}(X)$。

（PB2）如果 $\dfrac{\vee_{k=1}^{m} P(X \mid R_k(x))}{1+\vee_{k=1}^{m} P(X \mid R_k(x))-\wedge_{k=1}^{m} P(X \mid R_k(x))} \leqslant \alpha$，且

$$\frac{\vee_{k=1}^{m} P(X \mid R_k(x))}{1+\vee_{k=1}^{m} P(X \mid R_k(x))-\wedge_{k=1}^{m} P(X \mid R_k(x))} \geqslant \beta$$

则 $x \in \mathrm{BND}^{\mathrm{P}}_{\sum_{k=1}^{m} PR_k}(X)$。

其中

$$\alpha=\frac{\lambda_{\mathrm{PN}}-\lambda_{\mathrm{BN}}}{(\lambda_{\mathrm{PN}}-\lambda_{\mathrm{BN}})+(\lambda_{\mathrm{BP}}-\lambda_{\mathrm{PP}})}$$

$$\gamma=\frac{\lambda_{\mathrm{PN}}-\lambda_{\mathrm{NN}}}{(\lambda_{\mathrm{PN}}-\lambda_{\mathrm{NN}})+(\lambda_{\mathrm{NP}}-\lambda_{\mathrm{PP}})}$$

$$\beta=\frac{\lambda_{\mathrm{BN}}-\lambda_{\mathrm{NN}}}{(\lambda_{\mathrm{BN}}-\lambda_{\mathrm{NN}})+(\lambda_{\mathrm{NP}}-\lambda_{\mathrm{BP}})}$$

如果 $(\lambda_{\mathrm{PN}}-\lambda_{\mathrm{BN}})(\lambda_{\mathrm{NP}}-\lambda_{\mathrm{BP}})>(\lambda_{\mathrm{BN}}-\lambda_{\mathrm{NN}})(\lambda_{\mathrm{BP}}-\lambda_{\mathrm{PP}})$，则有 $0 \leqslant \beta<\gamma<\alpha \leqslant 1$，从而决策规则（PP2）、（PN2）、（PB2）可重新表示如下。

（PP3）如果 $\dfrac{\vee_{k=1}^{m} P(X \mid R_k(x))}{1+\vee_{k=1}^{m} P(X \mid R_k(x))-\wedge_{k=1}^{m} P(X \mid R_k(x))} \geqslant \alpha$，则 $x \in \mathrm{POS}^{\mathrm{P}}_{\sum_{k=1}^{m} PR_k}(X)$。

（PN3）如果 $\dfrac{\vee_{k=1}^{m} P(X \mid R_k(x))}{1+\vee_{k=1}^{m} P(X \mid R_k(x))-\wedge_{k=1}^{m} P(X \mid R_k(x))} \leqslant \beta$，则 $x \in \mathrm{NEG}^{\mathrm{P}}_{\sum_{k=1}^{m} PR_k}(X)$。

（PB3）如果 $\beta<\dfrac{\vee_{k=1}^{m} P(X \mid R_k(x))}{1+\vee_{k=1}^{m} P(X \mid R_k(x))-\wedge_{k=1}^{m} P(X \mid R_k(x))}<\alpha$，则 $x \in \mathrm{BND}^{\mathrm{P}}_{\sum_{k=1}^{m} PR_k}(X)$。

进一步，X 的悲观多粒度正域、负域和边界域分别定义如下

$$\mathrm{POS}^{\mathrm{P}}_{\sum_{k=1}^{m} PR_k}(X)=\left\{x \in U \,\middle|\, \frac{\vee_{k=1}^{m} P(X \mid R_k(x))}{1+\vee_{k=1}^{m} P(X \mid R_k(x))-\wedge_{k=1}^{m} P(X \mid R_k(x))} \geqslant \alpha\right\}$$

$$\mathrm{NEG}^{\mathrm{P}}_{\sum_{k=1}^{m}PR_k}(X)=\left\{x\in U\left|\frac{\vee_{k=1}^{m}P(X|R_k(x))}{1+\vee_{k=1}^{m}P(X|R_k(x))-\wedge_{k=1}^{m}P(X|R_k(x))}\leqslant\beta\right.\right\}$$

$$\mathrm{BND}^{\mathrm{P}}_{\sum_{k=1}^{m}PR_k}(X)=\left\{x\in U\left|\beta<\frac{\vee_{k=1}^{m}P(X|R_k(x))}{1+\vee_{k=1}^{m}P(X|R_k(x))-\wedge_{k=1}^{m}P(X|R_k(x))}<\alpha\right.\right\}$$

利用正域、负域和边界域可得 X 的下近似和上近似如下

$$\underline{\sum_{k=1}^{m}PR_k}^{\mathrm{P},\alpha}(X)=\left\{x\in U\left|\frac{\vee_{k=1}^{m}P(X|R_k(x))}{1+\vee_{k=1}^{m}P(X|R_k(x))-\wedge_{k=1}^{m}P(X|R_k(x))}\geqslant\alpha\right.\right\}$$

$$\overline{\sum_{k=1}^{m}PR_k}^{\mathrm{P},\beta}(X)=\left\{x\in U\left|\frac{\vee_{k=1}^{m}P(X|R_k(x))}{1+\vee_{k=1}^{m}P(X|R_k(x))-\wedge_{k=1}^{m}P(X|R_k(x))}>\beta\right.\right\}$$

基于此，有下面的定义。

定义 6.9　设 U、V 是两个非空有限论域，$R_1,R_2,\cdots,R_m$ 是从 U 到 V 的 m 个串行的二元关系，$P:2^U\to[0,1]$ 是定义在由 V 的子集构成的 σ 代数上的概率测度。沿用前面的记号 α,β，$\forall X\subseteq V$，X 的下近似和上近似分别定义如下

$$\underline{\sum_{k=1}^{m}PR_k}^{\mathrm{P},\alpha}(X)=\left\{x\in U\left|\frac{\vee_{k=1}^{m}P(X|R_k(x))}{1+\vee_{k=1}^{m}P(X|R_k(x))-\wedge_{k=1}^{m}P(X|R_k(x))}\geqslant\alpha\right.\right\}$$

$$\overline{\sum_{k=1}^{m}PR_k}^{\mathrm{P},\beta}(X)=\left\{x\in U\left|\frac{\vee_{k=1}^{m}P(X|R_k(x))}{1+\vee_{k=1}^{m}P(X|R_k(x))-\wedge_{k=1}^{m}P(X|R_k(x))}>\beta\right.\right\}$$

$\left(\underline{\sum_{k=1}^{m}PR_k}^{\mathrm{P},\alpha}(X),\overline{\sum_{k=1}^{m}PR_k}^{\mathrm{P},\beta}(X)\right)$ 称为双论域上的悲观多粒度决策粗糙集。

注 6.14　如果 $U=V$，$\alpha=1$，$\beta=0$，$P(X|R_k(x))=\dfrac{|X\cap R_k(x)|}{|R_k(x)|}$ 且 $R_1,R_2,\cdots,R_m$ 是 U 上的 m 个等价关系，注意到此时，$R_k(x)=[x]_{R_k}$，则

$$\underline{\sum_{k=1}^{m}PR_k}^{\mathrm{P},1}(X)=\left\{x\in U\left|\frac{\overset{m}{\underset{k=1}{\vee}}P(X\mid R_k(x))}{1+\overset{m}{\underset{k=1}{\vee}}P(X\mid R_k(x))-\overset{m}{\underset{k=1}{\wedge}}P(X\mid R_k(x))}\geqslant 1\right.\right\}$$

$$=\{x\in U\mid \overset{m}{\underset{k=1}{\wedge}}P(X\mid R_k(x))\geqslant 1\}$$

$$=\{x\in U\mid P(X\mid R_1(x))=1\text{且}P(X\mid R_2(x))=1\cdots\text{且}P(X\mid R_m(x))=1\}$$

$$=\{x\in U\mid [x]_{R_1}\subseteq X\text{且}[x]_{R_2}\subseteq X\cdots\text{且}[x]_{R_m}\subseteq X\}$$

$$\overline{\sum_{k=1}^{m}PR_k}^{\mathrm{P},0}(X)=\left\{x\in U\left|\frac{\overset{m}{\underset{k=1}{\vee}}P(X\mid R_k(x))}{1+\overset{m}{\underset{k=1}{\vee}}P(X\mid R_k(x))-\overset{m}{\underset{k=1}{\wedge}}P(X\mid R_k(x))}>0\right.\right\}$$

$$=\{x\in U\mid \overset{m}{\underset{k=1}{\vee}}P(X\mid R_k(x))>0\}$$

$$=\{x\in U\mid P(X\mid R_1(x))>0\text{或}P(X\mid R_2(x))>0\cdots\text{或}P(X\mid R_m(x))>0\}$$

$$=\{x\in U\mid [x]_{R_1}\cap X\neq\varnothing\text{或}[x]_{R_2}\cap X\neq\varnothing\cdots\text{或}[x]_{R_m}\cap X\neq\varnothing\}$$

这意味着此时，双论域上的悲观多粒度决策粗糙集就退化为 Qian 提出的悲观多粒度粗糙集。

注 6.15　如果$U=V$，$m=1$且 R 是 U 上的等价关系，则双论域上的悲观多粒度粗糙集就退化为 Yao 提出的决策粗糙集。

下近似算子$\underline{\sum_{k=1}^{m}PR_k}^{\mathrm{P},\alpha}$和上近似算子$\overline{\sum_{k=1}^{m}PR_k}^{\mathrm{P},\beta}$具有下列性质。

定理 6.9　设 U、V 是两个非空有限论域，$R_1,R_2,\cdots,R_m$ 是从 U 到 V 的 m 个串行的二元关系，$P:2^U\to[0,1]$ 是定义在由 V 的子集构成的σ代数上的概率测度。$\forall X,Y\subseteq V$，有如下结论。

（1）$\underline{\sum_{k=1}^{m}PR_k}^{\mathrm{P},\alpha}(X)\subseteq\overline{\sum_{k=1}^{m}PR_k}^{\mathrm{P},\beta}(X)$。

（2）$\underline{\sum_{k=1}^{m}PR_k}^{\mathrm{P},\alpha}(\varnothing)=\overline{\sum_{k=1}^{m}PR_k}^{\mathrm{P},\beta}(\varnothing)=\varnothing$，$\underline{\sum_{k=1}^{m}PR_k}^{\mathrm{P},\alpha}(V)=\overline{\sum_{k=1}^{m}PR_k}^{\mathrm{P},\beta}(V)=U$。

（3）$\underline{\sum_{k=1}^{m}PR_k}^{\mathrm{P},\alpha}(X)=\left(\overline{\sum_{k=1}^{m}PR_k}^{\mathrm{P},1-\alpha}(X^{\mathrm{c}})\right)^{\mathrm{c}}(\alpha>0.5)$，$\overline{\sum_{k=1}^{m}PR_k}^{\mathrm{P},\beta}(X)=\left(\underline{\sum_{k=1}^{m}PR_k}^{\mathrm{P},1-\beta}(X^{\mathrm{c}})\right)^{\mathrm{c}}$
$(\beta<0.5)$。

（4）如果 $0<\alpha_1\leqslant\alpha_2\leqslant 1$ 且 $0\leqslant\beta_1\leqslant\beta_2<1$，则 $\underline{\sum_{k=1}^{m}PR_k}^{\mathrm{P},\alpha_2}(X)\subseteq\underline{\sum_{k=1}^{m}PR_k}^{\mathrm{P},\alpha_1}(X)$ 且 $\overline{\sum_{k=1}^{m}PR_k}^{\mathrm{P},\beta_2}(X)\subseteq\overline{\sum_{k=1}^{m}PR_k}^{\mathrm{P},\beta_1}(X)$。

证明　仅证明结论（3），其余的由定义 6.9 易证。

$\forall 0.5<\alpha\leqslant 1$，有

$$
\begin{aligned}
\left(\overline{\sum_{k=1}^{m}PR_k}^{\mathrm{P},1-\alpha}(X^{\mathrm{c}})\right)^{\mathrm{c}} &= U-\left\{x\in U\left|\frac{\vee_{k=1}^{m}P(X^{\mathrm{c}}\mid R_k(x))}{1+\vee_{k=1}^{m}P(X^{\mathrm{c}}\mid R_k(x))-\wedge_{k=1}^{m}P(X^{\mathrm{c}}\mid R_k(x))}>1-\alpha\right.\right\}\\
&=\left\{x\in U\left|\frac{1-\wedge_{k=1}^{m}P(X\mid R_k(x))}{1-\wedge_{k=1}^{m}P(X\mid R_k(x))+\vee_{k=1}^{m}P(X\mid R_k(x))}\leqslant 1-\alpha\right.\right\}\\
&=\left\{x\in U\left|\frac{\vee_{k=1}^{m}P(X\mid R_k(x))}{1+\vee_{k=1}^{m}P(X\mid R_k(x))-\wedge_{k=1}^{m}P(X\mid R_k(x))}\geqslant \alpha\right.\right\}\\
&=\underline{\sum_{k=1}^{m}PR_k}^{\mathrm{P},\alpha}(X)
\end{aligned}
$$

由 $\underline{\sum_{k=1}^{m}PR_k}^{\mathrm{P},\alpha}(X)=\left(\overline{\sum_{k=1}^{m}PR_k}^{\mathrm{P},1-\alpha}(X^{\mathrm{c}})\right)^{\mathrm{c}}$ $(\alpha>0.5)$ 知，$\forall 0\leqslant\beta<0.5$，有

$$
\left(\underline{\sum_{k=1}^{m}PR_k}^{\mathrm{P},1-\beta}(X^{\mathrm{c}})\right)^{\mathrm{c}}=\left(\left(\overline{\sum_{k=1}^{m}PR_k}^{\mathrm{P},\beta}(X^{\mathrm{c}})^{\mathrm{c}}\right)^{\mathrm{c}}\right)^{\mathrm{c}}=\overline{\sum_{k=1}^{m}PR_k}^{\mathrm{P},\beta}(X)
$$

参考文献

Duda R O, Hart P E. 1973. Pattern Classification and Scene Analysis. New York: Wiley.

Hu B Q. 2014. Three-way decisions space and three-way decisions. Information Sciences, 281:21-52.

Huang B, Guo C X, Zhuang Y L, et al. 2014. Intuitionistic fuzzy multigranulation rough sets. Information Sciences, 277: 299-320.

Jia X Y, Tang Z M, Liao W H, et al. 2014. On an optimization representation of decision-theoretic rough set model. International Journal of Approximate Reasoning, 55(1): 156-166.

Jia X Y, Zheng K, Li W W, et al. 2012. Three-way decisions solution to filter spam email: An empirical study. RSCTC, Berlin: 287-296.

Kryszkiewicz M. 1998. Rough set approach to incomplete information systems. Information Sciences, 112: 39-49

Leung Y, Wu W Z, Zhang W X. 2006. Knowledge acquisition in incomplete information systems: A rough set approach. European Journal of Operational Research, 168: 164-180.

Li H X, Zhou X Z, Huang B, et al. 2013. Cost-sensitive three-way decision: A sequential strategy. Proceedings of RSKT, Halifax: 325-337.

Li T J, Yang X P. 2014. An axiomatic characterization of probabilistic rough sets. International Journal of Approximate Reasoning, 55(1): 130-141.

Liang D, Liu D, Pedrycz W, et al. 2013. Triangular fuzzy decision-theoretic rough sets. International Journal of Approximate Reasoning, 54(8): 1087-1106.

Lin G P, Liang J Y, Qian Y H. 2013. Multigranulation rough sets: From partition to covering. Information Sciences, 241(20): 101-118.

Lin G P, Liang J Y, Qian Y H. 2015. An information fusion approach by combining multigranulation rough sets and evidence theory. Information Sciences, 314(1): 184-199.

Lin Y, Li J, Lin P, et al. 2014. Feature selection via neighborhood multi-granulation fusion. Knowledge-Based Systems, 67: 162-168.

Lingras P, Chen M, Miao D Q. 2009. Rough cluster quality index based on decision theory. IEEE Transactions on Knowledge and Data Engineering, 21(7):1014-1026.

Liu C H, Miao D Q, Qian J. 2014. On multi-granulation covering rough sets. International Journal of Approximate Reasoning, 55(6): 1404-1418.

Liu D, Li T R, Liang D C. 2012. Three-way government decision analysis with decision-theoretic rough sets. International Journal of Uncertain Fuzziness Knowledge-Based System, 20(Supp.1): 119-132.

Liu D, Li T R, Liang D. 2013. Fuzzy interval decision-theoretic rough sets. IFSA World Congress and NAFIPS Meeting, Edmonton: 1315-1320.

Pawlak Z. 1982. Rough sets. International Journal of Computer & Information Science, 11: 341-356.

Pawlak Z. 1991. Rough Sets: Theoretical Aspects of Reasoning About Data. Dordrecht: Kluwer Academic Publisher.

Qian Y H, Liang J Y, Dang C Y. 2010. Incomplete multigranulation rough set. IEEE Transactions on Systems Man and Cybemetics, Part A: Systems and Humans, 40(2): 420-431.

Qian Y H, Liang J Y, Yao Y Y, et al. 2010. MGRS: A multigranulation rough set. Information Sciences, 180: 949-970.

Qian Y H, Zhang H, Sang Y L, et al. 2014. Multigranulation decision-theoretic rough sets. International Journal of Approximate Reasoning, 55(1): 225-237.

She Y H, He X L. 2012. On the structure of the multigranulation rough set model. Knowledge-Based

Systems, 36: 81-92.

Sun B Z, Ma W M, Zhao H Y. 2014. Decision-theoretic rough fuzzy set model and application. Information Sciences, 283: 180-196.

Tan A H, Li J, Lin G P, et al. 2015. Fast approach to knowledge acquisition in covering information systems using matrix operations. Knowledge-Based Systems, 79: 90-98.

Tripathy B K, Panda G K, Mitra A. 2012. Incomplete multigranulation based on rough intuitionistic fuzzy sets. UNIASCIT, 2(1): 118-124.

Wang L J, Yang X B, Yang J Y, et al. 2011. Incomplete multigranulation rough sets in incomplete ordered decision system. 7th International Conference on Intelligent Computing, Zhengzhou: 323-330.

Wong S K M, Ziarko W. 1987. Comparison of the probabilistic approximate classification and the fuzzy set model. Fuzzy Sets and Systems, 21: 357-362.

Wu W Z, Leung Y. 2011. Theory and applications of granular labeled partitions in multi-scale decision tables. Information Sciences, 181: 3878-3897.

Xu W H, Sun W X, Zhang X Y, et al. 2012. Multiple granulation rough set approach to ordered information systems. International Journal of General Systems, 41(5): 475-501.

Yang X B, Qi Y S, Song X N, et al. 2013. Test cost sensitive multigranulation rough set: Model and minimal cost selection. Information Sciences, 250: 184-199.

Yang X P, Lu Z J, Li T J. 2013. Decision-theoretic rough sets in incomplete information system. Fundamenta Informaticae, 126: 353-375.

Yang X P, Yao J T. 2012. Modelling multi-agent three-way decisions with decision-theoretic rough sets. Fundamenta Informaticae, 115: 157-171.

Yao Y Y. 2010. Three-way decisions with probabilistic rough sets. Information Sciences, 180: 341-353.

Yao Y Y. 2012. An outline of a theory of three-way decisions. RSCTC, Heidelberg: 1-17

Yao Y Y. 2015. The two sides of the theory of rough sets. Knowledge-Based Systems, 80: 67-77.

Yao Y Y, Wong S K M. 1992. A decision theoretic framework for approximating concepts. International Journal of Man-Machine Studies, 37: 793-809.

Yu H, Liu Z G, Wang G Y. 2014. An automatic method to determine the number of clusters using decision-theoretic rough set. International Journal of Approximate Reasoning, 55(1): 101-115.

Zhao X R, Hu B Q. 2015. Fuzzy and interval-valued fuzzy decision-theoretic rough set approaches based on fuzzy probability measure. Information Sciences, 298(20): 534-554.

Zhou B, Yao Y Y, Luo J G. 2010. A three-way decision approach to email spam filtering. Canadian AI, Canadian: 28-39.

Zhou B. 2014. Multi-class decision-theoretic rough sets. International Journal of Approximate Reasoning, 55: 211-24.

Ziarko W. 1993. Variable precision rough set model. Journal of Computer and System Sciences, 46: 39-59.